Köhn

Betriebsführungsvertrag

Formularbuch

Haftung

Die Ausgestaltung eines Betriebsführungsvertrags richtet sich nach den konkreten tatsächlichen Verhältnissen und den individuellen Bedürfnissen und Interessen seiner Vertragspartner. Demgemäß kann dieses Formularbuch eine individuelle und qualifizierte Rechtsberatung und Vertragsgestaltung unterstützen, diese aber nicht ersetzen. Eine Haftung für die Nutzung der Buchinhalte und der Verwendung der Formulare – auch einzelner Klauseln – im Einzelfall kann weder vom Autor noch vom Verlag übernommen werden und wird ausgeschlossen.

Betriebsführungsvertrag

Formularbuch

von

Dr. Kai Köhn
Rechtsanwalt in Hannover

2018

Bibliografische Information der Deutschen Nationalbibliothek: Die Deutsche Nationalbibliothek verzeichnet diese Publikation in der Deutschen Nationalbibliografie; detaillierte bibliografische Daten sind im Internet über dnb.dnb.de abrufbar.

Herstellung und Verlag:
BoD – Books on Demand, Norderstedt

ISBN: 9783746082479

Vorwort

Die Führung des Betriebs ist Aufgabe der dazu berufenen Geschäftsleiter des Unternehmens. Bei einem Betriebsführungsvertrag überlässt das Unternehmen einem Dritten die Betriebsführung. Die Beweggründe und damit die Anwendungsbereiche für den Abschluss eines Betriebsführungsvertrags sind vielfältig.

Der Betriebsführungsvertrag gewinnt durch seine zunehmende Verbreitung im Wirtschaftsleben an Bedeutung. Namentlich Unternehmen, die Anlagen zur Erzeugung von Strom aus Erneuerbaren Energien betreiben, lassen ihren Betrieb häufig durch eine Betriebsführungsgesellschaft führen. Regelmäßig ist der Betrieb solcher Unternehmen so klein, dass sich eine Fremdbetriebsführung gegenüber dem Aufbau und der Unterhaltung einer eigenen Organisation als wirtschaftlicher darstellt.

Im Vergleich zu anderen alternativen Gestaltungen – namentlich dem Betriebspachtvertrag und dem Unternehmenskaufvertrag – liegt der Charme im Abschluss eines Betriebsführungsvertrags darin, dass der Eigentümer auch nach dem Vertragsschluss am wirtschaftlichen Ergebnis seines Unternehmens partizipiert und Einfluss auf die Geschicke seines Unternehmens nehmen kann.

In der Praxis sind Betriebsführungsverträge bislang kaum Gegenstand von gerichtlichen Entscheidungen gewesen. Hervorzuhebende Ausnahme ist die vielbeachtete „Holiday Inn"-Entscheidung des BGH vom 05. Oktober 1981. Insbesondere vor dem Hintergrund, dass der Betriebsführungsvertrag gesetzlich nicht geregelt ist, werden in der Literatur zahlreiche Rechtsfragen im Zusammenhang mit dem Betriebsführungsvertrag kontrovers diskutiert. Dieses gilt namentlich für die gesellschaftsrechtlichen Wirksamkeitsvoraussetzungen, die bei dem Abschluss des Betriebsführungsvertrags zu beachten sind.

Dieses Formularbuch soll zur rechtwirksamen Gestaltung von Betriebsführungsverträgen beitragen.

Hannover, im Januar 2018
Kai Köhn

Inhalt

A. Allgemeine Erläuterungen zum Betriebsführungsvertrag

I. Begriff, Erscheinungsformen, Anwendungsbereiche und Verbreitung

1. Begriff

Der Betriebsführungsvertrag ist ein Vertrag, durch den ein Unternehmen (Betriebsführer) beauftragt wird, den Betrieb eines anderen Unternehmens (Eigentümer) für Rechnung des anderen Unternehmens zu führen[1].

Im Regelfall bestimmt der Betriebsführungsvertrag, dass der Betriebsführer im Namen des Eigentümers handelt (sogenannter echter Betriebsführungsvertrag). Möglich ist auch eine vertragliche Gestaltung, nach welcher der Betriebsführer im eigenen Namen handelt (sogenannter unechter Betriebsführungsvertrag)[2].

2. Erscheinungsformen

Der Betriebsführungsvertrag hat unterschiedliche Erscheinungsformen. Gegenständlich kann er den gesamten Betrieb bzw. alle Betriebe, Unternehmensbereiche (Sparten) oder Einzel- oder Teilbetriebe des Eigentümers erfassen[3]. Inhaltlich kann der Betriebsführungsvertrag sämtliche Aufgaben der Betriebsführung betreffen oder nur Ausschnitte, etwa den Bereich Finanzen, Marketing, Produktion, Vertrieb, Personal oder EDV[4]. Ferner kann er sich auf einfache Maßnahmen der Betriebsführung beschränken oder vorsehen, dass der Betriebsführer auch für die unternehmerischen Leitungsentscheidungen zuständig ist[5].

3. Anwendungsbereiche

Die Anwendungsbereiche für den Abschuss eines Betriebsführungsvertrags sind vielfältig: Im Regelfall bedient sich der Eigentümer eines Betriebsführers, weil dieser über eine besondere fachliche Expertise, Branchenkenntnisse, Managementkapazitäten und/oder Goodwill verfügt. Im Konzern kann der Betriebsführungsvertrag der Einordnung des abhängigen Unternehmens in den Konzern des herrschenden Unternehmens dienen, wobei das herrschende Unternehmen

---

[1] BGH NJW 1982, 1817; MünchKommAktG/Altmeppen, § 292 Rn. 143; GroßkommAktG/Kort, § 76 Rn. 200; GroßkommAktG/Mülbert, § 292 Rn. 140; Spindler/Stilz/Veil, § 292 Rn. 52; Emmerich/Habersack/Emmerich, § 292 Rn. 55; Hüffer/Koch, § 292 Rn. 20; MünchHdbAG/Krieger, § 73 Rn. 48; Geßler, FS Hefermehl, S. 263, 264; Priester, FS Hommelhoff, S. 875, 876; Veelken, S. 15, 17 f.; Veil, S. 47; Fenzl, Rn. 96; Wagenhals, S. 11; Otte-Gräbener/Deilmann, NZG 2016, 1316; Fenzl, Der Konzern 2006, 18, 23; Huber, ZHR 152 (1988), 1, 2; Schlüter, S. 22; Joachim, DZWiR 1992, 397; Frisch, AG 1995, 362; Löffler, NJW 1983, 2920, 2921; Loos, BB 1963, 615.

[2] LAG Berlin-Brandenburg DStR 2016, 2236, 2238; LAG Baden-Württemberg BeckRS 2016, 68073 Rn. 70; MünchKommAktG/Altmeppen, § 292 Rn. 143 f.; GroßkommAktG/Mülbert, § 292 Rn. 142 ff.; MünchHdbAG/Krieger, § 73 Rn. 48; Fenzl, Rn. 97; Böhm, S. 1, 20 f.; Wagenhals, S. 13; Otte-Gräbener/Deilmann, NZG 2016, 1316; Winter/Theisen, AG 2011, 662, 663; Rieble, NZA 2010, 1145, 1146; Fenzl, Der Konzern 2006, 18, 23; Joachim, DZWiR 1992, 397, 397 f.; Huber ZHR 152 (1988), 1, 4; Breuninger/Prinz, JbFSt 1998/99, 367, 368 f.; Haarmann, JbFSt 1992/93, 526, 527; kritisch zu dieser Begriffsbildung: Veil, S. 47 (Fn. 22).

[3] Veelken, S. 22; Wagenhals, S. 11; Rieble, NZA 2010, 1145, 1146; Huber, ZHR 152 (1988), 1, 2 f.; Schulze zur Wiesche, BB 1983, 1026; Haarmann, JbFSt 1992/93, 526, 527.

[4] Staudinger/Martinek/Omlor, § 675 Rn. B 146; Veil, S. 290; Veelken, S. 22; Schlüter, S. 65; Zeiger, S. 38; Wagenhals, S. 2; Rieble, NZA 2010, 1145 f.

[5] Veelken, S. 22; Veil, S. 288; zu der nach h. M. organisationsrechtlichen Unzulässigkeit von Betriebsführungsverträgen, nach welchen der Betriebsführer auch für die unternehmerischen Leitungsentscheidungen zuständig ist, s. aber unter A.IV.1.

sowohl Eigentümer als auch Betriebsführer sein kann. Bei Familiengesellschaften bietet sich der Abschluss eines Betriebsführungsvertrags an, um die Führung der Eigentümergesellschaft unabhängig von den Mitgliedern der Familie zu gestalten oder – im Erbfall – für eine Übergangszeit dem Nachfolger aus den Reihen der Familie zu ermöglichen, sich in die Betriebsführung einzuarbeiten. In der Krise des Eigentümers können durch den Abschluss eines Betriebsführungsvertrags die Interessen der Gläubiger des Eigentümers gesichert werden. Ferner kann der Betrieb eines Unternehmens so klein sein, dass sich die Verwaltung durch ein anderes Unternehmen gegenüber der Unterhaltung einer eigenen Verwaltung als wirtschaftlicher darstellt[6].

4. Verbreitung

Erste Betriebsführungsverträge wurden in der zweiten Hälfte des 19. Jahrhunderts zwischen Privateisenbahngesellschaften und dem preußischen Staat geschlossen. In den 1970er Jahren gewannen Betriebsführungsverträge in der Lichtspieltheater-Branche zunehmend an Bedeutung. Heute finden Betriebsführungsverträge in den verschiedensten Wirtschaftszweigen Anwendung, ohne dass sich dafür in den Besonderheiten dieser Wirtschaftszweige eine Ursache finden ließe[7]. Besonders verbreitet sind Betriebsführungsverträge im Bereich der Energie- und Wasserversorgung, im Finanz- und Versicherungswesen sowie in der Hotelbranche[8].

II. Rechtliche Qualifikation

1. Rechtsnatur, Handelsgeschäft und Allgemeine Geschäftsbedingungen

a) Rechtsnatur

Der Betriebsführungsvertrag ist gesetzlich nicht geregelt[9]. Erfolgt die Betriebsführung gegen Entgelt, ist der Vertrag über die Betriebsführung nach ganz herrschender Meinung als ein Geschäftsbesorgungsvertrag gemäß § 675 BGB mit Dienstvertragscharakter zu qualifizieren[10]. Bei einer unentgeltlichen Betriebsführung liegt ein Auftrag (§ 662 BGB) vor[11]. Dementsprechend finden auf den Betriebsführungsvertrag – über die Verweisung gemäß § 675 Abs. 1 BGB bzw. unmittelbar – die Vorschriften des Auftragsrechts und bei einer entgeltlichen Betriebsführung ergänzend die dienstvertraglichen Vorschriften Anwendung, soweit der Betriebsführungsvertrag nicht zulässiger Weise von den gesetzlichen Bestimmungen abweicht.

---

[6] Vgl. zum Ganzen: Staudinger/Martinek/Omlor, § 675 Rn. B 144; Böhm, S. 11 ff.; Schlüter, S. 24 ff.; Priester, FS Hommelhoff, S. 875, 878 f.; Frisch, AG 1995, 362; Loos, BB 1963, 615.

[7] Zum Ganzen: Veelken, S. 29 ff., s. auch Schlüter, S. 20 f.

[8] S. dazu nur Böhm, S. 1, der Verkehrslinien, Kinos, Energieversorgungsunternehmen, Reedereien und Hotels nennt und die von Wagenhals, S. 7, aufgeführten Beispiele.

[9] MünchHdbAG/Krieger, § 73 Rn. 48; Schlüter, S. 21; Böhm, S. 1, 36; Geßler, FS Hefermehl, S. 263; Winter/Theisen, AG 2011, 662, 663; Joachim, DZWiR 1992, 397, 398.

[10] BGH WM 1982, 394, 398 (insoweit nicht abgedruckt in: NJW 1982, 1817 f.); OLG München ZIP 1987, 849, 852; GroßkommAktG/Mülbert, § 292 Rn. 145; Emmerich/Habersack/Emmerich, § 292 Rn. 56; Spindler/Stilz/Veil, § 292 Rn. 52; MünchHdbAG/Krieger, § 73 Rn. 52; Staudinger/Martinek/Omlor, § 675 Rn. B 143; Palandt/Sprau, § 675 Rn. 29; Veil, S. 47; Fenzl, Rn. 130; Wagenhals, S. 11; Rieble, NZA 2010, 1145, 1146; Joachim, DZWiR 1992, 397, 398; Löffler, NJW 1983, 2920, 2921; Breuninger/Prinz, JbFSt 1998/99, 367, 368; Haarmann, JbFSt 1992/93, 526, 527; differenzierend und für atypische Fallkonstellationen einen Geschäftsbesorgungsvertrag mit Werkvertragscharakter bejahend: Böhm, S. 78 ff.

[11] GroßkommAktG/Mülbert, § 292 Rn. 145; MünchHdbAG/Krieger, § 73 Rn. 52; Fenzl, Rn. 130; Böhm, S. 84; Wagenhals, S. 11.

b) Handelsgeschäft

Bei einem (entgeltlichen) Betriebsführungsvertrag unter Kaufleuten handelt es sich sowohl für den Eigentümer als auch für den Betriebsführer um ein Handelsgeschäft i. S. d. § 343 HGB. Eine abweichende Ansicht ordnet demgegenüber alle Unternehmensverträge, zu denen nach der h. M. der Betriebsführungsvertrag jedenfalls dann zählt, wenn er gegenständlich und inhaltlich den gesamten Betrieb bzw. alle Betriebe des Eigentümers erfasst[12], nicht als Handelsgeschäft, sondern als strukturänderndes Organisationsgeschäft ein[13]. § 343 HGB differenziert indes nicht danach, ob das Geschäft einen Einfluss auf die Organisationsverfassung des Kaufmanns hat. Maßgebend für die rechtliche Einordnung eines Geschäfts als Handelsgeschäft ist, ob es zum Betrieb des Handelsgewerbes des Kaufmanns gehört. Das trifft auf alle Geschäfte zu, die dem Interesse des Handelsgewerbes, der Erhaltung seiner Substanz und der Erzielung von Gewinn dienen[14]. Dies lässt sich bei einem (entgeltlichen) Betriebsführungsvertrag sowohl für den Eigentümer als auch für den Betriebsführer bejahen. Nach der Rechtsprechung und in Teilen der Literatur werden daher selbst die Unternehmensverträge des § 291 AktG als Handelsgeschäfte angesehen[15]. Aufgrund seiner Eigenschaft als Handelsgeschäft finden auf den Betriebsführungsvertrag die §§ 344 ff. HGB Anwendung.

c) Allgemeine Geschäftsbedingungen

Sind die Voraussetzungen des § 305 Abs. 1 BGB erfüllt, unterliegen die Regelungen des Betriebsführungsvertrags einer AGB-Klauselkontrolle. Die Bereichsausnahme betreffend Verträge auf dem Gebiet des Gesellschaftsrechts gemäß § 310 Abs. 4 Satz 1 BGB findet nach h. M. keine Anwendung[16].

2. Einordnung als Unternehmensvertrag

a) Aktiengesellschaft und Kommanditgesellschaft auf Aktien

aa) Führung des gesamten Betriebs

Handelt es sich bei dem Eigentümer um eine Aktiengesellschaft oder eine Kommanditgesellschaft auf Aktien und erfasst der Betriebsführungsvertrag (gegenständlich und inhaltlich) den gesamten Betrieb bzw. alle Betriebe des Eigentümerunternehmens, wird unterschiedlich beurteilt, ob es sich bei einem Betriebsführungsvertrag um einen Unternehmensvertrag i. S. d. § 292 Abs. 1 Nr. 3 AktG handelt oder dieser jedenfalls analog § 292 Abs. 1 Nr. 3 AktG zu behandeln ist.

Der Streit ist praktischer Bedeutung, da die Einstufung des Betriebsführungsvertrags als Unternehmensvertrag zur Folge hat, dass die Bestimmungen der §§ 293 ff. AktG zu beachten sind.

---

[12] S. dazu sogleich unter A.II.2.a)aa).

[13] MünchKommHGB/K. Schmidt, § 343 Rn. 7; Ebenroth/Boujong/Joost/Strohn/Joost, § 343 Rn. 21.

[14] BGH NJW 1960, 1852, 1853; Baumbach/Hopt/Hopt, § 343 Rn. 3; Ebenroth/Boujong/Joost/Strohn/Joost, § 343 Rn. 24.

[15] BGH DB 1999, 2457, 2458; MünchKommAktG/Altmeppen, § 302 Rn. 75.

[16] OLG München AG 1987, 849, 851 f. (zur Rechtslage unter dem AGBG); allgemein für Unternehmensverträge (ebenfalls zur Rechtslage unter dem AGBG): Grunewald, FS Semler, S. 178, 192; abweichend: Soergel/Stein, § 23 AGBG Rn. 9.

Die h. M. hält § 292 Abs. 1 Nr. 3 AktG für (überwiegend entsprechend, vereinzelt auch direkt) anwendbar[17]. Bei einem Betriebsführungsvertrag werde – wie bei Betriebsüberlassungsverträgen – die Führung der Geschäfte einen Dritten überlassen. Dies stelle einen schwerwiegenden Eingriff in die Unternehmensverfassung des Eigentümers dar, der die Zustimmung der Hauptversammlung als unerlässlich erscheinen lasse[18]. Im Hinblick darauf, dass es sich nach der Vorstellung des Gesetzgebers bei den Verträgen des § 292 AktG im Gegensatz zu Beherrschungs- und Gewinnabführungsverträgen um „schuldrechtliche Verträge mit Austausch von Leistung und Gegenleistung" handelt[19], werden innerhalb der h. M. teilweise nur entgeltliche Vertragsgestaltungen anerkannt[20], während nach anderer Auffassung das Fehlen einer Vergütungsabrede ohne Belang ist[21].

Nach der Gegenauffassung ist der Betriebsführungsvertrag nicht mit einem Unternehmensvertrag gemäß § 292 Abs. 1 Nr. 3 AktG vergleichbar, da im Gegensatz zu Betriebspacht- und Überlassungsverträgen der Eigentümer weiterhin das wirtschaftliche Risiko aus der Tätigkeit des Unternehmens trage; im Übrigen sei eine Analogie nicht mit dem numerus clausus der Unternehmensvertragstypen vereinbar[22].

Teilweise wird die Anwendbarkeit des § 292 Abs. 1 Nr. 3 AktG verneint, sofern es sich bei dem Eigentümer nicht um ein abhängiges Unternehmen handelt[23], sofern die Mutter-AG die Betriebsführung einer Tochtergesellschaft anvertraut (jedenfalls wenn die Satzung der Mutter-AG eine Ermächtigung enthält, das Unternehmen auch über Tochtergesellschaften zu betreiben)[24], sofern zugunsten des Eigentümers umfassenden Einfluss-, Mitwirkungs- und Informationsrechte vereinbart werden, die dem Eigentümer die unternehmerische Leitungsverantwortlichkeit sichern[25] oder sofern der Betriebsführungsvertrag im Einzelfall aufgrund seines konkreten Inhaltes nicht in die Leitungskompetenz des Vorstands und damit in die Organisationsverfassung der Gesellschaft eingreift[26].

Für die Praxis sollte aus Gründen einer rechtssicheren Vertragsgestaltung entsprechend der h. M. davon ausgegangen werden, dass jeder Betriebsführungsvertrag (sofern er gegenständlich und inhaltlich den gesamten Betrieb bzw. alle Betriebe des Eigentümers erfasst) als Unternehmensvertrag i. S. d. § 292 Abs. 1 Nr. 3 AktG zu qualifizieren ist und dementsprechend die

[17] Für eine entsprechende Anwendung des § 292 Abs. 1 Nr. 3 AktG: MünchKommAktG/Altmeppen, § 292 Rn. 147 ff.; KölnerKommAktG/Koppensteiner, § 292 Rn. 81; Emmerich/Habersack/Emmerich, § 292 Rn. 59; Spindler/Stilz/Veil, § 292 Rn. 54; Hüffer/Koch, § 292 Rn. 17, 20; Hommelhoff, S. 285 f.; Veelken, S. 245; Wagenhals, S. 26; Rieble, NZA 2010, 1145, 1146; Huber, ZHR 152 (1988), 1, 32 f.; Weißmüller, BB 2000, 1949, 1950; Knepper, BB 1982, 2061, 2064; für eine direkte Anwendung des § 292 Abs. 1 Nr. 3 AktG: Oesterreich, S. 53 f.; Geßler/Hefermehl/Eckardt/Kropff/Geßler, § 292 Rn. 85; die h. M. bezweifelnd: MünchHdbAG/Krieger, § 73 Rn. 49.
[18] MünchKommAktG/Altmeppen, § 292 Rn. 149; Hüffer/Koch, § 292 Rn. 20; Huber, ZHR 152 (1988), 1, 33; Hommelhoff, S. 285; Wagenhals, S. 27.
[19] BegrRegE, bei: Kropff, S. 378.
[20] Hölters/Deilmann, § 292 Rn. 36; s. auch: Emmerich/Habersack/Emmerich, § 292 Rn. 56, wonach offen sei, ob unentgeltliche Vertragsgestaltungen möglich seien.
[21] KölnerKommAktG/Koppensteiner, § 292 Rn. 77, 79; Hüffer/Koch, § 292 Rn. 20.
[22] GroßkommAktG/Mülbert, § 292 Rn. 156 ff.; KölnerKommAktG/Biedenkopf/Koppensteiner, 1. Aufl., § 292 Rn. 24; Frisch, AG 1995, 262, 263; Loos, BB 1963, 615, 618; ebenso für den Fall, dass der Betrieb nach Weisung geführt werde: K. Schmidt, Gesellschaftsrecht, § 31 III 1 b (S. 949 f.), nach dem ohne Weisungsbefugnis ein Beherrschungsvertrag vorliege; ebenso für den konzerninternen Betriebsführungsvertrag: Winter/Theisen, AG 2011, 662, 666 f.
[23] GroßkommAktG/Würdinger, 3. Aufl., § 292 Anm. 24; dagegen: MünchKommAktG/Altmeppen, § 292 Rn. 150; KölnerKommAktG/Koppensteiner, § 292 Rn. 81.
[24] KölnerKommAktG/Koppensteiner, § 292 Rn. 82; MünchHdbGmbH/Decher/Kiefner, § 70 Rn. 51.
[25] Fenzl, Rn. 256 ff., 306.
[26] Eingehend dazu: Böhm, S. 233 ff.; Köhn, Der Konzern 2011, 530, 532 ff.

Wirksamkeitsvoraussetzungen der §§ 293 ff. AktG zum Tragen kommen. Die Frage, ob § 292 Abs. 1 Nr. 3 AktG direkt oder analog anwendbar ist, kann offen bleiben, da ihr keine nennenswerte praktische Bedeutung zukommt[27].

bb) Teilbetriebsführungsvertrag

Hinsichtlich der Einordnung von Teilbetriebsführungsverträgen ist danach zu differenzieren, ob sich der Betriebsführungsvertrag gegenständlich auf einzelne Unternehmensbereiche (Sparten) oder Einzel- oder Teilbetriebe beschränkt oder inhaltlich auf Ausschnitte der Betriebsführung, etwa den Bereich Finanzen, Marketing, Produktion, Vertrieb, Personal oder EDV.

(1) Gegenständliche Beschränkung der Betriebsführung

Das Gesetz ordnet einen Gewinnabführungsvertrag nicht nur dann als Unternehmensvertrag ein, wenn sich eine Aktiengesellschaft verpflichtet, ihren ganzen Gewinn an ein anderes Unternehmen abzuführen (§ 291 Abs. 1 Satz 1 Alt. 2 AktG). Vielmehr liegt auch dann ein Unternehmensvertrag vor, wenn sich die Gesellschaft verpflichtet, nur einen Teil ihres Gewinns oder den Gewinn einzelner Betriebe ganz oder zum Teil an einen anderen abzuführen (§ 292 Abs. 1 Nr. 2 AktG). Für den mit dem Betriebsführungsvertrag vergleichbaren Betriebspacht- oder Betriebsüberlassungsvertrag fehlt eine entsprechende Regelung für den Fall, dass nicht sämtliche Betriebe verpachtet bzw. überlassen werden. § 292 Abs. 1 Nr. 3 AktG findet dementsprechend nach h. M. nur Anwendung, wenn der ganze Betrieb Gegenstand der Betriebsüberlassung ist[28].

Konsequenterweise qualifiziert die ganz h. M. auch den gegenständlich beschränkten Betriebsführungsvertrag nicht als Unternehmensvertrag i. S. d. § 292 Abs. 1 Nr. 3 AktG[29]. Gegen eine Einordnung des gegenständlich beschränkten Betriebsführungsvertrags als Unternehmensvertrag sprechen dieselben Argumente, die gegen eine Einordnung des gegenständlich beschränkten Betriebspacht- oder Betriebsüberlassungsvertrags als Unternehmensvertrag sprechen: Der Wortlaut des § 292 Abs. 1 Nr. 3 AktG setzt voraus, dass die verpflichtete Gesellschaft *den* Betrieb ihres Unternehmens einem anderen verpachtet oder sonst überlässt. Dass der Gesetzgeber mit dieser Wortwahl nur den gesamten Betrieb und nicht auch Einzelbetriebe oder Betriebsteile gemeint hat, folgt aus der Gesetzessystematik, da für den Betriebspacht- und den Betriebsüberlassungsvertrag eine § 292 Abs. 1 Nr. 2 AktG entsprechende Regelung fehlt. Zwar ist nicht zu verkennen, dass auch ein gegenständlich beschränkter Betriebspacht- oder Betriebsüberlassungsvertrag eine Verlagerung von Leitungskompetenzen zur Folge hat. Diese bleibt jedoch hinter einem gegenständlich unbeschränkten Betriebspacht- oder Betriebsüberlassungsvertrag zurück. Dieses lässt den Schluss darauf zu, dass der Gesetzgeber solchen Verträgen keine Bedeutung beimisst, die eine Legitimation durch die Hauptversammlung erfordern. Als Beleg für dieses Ergebnis lässt sich § 292 Abs. 2 AktG anführen,

---

[27] Hüffer, 10. Aufl., § 292 Rn. 17.

[28] GroßkommAktG/Mülbert, § 292 Rn. 120; MünchKommAktG/Altmeppen, § 292 Rn. 97; Hüffer/Koch, § 292 Rn. 18; Emmerich/Habersack/Emmerich, § 292 Rn. 40 f.; KölnerKommAktG/Koppensteiner, § 292 Rn. 75; Huber, ZHR 152 (1988), 123, 152 f.; Fenzl, Rn. 31; Fenzl, Der Konzern 2006, 18, 29; Nelißen, DB 2007, 786; abweichend nur: Spindler/Stilz/Veil, § 292 Rn. 40.

[29] MünchKommAktG/Altmeppen, § 292 Rn. 149; KölnerKommAktG/Mertens/Cahn, § 76 Rn. 57; MünchHdbAG/Krieger, § 73 Rn. 51; Huber, ZHR 152 (1988), 1, 32; 123, 152 f.; Weißmüller, BB 2000, 1949, 1950; ebenso für die GmbH als Eigentümer: MünchHdbGmbH/Decher/Kiefner, § 70 Rn. 51; eingehend und nach dem Inhalt des Betriebsführungsvertrags differenzierend: Köhn, Der Konzern 2011, 530, 535 f.

nach dem die in dieser Vorschrift genannten Verträge (bei denen es sich ansonsten um Teilgewinnabführungsverträge handeln würde) von einer Qualifizierung als Teilgewinnabführungsvertrag ausgenommen werden[30].

Die Gegenauffassung verweist auf den Schutzzweck der Norm. Danach könne auch ein gegenständlich beschränkter Betriebsführungsvertrag in die Organisationsverfassung der Gesellschaft eingreifen, was einer Legitimation durch einen Beschluss der Hauptversammlung bedürfe[31].

Für die Praxis erscheint es vertretbar, entsprechend der h. M. davon auszugehen, dass der gegenständlich beschränkte Betriebsführungsvertrag grundsätzlich nicht als Unternehmensvertrag i. S. d. § 292 Abs. 1 Nr. 3 AktG zu qualifizieren ist und daher die ansonsten einzuhaltenden Wirksamkeitsvoraussetzungen nach § 293 ff. AktG keine Anwendung finden.

Wie bei einem Betriebspacht- oder Betriebsüberlassungsvertrag[32] ist der gegenständlich beschränkte Betriebsführungsvertrag allerdings unter dem Gesichtspunkt der Gesetzesumgehung ausnahmsweise dann als Unternehmensvertrag i. S. d. § 292 Abs. 1 Nr. 3 AktG anzusehen, wenn er ohne sachlichen Grund einzelne Betriebe oder Betriebsteile nicht erfasst[33]. Gleiches gilt, wenn sich der Vorstand durch mehrere Betriebsführungsverträge mit unterschiedlichen Betriebsführern ganz oder nahezu vollständig der Leitung sämtlicher Betriebe des Unternehmens begibt[34]

(2) Inhaltliche Beschränkung der Betriebsführung

Bislang kaum beleuchtet worden ist, ob ein inhaltlich beschränkter Betriebsführungsvertrag als Unternehmensvertrag i. S. d. § 292 Abs. 1 Nr. 3 AktG einzuordnen ist. Insofern stehen sich zwei Meinungen gegenüber. Nach einer Ansicht gelten die Ausführungen zum gegenständlich beschränkten Betriebsführungsvertrag gleichermaßen für den inhaltlich beschränkten Betriebsführungsvertrag[35]. Nach der Gegenauffassung ist auch ein Betriebsführungsvertrag, der nur einen Ausschnitt der Leitungskompetenz des Vorstands einer anderen Person

---

[30] Köhn, Der Konzern 2011, 530, 535.

[31] Veil, S. 290; zustimmend, aber nach dem Typus des Betriebsführungsvertrags weiter differenzierend: Böhm, S. 274 f.; vgl. für die GmbH als Eigentümer auch: MHLS/Servatius, Syst. Darst. 4 Rn. 377, wonach es bei einer im Einzelfall konkretisierungsbedürftigen wertenden Betrachtung darauf ankomme, inwieweit die schuldrechtliche Abrede den autonomen innergesellschaftlichen Willensbildungsprozess bei der GmbH beeinträchtige.

[32] Einordnung als Unternehmensvertrag, wenn ein einzelner, insgesamt ganz unbedeutender Betrieb nicht verpachtet wird, wenn nicht vertragserfasste Betriebe im Anschluss an den Abschluss des Unternehmensvertrags stillgelegt werden oder wenn sämtliche Betriebe durch eine Sequenz von Pachtverträgen in die Gestion des anderen Vertragsteils übergeleitet werden: KölnerKommAktG/Koppensteiner, § 292 Rn. 76; ebenso: GroßkommAktG/Mülbert, § 292 Rn. 121; ähnlich (bei Herausnahme völlig unbedeutender Betriebe): MünchKommAktG/Altmeppen, § 292 Rn. 97.

[33] Köhn, Der Konzern 2011, 530, 536; ähnlich (Herausnahme völlig unbedeutender Betriebe): Wagenhals, S. 26 f.

[34] Fenzl, Rn. 106; abweichend: Huber, ZHR 152 (1988), 123, 152 zum konzerninternen Betriebsführungsvertrag mit mehreren Konzerntöchtern als Betriebsführern mit der Begründung, die Konzernmutter könne jederzeit durch Weisung in die Führung eingreifen. Nach zutreffender Ansicht (KölnerKommAktG/Koppensteiner, § 292 Rn. 81; Veil, S. 288; Oesterreich, S. 53; abweichend: Winter/Theisen, AG 2011, 662, 666, 667) ändert das Bestehen des Weisungsrechts aber nichts daran, dass gleichwohl die Leitungskompetenz des Vorstands verkürzt wird. Für den Betriebspachtvertrag wie hier: LG Berlin WM 1992, 22, 26; GroßkommAktG/Mülbert, § 292 Rn. 121.

[35] MünchHdbAG/Krieger, § 73 Rn. 51; eingehend: Köhn, Der Konzern 2011, 530, 536, der hinsichtlich der Qualifikation nach dem Inhalt des Betriebsführungsvertrags differenziert.

überträgt, als Unternehmensvertrag zu qualifizieren[36]. Im Hinblick darauf, dass sich anders als beim gegenständlich beschränkten Betriebsführungsvertrag zu der Einordnung des inhaltlich beschränkten Betriebsführungsvertrags noch keine überwiegende Rechtsauffassung herausgebildet hat, erscheint es für die Gestaltungspraxis ratsam, von einer Einordnung des inhaltlich beschränkten Betriebsführungsvertrags als Unternehmensvertrag i. S. d. § 292 Abs. 1 Nr. 3 AktG auszugehen.

b) Gesellschaften anderer Rechtsform

Eine Einordnung als Unternehmensvertrag i. S. d. § 292 Abs. 1 Nr. 3 AktG setzt das Vorliegen eines aktienrechtlichen Betriebsführungsvertrags voraus. Ein solcher liegt nur vor, wenn es sich bei dem Eigentümer um eine Aktiengesellschaft oder Kommanditgesellschaft auf Aktien handelt. In diesem Fall kommt es auf die Rechtform des Betriebsführers nicht an.

Nach allgemeiner Meinung ist der Abschluss eines Betriebsführungsvertrages auf Seiten des Eigentümers jedoch nicht auf Aktiengesellschaften und Kommanditgesellschaften auf Aktien beschränkt. Vielmehr kann jede Gesellschaft anderer Rechtsform auch auf Seiten des Eigentümers einen Betriebsführungsvertrag schließen[37].

Schließt eine GmbH oder eine Personengesellschaft als Eigentümer einen Betriebsführungsvertrag, liegt kein Unternehmensvertrag entsprechend § 292 Abs. 1 Nr. 3 AktG vor. Aus diesem Grund ist für die GmbH und die Personengesellschaft als Eigentümer gesondert die Frage zu klären, ob die aktienrechtlichen Vorschriften über den Unternehmensvertrag (doppelt) analog anzuwenden sind und/oder welche Bestimmungen und Grundsätze beim Abschluss und in der Ausgestaltung des Betriebsführungsvertrages sonst zu beachten sind[38].

III. Abgrenzung zu anderen Verträgen

1. Unternehmensverträge

a) Beherrschungsvertrag

Bei einem Beherrschungsvertrag unterstellt eine Aktiengesellschaft oder Kommanditgesellschaft auf Aktien die Leitung ihrer Gesellschaft einem anderen Unternehmen (§ 291 Abs. 1 Satz 1 Alt. 1 AktG). Besteht ein Beherrschungsvertrag, so ist das herrschende Unternehmen gemäß § 308 Abs. 1 Satz 1 AktG berechtigt, dem Vorstand der Gesellschaft hinsichtlich der Leitung der Gesellschaft Weisungen zu erteilen. Bei einem Betriebsführungsvertrag verhält es sich genau anders herum. Hier unterliegt der Betriebsführer den Weisungen des Eigentümers gemäß § 665 BGB. Das Weisungsrecht des § 665 BGB ist jedoch dispositiv[39]. Wird das Weisungsrecht bei einem Betriebsführungsvertrag zwischen selbständigen Unternehmen etwa

---

[36] Veil, S. 290.
[37] Weißmüller, BB 2000, 1949; Schulze zur Wiesche, BB 1983, 1026, s. auch: BGH NJW 1982, 1817 (Kommanditgesellschaft als Eigentümer).
[38] Entsprechendes gilt für sonstige Rechtsträger. Auch andere Rechtsträger als die GmbH und die Personengesellschaft können auf beiden Seiten Vertragspartner eines Betriebsführungsvertrags sein. Von einer Darstellung wird insoweit abgesehen; s. exemplarisch für die Genossenschaft: Hillebrand/Kessler, § 1 Rn. 139 ff.; Beuthien/Wolff/Schöpflin, § 1 Rn. 138, für den Verein: Emmerich/Habersack, § 37 III 3 (S. 538 f.).
[39] S. die Entscheidung BGH NJW 1982, 1817, die einen weisungsfreien Betriebsführungsvertrag zum Gegenstand hatte.

durch Erteilung einer unwiderruflichen Generalvollmacht vollständig[40] ausgeschlossen (oder wird vertraglich auf andere Weise die Möglichkeit des Eigentümers eliminiert, die Interessen seiner Gesellschaft gegenüber dem Betriebsführer durchzusetzen), entspricht der Betriebsführungsvertrag in seinen Wirkungen einem Beherrschungsvertrag. Dementsprechend erachtet die ganz h. M. einen solchen Vertrag nur als zulässig, wenn zusätzlich die gesetzlichen Voraussetzungen des Beherrschungsvertrags eingehalten werden[41].

Unterschiedlich beurteilt wird die Rechtslage, wenn der Betriebsführungsvertrag zwischen einer abhängigen Eigentümergesellschaft und einem herrschenden Unternehmen als Betriebsführer geschlossen wird. Einer Auffassung nach sei ein solcher Betriebsführungsvertrag stets als (verschleierter) Beherrschungsvertrag zu werten, da sich der Eigentümer faktisch durch den Vertrag der Leitung des herrschenden Unternehmens unterstelle[42]. Nach der h. M. spreche bei einem Betriebspacht- und Betriebsüberlassungsvertrag § 302 Abs. 2 AktG gegen die Annahme, dass ein Abhängigkeitsverhältnis allein eine Qualifikation als Beherrschungsvertrag begründe. Etwas anderes könne nicht für den Betriebsführungsvertrag gelten. Daher sei im Einzelfall an Hand der konkreten inhaltlichen Ausgestaltung des Betriebsführungsertrags zu prüfen, ob seine Wirkungen rechtlich einem Beherrschungsvertrag entsprechen[43]. Eine dahingehende Vermutung bestehe nicht[44]. Vor faktischen Benachteiligungen durch das herrschende Unternehmen sei das abhängige Eigentümerunternehmen durch die §§ 311 ff. AktG geschützt[45].

Der jeweils h. M. folgend ist bei der Gestaltung des Betriebsführungsvertrags darauf zu achten, dass entweder das Weisungsrecht in dem Betriebsführungsvertrag nicht ausgeschlossen wird oder aber – bei Ausschluss des Weisungsrechts – zusätzlich die gesetzlichen Voraussetzungen des Beherrschungsvertrags eingehalten werden.

b) Betriebspacht- und Betriebsüberlassungsvertrag

Der Betriebsführungsvertrag unterscheidet sich vom Betriebspacht- und Betriebsüberlassungsvertrag (§ 292 Abs. 1 Nr. 3 AktG) dadurch, dass der Betriebsführer den Betrieb des Eigentümers für fremde Rechnung, nämlich des Eigentümers führt, während beim Betriebs-

---

[40] Ausführlich zum teilweisen Ausschluss des Weisungsrechts: GroßkommAktG/Mülbert, § 292 Rn. 163 ff.

[41] MünchKommAktG/Altmeppen, § 292 Rn. 153; Emmerich/Habersack/Emmerich, § 292 Rn. 58; GroßkommAktG/Kort, § 76 Rn. 201; Hüffer/Koch, § 292 Rn. 24; MünchHdbAG/Krieger, § 73 Rn. 57; Veil, S. 296; Priester, FS Hommelhoff, S. 875, 880, 887; Rieble, NZA 2010, 1145, 1146; Joachim, DZWiR 1992, 455, 457; Zöllner, ZfA 1983, 93, 101; K. Schmidt, Gesellschaftsrecht, § 31 III 1 b (S. 249 f.); auch: GroßkommAktG/Mülbert, § 292 Rn. 161, nach dem aber allein mit der Erteilung einer unwiderruflichen Generalvollmacht noch kein weisungsfreier Betriebsführungsvertrag vorliege; i. E. wie die h. M. auch: Fenzl, Rn. 309 ff.; der h. M. ähnlich: Spindler/Stilz/Veil, § 292 Rn. 57 f.; noch weitergehend als die h. M.: Veelken, S. 218, der die Einhaltung der Voraussetzungen der Eingliederung fordert.

[42] Huber, ZHR 152 (1988), 123, 140, 144 f.; ähnlich: Geßler/Hefermehl/Eckardt/Kropff/Geßler, § 292 Rn. 85, wonach ein solcher Vertrag in der Regel als Beherrschungsvertrag anzusehen sei, es aber im Einzelfall auf die Ausgestaltung des Betriebsführungsvertrags ankomme; ähnlich auch: GroßkommGmbHG/Ulmer, 8. Aufl., Anh § 77 Rn. 196, wonach die Annahme eines Beherrschungsvertrags nahe liege; s. auch KölnerKomm-AktG/Mertens/Cahn, § 76 Rn. 58, wonach die Betriebsführung durch das herrschende Unternehmen den Abschluss eines Beherrschungsvertrags voraussetze.

[43] GroßkommAktG/Mülbert, § 292 Rn. 160; MünchKommAktG/Altmeppen, § 292 Rn. 167 ff.; Hüffer/Koch, § 292 Rn. 24; MünchHdbAG/Krieger, § 73 Rn. 57; Emmerich/Habersack/Emmerich, § 292 Rn. 60; Spindler/Stilz/Veil, § 292 Rn. 54; Winter/Theisen, AG 2011, 662, 667 f.; Joachim, DZWiR 1992, 455, 457; vgl. auch: Priester, FS Hommelhoff, S. 875, 886.

[44] Dies erwägt Hüffer, 10. Aufl., § 292 Rn. 24; abweichend: MünchKommAktG/Altmeppen, § 292 Rn. 167; MünchHdbAG/Krieger, § 73 Rn. 57; Köhn, Der Konzern 2011, 530, 536.

[45] MünchKommAktG/Altmeppen, § 292 Rn. 167; KölnerKommAktG/Koppensteiner, § 291 Rn. 40.

pacht- und Betriebsüberlassungsvertrag die Führung des Betriebs für Rechnung des Pächters bzw. für Rechnung des den Betrieb übernehmenden Unternehmens erfolgt[46].

c) Geschäftsführungsvertrag

Bei einem Geschäftsführungsvertrag gemäß § 291 Abs. 1 Satz 2 AktG erfolgt ebenfalls eine Betriebsführung für fremde Rechnung, aber in diesem Fall durch den Eigentümer selbst für Rechnung eines Dritten[47].

2. Verträge außerhalb des Aktienrechts

a) Managementvertrag

Bei einem Managementvertrag verpflichtet sich der Manager ebenso wie beim Betriebsführungsvertrag der Betriebsführer, den Betrieb des Eigentümers für dessen Rechnung im eigenen oder fremden Namen gegen Entgelt zu führen[48].

Die h. M. differenziert nicht zwischen Managementvertrag und Betriebsführungsvertrag, sondern setzt den Managementvertrag mit dem Betriebsführungsvertrag gleich[49]. Ein Teil des neueren Schrifttums steht demgegenüber auf dem Standpunkt, dass beide Verträge nicht deckungsgleich sind. Bei einem Managementvertrag komme neben der Betriebsführung als weitere wesentliche Vertragspflicht hinzu, dass der Manager das Personal des Eigentümers schule. Ziel der Personalschulung sei ein Know-how-Transfer mit dem langfristigen Ziel, das Personal des Eigentümers in die Lage zu versetzen, die Führung des Unternehmens selbst zu übernehmen[50]. Während danach der Managementvertrag auf eine zeitlich begrenzte Übertragung der Geschäftsführungsbefugnisse ausgerichtet sei, sei der Betriebsführungsvertrag in der Regel zeitlich nicht begrenzt. Dieses gelte insbesondere in den Fällen, in denen der Betriebsführungsvertrag gezielt als Mittel der Konzernpolitik eingesetzt werde[51].

Für die Praxis kommt einer Differenzierung zwischen Management- und Betriebsführungsvertrag keine wesentliche Bedeutung zu. Der (entgeltliche) Managementvertrag ist ebenso wie der (entgeltliche) Betriebsführungsvertrag – auch unter Berücksichtigung der Ausbildungsfunktion – als Geschäftsbesorgungsvertrag i. S. d. § 675 BGB mit dienstvertraglichem Charakter einzuordnen[52]. Da der Managementvertrag alle Merkmale des Betriebsführungsvertrags aufweist, ist er mit der h. M. zur Einordnung des Betriebsführungsvertrags gleichermaßen als Unternehmensvertrag entsprechend § 292 Abs. 1 Nr. 3 AktG zu qualifizieren.

---

[46] GroßkommAktG/Mülbert, § 292 Rn. 140; MünchKommAktG/Altmeppen, § 292 Rn. 143; Wagenhals, S. 14 ff.; Huber, ZHR 152 (1988), 1, 3 f.; Schulze zur Wiesche, BB 1983, 1026; Breuninger/Prinz, JbFSt 1998/99, 367, 369; Joachim, DZWiR 1992, 397, 399.

[47] Emmerich/Habersack/Emmerich, § 291 Rn. 69, § 292 Rn. 55; Wagenhals, S. 14; vgl. auch Huber, ZHR 152 (1988), 1,6 f.

[48] Staudinger/Martinek/Omlor, § 675 Rn. B 142; Schlüter, S. 22; Zeiger, S. 29; Joachim, DZWiR 1992, 397 f.; Löffler, NJW 1983, 2920, 2921.

[49] BGH NJW 1982, 1817; OLG München, ZIP 1987, 849; Joachim, DZWiR 1992, 397 ff.; Löffler, NJW 1982, 2920, 2921; Windbichler, ZIP 1987, 825, 827.

[50] Schlüter, S. 21, 31 f; Zeiger, S. 30.

[51] Schlüter, S. 31; vgl. auch: Staudinger/Martinek/Omlor, § 675 Rn. B 148.

[52] Staudinger/Martinek/Omlor, § 675 Rn. B 143; Joachim, DZWiR 1992, 397, 398; Löffler, NJW 1983, 2920, 2921; abweichend (Vertrag sui generis aufgrund der hinzutretenden Ausbildungsfunktion) nur: Zeiger, S. 29; dagegen: Staudinger/Martinek/Omlor, § 675 Rn. B 150; grundsätzlich auch dagegen: Schlüter, S. 23 f. (mit Fn. 26).

b) Beratervertrag

Der ebenfalls als Geschäftsbesorgungsvertrag i. S. d. § 675 BGB zu qualifizierende Berater- bzw. Consultingvertrag unterscheidet sich dadurch vom Betriebsführungsvertrag, dass der Berater im Gegensatz zum Betriebsführer die Betriebsführung des Eigentümers nicht übernimmt, sondern den Eigentümer bei der Betriebsführung lediglich anleitet und im Rahmen der Entscheidungsvorbereitung dem Eigentümer sein Fachwissen zugänglich macht[53].

c) Franchisevertrag

Bei einem Betriebsführungsvertrag führt ein fremdes Unternehmen das Unternehmen des Eigentümers auf fremde Rechnung. Demgegenüber führt bei einem Franchisevertrag der Franchisenehmer selbst sein Unternehmen auf eigene Rechnung. Zudem unterliegt beim Betriebsführungsvertrag der Betriebsführer den Weisungen des Eigentümers. Beim Franchisevertrag verhält es sich genau anders herum, hier ist der Franchisenehmer weisungsgebunden[54].

d) Joint-Venture

Das Joint-Venture, das zahlreiche Erscheinungsformen hat, ist grundsätzlich durch eine Verbindung aus vertraglichen und kooperativen Elementen geprägt. Letztere fehlen dem Betriebsführungsvertrag[55].

e) Lizenzvertrag

Im Rahmen eines Lizenzvertrags erteilt der Lizenzgeber dem Lizenznehmer ein Nutzungsrecht an einem gewerblichen Schutzrecht. Bei einem Betriebsführungsvertrag wendet der Betriebsführer allgemeine unternehmerische Kenntnisse und Fähigkeiten an und macht diese dadurch für den Eigentümer nutzbar, ohne dass dieses mit einer Rechtseinräumung verbunden ist[56].

f) Know-how-Vertrag

Der Know-how-Vertrag räumt dem Know-how-Nehmer ein Nutzungsrecht am Erfahrungswissen des Know-how-Gebers ein. Im Gegensatz dazu übt der Betriebsführer im Rahmen der Führung des Betriebs sein Know-how selbst aus. Darüber hinaus ist der Know-how-Vertrag produkt- oder verfahrensorientiert, wohingegen der Betriebsführungsvertrag die gesamtunternehmerische Betriebsführung betrifft[57].

---

[53] Staudinger/Martinek/Omlor, § 675 Rn. B 146; Veelken, S. 23; Zeiger, S. 34; Schlüter, S. 13 f.; Joachim, DZWiR 1992, 397, 399.
[54] Staudinger/Martinek/Omlor, § 675 Rn. B 145; Wagenhals, S. 16; Joachim, DZWiR 1992, 397, 399.
[55] Zeiger, S. 32; Joachim, DZWiR 1992, 397, 399.
[56] Schlüter, S. 15; Zeiger, S. 32; Joachim, DZWiR 1992, 397, 399.
[57] Zeiger, S. 33 f. m. w. N.

IV. Organisationsrechtliche Zulässigkeit

1. Aktiengesellschaft und Kommanditgesellschaft auf Aktien

Lässt eine Aktiengesellschaft oder Kommanditgesellschaft auf Aktien als Eigentümer ihr gesamtes Unternehmen durch einen Betriebsführer führen, stellt sich im Hinblick auf die Verpflichtung des Vorstands zur eigenverantwortlichen Leitung der Aktiengesellschaft (§ 76 Abs. 1 AktG) die Frage nach der organisationsrechtlichen Zulässigkeit eines solchen Vertrags.

Die h. M. ordnet einen in die Leitungsentscheidungskompetenz des Vorstand eingreifenden Betriebsführungsvertrag nicht als (wirksamen) Unternehmensvertrag entsprechend § 292 Abs. 1 Nr. 3 AktG ein. Vielmehr erachtet sie einen Betriebsführungsvertrag nur dann als zulässig, wenn dem Betriebsführer lediglich die laufende Geschäftsführung übertragen wird. Die Leitungsentscheidungen müssten beim Vorstand des Eigentümers verbleiben. Dieser entscheide über die Grundfragen der Unternehmenspolitik und überwache deren Umsetzung durch den Betriebsführer. Würden diese Grenzen nicht eingehalten, führe dies wegen des Verstoßes gegen § 76 Abs. 1 AktG entweder zur Nichtigkeit des Betriebsführungsvertrags oder es läge in Wirklichkeit ein Beherrschungsvertrag vor, der nur wirksam sei, wenn er den gesetzlichen Anforderungen an einen Beherrschungsvertrag genüge[58].

Die Gegenauffassung weist darauf hin, dass die h. M. nicht mit § 292 Abs. 1 Nr. 3 AktG zu vereinbaren ist, weil auch der Vorstand der überlassenden Gesellschaft nicht mehr für die Leitungsentscheidungen zuständig ist. Dementsprechend werde durch die Einordnung eines solchen Betriebsführungsvertrags als Unternehmensvertrag i. S. d. § 292 Abs. 1 Nr. 3 AktG und damit einhergehend die Beteiligung der Hauptversammlung (§ 293 AktG) der ansonsten bestehende Verstoß gegen § 76 Abs. 1 AktG legitimiert[59].

Der typische Betriebsführungsvertrag in der Praxis sieht vor, dass der Betriebsführer über das laufende Tagesgeschäft hinaus für die unternehmerischen Leitungsentscheidungen zuständig ist[60]. Gerade in seinem Regelanwendungsbereich, der Indienststellung besonderer Kenntnisse des Betriebsführers, gelangt der Betriebsführungsvertrag erst dann zur Entfaltung, wenn der Betriebsführer nicht nur die Unternehmenspolitik des Vorstands umsetzt, sondern selbst bestimmt. Gleichwohl sollte dem Betriebsführer im Sinne einer rechtssicheren Vertragsgestaltung entsprechend der h. M. nur (die Entscheidung über) die laufende Geschäftsführung übertragen werden.

---

[58] Zum ganzen: GroßkommAktG/Kort, § 76 Rn. 200 f.; Emmerich/Habersack/Emmerich, § 292 Rn. 58; Hommelhoff, S. 284 ff.; KölnerKommAktG/Mertens/Kahn, § 76 Rn. 57; Schlüter, S. 27, 44 f.; Zeiger, S. 46 ff.; Geßler, FS Hefermehl, S. 263, 273 ff.; Weißmüller, BB 2000, 1949, 1950 f.; Joachim, DZWiR 1992, 455, 457; Haarmann, JbFSt 1992/93, 526, 528; Schneider, JbFSt 1982/83, 387, 403; Fleischer, ZIP 2003, 1, 9 f.; noch enger (Unzulässigkeit der Übertragung der laufenden Verwaltung auf den Betriebsführer): Veelken, S. 99 ff.; 210 ff. (dagegen Geßler, FS Hefermehl, S. 263, 272 ff.).

[59] MünchKommAktG/Altmeppen, § 292 Rn. 151; MünchHdbAG/Krieger, § 73 Rn. 53; Böhm, S. 248, 271, 276; Huber, ZHR 152 (1988), 1, 33 f.; Martens, S. 29; Köhn, Der Konzern 2011, 530, 534; eingehend: Veil, S. 287 ff.; die Argumentation der Gegenauffassung ablehnend: GroßkommAktG/Mülbert, § 292 Rn. 153.

[60] Veil, S. 288 f.; Burbach, S. 30; Geßler, FS Hefermehl, S. 263, 275; Köhn, Der Konzern 2011, 530, 533; s. auch: Martens, S. 30; vgl. auch BFH FR 2011, 389, dem ein Betriebsführungsvertrag zwischen irländischen Konzerngesellschaften einer deutschen Muttergesellschaft zugrunde lag, der den Betriebsführer „verpflichtete, *sämtliche* für die Geschäftsausübung der X-Ltd., der Y-Ltd. und der Z-Ltd. erforderlichen Tätigkeiten zu erbringen".

2. GmbH

Hinsichtlich der organisationsrechtlichen Zulässigkeit eines mit einer GmbH als Eigentümer abgeschossenen Betriebsführungsvertrags ist zunächst von Bedeutung, dass anders als bei der Aktiengesellschaft die Aufgabe der Geschäftsführung im weiteren Sinne zwischen den Gesellschaftern und den Geschäftsführern aufgeteilt ist. Der Bestimmung der Gesellschafter unterliegen nicht nur die kraft Gesetzes ausdrücklich in § 46 GmbHG genannten Aufgaben. Vielmehr besteht nach h. M. eine allgemeine Zuständigkeit der Gesellschafter, die Grundzüge der Unternehmenspolitik festzulegen[61]. Ferner fallen nach h. M. auch ungewöhnliche bzw. unternehmensleitende Maßnahmen in den Zuständigkeitsbereich der Gesellschafter und nicht in den der Geschäftsführer[62]. Inwieweit die Kompetenzen der Gesellschafterversammlung durch einen (der Zustimmung der Gesellschafter unterliegenden) Betriebsführungsvertrag auf einen Betriebsführer verlagert werden können ist zweifelhaft[63]. Um das Risiko zu vermeiden, dass der Betriebsführungsvertrag als organisationsrechtlich unzulässig eingestuft wird, sollte davon abgesehen werden, dem Betriebsführer Aufgaben zu übertragen, welche der Bestimmung der Gesellschafter des Eigentümers unterliegen.

Bezüglich der unternehmenspolitischen bzw. -leitenden Maßnahmen, die in dem Kompetenzbereich der Geschäftsführung liegen, soll der mit einer GmbH als Eigentümer geschlossene Betriebsführungsvertrag – entsprechend der h. M. zum Aktienrecht – organisationsrechtlich nur dann zulässig sein, sofern die letzte Entscheidung über die Unternehmenspolitik beim Geschäftsführer verbleibe; insofern genüge es, wenn zugunsten des Geschäftsführers in der Produktions-, Investitions-, Absatz- und Finanzierungspolitik Zustimmungserfordernisse vereinbart würden[64]. Gegen diese Ansicht sprechen zunächst dieselben Erwägungen, die gegen eine Beschränkung des Betriebsführers auf das laufende Tagesgeschäft bei einem mit einer Aktiengesellschaft als Eigentümer geschlossenen Betriebsführungsvertrag sprechen. Hinzu kommt bei der GmbH, dass das GmbHG keine § 76 Abs. 1 AktG entsprechende Parallelnorm aufweist und damit jedenfalls kein Verstoß gegen eine positivrechtliche Organisationsnorm im Raume steht. Gleichwohl sollte aus Gründen einer rechtssicheren Vertragsgestaltung davon abgesehen werden, den Betriebsführer mit der Aufgabe zu beauftragen, die bei der Geschäftsführung liegenden Leitungsentscheidungen (selbst) zu treffen.

3. Personengesellschaft

Handelt es sich bei dem Eigentümer um eine Personengesellschaft, besteht Einigkeit darüber, dass der Betriebsführungsvertrag im Hinblick auf Geschäftsführung und Vertretung mit den Grundprinzipien des Rechts der Personengesellschaften in Einklang stehen muss. Unterschiedlich beurteilt wird der dafür anzulegende Prüfungsmaßstab.

---

[61] BGH GmbHR 1991, 197; MünchKommGmbHG/Stephan/Tieves, § 37 Rn. 63; GroßkommGmbHG/Paefgen, § 37 Rn. 18; Scholz/Uwe H. Schneider/Sven H. Schneider, § 37 Rn. 10; abweichend etwa: Baumbach/Hueck/Zöllner/Noack, § 37 Rn. 14; Rowedder/Baukelmann, § 37 Rn. 8; Nachweise zu weiteren Einzelansichten bei Scholz/Uwe H. Schneider/Sven H. Schneider, § 37 Rn. 10 (Fn. 3).
[62] BGH NJW 1984, 1461, 1462; Lutter/Hommelhoff/Kleindiek, § 37 Rn. 10 f; GroßkommGmbHG/Paefken, § 37 Rn. 19; Scholz/Uwe H. Schneider/Sven H. Schneider, § 37 Rn. 15 ff.; Priester, FS Westermann, S. 1281, 1286; abweichend: Baumbach/Hueck/Zöllner/Noack, § 37 Rn. 7.
[63] Vgl. zur Verlagerung von Kompetenzen der Gesellschafterversammlung auf Außenstehende allgemein: Baumbach/Hueck/Zöllner/Noack, § 46 Rn. 97.
[64] Schlüter, S. 44 f., der allerdings keine Differenzierung hinsichtlich der Kompetenzverteilung zwischen Gesellschafterversammlung und Geschäftsführung vornimmt.

Nach h. M. muss der Betriebsführungsvertrag mit dem Grundsatz der Selbstorganschaft zu vereinbaren sein[65]. In der Holiday-Inn-Entscheidung gelangt der BGH (abweichend zu der Vorinstanz) zu dem Ergebnis, dass selbst ein weisungsfreier Betriebsführungsvertrag nicht gegen den Grundsatz der Selbstorganschaft verstößt, sofern der Betriebsführungsvertrag so gestaltet ist, dass „die Organstellung" des geschäftsführenden Gesellschafters des Eigentümers „nicht nur rechtlich unangetastet" bleibt, „sondern auch faktisch noch so zum Tragen kommt, daß sie in ihrem Wesensgehalt nicht beeinträchtigt ist". Dieses sei zu bejahen, wenn die zulässigen Geschäftsführungsmaßnahmen am Interesse des Eigentümers ausgerichtet seien und Maßnahmen die darüber hinausgingen zu unterbleiben hätten. Außerdem erforderlich seien „umfassende Informations-, Einsichts- und Kontrollbefugnisse sowie Eingriffs und Gestaltungsrechte, um die Einhaltung der vertraglich festgelegten Geschäftsführungsaufgaben erreichen oder aber das Vertragsverhältnis beenden zu können"[66]. Auch im Übrigen handhabt die h. M. den Grundsatz der Selbstorganschaft (insbesondere bei einer Publikumsgesellschaft) recht großzügig. Unzulässig sei danach zwar die Übertragung der gesellschaftlichen bzw. organschaftlichen Geschäftsführungs- und Vertretungsbefugnis auf einen Dritten. Dem stehe jedoch nicht entgegen, einem Dritten durch schuldrechtlichen Vertrag umfassende Geschäftsführungsaufgaben zu übertragen und diesen mit einer umfassenden Vollmacht auszustatten[67].

Nach der Gegenauffassung ist für die Wirksamkeit des Betriebsführungsvertrags nicht (der Verstoß gegen) das Prinzip der Selbstorganschaft entscheidend. Vielmehr komme es darauf an, ob der Eigentümer dem Betriebsführer eine unwiderrufliche Generalvollmacht erteilt habe. Die Erteilung einer unwiderruflichen Generalvollmacht sei mit dem Prinzip der Privatautonomie nicht vereinbar[68].

Zutreffend weist die Gegenauffassung darauf hin, dass die Erteilung einer unwiderruflichen Generalvollmacht gegen das Prinzip der Privatautonomie verstößt[69]. Dieser Befund betrifft allerdings nur die schuldrechtliche Seite des Betriebsführungsvertrags. Er trägt nichts zur Beurteilung der organisationsrechtlichen Zulässigkeit des mit einer Personengesellschaft als Eigentümer geschlossenen Betriebsführungsvertrags bei[70].

Der h. M. folgend sollte der Betriebsführungsvertrag mit einer Personengesellschaft als Eigentümer durch entsprechende vertragliche Regelungen so ausgestaltet werden, dass die Letztverantwortung für die Leitung der Geschäfte bei dem geschäftsführenden Gesellschafter liegt. Dies erfordert allerdings keine persönliche Wahrnehmung der Leitungsaufgaben. Ausreichend ist, dass dem geschäftsführenden Gesellschafter die Befugnis zusteht, dem Betriebs-

---

[65] BGH NJW 1982, 1817; MünchKommHGB/Rawert, § 114 Rn. 26; Wagenhals, S. 21 f.; Löffler, NJW 1983, 2920, 2921 f.

[66] BGH NJW 1982, 1817, 1817 f.; kritisch zu dieser Entscheidung: MünchKommHGB/Rawert, § 114 Rn. 26; Heymann/Emmerich, § 114 Rn. 28; Reuter, JZ 1986, 16, 18; Löffler, NJW 1983, 2920 2921.

[67] BGH NJW-RR 2014, 349, 351; NJW 2006, 2980, 2981; ZIP 2005, 1361, 1363 (kritisch zu dieser Entscheidung: GroßkommHGB/Schäfer, § 109 Rn. 34 (Fn. 71); Ulmer, ZIP 2005, 1341, 1343; dagegen: Altmeppen, ZIP 2006, 1, 4); NJW 1982, 877, 878; 2495; 1962, 738 f.; GroßkommHGB/Schäfer, § 114 Rn. 10, 36; Ebenroth/Boujong/Joost/Strohn/Drescher, § 114 Rn. 17, 29; Baumbach/Hopt/Roth, § 114 Rn. 24; Wagenhals, S. 22; Otte-Gräbener/Deilmann, NZG 2016, 1316, 1362.

[68] MünchKommAktG/Altmeppen, § 292 Rn. 154; Huber, ZHR 152 (1988), 1, 16 ff.; zustimmend: Hüffer/Koch, § 292 Rn. 19.

[69] So allgemein die h. M., vgl. nur: BGH NJW 1988, 2603; Staudinger/Schilken, § 168 Rn. 9; Erman/Maier-Reimer, § 168 Rn. 16; einschränkend für den Fall einer isolierten Generalvollmacht noch: Erman/Palm, 12. Aufl., § 168 Rn. 18; ablehnend im Kontext des aktienrechtlichen Betriebsführungsvertrags offenbar: Veil, S. 296, nach dem dem Betriebsführer eine umfassende Vollmacht eingeräumt werden könne, die für die Dauer des Vertrags unwiderruflich sei.

[70] So auch: Veil, S. 295 f.; Köhn, Der Konzern 2011, 530, 544; dagegen: MünchKommAktG/Altmeppen, § 292 Rn. 154 (Fn. 309).

führer Weisungen hinsichtlich der Ausübung von Geschäftsführungsaufgaben zu erteilen und diese auch gegen den Willen des Betriebsführers wieder an sich zu ziehen[71].

V. Gesellschaftsrechtliche Wirksamkeitsvoraussetzungen

1. Aktiengesellschaft und Kommanditgesellschaft auf Aktien

a) Zustimmungsbeschluss des Eigentümers

Sofern der Betriebsführungsvertrag als Unternehmensvertrag i. S. d. § 292 Abs. 1 Nr. 3 AktG zu qualifizieren ist, bedarf er zu seiner Wirksamkeit der Zustimmung der Hauptversammlung des Eigentümers entsprechend § 293 Abs. 1 Satz 1 AktG[72].

b) (Kein) Zustimmungsbeschluss des Betriebsführers

Handelt es sich bei dem Betriebsführer um eine Aktiengesellschaft oder Kommanditgesellschaft auf Aktien ist eine Zustimmung der Hauptversammlung des Betriebsführers grundsätzlich nicht erforderlich[73]. § 293 Abs. 2 AktG, der für Beherrschungs- und Gewinnabführungsverträge auch eine Zustimmung der Hauptversammlung des anderen Vertragsteils vorsieht, ist auf den Betriebsführungsvertrag nicht entsprechend anwendbar. § 293 Abs. 2 AktG bezweckt eine Beteiligung der Hauptversammlung der Obergesellschaft bei Abschluss eines Beherrschungs- oder Gewinnabführungsvertrags aufgrund der besonderen Pflichten gemäß §§ 302 ff. AktG[74]. Diese Pflichten bestehen bei einem Betriebsführungsvertrag nicht. Eine Ausnahme zum nicht erforderlichen Zustimmungsbeschluss der Hauptversammlung des Betriebsführers ist für den Betriebsführungsvertrag zu machen, der in seinen Wirkungen einem Beherrschungsvertrag entspricht.

c) Unterrichtung der Aktionäre

Ob die Vorschriften über den Bericht und die Vertragsprüfung (§§ 293a bis e AktG) sowie die Vorbereitung und Durchführung der Hauptversammlung (§§ 293f und g AktG) auf den (als Unternehmensvertrag i. S. d. § 292 Abs. 1 Nr. 3 AktG zu qualifizierenden) Betriebsführungsvertrag entsprechend Anwendung finden, ist zweifelhaft.

Es wird allgemein kontrovers darüber diskutiert, ob die §§ 293a bis g AktG auf alle Unternehmensverträge anwendbar sind oder sich der Anwendungsbereich der Vorschriften auf die Verträge des § 291 AktG beschränkt.

Der h. M. nach sind aufgrund des eindeutigen Wortlauts der Vorschriften (die nicht zwischen den Verträgen des § 291 AktG und denen des § 292 AktG differenzieren) und des schützens-

---

[71] Vgl. BGH NJW 1982, 877, 878; 1962, 738; GroßkommHGB/Schäfer, § 114 Rn. 36; MünchKomm-HGB/Rawert, § 114 Rn. 28; Schlegelberger/Martens, § 114 Rn. 54.

[72] MünchKommAktG/Altmeppen, § 292 Rn. 151; MünchHdbAG/Krieger, § 73 Rn. 61; Hommelhoff, S. 285 f.; Huber, ZHR 152 (1988), 1, 32 f.; Köhn, Der Konzern 2011, 530, 537.

[73] MünchHdbAG/Krieger, § 73 Rn. 62; Köhn, Der Konzern 2011, 530, 537.

[74] BegrRegE, bei: Kropff, S. 381.

werten Informationsinteresses der Aktionäre die §§ 293a bis g AktG (ausnahmslos) auf alle Unternehmensverträge anwendbar[75].

Die Gegenansicht befürwortet eine teleologische Reduktion des Begriffs „Unternehmensvertrag" in den §§ 293a bis g AktG auf die Verträge des § 291 AktG. Der Gesetzgeber habe die §§ 293a bis g AktG den §§ 8 bis 12 UmwG 1994 aufgrund der Überlegung nachgebildet, dass die Verschmelzung und der Unternehmensvertrag im Wesentlichen austauschbare rechtliche Instrumente seien. Diese Überlegung treffe aber nur auf die Verträge des § 291 AktG zu, bei den Verträgen des § 292 AktG handele es sich bei wirtschaftlicher Betrachtungsweise nicht um Fusionstatbestände[76].

Nach einer differenzierenden Ansicht sollen die §§ 293a bis g AktG mit Ausnahme der Vorschriften über die Vertragsprüfung (§§ 293b bis § 293e AktG) auch auf die Verträge des § 292 AktG anwendbar sein. Zwischen der Berichtspflicht nach § 293a AktG und der Zuständigkeit der Hauptversammlung bestehe eine klare Verbindung. Demgegenüber seien die Vorschriften über die Vertragsprüfung allein auf die Verträge des § 291 AktG zugeschnitten. Nur bei diesen Verträgen seien Ausgleich und Abfindung geschuldet, daher könne sich auch nur bei diesen Verträgen die vom Gesetzgeber intendierte Entlastung des Spruchverfahrens einstellen[77].

Aus Gründen der rechtssicheren Vertragsgestaltung sollte der h. M. gefolgt werden. Danach sind die §§ 293a bis g AktG ausnahmslos anzuwenden. Erforderlich sind danach ein Bericht über den Betriebsführungsvertrag (§ 293a AktG) und eine Prüfung des Vertrags (§ 293b AktG). Ferner sind die §§ 293f und g AktG bei der Vorbereitung und Durchführung der Hauptversammlung einzuhalten.

d) Form des Betriebsführungsvertrags

Der Betriebsführungsvertrag bedarf entsprechend § 293 Abs. 3 AktG der schriftlichen Form[78].

e) Handelsregistereintragung

Entsprechend § 294 AktG ist der Betriebsführungsvertrag zur Eintragung in das Handelsregister anzumelden. Die Anmeldung hat nach ganz h. M. nur zum Handelsregister der verpflichteten Gesellschaft – bei Betriebsführungsvertrag also der Eigentümergesellschaft – zu erfolgen[79].

---

[75] BGH Z 156, 38, 45; Hüffer/Koch, § 293a Rn. 4; K. Schmidt/Lutter/Langenbucher, § 293a Rn. 2; MünchHdbAG/Krieger, § 73 Rn. 63 ff.; Emmerich/Habersack/Emmerich, § 293a Rn. 8; Spindler/Stilz/Veil, § 293a Rn. 3; GroßkommAktG/Mülbert, § 293a Rn. 11, 14; § 293b Rn. 9; für den Teilgewinnabführungsvertrag auch: LG München Der Konzern, 2010, 132, 134.

[76] MünchKommAktG/Altmeppen, § 293a Rn. 5 ff; Altmeppen, ZIP 1998, 1853, 1855 ff. (mit der Enschränkung, dass die §§ 293f und g AktG im Umfang des § 293 Abs. 3 AktG a. F. anzuwenden sind); Bungert, DB 1995, 1384, 1386.

[77] KölnerKommAktG/Koppensteiner, § 293a Rn. 15; § 293b Rn. 6; § 293f Rn. 4; Neun, S. 25 ff.; Köhn, Der Konzern 2011, 530, 538.

[78] Köhn, Der Konzern, 2011, 530, 541.

[79] AG Erfurt AG 1997, 275; AG Duisburg AG 1994, 568; Emmerich/Habersack/Emmerich, § 294 Rn. 3; KölnerKommAktG/Koppensteiner, § 294 Rn. 5; MünchKommAktG/Altmeppen, § 294 Rn. 12; GroßkommAktG/Mülbert, § 294 Rn. 10; abweichend (Anmeldepflicht bei Unternehmensverträgen auch zum Handelsregister des anderen Vertragsteils): LG Bonn AG 1993, 521; Hommelhoff, S. 319 f.; U. H. Schneider, WM 1986, 181, 186 f.

2. GmbH

Nach ganz herrschender Meinung kommt es für die gesellschaftsrechtliche Bewertung des mit einer GmbH als Eigentümer geschlossenen Betriebsführungsvertrags nicht auf seinen konkreten Inhalt an. Danach ist es unerheblich, ob der Betriebsführungsvertrag in die Leitungskompetenzen des Geschäftsführers eingreift und damit eine satzungsüberlagernde Wirkung hat[80]. Die ganz h. M. steht auf dem Standpunkt, dass jeder mit einer GmbH als Eigentümer geschlossene Betriebsführungsvertrag (der gegenständlich und inhaltlich den gesamten Betrieb bzw. sämtliche Betriebe des Unternehmens erfasst) der Zustimmung der Gesellschafterversammlung des Eigentümers bedarf[81]. Dementsprechend sollte aus Gründen der rechtssicheren Gestaltung unabhängig vom Vertragsinhalt die Zustimmung der Gesellschafterversammlung eingeholt werden.

Unterschiedlich beurteilt wird, welche gesellschaftsrechtlichen Vorschriften auf diesen Zustimmungsbeschluss anzuwenden sind. Nach wiederum ganz h. M. wirkt der Betriebsführungsvertrag wie eine Satzungsänderung, so dass die §§ 53, 54 GmbHG entsprechend Anwendung finden; erforderlich ist danach ein satzungsändernder Beschluss der Gesellschafterversammlung ohne Zustimmung der übrigen Gesellschafter[82]. Eine Gegenansicht befürwortet wegen der im Hinblick auf den Minderheitenschutz ausgewogenen Konzeption der § 293 ff. AktG eine entsprechende Anwendung der §§ 293 ff. AktG[83]. In Betracht kommt ferner eine Lösung über gespaltene Analogien[84].

Die im Hinblick auf den Betriebsführungsvertrag vergleichbare Ausgangslage bei der Aktiengesellschaft und der GmbH sowie die ausgewogenen Informationspflichten sprechen dafür, dass die §§ 293 ff. AktG (mit Ausnahme der Vorschriften über die Vertragsprüfung gemäß § 293b bis e AktG) doppelt analog anzuwenden sind, wobei neben § 293 Abs. 1 Satz 1 AktG

---

[80] Abweichend: Köhn, Der Konzern 2011, 530, 542; so auch: Böhm, S. 299; s. auch die Rechtsprechung zur Eintragungsfähigkeit von Teilgewinnabführungsverträgen in das Handelsregister der GmbH: Danach ist ein Teilgewinnabführungsvertrag grundsätzlich nicht in das Handelsregister der GmbH einzutragen; etwas anders gilt nur, wenn der Vertrag nach Inhalt und Wirkung einer materiellen Änderung der Satzung gleichkommt (OLG München ZIP 2011, 526; BayObLG GmbHR 2003, 534, 535; LG Darmstadt ZIP 2005, 402, 404; AG Charlottenburg GmbHR 2006, 258).

[81] GroßkommGmbHG/Ulmer, 8. Aufl., Anh § 77 Rn. 197, 205; GroßkommGmbHG/Casper, Anh. § 77 Rn. 201, 222; Liebscher, Rn. 676; Huber, ZHR 152 (1988), 1, 35; abweichend (für die Verträge des § 292 Abs. 1 AktG): Rowedder/Schnorbus, § 52 Anh. Rn. 128, wonach es sich bei den in § 292 Abs. 1 AktG genannten Verträgen um schuldrechtliche Austauschverträge handele, die nicht den Wirksamkeitsvoraussetzungen der §§ 293 ff. AktG unterlägen (anders noch: Rowedder/Koppensteiner, 4. Aufl., Anh. nach § 52 Rn. 67, wonach ein Beschluss mit satzungsändernder Mehrheit erforderlich sei); ebenfalls abweichend (für die Unternehmensverträge des § 292 Abs. 1 Nr. 3 AktG) bereits: GroßkommGmbHG/Barz, 7. Aufl., § 13 Anh. II Rn. 34 (mit Rn. 33), nach dem sich ein Zustimmungserfordernis nur aus der Satzung ergeben könne, das aber keine Außenwirkung habe; zweifelnd für den Fall, dass eine herrschende GmbH als Eigentümer mit einer abhängigen GmbH als Betriebsführer einen Betriebsführungsvertrag schließt auch: MünchHdbGmbH/Decher/Kiefner, § 70 Rn. 51.

[82] GroßkommGmbHG/Ulmer, 8. Aufl., Anh § 77 Rn. 197, 205; GroßkommGmbHG/Casper, Anh. § 77 Rn. 201, 221, 207; Liebscher, Rn. 676; Huber, ZHR 152 (1988), 1, 35; für den Betriebspachtvertrag auch: LG Berlin WM 1992, 22 25; LG Darmstadt ZIP 2005, 402, 404.

[83] MHLS/Servatius, Syst. Darst. 4 Rn. 382 (mit Rn. 376); Köhn, Der Konzern 2011, 530, 542 ff.

[84] Böhm, S. 308, 312, nach dem der Beschluss der Gesellschafter nach § 53 Abs. 2 GmbHG analog zu beurkunden sei und die Eintragung in das Handelsregister nach § 54 GmbHG analog erfolge, aber ein Schriftformerfordernis aus § 293 Abs. 3 AktG analog folge und es bei einer kapitalistisch organisierten GmbH auf die Kapitalmehrheit nach § 293 Abs. 1 AktG analog ankomme; zum Betriebspachtvertrag: Nelißen, DB 2007, 786 ff., nach dem § 33 Abs. 1 Satz 2 BGB für die Zustimmung der Gesellschafterversammlung anzuwenden sei, § 294 AktG analog für die Handelsregistereintragung; für alle Unternehmensverträge des § 292 AktG s. Neun, S. 240, 246, nach dem die §§ 53, 54 GmbHG Grundlage für den Zustimmungsbeschluss der Gesellschafterversammlung seien, für die Berichtpflicht § 293a AktG analog anzuwenden sei.

§ 47 Abs. 1 GmbHG und neben §§ 293f, 124 Abs. 2 Satz 3 Alt. 2 AktG die §§ 49, 51 GmbHG anzuwenden sind[85]. Dies erscheint im Ergebnis auch für die Praxis der sicherste Weg:

Die §§ 53, 54 GmbHG und die §§ 293 ff. AktG entsprechen in wesentlichen Aspekten einander. Jeweils sind zur Wirksamkeit des Vertrags ein zustimmender Beschluss mit einer ¾-Mehrheit in notariell beurkundeter Form und eine Handelsregistereintragung erforderlich. Im Hinblick auf die Informationspflichten stellt das AktG aber höhere Anforderungen auf als das GmbHG (§§ 293a, 293f und g AktG einerseits, § 51a GmbHG andererseits). Werden diese (höheren) Anforderungen nicht eingehalten, besteht das Risiko einer Beschlussanfechtung entsprechend § 243 AktG. Dieses Risiko lässt sich nicht mit einem Hinweis auf die Rechtsprechung des BGH zu den Unternehmensverträgen nach § 291 AktG im GmbH-Recht negieren. Danach gebieten bei der abhängigen Gesellschaft Inhalt und Wirkungen des Unternehmensvertrags eine entsprechende Anwendung der bei einer Änderung des Gesellschaftsvertrags einzuhaltenden Formvorschriften (§ 53, 54 GmbHG). Die 293 ff. AktG sind danach grundsätzlich nicht anwendbar. Lediglich hinsichtlich der handelsregisterlichen Erfordernisse beschränkt sich der BGH nicht auf eine Anwendung des § 54 GmbHG, sondern zieht auch § 294 AktG heran[86]. Diese Rechtsprechung ist jedoch vor dem In-Kraft-Treten der §§ 293a ff. AktG am 01.01.1995 gemäß Art. 20 UmwBerG 1994 ergangen. Es kann daher nicht ausgeschlossen werden, dass der BGH die Rechtsfrage, welche gesellschaftsrechtlichen Vorschriften auf den Zustimmungsbeschluss anzuwenden sind, infolge der geänderten Gesetzeslage nunmehr anders beantwortet. In diesem Sinne spricht sich namentlich das OLG München bezüglich der Verträge des § 291 AktG für eine grundsätzlich analoge Anwendung der §§ 291 ff. AktG im GmbH-Konzern aus[87] und führt dazu in einer Entscheidung das Folgende aus: „Wenn und soweit die Organgesellschaften AG und GmbH aus konzernrechtlicher Sicht austauschbar sind, insbesondere keine strukturellen oder anderweitigen Unterschiede zwischen diesen Konzerntöchtern bestehen, finden die aktienrechtlichen Grundsätze in ihrer seit dem AktG 1965 gesetzlich geregelten Ausprägung (§§ 291 ff. AktG) auch auf den GmbH-Konzern Anwendung. Ausnahmen gelten dann, wenn sich aus der analogen Anwendung des Aktienrechts für die GmbH nicht typische Rechtszustände ergeben würden"[88].

Danach sind folgende Wirksamkeitsvoraussetzungen einzuhalten:

a) Zustimmungsbeschluss des Eigentümers

Der Betriebsführungsvertrag bedarf eines zustimmenden Beschlusses der Gesellschafterversammlung. Dieses Erfordernis folgt aus § 293 Abs. 1 Satz 1 AktG oder – legt man die h. M. zugrunde – aus § 53 Abs. 1 GmbHG.

---

[85] Eingehend: Köhn, Der Konzern 2011, 530, 542 ff.; ähnlich: MHLS/Servatius, Syst. Darst. 4 Rn. 382 (mit Rn. 376, 88 ff.), nach dem die Prüfung analog § 48 UmwG auf Verlangen eines Gesellschafters anzustellen sei (Rn. 88) und die grundsätzlich analog anzuwendenden §§ 293f und g AktG der Korrektur bedürften (Rn. 92, 93).

[86] BGH Z 105, 324 ff.; NJW 1992, 1452 ff.

[87] OLG München Der Konzern 2014, 270, 275; GmbHR 2012, 645, 646; s. aber auch das OLG Zweibrücken GmbHR 2014, 251, 253, das sich unter Hinweis auf den Schutzzweck der Norm gegen eine analoge Anwendung des § 296 Abs. 1 GmbHG ausspricht.

[88] OLG München Der Konzern 2014, 270, 275.

b) (Kein) Zustimmungsbeschluss des Betriebsführers

Handelt es sich bei dem Betriebsführer um eine GmbH, ist aufgrund derselben Erwägungen wie bei der Aktiengesellschaft grundsätzlich – also wenn nicht die Voraussetzungen eines Beherrschungsvertrags vorliegen – keine Zustimmung der Gesellschafterversammlung des Betriebsführers erforderlich[89].

c) Unterrichtung der Gesellschafter

aa) Bericht über den Betriebsführungsvertrag

Der Geschäftsführer der Eigentümer-GmbH hat über den Betriebsführungsvertrag einen Bericht entsprechend § 293a AktG zu erstatten. Selbst wenn man entgegen der eine Berichterstattung befürwortenden Ansicht[90] eine analoge Anwendung des § 293a AktG mit der h. L. ablehnt[91], ist zu bedenken, dass im Hinblick auf die Bedeutung des Zustimmungsbeschlusses eine Berichtspflicht des GmbH-Geschäftsführers anzunehmen sein dürfte[92].

bb) (Keine) Prüfung des Betriebsführungsvertrags

Eine Vertragsprüfung entsprechend §§ 293b bis e AktG ist nicht angezeigt. Vom Standpunkt der h. M. aus stellen die §§ 53, 54 GmbHG abschließende Regelungen dar, so dass die Anwendung der aktienrechtlichen Vorschriften über die Vertragsprüfung von vornherein ausscheidet[93]. Nach anderen Ansichten sind entweder die §§ 293a ff. AktG ohnehin nur auf die Verträge des § 291 AktG anwendbar[94] oder eine Anwendung der §§ 293b bis e AktG auf den Betriebsführungsvertrag lässt sich teleologisch nicht begründen[95]. Sollte einer der GmbH-Gesellschafter gleichwohl eine Prüfung verlangen[96], ließe sich die (Un)Zulässigkeit dieses Begehrens über einen Antrag nach § 10 Abs. 1 Satz 1 UmwG bzw. § 293c Abs. 1 Satz 1 AktG klären.

---

[89] GroßkommGmbHG/Casper, Anh. § 77 Rn. 201; GroßkommGmbHG/Ulmer, 8. Aufl., Anh § 77 Rn. 197, 205; Köhn, Der Konzern 2011, 530, 543; für den Betriebspachtvertrag auch: Nelißen, DB 2007, 786, 788; abweichend nur: MünchHdbGmbH/Decher/Kiefner, § 70 Rn. 51, wonach ein Zustimmungserfordernis im Einzelfall bei Ungewöhnlichkeit der Maßnahme in Betracht komme.

[90] MHLS/Servatius, Syst. Darst. 4 Rn. 382 (mit Rn. 376, 90); Köhn, Der Konzern 2011, 530, 543; für alle Unternehmensverträge des § 292 AktG auch: Neun, S. 246.

[91] MünchHdbGmbH/Decher/Kiefner, § 70 Rn. 51; ebenso wohl: GroßkommGmbHG/Ulmer, 8. Aufl. Anh § 77 Rn. 197, 205; GroßkommGmbHG/Casper, Anh. § 77 Rn. 201, 222; Liebscher, Rn. 676; ebenso im Ergebnis eine Berichtspflicht ablehnend: MünchKommAktG/Altmeppen, § 293a Rn. 6; Altmeppen, ZIP 1998, 1853, 1857f.; Bungert, DB 1995, 1384, 1386, nach denen die §§ 293a ff. AktG ohnehin nur auf die Verträge des § 291 AktG anwendbar seien.

[92] Köhn, Der Konzern 2011, 530, 543; s. allgemein dazu: Scholz/K. Schmidt, § 51a Rn. 4; auch: Baumbach/Hueck/Zöllner, § 51a Rn. 56.

[93] So wohl: GroßkommGmbHG/Ulmer, 8. Aufl., Anh § 77 Rn. 197, 205; GroßkommGmbHG/Casper, Anh. § 77 Rn. 201, 222; Liebscher, Rn. 676.

[94] MünchKommAktG/Altmeppen, § 293a Rn. 6; Altmeppen, ZIP 1998, 1853, 1857f.; Bungert, DB 1995, 1384, 1386.

[95] KölnerKommAktG/Koppensteiner, § 293a Rn. 15; § 293b Rn. 6; § 293f Rn. 4; Neun, S. 25 ff.; Köhn, Der Konzern 2011, 530, 538, 543.

[96] S. MHLS/Servatius, Syst. Darst. 4 Rn. 382 (mit Rn. 376, 88), nach dem die Prüfung analog § 48 UmwG auf Verlangen eines Gesellschafters anzustellen sei.

cc) Vorbereitung der Gesellschafterversammlung

Die Einberufung der Gesellschafterversammlung erfolgt nach den allgemeinen Regeln (§§ 49, 51 GmbHG). Darüber hinaus ist nach allgemeiner Meinung § 124 Abs. 2 Satz 3 Alt. 2 AktG mit der Maßgabe anzuwenden, dass der wesentliche Inhalt des Betriebsführungsvertrags der Einladung der Gesellschafterversammlung beizufügen ist. Dadurch wird den Gesellschaftern eine sachgerechte Vorbereitung auf die Gesellschafterversammlung zum Tagesordnungspunkt der Beschlussfassung über den Betriebsführungsvertrag ermöglicht[97]. Ferner ist die Gesellschafterversammlung entsprechend § 293f AktG vorzubereiten[98]. Vom Standpunkt der h. M. aus, findet § 293f AktG allerdings keine Anwendung.

dd) Durchführung der Gesellschafterversammlung

Die Durchführung der Gesellschafterversammlung erfolgt einerseits nach den allgemeinen Regeln (§ 48 GmbHG), andererseits entsprechend § 293g AktG[99]. Im Hinblick auf die in § 293g AktG enthaltenen Regelungen hat der Beschluss stets in einer Präsenzversammlung (§ 48 Abs. 1 GmbHG) zu erfolgen, eine Beschlussfassung außerhalb der Gesellschafterversammlung (§ 48 Abs. 2 GmbHG) ist also ausgeschlossen. Andernfalls würden die Unterrichtungsmöglichkeiten der Gesellschafter verkürzt[100]. Vom Standpunkt der h. M. aus, findet § 293g AktG keine Anwendung.

d) Form des Betriebsführungsvertrags

Der mit einer GmbH als Eigentümer geschlossene Betriebsführungsvertrag bedarf entsprechend § 293 Abs. 3 AktG der Schriftform[101]. Auch mit der h. M. dürfte ein Schriftformerfordernis anzunehmen sein[102].

e) Handelsregistereintragung

Der Betriebsführungsvertrag ist zur Eintragung in das Handelsregister anzumelden. Grundlage dafür bildet § 294 AktG analog[103], nach h. M. § 54 GmbHG[104].

---

[97] Köhn, Der Konzern 2011, 530, 543; für alle Unternehmensverträge auch: Baumbach/Hueck/Zöllner/Noack, § 51 Rn. 26; GroßkommGmbHG/Hüffer/Schürnbrand, § 51 Rn. 26; MHLS/Römermann, § 51 Rn. 85.

[98] Köhn, Der Konzern 2011, 530, 543; im Ansatz ähnlich: MHLS/Servatius, Syst. Darst. 4 Rn. 382 (mit Rn. 376, 92), nach dem die auf die Aktiengesellschaft zugeschnittene Regelung des § 293f Abs. 1 AktG jedoch insofern der Korrektur bedürfe, als sie sich in die bei der jeweiligen GmbH auf Grund Satzungsregelung geltenden Vorgaben an die verbandsinterne Willensbildung einfügen müsse (§ 45 GmbHG). Es bedürfe daher vorrangig einer Auslegung der entsprechenden Satzung, auf welche Weise die Gesellschafterinformation vor der Abstimmung gewährleistet werde und wie diese Anforderungen in die §§ 49 ff. GmbHG zu integrieren seien. Entsprechende Lücken seien entsprechend §§ 47, 49, 230 UmwG zu schließen.

[99] Köhn, Der Konzern 2011, 530, 543; MHLS/Servatius, Syst. Darst. 4 Rn. 382 (mit Rn. 376, 93).

[100] Köhn, Der Konzern 2011, 530, 543; abweichend: MHLS/Servatius, Syst. Darst. 4 Rn. 382 (mit Rn. 376, 93).

[101] Köhn, Der Konzern 2011, 530, 543 f.; MHLS/Servatius, Syst. Darst. 4 Rn. 381 (mit Rn. 376); Böhm, S. 308, 312; für den Betriebspachtvertrag wohl auch: Nelißen, DB 2007, 786, 788.

[102] Vgl. für die Unternehmensverträge des § 291 AktG: BGH Z 105, 324, 342; GroßkommGmbHG/Casper, Anh. § 77 Rn. 203; abweichend aber: Pache, GmbHR 1995, 90, 92, der analog § 2 Abs. 1 Satz 1 GmbHG notarielle Form fordert.

[103] Köhn, Der Konzern 2011, 530 544; MHLS/Servatius, Syst. Darst. 4 Rn. 384 (mit Rn. 376); für den Betriebspachtvertrag auch: Nelißen, DB 2007, 786, 789.

[104] GroßkommGmbHG/Casper, Anh. § 77 Rn. 222; GroßkommGmbHG/Ulmer 8. Aufl., Anh § 77 Rn. 205; für den Betriebspachtvertrag auch: LG Berlin, WM 1992, 22, 25.

3. Personengesellschaft

In der Literatur besteht Einvernehmen darüber, dass wenn eine Personenhandelsgesellschaft als Eigentümer einen Betriebsführungsvertrag schließt (der gegenständlich und inhaltlich den gesamten Betrieb bzw. sämtliche Betriebe des Unternehmens erfasst), alle Gesellschafter des Eigentümers dem Abschluss des Betriebsführungsvertrags zustimmen müssen[105].

Unterschiedlich beurteilt wird, auf welcher Rechtsgrundlage die Zustimmung zu erfolgen hat. Einer Auffassung nach ist der Abschluss eines Betriebsführungsvertrags als Grundlagengeschäft einzuordnen und damit auch im Außenverhältnis zustimmungspflichtig[106]. Nach anderer Ansicht bedarf der Betriebsführungsvertrag als „außergewöhnliches Geschäft" gemäß §§ 116 Abs. 2, 164 Satz 1 HS 2 HGB (nur) im Innenverhältnis der Zustimmung[107]. In Betracht kommt auch eine ganze oder teilweise Analogie zu § 293 ff. AktG[108]. Nach einer weiteren Auffassung ist danach zu differenzieren, ob der Betriebsführungsvertrag nur eine Übernahme der laufenden Geschäfte vorsieht (dann liegt ein „außergewöhnliches Geschäft" i. S. d. §§ 116 Abs. 2, 164 Satz 1 HS 2 HGB vor) oder – unter Einhaltung der Grenzen der Selbstorganschaft – in die Leitungskompetenzen der geschäftsführenden Gesellschafter eingreift (dann liegt ein Grundlagengeschäft vor)[109].

Der Streit ist im Recht der Personenhandelsgesellschaften zunächst insofern von Bedeutung, dass ein fehlender oder fehlerhafter zustimmender Beschluss der Gesellschafter nur dann zur Unwirksamkeit des Betriebsführungsvertrags führt, wenn sein Abschluss als Grundlagengeschäft eingeordnet wird. Ferner kann der Streit relevant sein, sofern der Gesellschaftsvertrag der Personenhandelsgesellschaft unterschiedliche Anforderungen an Beschlüsse über Grundlagengeschäfte und außergewöhnliche Geschäfte stellt.

Bedeutung kommt dem Streit auch bei der GbR zu: Das Gesetz sieht für die GbR keine Differenzierung zwischen gewöhnlichen und außergewöhnlichen Geschäften vor. Sofern der Gesellschaftsvertrag der GbR keine dem HGB entsprechende Beschränkung enthält, erstreckt sich die Geschäftsführungsbefugnis auch auf außergewöhnliche Handlungen, sofern sich die Maßnahme noch im Rahmen der Förderung des Gesellschaftszwecks hält[110]. Danach setzt der Abschluss eines Betriebsführungsvertrags mit einer GbR als Eigentümergesellschaft grundsätzlich nur dann eine Zustimmung aller Gesellschafter voraus, sofern man den Abschluss als Grundlagengeschäft ansieht.

---

[105] Der BGH hat in der Holiday-Inn-Entscheidung freilich offen gelassen ob der Betriebsführungsvertrag der Zustimmung aller Gesellschafter des Eigentümers bedarf (BGH NJW 1982, 1817, 1818). Der BGH musste die Frage auch nicht beantworten, da nach der konkreten Ausgestaltung des der Entscheidung zugrunde liegenden Managementvertrags lediglich eine außergewöhnliche Geschäftsmaßnahme i. S. d. § 164 Satz 1 HS 2 HGB im Raum stand, die nur im (nicht entscheidungserheblichen) Innenverhältnis der Zustimmung der Gesellschafter bedurfte (eingehend dazu: Köhn, Der Konzern 2011, 530, 534 f.).

[106] Baumbach/Hopt/Roth, § 126 Rn. 3; Otte-Gräbener/Deilmann, NZG 2016, 1316, 1364; Löffler, NJW 1983, 2920, 2922; Burbach, S. 75 f.; für den Betriebspachtvertrag auch: Nelißen, DB 2007, 786, 789.

[107] GroßkommHGB/Habersack, § 126 Rn. 18; Loos, BB 1963, 615, 620; wohl auch: Huber, ZHR 152 (1988), 1, 35; Heymann/Horn, § 164 Rn. 7; ebenso für den Fall, dass dem Betriebsführer keine eigenen Leitungs- oder Weisungsrechte in der Gesellschaft eingeräumt werden: GroßkommHGB/Schäfer, § 105 Anh. Rn. 69; MünchKommHGB/Mülbert, KonzernR, Rn. 322.

[108] Vgl. zu den Unternehmensverträgen des § 292 AktG Neun, der wohl ein zustimmungsbedürftiges Grundlagengeschäft annimmt (S. 254) und eine Berichtspflicht nach § 293a AktG befürwortet (S. 255).

[109] Böhm, S. 325 ff.; Köhn, Der Konzern 2011, 530, 545 f.

[110] Staudinger/Habermeier, § 709 Rn. 3; MünchKommBGB/Schäfer, § 709 Rn. 24; s. aber Erman/Westermann, § 709 Rn. 5, nach dem bei dem Abschluss eines Betriebsführungsvertrags besondere Anforderungen auftreten könnten.

Im Sinne einer rechtssicheren Vertragsgestaltung sollte davon ausgegangen werden, dass der Abschluss eines Betriebsführungsvertrags als Grundlagengeschäft anzusehen ist.

Danach gelten bei einer Personengesellschaft als Eigentümer folgende Wirksamkeitsvoraussetzungen:

a) Zustimmungsbeschluss des Eigentümers

Als Grundlagengeschäft bedarf der Betriebsführungsvertrag zu seiner Wirksamkeit eines Zustimmungsbeschlusses der Gesellschafter.

b) Zustimmungsbeschluss des Betriebsführers

Übernimmt eine Personenhandelsgesellschaft die Betriebsführung, wird unterschiedlich beurteilt, ob es der Zustimmung aller Gesellschafter des Betriebsführers bedarf. Nach ganz h. M. handelt es sich um eine zustimmungspflichtige außergewöhnliche Geschäftsmaßnahme i. S. d. § 116 Abs. 2, 164 Satz 1 HS 2 HGB[111]. Nach anderer Ansicht ist keine Zustimmung der Gesellschafter des Betriebsführers erforderlich[112]. Für die h. M. spricht, dass der gewöhnliche Betrieb des Handelsgewerbes nicht die Übernahme der Betriebsführung für eine andere Gesellschaft mit sich bringt. Der h. M. entsprechend sollte also ein Zustimmungsbeschluss erfolgen.

Bei einer GbR als Betriebsführer ist demgegenüber mangels Differenzierung zwischen gewöhnlichen und außergewöhnlichen Rechtsgeschäften kein Zustimmungsbeschluss erforderlich, es sei denn, der Gesellschaftsvertrag sieht ein entsprechendes Erfordernis vor oder der Vertragsabschluss liegt nicht mehr im Rahmen der Förderung des Gesellschaftszwecks[113].

c) Unterrichtung der Gesellschafter

aa) Bericht über den Betriebsführungsvertrag

Ob § 293a AktG entsprechend anwendbar ist, wenn eine Personengesellschaft als Eigentümer einen Betriebsführungsvertrag abschließt, wird unterschiedlich beurteilt.

Einer Auffassung nach sind die §§ 293a ff. AktG insgesamt nicht entsprechend anwendbar. Vielmehr erfolge die Information an die Gesellschafter des Eigentümers nach den Bestimmungen des Gesellschaftsvertrags und in Ermangelung solcher nach den allgemeinen Vorschriften (für das Informationsrecht: §§ 716 BGB, 118, 166 HGB). Gegen eine analoge Anwendung des § 293a AktG spreche, dass nach dem gesetzgeberischen Willen (der im Recht der Personenhandelsgesellschaften in §§ 109, 163 HGB seinen Niederschlag gefunden hat) es den Gesellschaftern vorbehalten sei, die Rechte und Pflichten untereinander im Gesellschaftsvertrag zu regeln. Eine analoge Anwendung des § 293a AktG hätte daher eine vom Gesetzge-

---

[111] MünchKommHGB/Mülbert, KonzernR, Rn. 83; GroßkommHGB/Schäfer, § 116 Rn. 12; Köhn, Der Konzern 2011, 530, 546; für den Betriebspachtvertrag auch: Nelißen, DB 2007, 786, 788.
[112] Schlegelberger/Martens, Anh. § 105 Rn. 19.
[113] Köhn, Der Konzern 2011, 530, 546.

ber nicht intendierte Überregulierung zur Folge[114]. Im Übrigen habe jeder Gesellschafter dem Abschluss des Betriebsführungsvertrags zuzustimmen und könne daher selbst bestimmen, ob und welche Berichte er wünscht.

Nach anderer Ansicht ist trotz des Einstimmigkeitserfordernisses für die Verträge des § 292 AktG grundsätzlich eine Berichtspflicht entsprechend § 293a AktG zu fordern. Dies gelte ausnahmsweise entsprechend § 41 UmwG nicht für den Fall, dass sämtliche Gesellschafter zur Geschäftsführung berechtigt seien, da es insoweit an einer zu schützenden Zielgruppe fehle. Ansonsten komme es zu einer nicht zu rechtfertigenden Differenzierung zwischen den Verträgen des § 292 AktG und der Verschmelzung, bei der die Berichtspflicht obligatorisch sei[115].

Da sich zu der Fragestellung nach einer Anwendbarkeit des § 293a AktG eine eindeutig überwiegende Rechtsauffassung herausgebildet hat, ist es an sich vertretbar, von einer Berichterstellung abzusehen. Gleichwohl erscheint es für die Gestaltungspraxis empfehlenswert, einen Bericht über den Betriebsführungsvertrag zu erstatten. Gerade weil der Betriebsführungsvertrag der Zustimmung aller Gesellschafter bedarf, ist der bzw. sind die geschäftsführenden Gesellschafter gut beraten, die Erwägungen zum Abschluss des Betriebsführungsvertrags schriftlich niederzulegen und diese Erwägungen nebst Betriebsführungsvertrag allen Gesellschaftern zuzuleiten.

bb) (Keine) Prüfung des Betriebsführungsvertrags

Einer Prüfung des Betriebsführungsvertrags bedarf es nicht. Gegen eine Prüfung des Betriebsführungsvertrags gemäß §§ 293b bis e AktG sprechen dieselben Erwägungen wie gegen eine obligatorische Berichtspflicht. Eine solche Prüfung wird denn auch, soweit ersichtlich, von keiner Seite gefordert[116].

cc) Vorbereitung der Gesellschafterversammlung

Nach allgemeiner Meinung findet § 293f AktG für die Vorbereitung der Gesellschafterversammlung keine entsprechende Anwendung[117]. Auch im Übrigen gelten nach einer Auffassung keine Besonderheiten[118]. Die Gegenauffassung hält § 42 UmwG für entsprechend anwendbar, so dass der Unternehmensvertrag und der Vertragsbericht den Gesellschaftern spätestens zusammen mit der Einberufung der Gesellschafterversammlung zuzusenden sind[119]. Es ist daher für die Praxis empfehlenswert, entsprechend der letztgenannten Ansicht zu verfahren.

---

[114] Böhm, S. 337; Köhn, Der Konzern 2011, 530, 546; Otte-Gräbener/Deilmann, NZG 2016, 1316, 1365; für alle Unternehmensverträge im Ergebnis auch: Emmerich/Habersack/Emmerich, § 293a Rn. 14.

[115] Neun, S. 255 f.

[116] Neun, S. 256 f; Böhm, S. 337; Otte-Gräbener/Deilmann, NZG 2016, 1316, 1365; Köhn, Der Konzern 2011, 530, 546.

[117] Neun, S. 256; Köhn, Der Konzern 2011, 530, 546.

[118] Köhn, Der Konzern 2011, 530, 546.

[119] Neun, S. 256.

dd) Durchführung der Gesellschafterversammlung

Die Durchführung der Gesellschafterversammlung richtet sich nach den allgemeinen Bestimmungen des Gesellschaftsvertrags. § 293g AktG findet nach allgemeiner Ansicht keine entsprechende Anwendung[120]. Die Beschlussfassung über den Betriebsführungsvertrag ist daher auch außerhalb einer Gesellschafterversammlung möglich[121]. Im Hinblick auf die Bedeutung des Betriebsführungsvertrags und dem damit verbundenen Aufklärungs- und Informationsbedarf kann allerdings jeder Gesellschafter die Abhaltung einer Gesellschafterversammlung verlangen[122].

d) Form des Betriebsführungsvertrags

Unterschiedlich beurteilt wird, ob der Betriebsführungsvertrag der Schriftform bedarf. Gegen eine analoge Anwendung des § 293 Abs. 3 AktG und damit gegen ein Schriftformerfordernis spricht, dass der Gesellschaftsvertrag einer Personengesellschaft keiner Form bedarf und daher an einen Vertrag, der den Gesellschaftsvertrag überlagert, keine höheren Anforderungen gestellt werden können[123]. Die Gegenauffassung hält § 293 Abs. 3 AktG für entsprechend anwendbar[124]. Der Betriebsführungsvertrag sollte dementsprechend unter Einhaltung der schriftlichen Form geschlossen werden. Dies entspricht auch der gängigen Praxis.

e) Handelsregistereintragung

Die GbR ist nicht registerfähig. Eine Handelsregistereintragung scheidet aus diesem Grund bei der GbR aus.

Im Bereich der Personenhandelsgesellschaften sprechen zwei Entscheidungen dafür, dass nach der Rechtsprechung eine Eintragung des Betriebsführungsvertrags in das Handelsregister unzulässig oder jedenfalls unter bestimmten Voraussetzungen nicht erforderlich ist:

Der BGH hat sich in der Holiday-Inn-Entscheidung mit der Frage auseinandergesetzt, unter welchen Voraussetzungen die handelsrechtliche Personengesellschaft einen Dritten mit der Führung des Gesellschaftsunternehmens im Namen und für Rechnung der Gesellschaft betrauen kann. Im Zusammenhang mit der Frage, ob der in Rede stehende Managementvertrag, den der BGH als Betriebsführungsvertrag einordnet, mit dem Grundsatz der Selbstorganschaft zu vereinbaren ist, führt der BGH zunächst unter anderem folgendes aus: „Die Planungs- und Entscheidungsbefugnis über die grundsätzlichen Fragen der Geschäftsführung wurde damit nicht in die Organisation der Kl. verlagert; sie hat nur Rechte zur laufenden Geschäftsführung innerhalb der die Unternehmenspolitik der Bekl. verwirklichenden Richtlinien des Manage-

---

[120] Neun, S. 256; Köhn, Der Konzern 2011, 530, 546.

[121] Böhm, S. 338; Köhn, Der Konzern 2011, 530, 546.

[122] Köhn, Der Konzern 2011, 530, 546; vgl. allgemein zum Anspruch des Gesellschafters auf Abhaltung einer Gesellschafterversammlung: MünchKommHGB/Enzinger, § 119 Rn. 40; Schlegelberger/Martens, § 119 Rn. 5a.

[123] Böhm, S. 338; Köhn, Der Konzern 2011, 530, 546; Otte-Gräbener/Deilmann, NZG 2016, 1316, 1363; für den Betriebspachtvertrag ebenso: Nelißen, DB 2007; 786, 789; für alle Unternehmensverträge auch: MünchKommHGB/Mülbert, KonzernR Rn. 324; für den Beherrschungsvertrag auch: Ebenroth/Boujong/Joost/Strohn/Nagel, § 105 Anh. Rn. 51 m. w. N.

[124] Für alle Unternehmensverträge des § 292 AktG: Emmerich/Habersack/Emmerich, § 293 Rn. 48; für alle Unternehmensverträge auch: Baumbach/Hopt/Roth, § 105 Rn. 105; für den Beherrschungsvertrag auch: Liebscher, Rn. 1149 m. w. N.

mentvertrages". Ob „ein Betriebsführungsvertrag der vorliegenden Art der Zustimmung aller Gesellschafter einer handelsrechtlichen Personengesellschaft bedarf", lässt der BGH sodann dahinstehen[125]. Mit der Frage, ob ein derartiger Betriebsführungsvertrag einer Eintragung in das Handelsregister bedarf, befasst sich der BGH nicht. Daraus kann abgeleitet werden, dass nach der Auffassung des BGH jedenfalls ein Betriebsführungsvertrag, mit dem der Betriebsführer (lediglich) mit der laufenden Geschäftsführung beauftragt wird, zu seiner Wirksamkeit keiner Handelsregistereintragung bedarf.

Eingehend setzt sich das OLG München mit der Frage auseinander, ob ein Ergebnisabführungsvertrag mit einer GmbH & Co. KG als beherrschter Gesellschaft der Eintragung in das Handelsregister bedarf oder jedenfalls eintragungsfähig ist. Ersteres lehnt das OLG München mit der Begründung ab, dass die Eintragung eines Unternehmensvertrags in das Handelsregister weder auf eine ausdrückliche gesetzliche Bestimmung gestützt noch – wie bei einer GmbH – aus einer entsprechenden Anwendung der für eine Satzungsänderung geltenden Vorschriften hergeleitet werden könne. Letzteres verneint das OLG München ebenfalls und hält der abweichenden herrschenden Lehrmeinung entgegen, dass allgemeine Erwägungen zur Bedeutung eines Ergebnisabführungsvertrags für die Gesellschaft und auch für Dritte nicht genügen würden, um die Eintragungsfähigkeit in das Handelsregister zu bejahen. Im Übrigen sei eine Gleichbehandlung mit einer Aktiengesellschaft und einer GmbH nicht überzeugend, weil den unterschiedlichen gesetzlichen Vorgaben für Personengesellschaften und Kapitalgesellschaften hinsichtlich der im Handelsregister einzutragenden Tatsachen nicht ausreichend Rechnung getragen werde[126].

Die Literatur ist in der Rechtsfrage gespalten. Einer Ansicht nach ist § 294 AktG nicht entsprechend anwendbar. Gegen eine entsprechende Anwendung des § 294 AktG bei einer Personenhandelsgesellschaft spreche der Normzweck. § 294 AktG bezwecke, eine ausreichende Unterrichtung der Gläubiger und der Öffentlichkeit, aber auch der zukünftigen Gesellschafter sicher zu stellen. Im Gegensatz zur Aktiengesellschaft und GmbH bestehe eine Eintragungspflicht nur bezüglich einiger weniger die Gesellschaft betreffenden Tatsachen (§§ 106 Abs. 2, 162 Abs. 1 Satz 1 HGB). Die Informationslage unterscheide sich daher grundlegend von der einer Aktiengesellschaft oder GmbH. Aus diesem Grund wäre es systemfremd, eine Handelsregistereintragung für die Personenhandelsgesellschaften zu fordern[127]. Die Gegenauffassung bejaht zwar eine Eintragungspflicht entsprechend § 294 AktG, misst dieser aber nur deklaratorische Wirkung bei[128]. Danach kann in der Praxis von einer Handelsregisteranmeldung abgesehen werden.

[125] BGH NJW 1982, 1817, 1818.
[126] OLG München ZIP 2011, 526, 526 f.
[127] So zum Betriebspachtvertrag: Nelißen, DB 2007, 786, 790; zustimmend für den Betriebsführungsvertrag: Köhn, Der Konzern 2011, 530, 564 f; Schießl, S. 55; für den Beherrschungsvertrag auch: Reuter, ZHR 146 (1982), 1, 15; s. für alle Unternehmensverträge auch: MünchKommHGB/Mülbert, KonzernR Rn. 324, nach dem ein Unternehmensvertrag als solcher zwar keiner Handelsregistereintragung bedürfe, wohl aber (mit rein deklaratorischer Wirkung) der Gesellschafterbeschluss über die Zustimmung.
[128] Zum Betriebsführungsvertrag: Otte-Gräbener/Deilmann, NZG 2016, 1316, 1363 f; für alle Unternehmensverträge des § 292: Emmerich/Habersack/Emmerich, § 293 Rn. 48 (wobei nicht zu entnehmen ist, ob der Eintragung deklaratorische oder konstitutive Bedeutung zukommt); für alle Unternehmensverträge auch: Baumbach/Hopt/Roth, § 105 Rn. 105; für Beherrschungsverträge auch: Ebenroth/Boujong/Joost/Strohn/Nagel, § 105 Anh. Rn. 51; GroßkommHGB/Schäfer, § 105 Anh Rn. 61 (auf der Basis einer entsprechenden Anwendung des § 162 HGB); Liebscher, Rn. 1153 m. w. N.

VI. Kombination mit anderen Unternehmensverträgen

1. Beherrschungsvertrag

Handelt es sich bei dem Eigentümer um eine Aktiengesellschaft oder Kommanditgesellschaft auf Aktien, wird unterschiedlich beurteilt, ob eine Kombination aus Betriebsführungs- und Beherrschungsvertrag zulässig ist. Teilweise wird eine solche Kombination als unzulässig angesehen, wobei im Wesentlichen argumentiert wird, dass dem herrschenden Unternehmen keine umfassende Vollmacht zur Führung des Betriebs des Eigentümers erteilt werden könne, da dies mit dem sich aus § 308 AktG ergebenden Prüfungsrecht des Vorstands der abhängigen Gesellschaft nicht vereinbar sei[129].

Die h. M. erachtet demgegenüber eine Kombination aus Betriebsführungs- und Beherrschungsvertrag als zulässig[130]. Die abweichende Ansicht beruhe auf der Vorstellung, dass die Weisung i. S. d. § 308 AktG das ausschließliche Leitungsmittel der herrschenden Gesellschaft sei und daher dem herrschenden Unternehmen keine weitergehenden Rechte hinsichtlich der Leitung und der Ausübung der Leitungsmacht eingeräumt werden dürften. Diese Annahme sei jedoch unzutreffend. Vielmehr zeige die (zulässige) Möglichkeit, dass das herrschende Unternehmen den Vorstand der abhängigen Gesellschaft durch eigene Repräsentanten besetzen (und damit den Willen des herrschenden Unternehmens durchzusetzen) könne, dass die Weisung i. S. d. § 308 AktG nicht die einzige Möglichkeit der Ausübung von Leitungsmacht sei[131]. Auch stehe § 308 Abs. 2 Satz 2 AktG einer solchen Kombination nicht entgegen, da diese Regelung gerade den Sinn habe, den Vorstand der abhängigen Gesellschaft von der Prüfung zu entlasten, ob eine konkrete Weisung zu einer Geschäftsführungsmaßnahme im Konzerninteresse stehe[132].

Mit der h. M. ist von der Zulässigkeit einer Kombination aus Betriebsführungsvertrag und Beherrschungsvertrag auszugehen. Sinnvoll bzw. dem Parteiwillen entsprechend ist diese Kombination freilich nur bei konzernverbundenen Unternehmen, weil den Betriebsführer nach § 302 AktG die Pflicht zur Verlustübernahme trifft[133]. Gegenüber einem isolierten Betriebsführungsvertrag ergeben sich bei einer Kombination aus Beherrschungs- und Betriebsführungsvertrag folgende Besonderheiten: Da der Eigentümer aufgrund des Beherrschungsvertrages weisungsgebunden ist, ist der Betriebsführungsvertrag naturgemäß weisungsfrei[134]. Im Übrigen kann der Eigentümer dem Betriebsführer – anders als nach h. M. bei einem isolierten Beherrschungsvertrag[135] – eine umfassende unwiderrufliche Generalvollmacht erteilen, da, würde sie nicht erteilt, der Betriebsführer den Eigentümer anweisen könnte, die Vollmacht nicht zu widerrufen[136]. Wirksamkeitsvoraussetzung bei einer Kombination aus Betriebsführungs- und Beherrschungsvertrag ist, dass den Wirksamkeitsvoraussetzungen beider Verträge entsprochen wird. Der Betriebsführungsvertrag kann nicht allein aufgrund eines bereits bestehenden Beherrschungsvertrags geschlossen werden, da sein Abschluss eine weitere Zustim-

[129] Ederle, S. 117; Veelken, S. 199 ff., 217 f.; Exner AG 1981, 175, 177 f.
[130] MünchKommAktG/Altmeppen, § 292 Rn. 155; KölnerKommAktG/Koppensteiner, § 292 Rn. 89; Emmerich/Habersack/Emmerich, § 292 Rn. 59, 45; Hüffer/Koch, § 292 Rn. 21; GroßkommAktG/Mülbert, § 292 Rn. 167; MünchHdbAG/Krieger, § 73 Rn. 58; Huber, ZHR 152 (1988), 123, 128 ff.
[131] MünchKommAktG/Altmeppen, § 292 Rn. 161; Huber, ZHR 152 (1988), 123, 131.
[132] MünchKommAktG/Altmeppen, § 292 Rn. 162; Huber, ZHR 152 (1988), 123, 132.
[133] MünchKommAktG/Altmeppen, § 292 Rn. 156; Huber, ZHR 152 (1988), 1, 26 f.
[134] MünchKommAktG/Altmeppen, § 292 Rn. 155, 158; Huber, ZHR 152 (1988), 1, 26.
[135] Zum Streitstand: MünchKommAktG/Altmeppen, § 308 Rn. 17 ff.
[136] MünchKommAktG/Altmeppen, § 292 Rn. 155; Huber, ZHR 152 (1988), 1, 26.

mung der Hauptversammlung nach § 292 Abs. 1 Nr. 3 AktG erfordert[137]. Neben der Beschlussfassung über beide Verträge ist erforderlich, dass beide Verträge nach § 294 AktG in das Handelsregister eingetragen werden[138].

Vorstehendes gilt entsprechend, wenn Eigentümer eine konzernabhängige GmbH ist. Die Kombination mit einem Beherrschungsvertrag hat zur Folge, dass das herrschende Unternehmen zum Ausgleich etwaiger bei der Betriebsführung entstehender Verluste analog § 302 AktG verpflichtet ist[139].

Ob eine Kombination aus Betriebsführungs- und Beherrschungsvertrag zulässig ist, wenn es sich bei dem Eigentümer um eine Personengesellschaft handelt, hängt davon ab, ob und gegebenenfalls unter welchen Voraussetzungen eine Personengesellschaft als Eigentümergesellschaft überhaupt einen Beherrschungsvertrag abschließen kann[140]. Wird der Auffassung gefolgt, nach der (ggf. unter Einhaltung bestimmter Voraussetzungen) der Abschluss eines Beherrschungsvertrags mit einer Personengesellschaft als zulässig angesehen wird, bestehen keine Bedenken gegen eine entsprechende Kombination.

2. Gewinnabführungsvertrag und Teilgewinnabführungsvertrag

Die Kombination eines Betriebsführungsvertrags mit einem Gewinnabführungsvertrag in der Weise, dass einer Aktiengesellschaft oder Kommanditgesellschaft auf Aktien als Eigentümergesellschaft ihren gesamten Gewinn an den Betriebsführer abzuführen hat, ist nach allgemeiner Ansicht zulässig[141]. Eine solche vertragliche Gestaltung ist aufgrund der vollständigen Gewinnabführung nur sinnvoll, wenn es sich um konzernverbundene Unternehmen handelt.

Da das herrschende Unternehmen aufgrund des Betriebsführungsvertrags die Geschäfte der abhängigen Gesellschaft leitet und deren Geschäftsergebnis erhält, ist der Betriebsführungsvertrag naturgemäß weisungsfrei. Auch wenn das Weisungsrecht vertraglich nicht ausgeschlossen wird, liegt der Sache nach ein Beherrschungsvertrag i. S. d. § 291 Abs. 1 Satz 1 Alt. 1 AktG vor. Dementsprechend gelten neben den §§ 302 - 306 AktG, die aufgrund des Gewinnabführungsvertrages Anwendung finden, auch die §§ 308 - 310 AktG, wohingegen die §§ 311 ff. AktG nicht anzuwenden sind. Eine etwa fehlende Eintragung im Handelsregister des Eigentümers als „Beherrschungsvertrag" ist unschädlich, da bei der Kombination des Betriebsführungsvertrages mit einem Gewinnabführungsvertrag die gesetzlichen Voraussetzungen des Beherrschungsvertrages (§§ 293 Abs. 2, 304 Abs. 3 Satz 1 AktG) stets erfüllt sind[142].

Zulässig ist auch die Kombination eines Betriebsführungsvertrags mit einem Teilgewinnabführungsvertrag in der Weise, dass das Betriebsführungsentgelt in einem Teil des Gewinns

---

[137] MünchKommAktG/Altmeppen, § 292 Rn. 158; Huber ZHR 152 (1988), 123, 133 f; Geßler/Hefermehl, § 292 Rn. 106; abweichend: GroßkommAktG/Mülbert, § 292 Rn. 167, wonach es ausreiche, die Anforderungen des Beherrschungsvertrags zu erfüllen.

[138] Huber, ZHR 152 (1988), 1, 123, 133.

[139] Huber, ZHR 152 (1988), 123, 134 m. w. N. zur Verlustausgleichspflicht als Folge des Beherrschungsvertrags der GmbH.

[140] Diese Fragestellung wird kontrovers diskutiert; zum Meinungsstand vgl. nur: BayObLG NJW 1993, 1804, 1805; Baumbach/Hopt/Roth, § 105 Rn. 105; MünchKommHGB/Mülbert, KonzernR Rn. 161 ff.; Ebenroth/Boujong/Joost/Strohn/Nagel, § 105 Anh. Rn. 44; MünchKommAktG/Altmeppen, § 291 Rn. 20.

[141] MünchKommAktG/Altmeppen, § 292 Rn. 165; KölnerKommAktG/Koppensteiner, § 292 Rn. 90 f.; Hüffer/Koch, § 292 Rn. 21; GroßkommAktG/Mülbert, § 292 Rn. 169; MünchHdbAG/Krieger, § 73 Rn. 59.

[142] MünchKommAktG/Altmeppen, § 292 Rn. 165; KölnerKommAktG/Koppensteiner, § 292 Rn. 91; mit eingehender Begründung: Huber, ZHR 152 (1988), 123, 135 ff.

des Eigentümers besteht[143]. Auf einen solchen Vertrag sind die §§ 300 Nr. 2, 301 AktG anzuwenden[144]. Handelt es sich bei dem Betriebsführer um einen Aktionär des Eigentümers und ist die Teilgewinnabführungsverpflichtung als Entgelt für die Betriebsführung unangemessen hoch, wird unterschiedlich beurteilt, ob der Betriebsführungsvertrag ebenso wie der Zustimmungsbeschluss wegen Verstoßes gegen die §§ 57, 58, 60 AktG nichtig sind (§ 134 BGB; § 241 Nr. 3 AktG)[145] oder § 292 Abs. 3 AktG Anwendung findet, infolgedessen nur eine Beschlussanfechtung Platz greift[146].

Vorstehendes gilt entsprechend, wenn eine Gesellschaft mit beschränkter Haftung Eigentümer ist[147].

Ob eine Kombination zwischen Betriebsführungsvertrag und Gewinnabführungsvertrag zulässig ist, wenn eine Personengesellschaft Eigentümergesellschaft ist, ist zweifelhaft. Ebenso wie beim Beherrschungsvertrag wird unterschiedlich beurteilt, ob eine Personengesellschaft sich überhaupt verpflichten kann, ihren Gewinn im Rahmen eines Gewinnabführungsvertrags i. S. d. § 291 Abs. 1 Satz 1 Alt. 2 AktG an ein anderes Unternehmen abzuführen. Teilweise wird dieses bejaht[148], andernorts verneint[149]. Eine Kombination zwischen Betriebsführungsvertrag und Teilgewinnabführungsvertrag unterliegt demgegenüber keinen Bedenken, da sich nach allgemeiner Meinung auch Personengesellschaften zu einer Teilgewinnabführung verpflichten können[150].

3. Gewinngemeinschaft

Eine Kombination zwischen Betriebsführungsvertrag und einer Gewinngemeinschaft i. S. d. § 292 Abs. 1 Nr. 1 AktG ist zulässig, wenn es sich bei dem Eigentümerunternehmen um eine Aktiengesellschaft oder Kommanditgesellschaft auf Aktien handelt[151].

Verpflichtete Partei einer Gewinngemeinschaft kann auch eine GmbH sein[152]. Dementsprechend bestehen auch keine Bedenken gegen eine Kombination aus Betriebsführungsvertrag und Gewinngemeinschaft, wenn es sich bei dem Eigentümer um eine GmbH handelt. Zweifelhaft ist insofern lediglich – dies gilt für alle Verträge nach § 292 AktG –, ob die §§ 292 ff. AktG analog anwendbar sind, da § 292 AktG unmittelbar nur Anwendung findet, wenn die sich jeweils vertragstypisch zu den dort genannten Leistungen verpflichtende Vertragspartei eine Aktiengesellschaft oder Kommanditgesellschaft auf Aktien ist. Die h. M. spricht sich für

---

[143] MünchHdbAG/Krieger, § 73 Rn. 59; GroßkommAktG/Mülbert, § 292 Rn. 170.

[144] MünchHdbAG/Krieger, § 73 Rn. 59.

[145] BGHZ 156, 38, 43 f.; Emmerich/Habersack/Emmerich, § 292 Rn. 46.

[146] MünchHdbAG/Krieger, § 73 Rn. 59; KölnerKommAktG/Koppensteiner, § 292 Rn. 92; Hüffer/Koch, § 292 Rn. 29; Böhm, S. 151.

[147] Huber, ZHR 152 (1988), 123, 139.

[148] MünchKommHGB/Mülbert, KonzernR Rn. 316; Baumbach/Hopt/Roth, § 105 Rn. 105; Schießl, S. 53 f., nach dem im Innenverhältnis eine Haftungsfreistellung erfolgen müsse, da ansonsten der Gewinnabführungsvertrag gegen § 138 Abs. 1 BGB verstoße.

[149] Flume, Personengesellschaft, § 14 X; Emmerich, FS Stimpel, 1985, S. 743, 755; Löffler, S. 50 f. mit Ausnahme der GbR (s. Fn. 157).

[150] MünchKommHGB/Mülbert, KonzernR Rn. 317; Schießl, S. 54; für unabhängige Gesellschaften auch: Emmerich/Habersack, § 34 Rn. 22.

[151] Veelken, S. 25.

[152] GroßkommGmbHG/Casper, Anh. § 77 Rn. 197; Rowedder/Schnorbus, § 52 Anh. Rn. 26.

eine analoge Anwendung der §§ 53, 54 GmbHG aus bzw. lehnt eine entsprechende Anwendung der §§ 292 ff. AktG ab[153].

Nach allgemeiner Meinung kann auch eine Personengesellschaft verpflichtete Partei einer Gewinngemeinschaft sein[154]. Bedenken gegen eine Kombination zwischen Betriebsführungsvertrag und Gewinngemeinschaft bestehen daher nicht.

4. Betriebspachtvertrag und Betriebsüberlassungsvertrag

Zulässig ist auch eine vertragliche Gestaltung, bei der eine Aktiengesellschaft oder Kommanditgesellschaften auf Aktien ihren Betrieb an ein anderes Unternehmen gemäß § 292 Abs. 1 Nr. 3 Alt. 1 AktG verpachtet und sich gegenüber dem anderen Unternehmen verpflichtet, die Betriebsführung für Rechnung des anderen Unternehmens zu übernehmen[155]. Entsprechendes gilt für eine Kombination zwischen Betriebsführungsvertrag und Betriebsüberlassungsvertrag i. S. d. § 292 Abs. 1 Nr. 3 Alt. 2 AktG.

Auch die GmbH kann als verpflichtete Vertragspartei einen Betriebspacht- oder Betriebsüberlassungsvertrag schließen[156]. Eine Kombination zwischen Betriebsführungsvertrag und Betriebspacht- oder Betriebsüberlassungsvertrag unterliegt dementsprechend keinen Bedenken.

Die Personengesellschaft kann ebenfalls einen Betriebspacht- oder Betriebsüberlassungsvertrag als verpflichtete Partei schließen. Der Abschluss eines solchen Vertrags setzt eine entsprechende Zweckänderung bei der verpachtenden bzw. überlassenden Personengesellschaft voraus[157]. Ferner ist zu beachten, dass die Verpachtung bei einer offenen Handelsgesellschaft oder Kommanditgesellschaft einen Wegfall der gewerblichen Tätigkeit zur Folge und wegen des damit verbundenen Formwechsels (in eine GbR) ein zustimmungsbedürftiges Grundlagengeschäft vorliegen kann[158]. Wird dies beachtet, bestehen auch insofern keine Bedenken gegen eine Kombination mit einem Betriebsführungsvertrag.

---

[153] MünchKommAktG/Altmeppen, § 292 Rn. 8; Scholz/Emmerich, Anhang § 13 Rn. 207 ff.; Rowedder/Schnorbus, § 52 Anh. Rn. 128; abweichend aber: LG Berlin WM 1992, 22, 25.

[154] MünchKommHGB/Mülbert, KonzernR Rn. 317; Schließl, S. 54; Emmerich/Habersack, § 34 Rn. 22; für unabhängige Gesellschaften auch: Emmerich, FS Stimpel, 1985, 743, 755.

[155] KölnerKommAktG/Koppensteiner, § 291 Rn. 36, § 292 Rn. 89; Emmerich/Habersack/Emmerich, § 292 Rn. 42; i. E. auch: MünchKommAktG/Altmeppen, § 292 Rn. 100; Huber, ZHR 152 (1988), 1, 7, die von einer Kombination mit einem „Betriebsführungsauftrag" sprechen, um zu verdeutlichen, dass eine Führung des eigenen Betriebs für fremde Rechnung vorliegt.

[156] GroßkommGmbHG/Ulmer, 8. Aufl., Anh § 77 Rn. 195; MünchHdbGmbH/Decher/Kiefner, § 70 Rn. 51.

[157] MünchKommHGB/Mülbert, KonzernR Rn. 318; ebenso für den Regelfall: Westermann/Tröger I, Rn. 4094.

[158] MünchKommHGB/Mülbert, KonzernR Rn. 318; Baumbach/Hopt/Roth, § 114 Rn. 3; GroßkommHGB/Habersack, § 126 Rn. 16; abweichend (ungewöhnliche Geschäftsführungsmaßnahme nach §§ 116 Abs. 2, 164 Satz 1 HS 2 HGB), sofern der Unternehmensgegenstand den Vertragsschluss deckt: Westermann/Tröger I, Rn. 4094.

VII. Steuerliche und bilanzielle Aspekte

1. Steuerliche Behandlung

a) Einkommenssteuer/Körperschaftssteuer

Die Besteuerung der Vertragsparteien eines Betriebsführungsvertrages erfolgt nach allgemeinen Regeln. Jeder der Vertragsparteien ist selbständiges Steuersubjekt und versteuert dementsprechend sein eigenes Einkommen.

aa) Eigentümer

Für die Einkommenszurechnung ist maßgeblich, wer die mit den Geschäften verbundenen Gewinnchancen innehat und deren unternehmerische Risiken zu tragen hat. Dieses ist beim Betriebsführungsvertrag der Eigentümer. Daher hat der Eigentümer die Ergebnisse aus der Betriebsführung zu versteuern. Dabei bildet das Betriebsführungsentgelt eine abzugsfähige Betriebsausgabe[159]. Die aus dem Betrieb des Eigentümers stammenden Einkünfte sind dem Eigentümer unabhängig davon steuerlich zuzurechnen, ob ein echter oder ein unechter Betriebsführungsvertrag vorliegt[160].

Handelt es sich bei dem Eigentümer um eine Kapitalgesellschaft, unterliegen die Ergebnisse aus der Betriebsführung der Körperschaftsteuer. Bei einer Personengesellschaft als Eigentümer werden durch den Betriebsführungsvertrag kein Gesellschaftsverhältnis und daher auch keine Mitunternehmerschaft begründet; die Ergebnisse aus der Betriebsführung unterliegen daher (vollständig bei den Gesellschaftern des Eigentümers) der Einkommensteuer[161].

bb) Betriebsführer

Beim Betriebsführer stellt das Betriebsführungsentgelt eine Betriebseinnahme dar, die der Körperschaftsteuer (Kapitalgesellschaft als Betriebsführer) bzw. der Einkommensteuer (Personengesellschaft als Betriebsführer) unterliegt[162].

cc) Besonderheiten im Konzern

Der Betriebsführungsvertrag begründet keine steuerliche Organschaft nach § 14 Abs. 1 KStG[163]. Dementsprechend findet keine Zuweisung von Verlusten des Eigentümers beim Betriebsführer statt, welche dieser mit (eigenen) Gewinnen verrechnen könnte. Um eine steuerliche Organschaft zu begründen, kann aber neben dem Betriebsführungsvertrag (unter Beachtung der einschlägigen gesetzlichen Bestimmungen) ein Gewinnabführungsvertrag geschlossen werden[164].

---

[159] Lüdicke/Sistermann/Schießl, § 4 Rn. 71; Herrmann/Heuer/Raupach/Rosenberg, § 5 Rn. 1421; Strobl, JbFSt 1982/83, 413, 423; Haarmann, JbFSt 1992/93, 526, 528; Schulze zur Wiesche, BB 1983, 1026, 1028.

[160] Lüdicke/Sistermann/Schießl, § 4 Rn. 70 ff.; Herrmann/Heuer/Raupach/Rosenberg, § 5 Rn. 1421 f.

[161] Schulze zur Wiesche, BB 1983, 1026, 1028.

[162] Lüdicke/Sistermann/Schießl, § 4 Rn. 71; Strobl, JbFSt 1982/83, 413, 423; Schulze zur Wiesche, BB 1983, 1026, 1028.

[163] MünchHdbAG/Krieger, § 73 Rn. 82; Strobl, JbFSt 1982/83, 413, 417.

[164] Huber, ZHR 152 (1988), 123, 126; Schulze zur Wiesche, BB 1983, 1026, 1028.

Das Betriebsführungsentgelt sollte bei einem Betriebsführungsvertrag zwischen verbundenen Unternehmen einem Drittvergleich Stand halten, da ansonsten eine verdeckte Gewinnausschüttung bzw. eine verdeckte Einlage vorliegen kann[165].

b) Umsatzsteuer

Bei der umsatzsteuerlichen Behandlung der Betriebsführung ist zwischen einem echten Betriebsführungsvertrag und einem unechten Betriebsführungsvertrag zu differenzieren:

aa) Echter Betriebsführungsvertrag

Bei einer echten Betriebsführung sind die im Namen und für Rechnung des Eigentümers vorgenommenen Ausgangs- und Eingangsleistungen umsatzsteuerlich dem Eigentümer zuzurechnen[166]. Bei Ausgangsleistungen ist daher der Eigentümer Leistender im umsatzsteuerlichen Sinne. Er hat über diese Leistungen Rechnungen unter Angabe seiner Umsatzsteueridentifikationsnummer und grundsätzlich (also wenn nach den allgemeinen Voraussetzungen nach dem UStG die Leistung der Umsatzsteuer unterliegt) unter gesondertem Ausweis der Umsatzsteuer zu erstellen; eine ausgewiesene Umsatzsteuer ist vom Eigentümer abzuführen. Bei Eingangsleistungen ist der Eigentümer Leistungsempfänger und damit grundsätzlich zum Vorsteuerabzug berechtigt.

Die Betriebsführungstätigkeit selbst stellt (als Vermittlungsleistung) eine sonstige Leistung im umsatzsteuerlichen Sinne (§ 3 Abs. 9 UStG) dar[167]. Daher muss der Betriebsführer über die Betriebsführungstätigkeit Rechnungen unter Angabe seiner Umsatzsteueridentifikationsnummer stellen, die den Umsatzsteuerbetrag gesondert ausweisen. Diesen Umsatzsteuerbetrag hat der Betriebsführer abzuführen. Der Eigentümer als Leistungsempfänger ist zum Vorsteuerabzug berechtigt.

bb) Unechter Betriebsführungsvertrag

Bei einer unechten Betriebsführung handelt der Betriebsführer im eigenen Namen aber für fremde Rechnung. Ausgangs- und Eingangsleistungen (für Rechnung des Eigentümers) sind umsatzsteuerlich dem Betriebsführer als zivilrechtlich Berechtigtem und Verpflichtetem zuzurechnen. Ausgangsleistungen sind daher umsatzsteuerlich Leistungen des Betriebsführers[168]. Daher muss der Betriebsführer für die für Rechnung des Eigentümers erbrachten Leistungen (ebenso als ob es sich für eigene Rechnung erbrachte Leistungen handeln würde) Rechnungen unter Angabe seiner Umsatzsteueridentifikationsnummer erstellen. Unterliegt die Leistung nach den allgemeinen umsatzsteuerlichen Regelungen der Umsatzsteuer, hat der Betriebsführer die Umsatzsteuer gesondert auszuweisen und abzuführen. Bei Eingangsleistungen für Rechnung des Eigentümers ist der Betriebsführer der umsatzsteuerliche Leistungsempfänger und daher auch grundsätzlich zum Vorsteuerabzug aus der an ihn adressierten Rechnung berechtigt[169].

---

[165] Böhm, S. 23; Strobl, JbFSt 1982/83, 413, 417; Haarmann, JbFSt 1992/93, 526, 529; eingehend: Schulze zu Wiesche, BB 1983, 1026, 1029.

[166] Vgl. Gembruch/Schönfeld, UR 2010, 793, 794.

[167] Gembruch/Schönfeld, UR 2010, 793, 794 f.; Schulze zu Wiesche, BB 1983, 1026, 1029.

[168] Gembruch/Schönfeld, UR 2010, 793, 794.

[169] Gembruch/Schönfeld, UR 2010, 793, 794.

Da die unechte Betriebsführung mit einem Treuhandverhältnis[170] vergleichbar ist und bei einem Treuhandverhältnis die Grundsätze des Kommissionsgeschäfts Anwendung finden, gilt im Innenverhältnis zwischen Eigentümer und Betriebsführer § 3 Abs. 3 UStG entsprechend, soweit der Betriebsführer im eigenen Namen aber für Rechnung des Eigentümers tätig wird. Daher werden für umsatzsteuerliche Zwecke zwischen Eigentümer und Betriebsführer (den Ausgangs- und Eingangsleistungen) entsprechende Lieferbeziehungen fingiert[171]. Die Betriebsführungstätigkeit selbst wird also im umsatzsteuerlichen Sinne anders als beim echten Betriebsführungsvertrag nicht als (weitere) Leistung in Form einer Vermittlungsleistung qualifiziert. Vielmehr wird diese durch die fingierten Lieferbeziehungen absorbiert.

Kein qualitativ anderes Ergebnis ergibt sich, wenn der Betriebsführer für den Eigentümer sonstige Leistungen im umsatzsteuerlichen Sinne erbringt. In diesem Fall findet § 3 Abs. 11 UStG Anwendung. Wird danach ein Unternehmer in die Erbringung einer sonstigen Leistung eingeschaltet und handelt er dabei im eigenen Namen, jedoch für fremde Rechnung, gilt diese Leistung als an ihn und von ihm erbracht. § 3 Abs. 11 UStG fingiert wie § 3 Abs. 3 UStG eine Leistungskette. Danach wird der Unternehmer (der Betriebsführer) so behandelt, als ob er fiktiv der Empfänger der ersten und Erbringer der zweiten Leistung ist. Beide Leistungen sind inhaltlich identisch. Daneben erbringt der Geschäftsbesorger nicht noch eine sonstige Leistung (in Form einer Vermittlungsleistung) an den Auftraggeber[172].

2. Bilanzielle Behandlung

a) Echter Betriebsführungsvertrag

aa) Eigentümer

Bei einem echten Betriebsführungsvertrag handelt der Betriebsführer im Namen des Eigentümers. Unmittelbar aus den Geschäften des Betriebsführers (für den Eigentümer) berechtigt und verpflichtet wird also ausschließlich der Eigentümer. Das hat bilanziell zur Folge, dass die einzelnen Geschäftsvorfälle direkt beim Eigentümer anfallen und nur im Rechnungswesen des Eigentümers zu erfassen und nur bei diesem ergebniswirksam sind[173].

bb) Betriebsführer

Da bei einem echten Betriebsführungsvertrag die Geschäfte des Betriebsführers im Namen und für Rechnung des Eigentümers als Geschäftsvorfälle bilanziell nur beim Eigentümer zu erfassen sind, werden diese Geschäfte nicht in der Bilanz des Betriebsführers abgebildet. Sofern sich die unternehmerische Tätigkeit des Betriebsführers auf die Betriebsführung beschränkt, sind in der Bilanz des Betriebsführers neben dem Ertrag aus der Vereinnahmung des Betriebsführungsentgelts und der aus der Betriebsführung zu erstattenden Aufwendungen lediglich die eigenen Aufwendungen (Geschäftsführervergütung, Steuern etc.) auszuweisen[174]. Hinsichtlich des Anlage- und Umlaufvermögens sowie der Verbindlichkeiten wird in der Bilanz des Betriebsführers nur eigenes Vermögen bzw. eigene Verbindlichkeiten des Be-

---

[170] Eingehend zum Treuhandcharakter des Betriebsführungsvertrags: Böhm, S. 47 ff.
[171] Gembruch/Schönfeld, UR 2010, 793, 794.
[172] Rau/Dürrwächter/Nieskens, § 3 Rn. 2558; Bunjes/Leonhard, § 3 Rn. 296; Sölch/Ringleb/Martin, § 3 Rn. 723.
[173] Herrmann/Heuer/Raupach/Rosenberg, § 5 Rn. 1421; Fenzl, Rn. 548 f.; Strobl, JbFSt 1982/83, 413, 424.
[174] Herrmann/Heuer/Raupach/Rosenberg, § 5 Rn. 1421; Fenzl, Rn. 550; Strobl, JbFSt 1982/83, 413, 425.

triebsführers erfasst, nicht dagegen das Betriebsvermögen des Eigentümers oder dessen Verbindlichkeiten[175].

b) Unechter Betriebsführungsvertrag

aa) Eigentümer

Bei einem unechten Betriebsführungsvertrag handelt der Betriebsführer im eigenen Namen. Anders als beim echten Betriebsführungsvertrag wird also ausschließlich der Betriebsführer selbst unmittelbar aus den Geschäften (für den Eigentümer) berechtigt und verpflichtet. Damit die Geschäftsvorfälle aus der Betriebsführung gleichwohl (jedenfalls nahezu) ausschließlich beim Eigentümer bilanziell abgebildet werden können, bedarf es nach h. M. einer entsprechenden zivilrechtlichen Vertragsgestaltung (Ermächtigung, Vorausabtretung, antizipiertes Besitzkonstitut)[176]:

Hinsichtlich der dinglichen Veräußerungsgeschäfte ermächtigt der Eigentümer den Betriebsführer, als Treuhänder nach § 185 BGB im eigenen Namen über das Treugut zu verfügen. Der Betriebsführer erwirbt im Fall der Ermächtigungstreuhand nicht das Vollrecht, sondern erhält lediglich die Verfügungsbefugnis oder die Befugnis zur Ausübung und Geltendmachung von Rechten[177].

Bezüglich der Forderungen, die anlässlich der vorgenannten Veräußerungsgeschäfte entstehen, vereinbaren der Betriebsführer und der Eigentümer eine Vorausabtretung. Im Übrigen wird der Betriebsführer ermächtigt, im eigenen Namen treuhänderisch für den Eigentümer über die aus Verkäufen und Dienstleistungen entstehenden Ansprüche und Rechte zu verfügen, sie im eigenen Namen geltend zu machen und Forderungen einzuziehen. Auch insoweit wird das Veräußerungsgeschäft also nicht in der Bilanz des Betriebsführers abgebildet[178].

Bei dinglichen Erwerbsgeschäften wird ein antizipiertes Besitzmittlungsverhältnis nach § 930 BGB vereinbart. Dadurch geht das Eigentum im Zeitpunkt des Erwerbs auf den Eigentümer über. Der Erwerb ist daher ebenfalls nur in der Bilanz des Eigentümers abzubilden[179]. Anzumerken ist dazu freilich, dass sachenrechtlich ein Durchgangserwerb Platz greift, also der Betriebsführer für eine juristische Sekunde Eigentümer wird.

Auf Verpflichtungsgeschäfte ist § 185 BGB allerdings nicht anwendbar. Dementsprechend muss der Betriebsführer die sich aus solchen Geschäften ergebenden Verbindlichkeiten auch in seiner Bilanz ausweisen[180]. Insoweit lässt sich also nicht durch eine entsprechende vertragliche Gestaltung sicherstellen, dass die Geschäftsvorfälle aus der Betriebsführung ausschließlich beim Eigentümer bilanziell abgebildet werden. Die mit den Verbindlichkeiten vereinba-

---

[175] Herrmann/Heuer/Raupach/Rosenberg, § 5 Rn. 1421.

[176] Herrmann/Heuer/Raupach/Rosenberg, § 5 Rn.1422; Fenzl, Rn. 551 f.; Strobl, JbFSt 1982/83, 413, 425 f.; abweichend: Adler/Düring/Schmalz, § 246 Rn. 300, wonach (offenbar auch ohne eine entsprechende vertragliche Gestaltung) die Vermögensgegenstände beim Eigentümer als „wirtschaftlichem Forderungsinhaber" zu buchen und bilanzieren seien und die Aufwendungen und Erträge, die sich aus den für Rechnung des Eigentümers abgewickelten Geschäftsvorfällen ergeben, ausschließlich in dessen GuV zu erfassen seien.

[177] Herrmann/Heuer/Raupach/Rosenberg, § 5 Rn.1422; Fenzl, Rn. 553; Strobl, JbFSt 1982/83, 413, 425 f.

[178] Herrmann/Heuer/Raupach/Rosenberg, § 5 Rn.1422; Fenzl, Rn. 554 f.; Strobl, JbFSt 1982/83, 413, 426.

[179] Herrmann/Heuer/Raupach/Rosenberg, § 5 Rn.1422; Fenzl, Rn. 556.; Strobl, JbFSt 1982/83, 413, 426.

[180] Herrmann/Heuer/Raupach/Rosenberg, § 5 Rn.1422; Fenzl, Rn. 557.; Strobl, JbFSt 1982/83, 413, 426.

rungsgemäß korrespondierenden Ausgleichsansprüche des Betriebsführers gegen den Eigentümer sind beim Eigentümer als Verbindlichkeit zu passivieren[181].

bb) Betriebsführer

Beim unechten Betriebsführungsvertrag sind alle Verbindlichkeiten, die der Betriebsführer im eigenen Namen für Rechnung des Eigentümers eingegangen ist, im Jahresabschluss des Betriebsführers auszuweisen. In Höhe der eingegangenen Verpflichtungen hat der Betriebsführer seine Ersatzansprüche gegen den Eigentümer zu aktivieren[182]. Im Übrigen lässt sich, wie voranstehend geschildert, durch entsprechende vertragliche Vereinbarungen weitestgehend sicherstellen, dass die Geschäftsvorfälle aus der Betriebsführung ausschließlich beim Eigentümer bilanziell abgebildet werden.

---

[181] BeckBilKomm/Schmidt/Ries, § 246 HGB Rn. 51; Adler/Düring/Schmaltz, § 246 HGB Rn. 300.

[182] Lüdicke/Sistermann/Schießl, § 4 Rn. 72; Adler/Düring/Schmaltz, § 246 HGB Rn. 416, 300; Herrmann/Heuer/Raupach/Rosenberg, § 5 Rn.1422.

B. Formulartexte und -kommentare

I. Echter Betriebsführungsvertrag (einfaches Formular)

1. Betriebsführungsvertrag

a) Formulartext

Betriebsführungsvertrag

Zwischen der
... AG
...
...
vertreten durch den Vorstand ...

- nachfolgend Auftraggeberin -

und der

... GmbH
...
...
vertreten durch die Geschäftsführer ...

- nachfolgend Auftragnehmerin -

wird folgender Vertrag geschlossen:

§ 1
Gegenstand und Inhalt der Betriebsführung

(1) Die Auftragnehmerin wird mit der Führung des gesamten Betriebs der Auftraggeberin beauftragt. Die Betriebsführung umfasst sämtliche Handlungen, die der gewöhnliche Betrieb des Handelsgewerbes der Auftraggeberin mit sich bringt sowie die Vorbereitung und Umsetzung von darüber hinausgehenden Handlungen, über deren Vornahme der Vorstand der Auftraggeberin entscheidet.

(2) Bei der Betriebsführung hat die Auftragnehmerin die Interessen der Auftraggeberin wahrzunehmen. Sie führt den Betrieb der Auftraggeberin im Namen und für Rechnung der Auftraggeberin.

§ 2
Weisungs- und Auskunftsrecht

Die Auftraggeberin kann der Auftragnehmerin in allen Belangen der Betriebsführung Weisungen erteilen und von ihr Auskunft über den Stand der Betriebsführung verlangen.

§ 3
Vertretung und Vollmacht

Die Auftraggeberin erteilt der Auftragnehmerin eine zur Vertretung des Vorstands der Auftraggeberin berechtigende Generalhandlungsvollmacht zu allen Geschäften und Rechtshandlungen, die der Betrieb des Handelsgewerbes der Auftraggeberin gewöhnlich mit sich bringt.

§ 4
Vergütung und Aufwendungsersatz

(1) Die Auftragnehmerin erhält für ihre Tätigkeit eine jährliche Vergütung in Höhe von ... €. Auf die Vergütung kommt die gesetzliche Umsatzsteuer in der jeweils geltenden Höhe hinzu. Die Vergütung ist in vier gleichen Raten zum 01. eines jeden Quartals zahlbar.

(2) Die Auftraggeberin ersetzt der Auftragnehmerin alle erforderlichen Aufwendungen, die ihr durch die Betriebsführung entstehen. Die Bezüge der Geschäftsführer der Auftragnehmerin und Aufwendungen gemäß § 5 sind mit der Vergütung gemäß Abs. 1 abgegolten.

§ 5
Personal und Betriebsmittel

(1) Die Betriebsführung erfolgt mit eigenem Personal der Auftragnehmerin.

(2) Die für die Betriebsführung erforderlichen materiellen Betriebsmittel werden von der Auftragnehmerin gestellt.

§ 6
Vertragsdauer

(1) Der Vertrag beginnt am 01. Januar ... und wird für die Dauer von ... Jahren geschlossen (Festlaufzeit). Nach Ablauf der Festlaufzeit verlängert sich der Vertrag um jeweils ... Jahre, falls er nicht spätestens mit einer Frist von ... Monaten vor seinem Ablauf gekündigt wird.

(2) Das Recht zur fristlosen Kündigung aus wichtigem Grund bleibt unberührt.

(3) Die Kündigung des Vertrags bedarf der Schriftform.

§ 7
Wirksamkeit

(1) Der Vertrag bedarf zu seiner Wirksamkeit der Zustimmung der Hauptversammlung der Auftraggeberin. Er wird mit der Eintragung in das Handelsregister des Sitzes der Auftraggeberin wirksam.

(2)   Die Auftragnehmerin übernimmt die Betriebsführung vorbehaltlich der Zustimmung gemäß Abs. 1 Satz 1 aber ungeachtet der Handelsregistereintragung gemäß Abs. 1 Satz 2 zu dem in § 6 Abs. 1 Satz 1 genannten Zeitpunkt des Vertragsbeginns.

..., den ...

_____   _____
Auftraggeberin   Auftragnehmerin

b) Formularkommentare

Vertragseingang

Inhalt

1. Allgemeines

Das Formular sieht vor, dass eine Aktiengesellschaft als Eigentümer eine Gesellschaft mit beschränkter Haftung als Betriebsführer damit beauftragt, die Führung des Betriebs des Eigentümers zu übernehmen. Konzipiert ist das Formular für einen Betriebsführungsvertrag zwischen zwei nicht gemäß § 15 AktG verbundenen Unternehmen.

Es handelt sich um ein einfaches Formular, welches (nur) die wesentlichen Punkte eines Betriebsführungsvertrags regelt. Soweit der Betriebsführungsvertrag keine Regelung enthält, gelten die gesetzlichen Bestimmungen, sofern nicht ausnahmsweise eine ergänzende Vertragsauslegung Platz greift[183]. Hinsichtlich der gesetzlichen Bestimmungen gelten vorranging die speziellen Regelungen der §§ 292 ff. AktG. Handelt es sich, wie hier, um einen entgeltlichen Betriebsführungsvertrag, gelten nachrangig die in § 675 Abs. 1 BGB genannten Vorschriften des Auftragsrechts, die ihrerseits den Vorschriften des Dienstvertrags (§§ 611 ff. BGB) vorgehen. Enthalten also weder die vorgenannten Vorschriften des Aktienrechts noch die des Auftragsrechts speziellere Regelungen, finden die dienstvertragsrechtlichen Vorschriften Anwendung[184]. Im Übrigen gelten die allgemeinen Bestimmungen des BGB, wobei die spezielleren Vorschriften über Handelsgeschäfte (§§ 344 ff. HGB) diesen gegenüber Vorrang haben.

Dem Formular und den nachfolgenden mit dem Formular des Betriebsführungsvertrags im Zusammenhang stehenden Formularen liegt der typische Sachverhalt zugrunde, dass der Betrieb des Eigentümers (der vorliegend Dienstleistungen erbringt) so klein ist, dass sich die Verwaltung durch ein anderes Unternehmen gegenüber der Unterhaltung einer eigenen Betriebsorganisation als wirtschaftlicher darstellt.

Als Besonderheit kommt hinzu, dass der Eigentümer bereits einen Betriebsführungsvertrag geschlossen hat. Der bisherige Betriebsführer verfügt nicht über die fachliche Expertise, die erforderlich ist, um die vom Eigentümer intendierte gegenständliche und räumliche Erweiterung seiner Geschäftstätigkeit abzudecken. Überdies hat der Betriebsführer des bestehenden Betriebsführungsvertrags signalisiert, sich aus der Betriebsführung zum Jahresende zurückziehen zu wollen. Bei der Vertragsgestaltung ist daher im Hinblick auf den Vertragsbeginn darauf zu achten, dass der neue Betriebsführungsvertrag nahtlos an den bestehenden Vertrag anschließt. Im Übrigen hat diese Besonderheit auf den Inhalt des Betriebsführungsvertrags keinen Einfluss. Allerdings hat der Vorstand im Rahmen des Berichts nach § 293a AktG auf diese Besonderheit einzugehen.

---

[183] Zum Verhältnis zwischen dispositivem Gesetzesrecht und der ergänzenden Vertragsauslegung s. nur: Palandt/Ellenberger, § 157 Rn. 4 ff.; MünchKommBGB/Busche, § 157 Rn. 45 f. m. w. N.

[184] Vgl. nur Palandt/Sprau, § 675 Rn. 7; MünchKommBGB/Heermann, § 675 Rn. 14 m. w. N.

Das Formular unterstellt, dass der Eigentümer weder Personal beschäftigt noch über zur Führung des Betriebs erforderliche materielle Betriebsmittel verfügt. Beides soll auch zukünftig vereinbarungsgemäß vom Betriebsführer gestellt werden (§ 5 des Formulars). In der Praxis sind häufig Betriebsführungsverträge anzutreffen, bei denen der Eigentümer über kein Personal und über keine oder nahezu keine materiellen Betriebsmittel verfügt. Infolge des Fehlens von Personal und zur Führung des Betriebs erforderlichen materiellen Betriebsmitteln könnte zweifelhaft sein, ob begrifflich überhaupt noch ein „Betrieb"[185] vorliegt, dessen Führung der Betriebsführer übernehmen kann. Diese Zweifel mögen ursächlich dafür sein, dass in der Praxis bei Konstellationen der hier in Rede stehenden Art zwar die Regularien der §§ 293 ff. AktG eingehalten werden, aber für den Vertrag anstelle der Bezeichnung „Betriebsführungsvertrag" die Bezeichnung „Geschäftsbesorgungsvertrag" verwendet wird. Eine inhaltliche Auseinandersetzung mit dem Begriff „Betrieb" ist für die Zwecke der Einordnung des Vertrags als Unternehmensvertrag entsprechend § 292 Abs. 1 Nr. 3 AktG jedoch weder erforderlich noch zielführend: Maßgebend ist insofern vielmehr, ob nach dem Inhalt des Vertrags ein Dritter die an sich dem Vorstand obliegende Verpflichtung zur Führung der Geschäfte der Aktiengesellschaft übernimmt. Dieses kann auch dann der Fall sein, wenn der Eigentümer über kein Personal und über keine oder nahezu keine materiellen Betriebsmittel verfügt.

2. Zuständigkeit für den Vertragsabschluss

Bei der Zuständigkeit für den Vertragsabschluss ist auf beiden Seiten der Parteien zwischen der Zuständigkeit für die Entscheidung ob, mit wem und mit welchem Inhalt der Betriebsführungsvertrag geschlossen werden soll (Leitungsaufgabe und Geschäftsführungsmaßnahme) und dem Vertragsabschluss als solchem (Vertretungskompetenz) zu unterscheiden.

a) Eigentümer

Bei der Aktiengesellschaft als Eigentümer fällt die Entscheidung über den Vertragsabschluss grundsätzlich als unternehmenspolitische Leitungsentscheidung in die alleinige Zuständigkeit des Vorstands der Gesellschaft (§§ 76, 77 AktG). Da es sich bei dem Betriebsführungsvertrag um einen Vertrag handelt, welcher der Zustimmung der Hauptversammlung des Eigentümers bedarf, kann der Vorstand aber auch von der Hauptversammlung angewiesen werden, den Vertrag vorzubereiten und abzuschließen (§ 83 Abs. 1 Satz 2 AktG)[186]. Demgegenüber kann der Aufsichtsrat keinen initiativen Einfluss auf den Abschluss des Betriebsführungsvertrags nehmen. Als Maßnahme der Geschäftsführung darf diese Entscheidung dem Aufsichtsrat nicht übertragen werden (§ 111 Abs. 4 Satz 1 AktG)[187].

Handelt es sich – anders als im Formular vorgesehen – um einen mehrgliedrigen Vorstand hat die Leitungsentscheidung über den Vertragsabschluss durch einstimmigen Beschluss der Vorstandsmitglieder zu erfolgen (§ 77 Abs. 1 Satz 1 AktG), sofern nicht die Satzung des Eigentümers oder die Geschäftsordnung des Vorstands eine mehrheitliche Beschlussfassung zulässt (§ 77 Abs. 1 Satz 2 AktG).

---

[185] Zum unterschiedlich interpretierten Betriebsbegriff statt aller: Böhm, S. 8 f., der einen Überblick über die unterschiedlichen Auffassungen gibt.

[186] Hüffer/Koch, § 293 Rn. 23; Emmerich/Habersack/Emmerich, § 293 Rn. 14, 16; GroßkommAktG/Mülbert, § 293 Rn. 6.

[187] Hüffer/Koch, § 293 Rn. 25; GroßkommAktG/Mülbert, § 293 Rn. 8.

Der Vorstand hat bei der Entscheidung über den Vertragsschluss die Sorgfalt eines ordentlichen und gewissenhaften Geschäftsleiters anzuwenden (§ 93 Abs. 1 Satz 1 AktG). Verletzt der Vorstand seine Sorgfaltspflicht, beispielsweise durch die Auswahl eines objektiv ungeeigneten Betriebsführers, kommt eine Schadensersatzpflicht des Vorstands gemäß § 93 Abs. 2 AktG in Betracht. Die Ersatzpflicht tritt nach § 93 Abs. 4 Satz 1 AktG nicht ein, wenn der Vorstand von der Hauptversammlung zum Abschluss des Vertrags nach § 83 Abs. 1 Satz 2 AktG angewiesen wurde[188]. Nach h. M. entlastet die nachträgliche Billigung durch einen Zustimmungsbeschluss der Hauptversammlung nach § 293 Abs. 1 AktG den Vorstand gemäß § 93 Abs. 4 Satz 1 AktG allerdings nicht[189].

Für den Vertragsabschluss selbst ist der Vorstand zuständig. Für die Vertretung der Gesellschaft gelten § 78 AktG und die dazu entwickelten allgemeinen Grundsätze[190]. Dementsprechend kann sich der Vorstand beim Abschluss des Betriebsführungsvertrags auch vertreten lassen[191].

Sofern wie hier für die Wirksamkeit des Vertrags eine Zustimmung der Hauptversammlung des Eigentümers erforderlich ist, ist die Vertretungsmacht des Vorstands des Eigentümers aufgrund des Zustimmungserfordernisses beschränkt. Ein ohne die vorherige Zustimmung abgeschlossener Vertrag ist schwebend unwirksam[192].

Der Aufsichtsrat hat beim Abschluss des Betriebsführungsvertrags keine Vertretungszuständigkeit[193]. Allerdings kann nach h. M. die Satzung oder ein Aufsichtsratsbeschluss für den Abschluss von Unternehmensverträgen durch den Vorstand die Zustimmung des Aufsichtsrats für den Fall vorsehen, dass die Initiative zum Abschluss des Unternehmensvertrags vom Vorstand und nicht von der Hauptversammlung ausgeht[194]. Besteht ein solcher Zustimmungsvorbehalt, hat die Entscheidung des Aufsichtsrats jedoch nur Bedeutung im Innenverhältnis. Die Vertretungsmacht des Vorstands wird dadurch nicht beschränkt[195].

b) Betriebsführer

Bei der GmbH liegt die Geschäftsführungsbefugnis (außerhalb des den Gesellschaftern gemäß § 46 GmbHG zugewiesenen Aufgabenkreises) im Grundsatz bei den Geschäftsführern. Daher sind an sich die Geschäftsführer für die Entscheidung über den Vertragsschluss zustän-

[188] Hüffer/Koch, § 293 Rn. 23; GroßkommAktG/Mülbert, § 293 Rn. 40; Emmerich/Habersack/Emmerich, § 293 Rn. 14; KölnerKommAktG/Koppensteiner, § 293 Rn. 23; MünchKommAktG/Altmeppen, § 293 Rn. 28.
[189] KölnerKommAktG/Koppensteiner, § 293 Rn. 23; Emmerich/Habersack/Emmerich, § 293 Rn. 14; Hüffer/Koch, § 293 Rn. 23; abweichend: GroßkommAktG/Mülbert, § 293 Rn. 42; Canaris, ZGR 1978, 207, 215; differenzierend: MünchKommAktG/Altmeppen, § 293 Rn. 29.
[190] Hüffer/Koch, § 293 Rn. 24.
[191] KölnerKommAktG/Koppensteiner, § 293 Rn. 11.
[192] GroßkommAktG/Mülbert, § 293 Rn. 10, 28; MünchKommAktG/Altmeppen, § 293 Rn. 5; Hüffer/Koch, § 293 Rn. 12, 24; Emmerich/Habersack/Emmerich, § 293 Rn. 15; KölnerKommAktG/Koppensteiner, § 293 Rn. 11; Spindler/Stilz/Veil, § 293 Rn. 5; vgl. auch OLG Celle AG 1996, 370; KG AG 2000, 183, 185.
[193] Hüffer/Koch, § 293 Rn. 25.
[194] Hüffer/Koch, § 293 Rn. 25; KölnerKommAktG/Koppensteiner, § 293 Rn. 7; MünchKommAktG/Altmeppen, § 293 Rn. 10 ff.; Martens ZHR 147 (1983), 377, 386 m. Fn. 23; weitergehend: GroßkommAktG/Mülbert, § 293 Rn. 116; MünchHdbAG/Krieger, § 71 Rn. 14; K. Schmidt/Lutter/Langenbucher, § 293 Rn. 9; Spindler/Stilz/Veil, § 293 Rn. 4, nach denen die Initiative auch von der Hauptversammlung ausgehen könne; noch weitergehender: Duden, ZHR 141 (1977), 145, 147, nach dem die Satzung dem Aufsichtsrat als „weiteres Erfordernis" i. S. d. § 293 Abs. 1 Satz 3 AktG eine Letztentscheidungsbefugnis einräumen könne (dagegen: KölnerKommAktG/Koppensteiner, § 293 Rn. 7); abweichend (Unzulässigkeit eines Zustimmungsvorbehaltes): Timm DB 1980, 1201, 1203.
[195] MünchKommAktG/Altmeppen, § 293 Rn. 15; Werner ZGR 1976, 447, 468.

dig. Das GmbHG enthält allerdings keine § 76 Abs. 1 AktG entsprechende Parallelnorm. Daher können die Gesellschafter durch Satzungsregelung oder über das Weisungsrecht Aufgaben der Geschäftsführung an sich ziehen. Jenseits dieses Bereichs wird zum einen unterschiedlich beurteilt, ob die Primärzuständigkeit für die Grundzüge der Unternehmenspolitik bei den Gesellschaftern oder bei den Geschäftsführern liegt[196]. Ferner wird kontrovers darüber diskutiert, in welchem Umfang eine Vorlagepflicht der Geschäftsführer an die Gesellschafterversammlung besteht[197]. Vor diesem Hintergrund empfiehlt es sich, in Zweifelsfällen (also wenn die Zustimmung im Innenverhältnis nicht ohnehin kraft Satzung, Geschäftsordnung oder Geschäftsführeranstellungsvertrag einzuholen ist) die Entscheidung über den Vertragsschluss der Gesellschafterversammlung vorzulegen[198], auch wenn per se für den Abschluss eines Betriebsführungsvertrags als solchen keine Zustimmungspflicht besteht[199].

Übergehen die Geschäftsführer die Mitentscheidungsbefugnisse der Gesellschafterversammlung, kann dieses Verhalten im Innenverhältnis sanktioniert werden, z. B. durch die Inanspruchnahme des Geschäftsführers auf Schadensersatz oder die fristlose Kündigung seines Anstellungsvertrags[200]. Ferner kann die Gesellschaft klageweise, erforderlichenfalls auch auf dem Wege des einstweiligen Rechtsschutzes, die Durchführung des Geschäfts unterbinden[201].

Für den Vertragsabschluss selbst sind die Geschäftsführer zuständig. Für die Vertretung der Gesellschaft gelten § 35 GmbHG und die dazu entwickelten allgemeinen Grundsätze. Daher können sich die Geschäftsführer beim Abschluss des Betriebsführungsvertrags auch vertreten lassen.

Gegen dritte Personen hat eine Beschränkung der Befugnis der Geschäftsführer, die Gesellschaft zu vertreten, keine rechtliche Wirkung (§ 37 Abs. 2 Satz 1 GmbHG). Einschränkungen der Vertretungsmacht der Geschäftsführer haben daher grundsätzlich keine Außenwirkung, sofern nicht ausnahmsweise die allgemeinen Grundsätze des Missbrauchs der Vertretungsmacht eingreifen[202].

Handelt es sich – anders als in dem Formular vorgesehen – auch bei dem Betriebsführer um eine Aktiengesellschaft, gelten die vorstehenden Ausführungen zur Entscheidungs- und Vertretungskompetenz des Vorstands auf Seiten des Eigentümers mit der Maßgabe entsprechend, dass der Vorstand nicht durch die Hauptversammlung zum Vertragsabschluss angewiesen werden kann, weil dieser auf Seiten des Betriebsführers keiner Zustimmung bedarf. Aus dem gleichen Grund ist die Vertretungsmacht des Vorstands nicht beschränkt.

[196] Für eine Zuständigkeit der Gesellschafter s. etwa: BGH GmbHR 1991, 197; Ulmer/Paefgen, § 37 Rn. 18; MünchKommGmbHG/Stephan/Tieves, § 37 Rn. 63; Scholz/Uwe H. Schneider/Sven H. Schneider, § 37 Rn. 10; abweichend etwa: Baumbach/Hueck/Zöllner/Noack, § 37 Rn. 14; Rowedder/Baukelmann, § 37 Rn. 8; Nachweise zu weiteren Einzelansichten bei Scholz/Uwe H. Schneider/Sven H. Schneider, § 37 Rn. 10 (Fn. 3).
[197] S. dazu: Baumbach/Hueck/Zöllner/Noack, § 37 Rn. 7 ff.; Lutter/Hommelhoff/Kleindiek, § 37 Rn. 10 f.; Scholz/Schneider, § 37 Rn. 11 ff.
[198] Vgl. Böhm, S. 301.
[199] S. dazu bereits A.V.2.b).
[200] Statt aller: MünchKommGmbHG/Stephan/Tieves, § 37 Rn. 146 ff.; Lutter/Hommelhoff/Kleindiek, § 37 Rn. 40.
[201] OLG Koblenz AG 1991, 363, 364; Baumbach/Hueck/Zöllner/Noack, § 37 Rn. 16; MünchKommGmbHG/Stephan/Tieves, § 37 Rn. 150.
[202] S. dazu: Baumbach/Hueck/Zöllner/Noack, § 37 Rn. 43 ff.; Lutter/Hommelhoff/Kleindiek, § 35 Rn. 22 f.

3. Form des Betriebsführungsvertrags

Der Betriebsführungsvertrag bedarf entsprechend § 293 Abs. 3 AktG der schriftlichen Form. Die inhaltlichen Erfordernisse zur Wahrung der schriftlichen Form ergeben sich aus § 126 BGB. Die Vertragsurkunde muss daher von beiden Parteien eigenhändig durch Namensunterschrift oder mittels notariell beglaubigten Handzeichens unterzeichnet werden (§ 126 Abs. 1, 2 Satz 1 BGB). Werden über den Betriebsführungsvertrag mehrere gleichlautende Urkunden aufgenommen, so genügt es, wenn jede Partei die für die andere Partei bestimmte Urkunde unterzeichnet (§ 126 Abs. 2 Satz 2 BGB).

Die Schriftform gemäß § 126 BGB kann durch die elektronische Form nach § 126a BGB ersetzt werden[203].

Das Schriftformerfordernis gilt für alle Vereinbarungen im Zusammenhang mit dem Betriebsführungsvertrag. Mündliche Nebenabreden sind nichtig und können zur Nichtigkeit des gesamten Betriebsführungsvertrags führen (§§ 139, 125 Satz 1 BGB)[204]. Ein gemäß § 125 Satz 1 BGB nichtiger Vertrag wird auch durch die Eintragung in das Handelsregister nicht wirksam[205].

Im Gegensatz zu dem Bericht des Vorstands gemäß § 293a AktG reicht bei der Aktiengesellschaft als Eigentümer eine Unterzeichnung durch eine zur Vertretung des Eigentümers berechtigte Anzahl von Vorstandsmitgliedern.

4. Abschlusswirkungen

Unterliegt der Betriebsführungsvertrag den Vorschriften der §§ 293 ff. AktG, wird er nur mit Zustimmung der Hauptversammlung des Eigentümers wirksam (§ 293 Abs. 1 Satz 1 AktG) und auch erst dann, wenn sein Bestehen in das Handelsregister des Sitzes des Eigentümers eingetragen worden ist (§ 294 Abs. 2 AktG). Unterschiedlich beurteilt wird, ob bzw. welche Wirkungen der geschlossene Vertrag bereits vor dem Zustimmungsbeschluss bzw. der Handelsregistereintragung erzeugt. Insofern ist einerseits zwischen dem Zeitpunkt vor dem Zustimmungsbeschluss und dem Zeitpunkt vor der Handelsregistereintragung und andererseits zwischen Eigentümer und Betriebsführer zu differenzieren:

a) Vor dem Zustimmungsbeschluss

Schließt der Vorstand des Eigentümers vor der Zustimmung der Hauptversammlung den Betriebsführungsvertrag, wird unterschiedlich beurteilt, ob der Betriebsführungsvertrag auf Seiten des Eigentümers eine Bindungswirkung in dem Sinne schafft, dass der Eigentümer verpflichtet ist, eine Entscheidung seiner Hauptversammlung herbeizuführen. Einer Ansicht nach begründet der bloße Vertragsabschluss als solcher keine Wirkung im vorgenannten Sinne. Allenfalls komme ein Anspruch des anderen Vertragsteils aus culpa in contrahendo (§§ 280

---

[203] K. Schmidt/Lutter/Langenbucher, § 293 Rn. 33; Emmerich/Habersack/Emmerich, § 293 Rn. 21; MünchKommAktG/Altmeppen, § 293 Rn. 16; KölnerKommAktG/Koppensteiner, § 293 Rn. 12; GroßkommAktG/Mülbert, § 293 Rn. 24.

[204] KölnerKommAktG/Koppensteiner, § 293 Rn. 12; GroßkommAktG/Mülbert, § 293 Rn. 25; Hüffer/Koch, § 293 Rn. 26; MünchKommAktG/Altmeppen, § 293 Rn. 16.

[205] OLG Celle NZG 2000, 85, 86; MünchKommAktG/Altmeppen, § 293 Rn. 16; GroßkommAktG/Mülbert, § 294 Rn. 69.

Abs. 1, 241 Abs. 2, 311 Abs. 2 BGB) in Betracht, wenn der Vorstand beim anderen Vertrags-teil die unberechtigte Erwartung wecke, die Hauptversammlung werde sich mit dem Unter-nehmensvertrag befassen[206]. Ein anderes gelte dann, wenn die Vertragsparteien durch explizi-te vertragliche Vereinbarung außerhalb des Unternehmensvertrags eine Verpflichtung zur Herbeiführung einer Entscheidung der Hauptversammlung des Eigentümers begründen[207]. Nach anderer Auffassung entsteht eine derartige (klageweise durchsetzbare) Verpflichtung als vertragliche Nebenpflicht mit dem Abschluss des Unternehmensvertrags. Innerhalb welcher Zeitspanne sich die Hauptversammlung mit dem Vertrag befassen müsse, richte sich nach den vertraglichen Vereinbarungen und in Ermangelung solcher nach den Umständen des Einzel-falls. Seien auch solche Umstände nicht gegeben, müsse der Unternehmensvertrag spätestens auf die Tagesordnung der nächsten Hauptversammlung gesetzt werden. Ab wann die Bin-dungswirkung ende, richte sich in erster Linie wiederrum nach den getroffenen Vereinbarun-gen[208].

Wird der Vertrag vor der Zustimmung der Hauptversammlung geschlossen, ist der andere Vertragsteil (Betriebsführer) nach allgemeiner Ansicht zunächst an den Vertrag gebunden. Unterschiedlich beurteilt wird, auf welcher Grundlage sich der andere Vertragsteil vom Ver-trag lösen kann, sofern sich eine Entscheidung der Hauptversammlung des Eigentümers ver-zögert. Insofern kommt eine Lösung vom Vertrag als rücktrittsähnliches Gestaltungsrecht, analog § 323 Abs. 1 oder 4 BGB, analog § 314 BGB, analog § 178 BGB oder nach den Rechtsgedanken der §§ 108 Abs. 2, 177 Abs. 2 BGB in Betracht[209].

Für die Praxis empfiehlt es sich in Anbetracht der vorstehend geschilderten Streitstände, in einer gesonderten Vereinbarung zu regeln, wann sich die Hauptversammlung des Eigentü-mers mit dem Betriebsführungsvertrag zu befassen hat, ob und ggf. unter welchen Vorausset-zungen sich der andere Vertragsteil vom Vertrag lösen kann und welche Rechtsfolgen eintre-ten sollen, sofern sich die Hauptversammlung nicht zum vereinbarten Termin mit dem Be-triebsführungsvertrag befasst bzw. sich der Betriebsführer vom Vertrag gelöst hat. Bei dem hier vorliegenden einfachen Vertragsformular wird von einer detaillierten Regelung abgese-hen.

b) Vor der Handelsregistereintragung

Ob der Eigentümer gegenüber dem Betriebsführer verpflichtet ist, den Unternehmensvertrag zur Eintragung in das Handelsregister nach erfolgter Zustimmung seiner Hauptversammlung anzumelden, wird ebenfalls unterschiedlich beurteilt. Nach ganz h. M. ist der Eigentümer an den Vertrag gebunden und dementsprechend verpflichtet, das Wirksamwerden des Vertrags durch die Anmeldung zum Handelsregister herbeizuführen. Komme der Eigentümer dieser

---

[206] MünchKommAktG/Altmeppen, § 293 Rn. 19 ff.; Emmerich/Habersack/Emmerich, § 293 Rn. 29; Großkom-mAktG/Mülbert, § 293 Rn. 35 f; K. Schmidt/Lutter/Langenbucher, § 293 Rn. 18 f.

[207] K. Schmidt/Lutter/Langenbucher, § 293 Rn. 16; abweichend, aber bezogen auf Vereinbarungen im Vertrag und insoweit zutreffend: MünchKommAktG/Altmeppen, § 293 Rn. 20.

[208] OLG Braunschweig ZIP 2003, 1793, 1795; KölnerKommAktG/Koppensteiner, § 293 Rn. 24 ff.

[209] OLG Braunschweig AG 2003, 686, 687 (rücktrittsähnliches Gestaltungsrecht mit Fristerfordernis entspre-chend §§ 283, 326 BGB a. F.); OLG Hamm AG 2003, 520, 521 (offen lassend, ob § 178 BGB analog oder rücktrittsähnliches Gestaltungsrecht mit Fristerfordernis entsprechend §§ 283, 326 BGB a. F.); OLG Celle AG 1996, 370, 371 (analog § 178 BGB); MünchKommAktG/Altmeppen, § 293 Rn. 24 f. (analog § 178 BGB); Emmerich/Habersack/Emmerich, § 293 Rn. 31a (analog § 323 Abs. 4 BGB); Spindler/Stilz/Veil, § 293 Rn. 12 (analog § 178 BGB); K. Schmidt/Lutter/Langenbucher, § 293 Rn. 20 (analog § 314 BGB); Großkom-mAktG/Mülbert, § 293 Rn. 31 (Rechtsgedanken der §§ 108 Abs. 2, 177 Abs. 2 BGB); KölnerKomm-AktG/Koppensteiner, § 293 Rn. 27 (analog § 323 Abs. 1 BGB) mit weiteren Einzelansichten in Fn. 83.

Pflicht nicht nach, mache er sich gegenüber dem Betriebsführer schadensersatzpflichtig[210]. Der Betriebsführer sei berechtigt, gegen den Eigentümer Leistungsklage auf Anmeldung des Vertrags zum Handelsregister zu erheben[211]. Nach anderer Auffassung besteht keine Bindung der Aktiengesellschaft, da der Vertrag erst mit der Eintragung in das Handelsregister wirksam wird. Daher dürfe die Hauptversammlung ihren Zustimmungsbeschluss widerrufen, ebenso wie die Hauptversammlung von vornherein ihre Zustimmung hätte verweigern dürfen. Allenfalls komme ein Anspruch auf Ersatz des Vertrauensschadens aus culpa in contrahendo (§§ 280 Abs. 1, 241 Abs. 2, 311 Abs. 2 BGB) in Betracht[212].

Verzögert sich die Anmeldung zum Handelsregister, kann sich der Betriebsführer vom Betriebsführungsvertrag lösen. Ebenso wie bei der verzögerten Zustimmung der Hauptversammlung wird unterschiedlich beurteilt, auf welcher Rechtsgrundlage sich der andere Vertragsteil vom Vertrag lösen kann[213].

Für die Vertragspraxis empfiehlt es sich wiederrum zur Vermeidung von Meinungsverschiedenheiten, in gesonderter Vereinbarung zu regeln, wann der Eigentümer den Vertrag zur Eintragung in das Handelsregister anzumelden hat, ob und ggf. unter welchen Voraussetzungen der Betriebsführer berechtigt ist, sich vom Vertrag zu lösen und welche Rechtsfolgen eintreten sollen, sofern keine termingemäße Anmeldung erfolgt bzw. sich der Betriebsführer vom Vertrag löst.

§ 1 Gegenstand und Inhalt der Betriebsführung

Inhalt

1. Betriebsführungsgegenstand und -inhalt
2. Grenze der Aufgabendelegation
3. Wahrnehmung fremden Interesses
4. Handeln im Namen des Eigentümers
5. Handeln für Rechnung des Eigentümers

1. Betriebsführungsgegenstand und -inhalt

Die Betriebsführung erstreckt sich sowohl gegenständlich als auch inhaltlich auf den gesamten Betrieb des Eigentümers (§ 1 Abs. 1 Satz 1 des Formulars). Aus diesem Grund kann davon abgesehen werden, den Betrieb und die inhaltlichen Aufgaben des Betriebsführers detailliert zu umschreiben. Anders verhält es sich bei Teilbetriebsführungsverträgen, also solchen Verträgen, bei denen die Betriebsführung nur Unternehmensbereiche (Sparten) oder Einzel- oder Teilbetriebe und/oder nur Ausschnitte aus der Betriebsführung (z. B. Finanzen, Marketing, Produktion, Vertrieb, Personal oder EDV) umfasst. Bei Teilbetriebsführungsverträgen ist es erforderlich, den Gegenstand der Betriebsführung bzw. die einzelnen Betriebsführungsaufgaben vertraglich zu definieren, da erst durch eine solche Definition die gegenständliche bzw.

---

[210] Hüffer/Koch, § 293 Rn. 15; GroßkommAktG/Mülbert, § 293 Rn. 83; KölnerKommAktG/Koppensteiner, § 293 Rn. 39.

[211] Hüffer/Koch, § 293 Rn. 15; GroßkommAktG/Mülbert, § 293 Rn. 85; KölnerKommAktG/Koppensteiner, § 293 Rn. 39; MünchHdbAG/Krieger, § 71 Rn. 52; Spindler/Stilz/Veil, § 293 Rn. 28.

[212] MünchKommAktG/Altmeppen, § 293 Rn. 67 ff., § 294 Rn. 9; Emmerich/Habersack/Emmerich, § 293 Rn. 31, nach denen der Vorstand seiner Gesellschaft gegenüber aber zur Anmeldung verpflichtet sei und sich durch ein Unterlassen gegebenenfalls nach § 93 AktG schadensersatzpflichtig machen könne.

[213] S. dazu: GroßkommAktG/Mülbert, § 293 Rn. 84 (Rücktritt analog § 323 Abs. 1 BGB); MünchKommAktG/Altmeppen, § 293 Rn. 72, 73 (Widerruf analog § 178 BGB); Emmrich/Habersack/Emmerich, § 293 Rn. 31a (Rücktritt analog § 323 Abs. 4 BGB); KölnerKommAktG/Koppensteiner, § 293 Rn. 39 („Außerdem ist an Kündigungs- oder Rücktrittsbefugnisse zu denken").

inhaltliche Leistung des Betriebsführers und damit ein wesentlicher Bestandteil des Betriebsführungsvertrags festgelegt wird.

2. Grenze der Aufgabendelegation

Nach h. M. ist der Betriebsführungsvertrag mit der Pflicht des Vorstands zur eigenverantwortlichen Leitung der Gesellschaft (§ 76 Abs. 1 AktG) vereinbar, wenn dem Betriebsführer nur die Aufgabe der laufenden Geschäftsführung (§ 77 AktG) übertragen wird. Demgegenüber müssen die Leitungsentscheidungen dem Vorstand des Eigentümers vorbehalten bleiben[214].

Das (uneingeschränkte) Weisungsrecht allein genügt dieser Grenzziehung nicht. Es hat lediglich Kontrollcharakter, so dass die Leitungskompetenz des Vorstands jedenfalls verkürzt wird, wenn das Weisungsrecht unberührt bleibt[215]. Es bedarf daher einer entsprechenden vertraglichen Gestaltung. Für die Gestaltungspraxis bieten sich zwei Möglichkeiten an, um sicherzustellen, dass die Leitungsverantwortung des Vorstands gewahrt bleibt:

Die erste Möglichkeit besteht darin, ein Merkmal oder mehrere generelle Kriterien festzulegen, um die Leitungsaufgaben von den Aufgaben der laufenden Geschäftsführung abzugrenzen und den Betriebsführer entsprechend dieser Grenzziehung von vornherein nur mit den Aufgaben der laufenden Geschäftsführung zu beauftragen.

Dabei sollte davon abgesehen werden, sich auf die gesetzlichen Begriffe „Leitung" und „Geschäftsführung" zu beschränken. Die §§ 76, 77 AktG definieren diese Begriffe nicht, sondern setzen sie voraus. Dementsprechend wird (jenseits der gesetzlichen Pflichtaufgaben[216]) unterschiedlich beurteilt, nach welchen Kriterien Leitungs- von Geschäftsführungsaufgaben abzugrenzen sind[217]. Beschränkt sich daher die Grenzziehung auf die Verwendung der gesetzlichen Begriffe, sind Meinungsverschiedenheiten der Parteien über den Inhalt der vertraglich vereinbarten Grenzziehung vorprogrammiert.

Für die Grenzziehung über abstrakte Kriterien bietet sich beispielsweise Ziffer 3.3 Deutscher Corporate Governance – Kodex in der Fassung vom 07.02.2017 – an, der wie folgt lautet: „Für Geschäfte von grundlegender Bedeutung legen die Satzung oder der Aufsichtsrat – dieser gegebenenfalls auch im Einzelfall – Zustimmungsvorbehalte des Aufsichtsrats fest. Hierzu gehören Entscheidungen oder Maßnahmen, die die Vermögens-, Finanz- oder Ertragslage des Unternehmens grundlegend verändern".

Als zweite Möglichkeit, die Leitungsverantwortung des Vorstands zu wahren, kommt eine vertragliche Gestaltung in Betracht, nach welcher dem Betriebsführer zwar alle Betriebsführungsaufgaben uneingeschränkt übertragen werden, durch die Vereinbarung von Einfluss-, Mitwirkungs-, Informations- und Gestaltungsrechten aber sicher gestellt wird, dass die unternehmerischen Leitungsentscheidungen beim Vorstand des Eigentümers verbleiben[218].

---

[214] S. dazu bereits unter A.IV.1.

[215] KölnerKommAktG/Koppensteiner, § 292 Rn. 81; Veil, S. 288 f.; Oesterreich, S. 53; abweichend: Winter/Theisen, AG 2011, 662, 666, 667.

[216] S. dazu: Dreher, FS Hopt, S. 517, 520 f., 523; Spindler/Stilz/Fleischer, § 76 Rn. 19.

[217] S. dazu: Hüffer/Koch, § 76 Rn. 8 f.; Fleischer, ZIP 2003, 1, 5; Dreher, FS Hopt, S. 517, 519; Henze, BB 2000, 209, 210.

[218] Köhn, Der Konzern, 2011, 530, 534; s. dazu auch: BGH NJW 1982, 1817, 1818.

In diesem Zusammenhang ist darauf hinzuweisen, dass unterschiedlich beurteilt wird, ob es für den Vorbehalt der Leitungsentscheidungen ausreicht, dass der Betriebsführer (lediglich) kalenderjährlich einen Wirtschaftsplan erstellt und diesen dem Vorstand zur Billigung vorlegt[219] oder eine solche Verfahrensweise nicht mehr mit § 76 Abs. 1 AktG zu vereinbaren ist[220]. Da sich insofern noch keine klar überwiegende Rechtsauffassung herausgebildet hat, erscheint es für die Gestaltungspraxis ratsam, von einer Gestaltung abzusehen, welche die Aktivität des Vorstands darauf beschränkt, einmal jährlich über den vom Betriebsführer aufgestellten Entwurf eines Wirtschaftsplans zu befinden.

Die beiden vorgenannten Möglichkeiten lassen sich auch miteinander kombinieren (Ausklammerung bestimmter Leitungsentscheidungen und Vereinbarung leitungswahrender Rechte im Übrigen). Unabhängig davon, von welcher der Möglichkeiten Gebrauch gemacht wird, sollte bei der Vertragsgestaltung darauf geachtet werden, dass die Abgrenzung der Kompetenzen einerseits dem Erfordernis einer gewissen Flexibilität und andererseits dem einer verlässlichen Justitiabilität genügen muss[221].

Das Formular macht von der Möglichkeit Gebrauch, den Betriebsführer von vornherein nur mit den Aufgaben der laufenden Geschäftsführung zu beauftragen. Die Betriebsführung umfasst nach § 1 Abs. 1 Satz 2 HS 1 des Formulars (nur) sämtliche Handlungen, die der gewöhnliche Betrieb des Handelsgewerbes der Auftraggeberin mit sich bringt. Damit knüpft die Regelung an dem Maßstab des § 116 Abs. 1 HGB an, dessen Reichweite durch Rechtsprechung und Literatur weitestgehend geklärt worden ist.

Es bestehen keine Bedenken dagegen, den Betriebsführer über die laufende Geschäftsführung hinaus zu verpflichten, die nicht delegierbaren und damit dem Vorstand selbst obliegenden Aufgaben vorzubereiten, durchzuführen und nachzubereiten[222]. Dies sieht § 1 Abs. 1 Satz 2 HS 2 des Formulars vor.

Soll dem Betriebsführer nicht nur die laufende Geschäftsführung übertragen werden, sondern soll dieser auch die Unternehmenspolitik bestimmen, kommt eine Kombination aus Betriebsführungs- und Beherrschungsvertrag in Betracht[223].

Die vorgeschlagene vertragliche Gestaltung steht mit den Überwachungspflichten des Aufsichtsrats (§ 111 AktG) in Einklang. § 1 Abs. 1 Satz 2 HS 1 des Formulars beschränkt die Betriebsführung auf Handlungen, die der gewöhnliche Betrieb des Handelsgewerbes des Eigentümers mit sich bringt. Die Entscheidung über Leitungs- oder wesentliche Einzelmaßnahmen wird dem Betriebsführer also nicht übertragen. Die Überwachungspflichten des Aufsichtsrats beziehen sich aber nur auf solche Maßnahmen[224]. Im Übrigen würde, wenn dem Betriebsführer die Entscheidung über solche Maßnahmen übertragen würde (was aber nach h. M. jedenfalls hinsichtlich der Leitungsmaßnahmen mit § 76 Abs. 1 AktG unvereinbar wäre), der an sich bestehende Verstoß gegen § 111 AktG durch den Zustimmungsbeschluss der Hauptversammlung legitimiert[225].

---

[219] GroßKommAktG/Mülbert, § 292 Rn. 154; Geßler, FS Hefermehl, S. 263, 277; Zeiger, S. 48.
[220] GroßKommAktG/Kort, § 76 Rn. 200; Hommelhoff, S. 285 (Fn. 63); Fleischer, ZIP 2003, 1, 9.
[221] S. dazu: Zeiger, S. 49 f.
[222] Dreher, FS Hopt, S. 517, 526 f; Schürnbrand, S. 413.
[223] S. dazu bereits A.VI.1.
[224] Hüffer/Koch, § 111 Rn. 3; Spindler/Stilz/Spindler, § 111 Rn. 7; MünchKommAktG/Habersack, § 111 Rn. 20.
[225] Vgl. dazu: Köhn, Der Konzern 2011, 530, 533 m. w. N.

3. Wahrnehmung fremden Interesses

Wesensmerkmal eines Geschäftsbesorgungsvertrags (§ 675 BGB) und damit zugleich Abgrenzungskriterium zu anderen Vertragstypen ist, dass der Geschäftsbesorger im fremden Interesse handelt[226]. Danach muss die Tätigkeit des Geschäftsbesorgers auf solche Geschäfte gerichtet sein, für die an sich der Geschäftsherr selbst in Wahrnehmung seiner eigenen Vermögensinteressen zu sorgen hat, die ihm aber ein anderer abnimmt[227]. Dieses trifft auf den Betriebsführungsvertrag zu. Die Führung des Betriebs und damit die Wahrnehmung der Vermögensinteressen des Unternehmens obliegen dem Unternehmen bzw. den dazu berufenen Geschäftsleitern des Unternehmens selbst. Nach allgemeiner Meinung ist der Betriebsführer daher in der Führung des Betriebs nicht völlig frei. Inhalt und Umfang der Betriebsführung sind am Interesse des Eigentümers auszurichten[228]. Dies wird durch § 1 Abs. 2 Satz 1 des Formulars klargestellt.

Korrespondierend mit der Ausrichtung der Betriebsführung an den Interessen des Eigentümers trifft den Betriebsführer eine spezifische Treuepflicht zur Wahrnehmung der Interessen des Geschäftsherrn[229]. Bei dieser Treuepflicht handelt es sich um eine Hauptpflicht[230]. Aus der Treuepflicht kann sich je nach Lage des Einzelfalls beispielsweise ableiten lassen, dass der Betriebsführer verpflichtet ist, eine sich bietende Geschäftschance für den Eigentümer (und nicht für sich) zu nutzen[231]. Gerade im Hinblick auf das Ausnutzen von Geschäftschancen kann es empfehlenswert sein, konkrete Vereinbarungen zum Inhalt der Treuepflicht treffen. Bei dem hier vorliegenden einfachen Vertragsformular wird von einer detaillierten Regelung abgesehen.

4. Handeln im Namen des Eigentümers

Bei Betriebsführungsverträgen ist zwischen echten und unechten Betriebsführungsverträgen zu unterscheiden. Bei echten Betriebsführungsverträgen handelt der Betriebsführer im Namen des Eigentümers. Für das wirksame Handeln im Namen des Eigentümers ist es erforderlich, dass der Eigentümer dem Betriebsführer eine Vollmacht erteilt (§ 167 BGB). Bei unechten Betriebsführungsverträgen handelt der Betriebsführer demgegenüber im eigenen Namen[232]. Gemäß § 1 Abs. 2 Satz 2 Mod. 1 des Formulars führt die Auftragnehmerin den Betrieb der Auftraggeberin im Namen der Auftraggeberin bzw. des Eigentümers. Mit der Regelung wird also die Weichenstellung zu Gunsten eines echten Betriebsführungsvertrags getroffen.

Die Unterscheidung zwischen einem echten und einem unechten Betriebsführungsvertrag ist zunächst für das Außenverhältnis von Bedeutung. Beim echten Betriebsführungsvertrag gibt sich der Betriebsführer gegenüber Dritten, insbesondere den Vertragspartnern des Eigentümers, als solcher zu erkennen – versäumt er dies, wird er freilich selbst aus dem Rechtsgeschäft berechtigt und verpflichtet (§ 164 Abs. 2 BGB). Den Dritten ist damit bewusst, dass die rechtlichen und wirtschaftlichen Folgen des Handelns des Betriebsführers allein den Eigen-

---

[226] Palandt/Sprau, § 675 Rn. 4; MünchKommBGB/Heermann, § 675 Rn. 3.

[227] BGH NJW-RR 1992, 560; OLG Koblenz NJW-RR 2014, 1062; Palandt/Sprau, § 675 Rn. 4; MünchKommBGB/Heermann, § 675 Rn. 3.

[228] BGH NJW 1982, 1817; Fenzl, Rn. 134; Schneider, JbFSt 1982/83, 387, 401 f.

[229] Palandt/Sprau, § 675 Rn. 5; ähnlich (Pflicht zur „Loyalität"): MünchKommBGB/Heermann, § 675 Rn. 13; ähnlich („Loyalitäts- und Interessenwahrungspflicht"): Erman/Berger, § 675 Rn. 12.

[230] Palandt/Sprau, § 675 Rn. 5; MünchKommBGB/Heermann, § 675 Rn. 13; Erman/Berger, § 675 Rn. 12.

[231] S. dazu auch Böhm, S. 139 f., der aus der Treuepflicht generell eine Anwendung der Geschäftschancenlehre und das Bestehen eines Wettbewerbsverbots ableitet.

[232] S. dazu bereits unter A.I.

tümer treffen (sollen). Anders ist dies beim unechten Betriebsführungsvertrag. Da der Betriebsführer im eigenen Namen handelt, bleibt den Dritten verborgen, dass die wirtschaftlichen Folgen des Handelns des Betriebsführers den Eigentümer treffen sollen.

Damit korrespondierend ergeben sich zwischen einem echten und einem unechten Betriebsführungsvertrag schuld- und sachenrechtliche Unterschiede bei Rechtsgeschäften mit Dritten, die an dieser Stelle nur kurz skizziert werden sollen:

Beim echten Betriebsführungsvertrag wirken alle Willenserklärungen, die der Betriebsführer innerhalb der ihm zustehenden Vertretungsmacht im Namen des Eigentümers abgibt, unmittelbar für und gegen den Eigentümer (§ 164 Abs. 1 Satz 1 BGB). Dementsprechend kommen Verträge zwischen dem Eigentümer und dem Dritten zustande. Der Betriebsführer begründet also unmittelbar Forderungen und Verbindlichkeiten zu Gunsten bzw. zu Lasten des Eigentümers. Bei schuldhafter Pflichtverletzung auf Seiten des Eigentümers haftet der Eigentümer selbst. Erfolgt die Pflichtverletzung durch den Betriebsführer, wird sein Handeln dem Eigentümer zugerechnet (§ 278 Satz 1 BGB), der dann seinerseits vorbehaltlich abweichender vertraglicher Vereinbarungen beim Betriebsführer Regress nehmen kann. Die Übertragung von Rechten erfolgt unmittelbar zwischen dem Eigentümer und dem Dritten.

Anders ist dieses beim unechten Betriebsführungsvertrag. Die schuld- und sachenrechtlichen Beziehungen bestehen hier zwischen dem Betriebsführer und dem Dritten. Der Betriebsführer wird Vertragspartner bei mit Dritten geschlossenen Verträgen. Die Übertragung von Rechten erfolgt ausschließlich zwischen dem Betriebsführer und dem Dritten (sofern nicht zuvor anderweitig durch Ermächtigung, Vorausabtretung und Besitzkonstitut zwischen Eigentümer und Betriebsführer vereinbart). Die „Weiterabwicklung" im Verhältnis zwischen dem Eigentümer und dem Betriebsführer vollzieht sich anschließend über die Vorschriften des Auftragsrechts (§§ 675 Abs. 1 i. V. m. §§ 667, 670 BGB). Bei einer Pflichtverletzung durch den Betriebsführer haftet dieser selbst[233].

Ebenso ergeben sich bei Rechtsgeschäften mit Dritten, bei denen es zu Rechtsstreitigkeiten zwischen den Vertragspartnern kommt, prozessuale Unterschiede. Partei (§ 50 ZPO) ist auf Seiten des Eigentümers beim echten Betriebsführungsvertrag der Eigentümer selbst, beim unechten Betriebsführungsvertrag der Betriebsführer.

Zum Außenverhältnis ist ergänzend anzumerken, dass für die Gläubiger beim unechten Betriebsführungsvertrag gegenüber einem echten Betriebsführungsvertrag eine Verlagerung des Insolvenzrisikos vom Eigentümerunternehmen auf den Betriebsführer stattfindet[234].

Im Innenverhältnis (zwischen dem Eigentümer und dem Betriebsführer) kommt der Unterscheidung zwischen echtem und unechtem Betriebsführungsvertrag insbesondere im Hinblick auf § 613a BGB Bedeutung zu. Nach ganz h. M. löst der Abschluss eines echten Betriebsführungsvertrags keinen Betriebsübergang nach § 613a BGB aus[235]. Schließt der Eigentümer mit dem Betriebsführer einen unechten Betriebsführungsvertrag ab, findet demgegenüber hin-

---

[233] Rieble, NZA 2010, 1145, 1146.

[234] Staudinger/Martinek/Omlor, § 675 Rn. B 147; Wagenhals, S. 14; Rieble, NZA 2010, 1145, 1146.

[235] LAG Berlin-Brandenburg DStR 2016, 2236, 2238; MünchHdbAG/Krieger, § 73 Rn. 56; Schlüter, S. 28 f.; Fenzl, Rn. 488; Böhm, S. 29, 367 f.; Maser, S. 113; K. Schmidt, FS Hoffmann-Becking, S. 1053, 1066; Ginal/Raif, GWR 2017, 131, 132; Rieble, NZA 2010, 1145, 1146; Schulze zur Wiesche, BB 1983, 1026, 1027; Joachim, DZWiR 1992, 397, 401; Schneider, JbFSt 1982/83, 387, 410; abweichend wohl: Fabricius, S. 49; widersprüchlich: Weißmüller, BB 2000, 1949 ff., der einerseits einen Betriebsübergang verneint (S. 1951), andererseits bejaht (S. 1953).

sichtlich der bestehenden Arbeitsverhältnisse mit dem Betriebsinhaber (Eigentümer) ein Betriebsübergang i. S. d. § 613 a BGB statt[236].

Die vorstehend genannten Unterschiede zwischen echtem und unechtem Betriebsführungsvertrag geben die Richtung für die Entscheidung vor, welche Art des Betriebsführungsvertrags zwischen Eigentümer und Betriebsführer geschlossen werden soll. Der unechte Betriebsführungsvertrag bietet gegenüber dem echten Betriebsführungsvertrag den Vorteil, dass es für den Betriebsführer einfacher sein kann, die erfolgreiche Führung seines Betriebs auf die des Eigentümers zu übertragen[237]. Ferner kann die unechte Betriebsführung nützlich sein, um Preisvorteile durch die Abnahme größerer Bestellmengen für das eigene und das geführte Unternehmen zu erzielen[238]. Für den Betriebsführer ist der Abschluss eines unechten Betriebsführungsvertrags allerdings riskant. Der im eigenen Namen handelnde Betriebsführer übernimmt nämlich das volle Haftungsrisiko für Betriebsschulden und kann im Fall der erfolglosen Betriebsführung Schwierigkeiten haben, beim Eigentümer Ausgleich zu erlangen[239]. Ferner hat er zu beachten, dass die Arbeitsverhältnisse nach § 613a BGB auf ihn übergehen.

5. Handeln für Rechnung des Eigentümers

Gemäß § 1 Abs. 2 Satz 2 Mod. 2 des Formulars führt die Auftragnehmerin den Betrieb der Auftraggeberin für Rechnung der Auftraggeberin. Dabei handelt es sich um eine Klarstellung. Für Rechnung der Auftraggeberin bedeutet, dass die wirtschaftlichen Folgen aus der Betriebsführung allein den Eigentümer treffen sollen. Bei einem echten Betriebsführungsvertrag treffen die wirtschaftlichen Folgen den Eigentümer unmittelbar aufgrund seiner Vertretung durch den Betriebsführer.

§ 2 Weisungs- und Auskunftsrecht

Inhalt

1. Weisungsrecht	b) Auskunftspflicht
2. Informationspflichten	c) Pflicht zur Rechenschaftslegung
a) Benachrichtigungspflicht	d) Abweichende Vereinbarungen

1. Weisungsrecht

§ 2 HS 1 des Formulars bestimmt, dass die Auftraggeberin der Auftragnehmerin in allen Belangen der Betriebsführung Weisungen erteilen kann. Damit wird klargestellt, was von §§ 675 Abs. 1, 665 BGB vorausgesetzt wird, nämlich dass der Eigentümer als Geschäftsherr berechtigt ist, dem Betriebsführer als Geschäftsbesorger Weisungen[240] zu erteilen. Weisungen dienen der Sicherung des Einflusses des Eigentümers und konkretisieren die Pflichten des Betriebsführers[241].

---

[236] GroßkommAktG/Mülbert, § 292 Rn. 151; MünchKommAktG/Altmeppen, § 292 Rn. 145; Fenzl, Rn. 489; Böhm, S. 369; Ginal/Raif, GWR 2017, 131, 132; Rieble, NZA 2010, 1145, 1147; MünchHdbAG/Krieger, § 73 Rn. 56; eingehend: Wagenhals, S. 41 ff.

[237] Wagenhals, S. 13; Weißmüller, BB 2000, 1949, 1952.

[238] Weißmüller, BB 2000, 1949, 1952.

[239] MünchKommAktG/Altmeppen, § 292 Rn. 144; Wagenhals, S. 13; Huber ZHR 152 (1988), 1, 4; vgl. auch: GroßkommAktG/Mülbert, § 292 Rn. 144.

[240] Zu den Grenzen der Weisung s. MünchKommBGB/Schäfer, § 665 Rn. 9 f.; Erman/Berger, § 665 Rn. 4.

[241] Böhm, S. 26.

Wird das (dispositive) Weisungsrecht abbedungen oder wird vertraglich auf andere Weise die Möglichkeit des Eigentümers ausgeschlossen, die Interessen seiner Gesellschaft gegenüber dem Betriebsführer durchzusetzen, entspricht der Betriebsführungsvertrag in seinen Wirkungen einem Beherrschungsvertrag, den die h. M. nur dann als zulässig erachtet, wenn zusätzlich die gesetzlichen Voraussetzungen des Beherrschungsvertrags eingehalten werden[242].

Sofern nicht vertraglich anders vereinbart, gilt für das Weisungsrecht § 665 BGB. Danach ist der Betriebsführer (als Beauftragter) berechtigt, von den Weisungen des Eigentümers (als Auftraggeber) abzuweichen, wenn er nach dem Umständen annehmen darf, dass der Auftraggeber bei Kenntnis der Sachlage die Abweichung billigen würde (§ 665 Satz 1 BGB). Der Beauftragte hat vor der Abweichung vom Auftrag dem Auftraggeber Anzeige zu machen und dessen Entschließung abzuwarten, wenn nicht mit dem Aufschub Gefahr verbunden ist (§ 665 Satz 2 BGB).

Weicht der Betriebsführer unberechtigter Weise von der Weisung des Eigentümers ab, handelt der Betriebsführer pflichtwidrig. Die Pflichtverletzung führt zur Schadensersatzpflicht des Betriebsführers nach allgemeinen Grundsätzen (§§ 280 ff., 249 ff. BGB)[243].

2. Informationspflichten

Gemäß § 666 BGB ist der Beauftragte verpflichtet, dem Auftraggeber die erforderlichen Nachrichten zu geben, auf Verlangen über den Stand des Geschäfts Auskunft zu erteilen und nach der Ausführung des Auftrags Rechenschaft abzulegen. § 666 BGB findet über § 675 Abs. 1 BGB auf den Geschäftsbesorgungsvertrag und damit auf den Betriebsführungsvertrag Anwendung. Die Regelung enthält drei Informationspflichten bzw. damit korrespondierende Rechte des Auftraggebers:

a) Benachrichtigungspflicht

Den Betriebsführer trifft nach § 666 Mod. 1 BGB eine Benachrichtigungspflicht. Danach hat der Betriebsführer dem Eigentümer unaufgefordert die erforderlichen Nachrichten über den Stand der Betriebsführung zu geben. Welche Nachrichten erforderlich sind, richtet sich nach den Umständen des Einzelfalls, wobei auf Art und Umfang des Geschäfts abzustellen ist[244]. Da der Zweck des § 666 Mod. 1 BGB darin besteht, den Auftraggeber so weit über den Stand des Auftrags zu unterrichten, dass der Auftraggeber seine Rechte (etwa sein Weisungsrecht) und Pflichten aus dem Auftrag wahrnehmen und sachgerechte Entscheidungen treffen kann[245], hat der Betriebsführer den Eigentümer insbesondere über außergewöhnliche Geschäftsvorfälle zu informieren.

b) Auskunftspflicht

Im Gegensatz zur Benachrichtigungspflicht besteht die Auskunftspflicht (§ 666 Mod. 2 BGB) nur auf Verlangen des Eigentümers. Bei dieser Pflicht handelt es sich um einen Sonderfall der

[242] S. dazu bereits unter A.III.1.a).
[243] S. dazu: BGH Z 137, 69, 73; Palandt/Sprau, § 665 Rn. 7; MünchKommBGB/Schäfer, § 665 Rn. 24; Erman/Berger, § 665 Rn. 13.
[244] Palandt/Sprau, § 666 Rn. 2; MünchKommBGB/Schäfer, § 666 Rn. 21; Erman/Berger, § 666 Rn. 10.
[245] Palandt/Sprau, § 666 Rn. 2; MünchKommBGB/Schäfer, § 666 Rn. 20; Erman/Berger, § 666 Rn 9.

Auskunftspflicht nach § 260 BGB[246]. Inhalt und Grenzen der Auskunft bestimmen sich nach dem Verlangen des Eigentümers unter Beachtung des Rechtsverhältnisses zwischen den Parteien[247]. Bei einem Betriebsführungsvertrag kann die Auskunftspflicht alle Informationen, die für die operative Führung des Betriebs des Eigentümers von Bedeutung sein können, erfassen, insbesondere solche über besondere Vorkommnisse und beabsichtigte Investitionen, aber auch allgemeine wirtschaftliche und rechtliche Verhältnisse[248].

c) Pflicht zur Rechenschaftslegung

Weiter reicht die Pflicht zur Rechenschaftslegung (§ 666 Mod. 3 BGB), die ebenfalls nur auf Verlangen besteht. Sie verpflichtet den Auftragnehmer, den Auftraggeber über den gesamten Ablauf und die Ergebnisse der Geschäftsführung in verkehrsüblicher Weise sowie vollständig, richtig, verständlich und nachprüfbar zu informieren[249]. Als Verwalter eines Betriebs ist der Betriebsführer verpflichtet, dem Eigentümer eine geordnete Aufstellung der Einnahmen und Ausgaben aus der Betriebsführung nebst Belegen vorzulegen (vgl. § 259 BGB)[250]. Dem Gesetzeswortlaut nach besteht die Pflicht erst nach Ausführung des Auftrags. Nach allgemeiner Meinung besteht die Pflicht bei einer Dauerverwaltung, insbesondere bei einer treuhänderischen Führung eines Unternehmens, am Ende eines jeden Geschäftsjahrs[251].

d) Abweichende Vereinbarungen

§ 666 BGB ist dispositives Recht. Die in § 666 normierten Auskunftsansprüche können dementsprechend im Grundsatz durch vertragliche Vereinbarung modifiziert oder auch vollständig ausgeschlossen werden[252]. § 2 HS 2 des Formulars beschränkt sich auf eine klarstellende Wiedergabe des § 666 Mod. 2 BGB. Entsprechend dem Gesetzeswortlaut beschränkt sich die Auskunftspflicht auf den (jeweiligen) Stand des Geschäfts.

§ 3 Vertretung und Vollmacht

Um (bei einem echten Betriebsführungsvertrag) mit Wirkung für und gegen den Eigentümer handeln zu können, benötigt der Betriebsführer eine umfassende Vollmacht.

Die Erteilung einer Prokura nach § 48 HGB scheidet in den Fällen aus, in denen der Betriebsführer – wie im Formular vorgesehen – eine juristische Person ist, da Vollmachtnehmer der Prokura nach ganz h. M. nur eine natürliche Person sein kann[253].

---

[246] Palandt/Sprau, § 666 Rn. 3.

[247] S. BGH Z 192, 1, 8 (Rn. 20); MünchKommBGB/Schäfer, § 666 Rn. 23; Erman/Berger, § 666 Rn. 13.

[248] Fenzl, Rn. 425.

[249] Palandt/Sprau, § 666 Rn. 4; MünchKommBGB/Schäfer, § 666 Rn. 27.

[250] Vgl. Palandt/Sprau, § 666 Rn. 4; MünchKommBGB/Schäfer, § 666 Rn. 28.

[251] BGH WM 1984, 1164, 1165; 1976, 868, 869; Palandt/Sprau, § 666 Rn. 4; s. allgemein zur Abrechnungspflicht in periodischen Zeitabständen bei Dauerverwaltung auch: BGH NJW-RR 2016, 1391, 1394; NJW 2012, 58, 61.

[252] S. dazu einschließlich der Grenzen: MünchKommBGB/Schäfer, § 666 Rn. 2; Erman/Berger, § 666 Rn. 8.

[253] KG NZG 2002, 48; Baumbach/Hopt/Hopt, § 48 Rn. 2; Ebenroth/Boujong/Joost/Strohn/Weber, § 48 Rn. 15; GroßkommHGB/Joost, § 48 Rn. 22 f.; K. Schmidt, FS Hoffmann-Becking, S. 1053, 1067; abweichend etwa: Wasmann, BB 2002, 478, 479.

Nach h. L. kann demgegenüber einer juristischen Person eine Handlungsvollmacht nach § 54 HGB erteilt werden[254]. Vom Umfang her erachtet die Rechtsprechung eine inhaltlich durch § 54 HGB bestimmte Generalvollmacht (Generalhandlungsvollmacht), bei welcher der Bevollmächtigte die Kapitalgesellschaft nicht unmittelbar vertritt, sondern als Unterbevollmächtigter des Organs handelt, als zulässig[255].

Die Vollmacht muss – sofern nicht neben dem Betriebsführungsvertrag ein Beherrschungsvertrag geschlossen ist[256] – widerruflich sein[257].

Dementsprechend sieht § 3 des Formulars eine widerrufliche Generalhandlungsvollmacht zur Vertretung des Vorstands der Auftraggeberin vor. Die Widerruflichkeit der Vollmacht ergibt sich aus § 168 BGB, setzt also keine rechtsbegründende Absprache der Vertragsparteien voraus.

Die Handlungsvollmacht kann sowohl im Innen- als auch im Außenverhältnis beschränkt werden. Von dieser Möglichkeit macht das Formular Gebrauch. Während die Handlungsvollmacht nach § 54 HGB sich auf alle Geschäfte erstreckt, die der Betrieb eines derartigen Handelsgewerbes gewöhnlich mit sich bringt, beschränkt sich die erteilte Vollmacht im Formular auf Geschäfte, die der Betrieb des Handelsgewerbes der Auftraggeberin gewöhnlich mit sich bringt. Für die Frage der Gewöhnlichkeit kommt es daher anders als nach dem gesetzlichen Leitbild des § 54 HGB auf das konkrete Unternehmen des Eigentümers an. Die Einschränkung der Vollmacht korrespondiert also mit dem Inhalt der Betriebsführungsabrede nach § 1 Abs. 1 Satz 2 des Formulars.

§ 4 Vergütung und Aufwendungsersatz

Inhalt

1. Höhe der Vergütung
   a) Grundsatz der freien Vereinbarkeit
   b) Wirksamkeit der Vergütungsabrede
   c) Angemessenheit der Vergütung
   d) Verhandlungskriterien
2. Fälligkeit der Vergütung

3. Umsatzsteuer
4. Aufwendungsersatz
   a) Allgemeines
   b) Anspruchsvoraussetzungen
   c) Abweichende Vereinbarungen
   d) Einfluss auf das Innenverhältnis der Vollmacht

1. Höhe der Vergütung

a) Grundsatz der freien Vereinbarkeit

§ 4 Abs. 1 Satz 1 des Formulars sieht vor, dass der Betriebsführer für seine Tätigkeit eine jährliche Festvergütung erhält. Deren Höhe kann grundsätzlich frei vereinbart werden. Mit

---

[254] Baumbach/Hopt/Hopt, § 54 Rn. 7; Heymann/Sonnenschein/Weitemeyer, § 54 Rn. 13; Röhricht/Graf von Westphalen/Wagner, § 54 Rn. 12; abweichend: Ebenroth/Boujong/Joost/Strohn/Weber, § 54 Rn. 4; Krebs, ZHR 159 (1995), 635, 651; differenzierend (keine Generalhandlungsvollmacht): GroßkommHGB/Joost, § 54 Rn. 15; eingehend zur Problematik: K. Schmidt, FS Hoffmann-Becking, S. 1053, 1067 ff.

[255] BGH WM 2008, 2252; 2003, 747, 748; 1978, 1047, 1048; KG GmbHR 1991, 579; gegen: BGH Z 36, 292, 295; KG OLG Z 44, 232, 234 f.

[256] Dazu: MünchKommAktG/Altmeppen, § 292 Rn. 158 ff.

[257] MünchKommAktG/Altmeppen, § 292 Rn. 155; Huber, ZHR 152 (1988), 1, 16 ff., 24 ff.; eine nur widerrufliche oder angemessen befristete Erteilung einer Generalhandlungsvollmacht befürwortend: Böhn, S. 165; offen lassend: MünchHdbAG/Krieger, § 73 Rn. 53 i. V. m. 32; abweichend bei uneingeschränktem Weisungsrecht: GroßkommAktG/Mülbert, § 292 Rn. 150.

der Vergütung sind alle Leistungen, zu deren Erbringung der Betriebsführer vertraglich verpflichtet ist, abgegolten. Soll der Betriebsführer für bestimmte Leistungen eine gesonderte Vergütung erhalten, bedarf es dafür einer entsprechenden Vereinbarung[258].

b) Wirksamkeit der Vergütungsabrede

Die Vereinbarung der Vergütungshöhe unterliegt den allgemeinen Wirksamkeitsgrenzen. Insbesondere kann die Höhe der Vergütung sittenwidrig i. S. d. § 138 Abs. 1 BGB sein. Dabei kommt es nicht auf die Vergütungshöhe als solche an. Vielmehr liegt eine Sittenwidrigkeit vor, wenn Leistung und Gegenleistung in einem auffälligen Missverhältnis stehen und dazu noch weitere missbilligende Umstände treten, etwa eine verhältnismäßig lange Festlaufzeit, eine überaus lange einseitige Vertragsbindung des Eigentümers und die Ausnutzung einer wirtschaftlichen und faktischen Zwangslage des Eigentümers[259].

c) Angemessenheit der Vergütung

Darüber hinaus muss die Vergütungshöhe angemessen sein. Anhaltspunkte für die Angemessenheit können sich aus der voraussichtlichen Ertragsentwicklung des Eigentümers oder der voraussichtlichen Kostenersparnis ergeben. Es verbleibt bei der Angemessenheitsprüfung aber ein gewisser Graubereich, da die Angemessenheit nur näherungsweise eingegrenzt aber nicht punktgenau bestimmt werden kann[260].

Ist die Vergütung unangemessen hoch, kommt, sofern der Eigentümer eine Aktiengesellschaft und der Betriebsführer Aktionär ist, neben der Anfechtungsmöglichkeit nach § 292 Abs. 3 AktG analog eine Anwendung der §§ 57, 62, 311 ff. AktG in Betracht[261]. Überdies kann eine zu hohe Vergütung bei einem Aktionär als Betriebsführer eine verdeckte Gewinnausschüttung darstellen[262].

Ist der Betriebsführer nicht Aktionär, kann bei einer unangemessen hohen Vergütung eine Haftung der Beteiligten nach §§ 117, 93, 116 AktG und ggf. nach § 823 Abs. 2 BGB i. V. m. §§ 266, 26, 27 StGB, §§ 830, 840 BGB in Betracht kommen. Daneben finden die Grundsätze über den Missbrauch der Vertretungsmacht Anwendung[263].

d) Verhandlungskriterien

Bei den Verhandlungen der Vertragsparteien über die Höhe der Vergütung können als Verhandlungskriterien dieselben Kriterien herangezogen werden wie bei der Prüfung der Angemessenheit der Vergütung. Daher können die voraussichtliche Ertragsentwicklung des Eigentümers oder die voraussichtliche Kostenersparnis als Ausgangspunkt der Verhandlungen gewählt werden. Eine andere Ermittlungsmethode besteht darin, die direkten Kosten zur Vertragserfüllung und die anteiligen Gemeinkosten des Betriebsführers zu addieren; hinzu

---

[258] Schlüter, S. 83.
[259] OLG München ZIP 1987, 849, 850 f.
[260] MünchKommAktG/Altmeppen, § 292 Rn. 172 f.; KölnerKomm/Koppensteiner, § 292 Rn. 104; Großkomm-AktG/Mülbert, § 292 Rn. 149.
[261] MünchKommAktG/Altmeppen, § 292 Rn. 174; Böhm, S. 286.
[262] GroßkommAktG/Mülbert, § 292 Rn. 149; Böhm, S. 286.
[263] MünchKommAktG/Altmeppen, § 292 Rn. 174.

kommt sodann ein Gewinnaufschlag für den Betriebsführer. Alternativ dazu kann die Vergütung auch in Abhängigkeit vom jeweils für den Eigentümer tätigen Personal des Betriebsführers vereinbart werden, wobei entsprechend der Qualifikation des Personals des Betriebsführers unterschiedliche Kostenansätze festgelegt werden[264].

2. Fälligkeit der Vergütung

Die Fälligkeit der Betriebsführungsvergütung kann im Voraus, zu einem bestimmten Termin oder nach Abrechnung, ggfs. nach Vorlage entsprechender Belege, vereinbart werden[265]. Treffen die Parteien keine Vereinbarung über die Fälligkeit der Vergütung, findet der § 271 Abs. 1 BGB als Sonderregelung vorgehende § 614 BGB Anwendung, wobei hinsichtlich der Tageszeit § 358 HGB zu beachten ist. Danach besteht eine Vorleistungspflicht des Dienstverpflichteten. § 4 Abs. 1 Satz 3 des Formulars bestimmt, dass die (jährliche) Vergütung in vier gleichen Raten zum 01. eines jeden Quartals zahlbar ist. Damit wird eine Vorleistungspflicht des Eigentümers begründet. Dieses ist außerhalb des Anwendungsbereichs der §§ 305 ff. BGB[266] unkritisch.

3. Umsatzsteuer

Da die Betriebsführungstätigkeit eine sonstige Leistung im umsatzsteuerlichen Sinne darstellt[267], kommt auf die Vergütung die Umsatzsteuer in der jeweils geltenden Höhe hinzu. Eine entsprechende Regelung enthält § 4 Abs. 1 Satz 2 des Formulars.

4. Aufwendungsersatz

a) Allgemeines

Der Betriebsführer hat als Geschäftsbesorger nach h. M. gemäß §§ 675, 670 BGB Anspruch auf Aufwendungsersatz[268]. Der Eigentümer hat auf Verlangen des Betriebsführers für die zur Ausführung des Auftrags erforderlichen Aufwendungen nach §§ 675, 669 BGB Vorschuss zu leisten.

Beim echten Betriebsführungsvertrag haben die Ansprüche des Betriebsführers auf Aufwendungsersatz und Vorschuss im Vergleich zum unechten Betriebsführungsvertrag eine eher untergeordnete Bedeutung. Da der Betriebsführer im Namen des Eigentümers handelt, werden die Verbindlichkeiten unmittelbar zu Lasten des Eigentümers begründet. Beim Betriebsführer entstehen, sofern er im Namen des Eigentümers handelt, also keine Aufwendungen, für die er vom Eigentümer Ersatz verlangen könnte[269].

---

[264] Zum Ganzen: Schlüter, S. 78 f.
[265] Schlüter, S. 84; Zeiger, S. 56; Joachim, DZWiR 1992, 397, 402.
[266] S. dazu: Palandt/Grüneberg, § 309 Rn. 13; Erman/Roloff, § 309 Rn. 21.
[267] S. dazu bereits A.VII.1.b)aa).
[268] MünchKommAktG/Altmeppen, § 292 Rn. 144; GroßkommAktG/Mülbert, § 292 Rn. 146; MünchHdbAG/Krieger, § 73 Rn. 52; Fenzl, Rn. 112; Böhm, S. 116; Joachim DZWiR 1992, 397, 398; Huber, ZHR 152 (1988), 1, 5; eingehend: Fenzl, Der Konzern 2006, 18, 23f.; abweichend nur: Schlüter, S. 83, wonach alle für die Vertragsdurchführung anfallenden Kosten von der Grundvergütung erfasst werden.
[269] So auch: Böhm, S. 116.

Tätigt der Betriebsführer ersatzfähige Aufwendungen, kann der Betriebsführer kraft seiner Vollmacht auch ohne Befreiung von den Beschränkungen des § 181 BGB den Aufwendungsersatzanspruch ohne Zutun des Eigentümers aus dem Vermögen des Eigentümers begleichen, da das Begleichen ausschließlich in der Erfüllung einer Verbindlichkeit besteht (§ 181 a. E. BGB).

b) Anspruchsvoraussetzungen

§ 670 BGB bestimmt, dass wenn der Beauftragte zum Zwecke der Ausführung des Auftrags Aufwendungen macht, die er den Umständen nach für erforderlich halten darf, der Auftraggeber zum Ersatz verpflichtet ist.

Aufwendungen i. S. d. § 670 BGB sind alle freiwilligen Opfer aus dem Vermögen des Beauftragten[270]. Diese müssen „zum Zwecke der Ausführung des Auftrags" erfolgen, also entweder solche sein, deren Erbringung dem Betriebsführer als Beauftragten nach dem Inhalt des Auftrags unmittelbar aufgegeben ist[271] oder solche, welche die Geschäftsbesorgung vorbereiten, fördern oder sich in deren Nachwirkung ergeben, die der Geschäftsherr also erfahrungsgemäß auch dann hätte tragen müssen, wenn er anstelle des Beauftragten tätig geworden wäre (Neben- und Folgekosten)[272].

Aufwendungen des Betriebsführers können beispielsweise sein das Eingehen von Verbindlichkeiten, Geldauslagen zur Erfüllung von Verbindlichkeiten des Auftraggebers, Kosten für Hilfskräfte, Reisekosten, Kosten für Kommunikation (Porto, Telefon), sonstige Sachaufwendungen, Prozesskosten sowie Gebühren, Steuern und Zinsen, die der Beauftragte aufgrund der Geschäftsbesorgung zahlen muss[273]. Ob, auf welcher Grundlage und in welchen Umfang auch Schäden, die der Beauftragte bei der Geschäftsbesorgung erleidet, zu ersetzen sind, wird kontrovers diskutiert[274]. Nicht zu den Aufwendungen gehört die eigene Arbeitsleistung des Beauftragten bzw. des Betriebsführers[275]; dafür erhält der Betriebsführer beim (entgeltlichen) Betriebsführungsvertrag das Betriebsführungsentgelt. Ebenfalls nicht zu den Aufwendungen zählen Kosten, die dem beauftragten Betriebsführer ohnehin entstanden wären[276].

Ersetzt erhält der Betriebsführer diese Aufwendungen nach der gesetzlichen Regelung nur, sofern er sie „den Umständen nach für erforderlich halten darf". Maßgebend ist insofern ein subjektiv-objektiver Maßstab: Die Erforderlichkeit ist zu bejahen, wenn der Betriebsführer ein Vermögensopfer erbringt, das nach seinem verständigen Ermessen zur Verfolgung des Auftragszwecks geeignet ist, notwendig erscheint und in einem angemessenen Verhältnis zur Bedeutung der Geschäftsführung für den Geschäftsherrn steht[277].

---

[270] RGZ 122, 298, 303; BAG NJW 2004, 2036, 2037; Palandt/Sprau, § 670 Rn. 3; MünchKommBGB/Schäfer, § 670 Rn. 7.

[271] RGZ 95, 51, 53; 106, 26, 28; MünchKommBGB/Schäfer, § 670 Rn. 11, 20; Erman/Berger, § 670 Rn. 7.

[272] RGZ 75, 208, 212 f.; BAG NJW 2004, 2036, 2038; KG Berlin ZInsO 2013, 1636, 1637; Erman/Berger, § 670 Rn. 8; MünchKommBGB/Schäfer, § 670 Rn. 11, 20.

[273] MünchKommBGB/Schäfer, § 670 Rn. 8; Palandt/Sprau, § 670 Rn. 3; Erman/Berger, § 670 Rn. 7 f.

[274] MünchKommBGB/Schäfer, § 670 Rn. 11; Palandt/Sprau, § 670 Rn. 8 ff.; eingehend: Böhm, S. 168 ff.

[275] MünchKommBGB/Schäfer, § 670 Rn. 9; Palandt/Sprau, § 670 Rn. 3; Erman/Berger, § 670 Rn. 10.

[276] Palandt/Sprau, § 670 Rn. 3.

[277] BGH NJW 2012, 2337, 2338; KG Berlin ZInsO, 1636, 1637; MünchKommBGB/Schäfer, § 670 Rn. 25 f.; Palandt/Sprau, § 670 Rn. 4.

c) Abweichende Vereinbarungen

§ 670 BGB ist dispositives Recht und damit nicht nur vertraglich modifizierbar, sondern auch vollständig abdingbar[278]. Dabei ist im Rahmen der Vertragsgestaltung zu beachten, dass bei entgeltlichen Geschäftsbesorgungen sich durch Vertragsauslegung ergeben kann, dass die Aufwendungen nach § 670 BGB ganz oder teilweise mit der Vergütung abgegolten sind[279]. Eine eindeutige vertragliche Regelung ist daher angezeigt.

§ 4 Abs. 2 des Formulars weicht (zu Gunsten des Eigentümers) in mehrerlei Hinsicht von der gesetzlichen Regelung ab:

Gemäß § 4 Abs. 2 Satz 1 des Formulars sind nur solche Aufwendungen ersatzfähig, die erforderlich sind. Es gilt also nicht ein subjektiv-objektiver, sondern ein rein objektiver Maßstab.

Zudem sind nicht alle Aufwendungen ersatzfähig. § 4 Abs. 2 Satz 2 des Formulars nimmt die Bezüge der Geschäftsführer des Betriebsführers sowie Aufwendungen gemäß § 5 des Formulars (Aufwendungen für Personal und materielle Betriebsmittel) aus. Sie sind mit der Vergütung abgegolten. Dass die Bezüge der Geschäftsführer vom Aufwendungsersatzanspruch ausdrücklich ausgeschlossen werden, hat den Hintergrund, dass jedenfalls beim konzerninternen Betriebsführungsvertrag mit einer abhängigen GmbH die Bezüge des Geschäftsführers der GmbH als erstattungsfähiger Aufwand einzuordnen sein sollen, sofern der Eigentümer die GmbH allein zu dem Zweck gegründet hat, dass diese ihre Betriebsführung übernimmt[280]. Durch das Formular wird jedenfalls klargestellt, dass die Bezüge der Geschäftsführer der betriebsführenden GmbH mit der Vergütung abgegolten sind.

Ist – anders als nach dem dem Formular unterstellten Sachverhalt – die Beauftragung des Betriebsführers auch mit dem Ziel erfolgt, die betrieblichen Kosten zu senken, ist eine vertragliche Gestaltung denkbar, nach welcher der Kostenerstattungsanspruch auf einen Maximalbetrag beschränkt wird. In diesem Fall gehen Kostenüberschreitungen zu Lasten des Betriebsführers[281].

d. Einfluss auf das Innenverhältnis der Vollmacht

Der Aufwendungsersatzanspruch, unerheblich ob nach gesetzlicher Prägung oder davon abweichender vertraglicher Vereinbarung, gestaltet den Rahmen des der Vollmacht zugrunde liegenden Innenverhältnisses (Betriebsführungsvertrag) aus, ohne dass es dafür einer ausdrücklichen vertraglichen Absprache bedarf: Soweit ein Aufwendungsersatzanspruch des Betriebsführers ausgeschlossen ist, ist der Betriebsführer in dem gleichen Maße nicht berechtigt, von der ihm erteilten Vollmacht Gebrauch zu machen, auch wenn die Vollmacht (für das Außenverhältnis) dies hergibt. Ansonsten könnte der Betriebsführer gesetzliche oder vertragliche Einschränkungen des Aufwendungsersatzanspruchs dadurch umgehen, dass er von der ihm erteilten Vollmacht Gebrauch macht an Stelle den Weg einer Verauslagung von Kosten zu gehen. Soweit also der Betriebsführer den Eigentümer kraft Vollmacht über die im Innenverhältnis durch den Aufwendungsersatzanspruch gezogenen Grenzen hinaus verpflichtet, über-

---

[278] BGH NJW 2012, 2337, 2338; BAG NJW 2004, 2036, 2038; MünchKommBGB/Schäfer, § 670 Rn. 3; Palandt/Sprau, § 670 Rn. 1.

[279] BGH NJW 1985, 269; NJW-RR 1993, 200, 201; MünchKommBGB/Schäfer, § 670 Rn. 4; Erman/Berger, § 670 Rn. 4; Böhm, S. 167 f.

[280] In diesem Sinne: Huber, ZHR 152 (1988), 1, 5.

[281] Fenzl, Rn. 114 ff. mit einer entsprechenden Musterklausel unter Rn. 585; Böhm, S. 24.

schreitet der Betriebsführer die Grenzen des "rechtlichen Dürfen", was eine Pflichtverletzung nach § 280 Abs. 1 BGB darstellt.

§ 5 Personal und Betriebsmittel

Inhalt

1. Personal   2. Betriebsmittel

1. Personal

Beim echten Betriebsführungsvertrag findet kein Betriebsübergang nach § 613a BGB statt[282]. Gleichwohl kann es der Interessenlage der Parteien entsprechen, dass der Betriebsführer das Personal des Eigentümers übernimmt. Namentlich wenn der Betriebsführer in derselben Branche wie der Eigentümer tätig ist, können sich durch die Personalübername Synergieeffekte einstellen[283]. Regelmäßig entspricht die Personalübernahme jedoch nicht den Interessen der Parteien. Anders als beim Unternehmenskauf bedeutet der Abschluss des Betriebsführungsvertrags eine Übernahme des Eigentümers auf Zeit. Insbesondere in dem Fall, in dem Eigentümer und Betriebsführer ihre Zusammenarbeit nach kurzer Zeit beenden, hätte eine Personalübernahme zur Folge, dass dem Eigentümer das Personal für eine fortgesetzte Eigenbetriebsführung fehlt und der Betriebsführer Personal an sich gebunden hätte, für das er infolge der Beendigung des Betriebsführungsvertrages keine weitere Verwendung hat.

Die Frage nach einer Personalübernahme stellt sich nach dem dem Formular unterstellten Sachverhalt nicht, da der Eigentümer zum Zeitpunkt des Vertragsabschlusses kein Personal beschäftigt und der Betriebsführungsvertrag darauf abzielt, dass es auch zukünftig dabei bleiben soll. In diesem Sinne bestimmt § 5 Abs. 1 des Formulars, dass die Betriebsführung mit eigenem Personal der Auftragnehmerin erfolgt. Für den damit verbundenen Personalaufwand (s. § 275 Abs. 2 Nr. 6 HGB) hat der Betriebsführer keinen Anspruch auf Aufwendungsersatz. Dieser ist vielmehr mit der Betriebsführungsvergütung abgegolten (§ 2 Abs. 2 Satz 2 des Formulars).

2. Betriebsmittel

Entsprechendes gilt für die materiellen Betriebsmittel und die damit verbundenen Aufwendungen. Materielle Betriebsmittel sind alle betrieblichen Anlagen und Einrichtungen, die für die Erstellung der Leistungen im weitesten Sinne notwendig sind. Bei einem Dienstleistungsunternehmen zählen zu den Betriebsmitteln alle für die Betriebsführungstätigkeit notwendigen Mittel wie Büro, EDV-Ausstattung und sonstige Arbeitsgeräte[284].

---

[282] S. dazu bereits B.I.1.b) § 1 Anm. 4.
[283] Weißmüller, BB 2000, 1949, 1953.
[284] S. etwa für die Betriebsmittel bei einer Hausverwaltung BAG NJW 2013, 2379, 2380: „Betriebsmittel sind vielmehr die für die kaufmännische Sachbearbeitertätigkeit notwendigen Mittel wie Büro, EDV-Ausstattung sowie die im Rahmen der technischen Sachbearbeitung erforderlichen Arbeitsgeräte".

§ 6 Vertragsdauer

Inhalt

1. Vertragsbeginn

Mangels einer anderweitigen Vereinbarung beginnt der Betriebsführungsvertrag mit seiner Wirksamkeit. Für diese bedarf der Betriebsführungsvertrag der Zustimmung der Hauptversammlung des Eigentümers (§ 293 Abs. 1 Satz 1 AktG) und der Eintragung in das Handelsregister des Eigentümers (§ 294 Abs. 2 AktG).

Der mit dem bisherigen Betriebsführer geschlossene Betriebsführungsvertrag soll zum Jahresende beendet werden. Da sich der neue Betriebsführungsvertrag nahtlos an den bestehenden Betriebsführungsvertrag anschließen soll, bestimmt § 6 Abs. 1 Satz 1 HS 1 des Formulars, dass der Vertrag am 01. Januar beginnt. Dies hat zur Folge, dass der neue Betriebsführungsvertrag vor seiner Wirksamkeit beginnen muss: Meldet der Vorstand seine Eintragung in das Handelsregisters noch vor Jahresablauf an, kann seine Eintragung gleichwohl erst nach dem 01. Januar (der ein gesetzlicher Feiertag ist) erfolgen. Vor dem Beginn des 01. Januars handelt es sich bei dem Bestehen des Betriebsführungsvertrags um eine zukünftige Tatsache. Die Eintragung zukünftiger Ereignisse in das Handelsregister ist jedoch nach h. M. nicht möglich[285]. Bedenken gegen diese Zeitabfolge bestehen indes nicht, da der Betriebsführungsvertrag – anders als der Beherrschungsvertrag – mit Rückwirkung abgeschlossen werden kann[286].

2. Vertragsdauer

a) Grundsatz: Vertragsfreiheit

Länge und Modalitäten der Vertragslaufzeit können grundsätzlich frei vereinbart werden. Es gilt der Grundsatz der Vertragsfreiheit. Insbesondere kann der Betriebsführungsvertrag auf bestimmte oder unbestimmte Zeit geschlossen werden.

---

[285] BayObLG DNotZ 1993, 197; OLG Düsseldorf NJW-RR 2000, 702, 703; Krafka/Kühn, Rn. 31, 146; kritisch (zur aufschiebend bedingten Geschäftsführerbestellung): Schuhmacher, GmbHR 2006, 924, 926; abweichend aber: MünchKommAktG/Altmeppen, § 293 Rn. 27, wonach auch ein Unternehmensvertrag, dessen Laufzeit erst nach dem Zeitpunkt der Eintragung beginnt, eintragungsfähig ist.

[286] KölnerKommAktG/Koppensteiner, § 294 Rn. 33; MünchKommAktG/Altmeppen, § 294 Rn. 66; MünchHdbAG/Krieger, § 73 Rn. 70; beschränkt auf eine Rückwirkung auf das laufende Kalenderjahr auch: Emmerich/Habersack/Emmerich, § 294 Rn. 29; einschränkend auch: GroßkommAktG/Mülbert, § 293 Rn. 22 f.

Wird eine bestimmte Laufzeit, aber kein Kündigungsrecht vereinbart, stellt die vereinbarte Laufzeit eine Höchst- bzw. Festlaufzeit dar. Mit dem Ablauf endet der Vertrag automatisch, ohne dass es einer Kündigung bedarf[287]. Für den Betriebsführungsvertrag als Geschäftsbesorgungsvertrag mit Dienstvertragscharakter folgt dieses unmittelbar aus § 620 Abs. 1 BGB.

Bei der Vereinbarung einer Festlaufzeit kann der Betriebsführungsvertrag nicht ordentlich, sondern nur außerordentlich gekündigt werden[288]; etwas anderes gilt, wenn neben der Laufzeitbefristung auch eine ordentliche Kündigungsmöglichkeit vorgesehen ist[289]. Anstelle der zulässigen Vereinbarung eines festen Endtermins[290] kann auch geregelt werden, dass der Vertrag bei Eintreten eines bestimmten Ereignisses endet, etwa bei Erreichen des Vertragszwecks, wenn beispielsweise der Betriebsführer lediglich für die Dauer der Realisierung eines Projekts den Betrieb des Eigentümers führen soll[291]. Zulässig ist auch die Vereinbarung einer Fortsetzungsklausel, also eine Regelung, wonach sich der Betriebsführungsvertrag nach Ablauf einer bestimmten Laufzeit automatisch (für einen weiteren bestimmten Zeitraum oder auf unbestimmte Zeit) verlängert, wenn er nicht rechtzeitig gekündigt wird[292].

Ist keine vertragliche Vereinbarung über eine Festlaufzeit getroffen, läuft der Betriebsführungsvertrag auf unbestimmte Zeit und kann – nach Maßgabe der vertraglichen Vereinbarungen oder in Ermangelung solcher nach den gesetzlichen Bestimmungen – ordentlich gekündigt werden.

Das Formular sieht in § 6 Abs. 1 Satz 1 zunächst eine Festlaufzeit vor. Ist diese abgelaufen, verlängert sich der Vertrag nach § 6 Abs. 1 Satz 2 des Formulars jeweils um einen bestimmten Zeitraum, wenn er nicht innerhalb einer bestimmten Frist gekündigt wird. Anstelle der im Formular vorgesehenen automatischen Vertragsverlängerung kann auch ein- oder mehrfaches, ein- oder beidseitiges Optionsrecht vereinbart werden.

b) Einschränkungen

Eine zu lange Vertragsdauer kann sittenwidrig i. S. d. § 138 Abs. 1 BGB sein und damit zur Nichtigkeit des Betriebsführungsvertag führen. Bei einer Personenhandelsgesellschaft als Eigentümer richtet sich die Grenzziehung nach den Umständen des Einzelfalls, insbesondere nach den im Betriebsführungsvertrag festgelegten gegenseitigen Rechte und Pflichten der Parteien. Danach kann eine vertragliche Bindung von über 20 Jahren wegen der damit verbundenen unzulässigen Beschränkung der wirtschaftlichen Bewegungsfreiheit des Eigentümers gegen § 138 Abs. 1 BGB verstoßen[293]. Der Gedanke der wirtschaftlichen Bewegungs-

---

[287] MünchKommAktG/Altmeppen, § 297 Rn. 55; Emmerich/Habersack/Emmerich, § 297 Rn. 33; KölnerKommAktG/Koppensteiner, § 297 Rn. 26; Spindler/Stilz/Veil, § 297 Rn. 31; GroßkommAktG/Mülbert, § 297 Rn. 99.

[288] Palandt/Weidenkaff, § 620 Rn. 10; MünchKommBGB/Hesse, § 620 Rn. 11; Erman/Belling/Riesenhuber, § 620 Rn. 2.

[289] GroßkommAktG/Mülbert, § 297 Rn. 81; KölnerKommAktG/Koppensteiner, § 297 Rn. 7; Hüffer/Koch, § 297 Rn. 11.

[290] MünchKommAktG/Altmeppen, § 293 Rn. 27; KölnerKommAktG/Koppensteiner, § 293 Rn. 20; GroßkommAktG/Mülbert, § 293 Rn. 18.

[291] Zeiger, S. 58.

[292] GroßkommAktG/Mülbert, § 297 Rn. 82; MünchKommAktG/Altmeppen, § 297 Rn. 58.

[293] BGH WM 1982, 394, 399 – (insoweit nicht abgedruckt in: NJW 1982, 1817 f.); zustimmend: Schlüter, S. 89; Zeiger, S. 59; Böhm, S. 207; Joachim, DZWiR 1992, 397, 402; s. aber auch die im Anschluss an das vorgenannte BGH-Urteil ergangene Entscheidung des OLG München ZIP 1987, 849, 851, wonach „unter den konkreten Umständen der Hotelbranche in Deutschland eine über zehn Jahre hinausgehende Vertragsbindung als unangemessen lang" anzusehen sei (kritisch zu dieser Entscheidung: Wagenhals, S. 24).

freiheit ist verallgemeinerungsfähig. Daher sollte auch bei einer juristischen Person als Eigentümer von einer festen Vertragsdauer von mehr als 20 Jahren abgesehen werden.

Keine Einschränkungen hinsichtlich der Vertragsdauer ergeben sich aus § 84 Abs. 1 Satz 1 AktG. Danach darf der Aufsichtsrat den Vorstand auf höchstens fünf Jahre bestellen; ein Verstoß gegen § 84 Abs. 1 Satz 1 AktG führt zur Nichtigkeit der Bestellung[294]. § 84 Abs. 1 Satz 1 AktG ist nach seinem Zweck speziell darauf zugeschnitten, dass sich die Aufsichtsratsmitglieder in verantwortlicher Beratung über die Weiterbeschäftigung des Vorstands schlüssig werden sollen[295]. Der Abschluss von Unternehmensverträgen liegt demgegenüber in der Zuständigkeit des Vorstands selbst. Im Übrigen haben die ausdrücklich normierten Verträge des § 292 Abs. 1 Nr. 3 AktG einen stärkeren Eingriff in die Verbandverfassung der AG zur Folge als der Betriebsführungsvertrag, der nach h. M. keine Verlagerung von Leitungskompetenzen zum Inhalt haben darf. Für die Verträge des § 292 Abs. 1 Nr. 3 sieht das Gesetz aber keine Höchstzeit vor. Entsprechendes muss daher erst Recht für den Betriebsführungsvertag gelten.

Ebenso wenig steht § 624 Satz 1 BGB einer längeren Vertragslaufzeit als fünf Jahre entgegen. Dies folgt bereits daraus, dass ein Verstoß gegen § 624 Satz 1 BGB nicht zur Nichtigkeit nach § 134 BGB bzw. § 138 BGB führt, weil die Vorschrift den Abschluss solcher Verträge nicht verbietet, sondern nur eine unabdingbare außerordentliche Kündigung zulässt[296]. Im Übrigen genießt ein Betriebsführer, der wie im Formular vorgesehen in der Form einer juristischen Person organisiert ist, nicht den Schutz des § 624 Satz 1 BGB[297].

3. Vertragsende

a) Beendigungstatbestände

aa) Anfechtung

Der Betriebsführungsvertrag unterliegt den allgemeinen Regeln über die Anfechtung gemäß §§ 119 ff. BGB. Zulässig ist die Anfechtung nach h. M. nur bis zur Eintragung des Betriebsführungsvertrags in das Handelsregister. Ist der Vertrag durch die Eintragung in das Handelsregister wirksam geworden, ist eine Anfechtung ausgeschlossen. An ihre Stelle tritt das Recht zur Kündigung des Vertrags aus wichtigem Grund ohne Einhaltung einer Kündigungsfrist[298].

bb) Zeitablauf

Der Betriebsführungsvertrag kann durch Zeitablauf enden. Wie vorstehend geschildert, ist dieses der Fall, wenn ein vertraglich vereinbarter fester Endtermin oder ein vertraglich vereinbartes Ereignis eintritt, zu dem der Betriebsführungsvertrag enden soll.

---

[294] BGH Z 10, 187, 194; Hüffer/Koch, § 84 Rn. 6.

[295] BGH Z 10, 187, 195; Hüffer/Koch, § 84 Rn. 6; MünchKommAktG/Spindler, § 84 Rn. 3.

[296] Palandt/Weidenkaff, § 624 Rn. 5; MünchKommBGB/Henssler, § 624 Rn. 2.

[297] So für den in Form einer juristischen Person organisierten Handelsvertreter: MünchKommBGB/Henssler, § 624 Rn. 4.

[298] Vgl. MünchKommAktG/Altmeppen, § 297 Rn. 100; Windbichler, 48 ff.; Gerth, BB 1978, 1497, 1498; abweichend: Emmerich/Habersack/Emmerich, § 297 Rn. 30, wonach von Fall zu Fall die Regeln über fehlerhafte Unternehmensverträge heranzuziehen seien.

cc) Auflösende Bedingung

Auch der Eintritt einer auflösenden Bedingung führt zur Beendigung des Betriebsführungsvertrags. Zu beachten ist dabei allerdings, dass unterschiedlich beurteilt wird, ob Unternehmensverträge unter einer auflösenden Bedingung geschlossen werden können. Nach h. M. ist der automatische Wegfall des Vertrages nicht mit der registerrechtlichen Verlautbarung vereinbar. Im Übrigen seien Unternehmensverträge aus Gründen der Rechtssicherheit bedingungsfeindlich[299]. Nach anderer Auffassung steht der Eintragung eines Unternehmensvertrages die Vereinbarung einer auflösenden Bedingung nicht entgegen, da eine Pflicht zur Eintragung der Beendigung besteht (§ 298 AktG) und bis zur Eintragung der Beendigung der Rechtsverkehr gemäß § 15 HGB geschützt ist[300]. In der Praxis sollte aus Gründen einer rechtssicheren Vertragsgestaltung nach Möglichkeit von der Aufnahme einer auflösenden Bedingung abgesehen werden.

dd) Rücktritt

Die Ausübung eines Rücktrittsrechts führt ebenfalls zur Vertragsbeendigung. Dabei ist zwischen gesetzlichen und vertraglich vereinbarten Rücktrittsrechten zu differenzieren und das Folgende zu beachten:

Bei Betriebsführungsverträgen ist die Ausübung eines gesetzlichen Rücktrittsrechts (namentlich §§ 323, 326 BGB) nach h. M. nur zulässig, soweit der Betriebsführer die Führung des Betriebs noch nicht übernommen hat. Nach diesem Zeitpunkt kann der Vertrag nur aus wichtigem Grund gekündigt werden[301].

Die Vereinbarung von Rücktrittsvorbehalten ist grundsätzlich zulässig. Dies gilt nach h. M. jedoch nur für Rücktrittsvorbehalte bis zum Vertragsvollzug. Rücktrittsvorbehalte für einen Zeitpunkt nach Vertragsvollzug werden aber gemäß § 140 BGB in ein Kündigungsrecht umgedeutet[302].

---

[299] MünchKommAktG/Altmeppen, § 293 Rn. 26; Spindler/Stilz/Veil, § 293 Rn. 8; im Ergebnis auch Windbichler, S. 58 ff., die den auflösend bedingten Unternehmensvertrag wegen Umgehung der Vorschriften über die Vertragsbeendigung für unwirksam hält; für Verträge des § 291 AktG eine auflösende Bedingung ablehnend auch: Emmerich/Habersack/Habersack, § 293 Rn. 18, der eine auflösende Bedingung in die Vereinbarung eines ordentlichen Kündigungsrechts umdeutet.

[300] KölnerKommAktG/Koppensteiner, § 293 Rn. 19; GroßkommAktG/Mülbert, § 293 Rn. 16; MünchHdbAG/Krieger, § 71 Rn. 16.

[301] Hüffer/Koch, § 297 Rn. 23; MünchHdbAG/Krieger, § 73 Rn. 79; Emmerich/Habersack/Emmerich, § 297 Rn. 31; MünchKommAktG/Altmeppen, § 297 Rn. 92.

[302] KölnerKommAktG/Koppensteiner, § 297 Rn. 33; Spindler/Stilz/Veil, § 297 Rn. 34 f.; abweichend (Rücktrittsvorbehalt bei den Verträgen des § 292 AktG auch für den Zeitpunkt nach Vertragsvollzug von Fall zu Fall möglich): Emmerich/Habersack/Emmerich, § 297 Rn. 32; MünchKommAktG/Altmeppen, § 297 Rn. 99; GroßkommAktG/Mülbert, § 297 Rn. 102.

ee) Kündigung

(1) Ordentliche Kündigung

(a) Gesetzliche Kündigungsfrist

Haben die Vertragsparteien keine vertragliche Kündigungsfrist vereinbart, richtet sich diese nach den allgemeinen Regeln des BGB.

Nach welchen Vorschriften sich die Kündigungsfrist bei Betriebsführungsverträgen richtet, wird unterschiedlich beurteilt. Nach überwiegender Auffassung ist je nach Sachlage § 627 BGB oder § 671 BGB anwendbar[303]. Nach anderer Auffassung richtet sich die Kündigung des unentgeltlichen Betriebsführungsvertrags nach § 671 BGB und beim entgeltlichen Betriebsführungsvertrag nach §§ 675, 621 BGB[304].

Bei der gesetzlichen Kündigungsfrist ist zwischen dem unentgeltlichen und dem entgeltlichen Betriebsführungsvertrag zu differenzieren:

Bei einem unentgeltlichen Betriebsführungsvertrag finden die Vorschriften des Auftragsrechts Anwendung. Dementsprechend ist für die Kündigungsfrist § 671 BGB maßgebend[305]. Nach § 671 Abs. 1 BGB kann der Betriebsführungsvertrag von beiden Vertragsparteien jederzeit gekündigt werden. Kündigt der Betriebsführer, darf er nur in der Art kündigen, dass der Eigentümer für die Führung des Betriebs anderweitig Fürsorge treffen kann, es sei denn, dass ein wichtiger Grund für die unzeitige Kündigung vorliegt (§ 671 Abs. 2 Satz 1 BGB). Kündigt der Betriebsführer ohne einen solchen Grund zur Unzeit, so hat er nach § 671 Abs. 2 Satz 2 BGB dem Eigentümer den daraus entstehenden Schaden zu ersetzen.

Beim entgeltlichen Betriebsführungsvertrag ist der Ausgangspunkt für die Bestimmung der gesetzlichen Kündigungsfrist § 675 Abs. 1 BGB. Danach findet § 671 Abs. 1 BGB keine Anwendung. Vielmehr bestimmt § 675 Abs. 1 BGB, dass wenn dem Verpflichteten das Recht zusteht, ohne Einhaltung einer Kündigungsfrist zu kündigen, die Vorschrift des § 671 Abs. 2 BGB Anwendung findet. Das Recht des Verpflichteten, ohne Einhaltung einer Kündigungsfrist zu kündigen, kann sich aus Gesetz oder Vertrag ergeben[306]. Beim Betriebsführungsvertrag als Geschäftsbesorgungsvertrag mit Dienstvertragscharakter kann sich das Recht zur Kündigung ohne Einhaltung einer Kündigungsfrist bei Vorliegen der Voraussetzungen des § 627 Abs. 1 BGB ergeben. Von dieser fristlosen Kündigung zu unterscheiden ist die ordentliche Kündigung und die für sie geltende Frist. Für die ordentliche Kündigung gelten die Fristen nach § 621 BGB. Maßgebend für die Kündigungsfrist ist danach, nach welchen Zeitabschnitten die Vergütung bemessen ist.

(b) Abweichende Vereinbarungen

Bei einem Betriebsführungsvertrag auf unbestimmte Zeit steht die Dauer der Kündigungsfrist im freien Belieben der Parteien, soweit die vertraglichen Vereinbarungen nicht eine Bindung

---

[303] Hüffer/Koch, § 297 Rn. 14; MünchKommAktG/Altmeppen, § 297 Rn. 72; GroßkommAktG/Mülbert, § 292 Rn. 148; § 297 Rn. 79; K. Schmidt/Lutter/Langenbucher, § 297 Rn. 22.

[304] MünchHdbAG/Krieger, § 73 Rn. 77; wohl auch: KölnerKommAktG/Koppensteiner, § 297 Rn. 9; für den entgeltlichen Betriebsführungsvertrag auch: Emmerich/Habersack/Emmerich, § 297 Rn. 5.

[305] MünchHdbAG/Krieger, § 73 Rn. 77.

[306] MünchKommBGB/Heermann, § 675 Rn. 25.

von über 20 Jahren zur Folge haben. Bei der Bemessung der Kündigungsfrist sollte berücksichtigt werden, dass die Parteien genügend Zeit haben sollten, die infolge der Beendigung des Betriebsführungsvertrags erforderlichen Dispositionen zu treffen. Dieses gilt insbesondere für den Eigentümer als Erklärungsempfänger einer Kündigungserklärung des Betriebsführers, da sowohl die Auswahl eines neuen Betriebsführers als auch die beim anschließenden Vertragsschluss nach §§ 293 ff. AktG einzuhaltenden Regularien eine gewisse Zeit in Anspruch nehmen.

Auch der Kündigungstermin ist frei vereinbar. Nach ganz h. M. steht der freien Vereinbarkeit des Termins die Vorschrift § 296 Abs. 1 AktG nicht entgegen, wonach der Unternehmensvertrag nur zum Ende des Geschäftsjahrs oder des sonst vertraglich bestimmten Abrechnungszeitraums aufgehoben werden kann[307].

Die Frage, ob eine ordentliche Kündigung von der Zustimmung Dritter abhängig gemacht werden kann, wird unterschiedlich beurteilt[308]. Da sich insofern noch keine klar überwiegende Rechtsauffassung herausgebildet hat, sollte von einer entsprechenden vertraglichen Gestaltung abgesehen werden.

(2) Fristlose Kündigung aus wichtigem Grund

Eine Kündigung aus wichtigem Grund ohne Einhaltung einer Kündigungsfrist sieht § 297 Abs. 1 Satz 1 AktG vor. Das Recht steht beiden Vertragsparteien des Betriebsführungsvertrags zu[309].

(a) Wichtiger Grund

Ein wichtiger Grund liegt nach § 297 Abs. 1 Satz 2 AktG namentlich vor, wenn der andere Vertragsteil (der Betriebsführer) voraussichtlich nicht in der Lage sein wird, seine auf Grund des Vertrags bestehenden Verpflichtungen zu erfüllen. § 297 Abs. 1 Satz 2 AktG ist nur beispielhaft zu verstehen. Nach den durch Rechtsprechung und Literatur entwickelten Grundsätzen, die positiv-rechtlich in § 314 Abs. 1 Satz 2 BGB (s. auch § 626 Abs. 1 BGB) ihren Niederschlag gefunden haben, liegt ein wichtiger Grund vor, wenn dem kündigenden Teil unter Berücksichtigung aller Umstände des Einzelfalls und unter Abwägung der beiderseitigen Interessen die Fortsetzung des Vertragsverhältnisses bis zur vereinbarten Beendigung oder bis zum Ablauf einer Kündigungsfrist nicht zugemutet werden kann[310].

Bei einem Betriebsführungsvertrag liegt ein zur fristlosen Kündigung berechtigender Grund beispielsweise vor, wenn der Betriebsführer seine Pflicht zur laufenden Betriebsführung nachhaltig verletzt[311], wenn es dem Betriebsführer nicht gelingt, den von ihm aufgestellten

---

[307] BGH Z 122, 211, 228 ff.; MünchKommAktG/Altmeppen, § 297 Rn. 79; Emmerich/Habersack/Emmerich, § 297 Rn. 12; Hüffer/Koch, § 297 Rn. 16; Spindler/Stilz/Veil, § 297 Rn. 24; abweichend: KölnerKomm-AktG/Koppensteiner, § 297 Rn. 5; Krieger/Jannott, DStR 1995, 1473, 1475.

[308] Befürwortend: MünchKommAktG/Altmeppen, § 297 Rn. 12; Emmerich/Habersack/Emmerich, § 297 Rn. 7; Hüffer/Koch, § 297 Rn. 19; ablehnend: Timm, FS Kellermann, S. 461, 472 ff.

[309] MünchKommAktG/Altmeppen, § 297 Rn. 16; Spindler/Stilz/Veil, § 297 Rn. 5; GroßkommAktG/Mülbert, § 297 Rn. 20; Hüffer/Koch, § 297 Rn. 3.

[310] BGH Z 122, 211, 232; MünchKommAktG/Altmeppen, § 297 Rn. 18; GroßkommAktG/Mülbert, § 297 Rn. 21; Emmerich/Habersack/Emmerich, § 297 Rn. 19; Spindler/Stilz/Veil, § 297 Rn. 2, 8.

[311] Joachim, DZWiR 1992, 397, 403.

und von dem Eigentümer genehmigten Wirtschaftsplan einzuhalten[312], wenn der Eigentümer seine Pflicht zur Zahlung der Betriebsführungsvergütung verletzt[313] oder wenn der Eigentümer seine Pflicht zur Kapitalausstattung seines Unternehmens verletzt[314]. Ein wirtschaftlicher Misserfolg des Betriebsführers stellt erst dann einen wichtigen Grund dar, wenn das Betriebsergebnis auf Dauer negativ ist bzw. nicht ausreicht, um die laufenden Verpflichtungen des Eigentümers hinsichtlich des Kapitaldienstes aus Kreditverpflichtungen zu decken[315].

(b) Abweichende Vereinbarungen

Die Möglichkeit der Kündigung aus wichtigem Grund kann vertraglich weder abbedungen noch beschränkt werden[316].

Zulässig ist es jedoch nach h. M., die Möglichkeit einer fristlosen Kündigung auch aus Gründen einzuräumen, die nicht wichtig i. S. d. § 297 Abs. 1 Satz 1 AktG sind[317]. Solche Abreden über den wichtigen Grund schließen andere wichtige Gründe als Kündigungsgrund nicht aus[318].

In der Praxis sehen die Betriebsführungsverträge teilweise eine Auslauffrist von bis zu 90 Tagen oder mehr vor, um den komplexen Abwicklungshandlungen Rechnung zu tragen[319].

Das Formular beschränkt sich in § 6 Abs. 2 auf die Klarstellung, dass das Recht der Parteien zur fristlosen Kündigung durch die vertraglichen Vereinbarungen über die Laufzeit des Betriebsführungsvertrags unberührt bleibt.

(3) Fristlose Kündigung bei Vertrauensstellung

Der Betriebsführungsvertrag kann auch bei Vorliegen der Voraussetzungen des § 627 Abs. 1 BGB fristlos gekündigt werden (Fristlose Kündigung bei Vertrauensstellung). § 627 Abs. 1 BGB ist nicht nur auf Betriebsführungsverträge anwendbar, die auf unbestimmte Zeit geschlossen sind, sondern auch bei der Vereinbarung einer Festlaufzeit[320]. Das Kündigungsrecht gemäß §§ 675, 627 Abs. 1 BGB steht beiden Parteien des Betriebsführungsvertrags zu[321], wobei bei einer Kündigung durch den Betriebsführer zur Unzeit gemäß § 627 Abs. 2 BGB

---

[312] Huber, ZHR 152 (1988), 1, 32; Joachim, DZWiR 1992, 397, 403.

[313] Joachim, DZWiR 1992, 397, 403.

[314] Joachim, DZWiR 1992, 397, 403.

[315] BGH NJW 1982, 1817, 1818.

[316] BGH Z 122, 211, 228; GroßkommAktG/Mülbert, § 297 Rn. 66; MünchKommAktG/Altmeppen, § 297 Rn. 15; KölnerKommAktG/Koppensteiner, § 297 Rn. 20; Emmerich/Habersack/Emmerich, § 297 Rn. 16; Spindler/Stilz/Veil, § 297 Rn. 5; Böhm, S. 209 f.; Windbichler, ZIP 1987, 825, 828.

[317] BGH Z 122, 211, 228 ff.; OLG Frankfurt AG 2008, 826; KG AG 2009, 30, 33; OLG Hamburg EWiR § 297 AktG 1/99, 389; OLG München WM 1991, 1843, 1848 ff.; MünchKommAktG/Altmeppen, § 297 Rn. 49; Hüffer/Koch, § 297 Rn. 8; GroßkommAktG/Mülbert, § 297 Rn. 56 ff.; abweichend: LG Ingolstadt ZIP 1990, 1128, 1131; KölnerKommAktG/Koppensteiner, § 297 Rn. 20; Grüner, NZG 2001, 35, 36; Ebenroth/Parche, BB 1989, 637, 642.

[318] MünchKommAktG/Altmeppen, § 297 Rn. 15; Emmerich/Habersack/Emmerich, § 297 Rn. 16; GroßkommAktG/Mülbert, § 297 Rn. 66; zur Vereinbarung eines Kündigungsrechts für den Fall des Vorliegens höherer Gewalt s. Schlüter, S. 94 f.

[319] Joachim, DZWiR 1992, 397, 403; Zeiger, S. 61.

[320] Vgl. Palandt/Weidenkaff, § 620 Rn. 10; MünchKommBGB/Hesse, § 620 Rn. 11.

[321] Palandt/Weidenkaff, § 627 Rn. 6; MünchKommBGB/Henssler, § 627 Rn. 9.

dasselbe gilt wie bei einer Kündigung des Auftrags durch den unentgeltlich tätigen Betriebsführer gemäß § 671 Abs. 2 BGB.

(a) Allgemeine Voraussetzungen

Der Betriebsführungsvertrag ist kein Arbeitsverhältnis. Ferner hat der Betriebsführer (jedenfalls im Regelfall) bei einem Betriebsführungsvertrag, wie von § 627 Abs. 1 BGB vorausgesetzt, Dienste höherer Art zu leisten, die ihm aufgrund besonderen Vertrauens übertragen werden[322]. Das von § 627 Abs. 1 BGB vorausgesetzte generelle persönliche Vertrauen kann auch dann vorliegen, wenn es sich bei dem Dienstverpflichteten um eine juristische Person handelt, namentlich wenn die Dienstleistung den Geschäftsbereich des Dienstberechtigten betrifft und daher in besonderem Maße Diskretion erfordert[323].

Weitere Voraussetzungen des § 627 Abs. 1 BGB sind, dass der Dienstverpflichtete nicht in einem dauernden Dienstverhältnis mit festen Bezügen steht. Dieses ist nach verbreiteter Auffassung nur dann der Fall, wenn der Betriebsführungsvertrag ein variables Betriebsführungsentgelt (z. B. durch Beteiligung am Gewinn des Eigentümers) vorsieht. Erhalte der Betriebsführer demgegenüber ein festes Betriebsführungsentgelt, bestehe kein Kündigungsrecht nach §§ 675, 627 Abs. 1 BGB[324]. Entsprechendes gelte, wenn der Betriebsführer neben dem festen Betriebsführungsentgelt eine zusätzliche – am Erfolg des Unternehmens des Betriebsinhabers ausgerichtete – Vergütung erhalte[325].

In dieser Allgemeinheit ist der Auffassung nicht beizutreten. Zum einen handelt es sich bei „dauerndes Dienstverhältnis" und „feste Bezüge" um zwei Merkmale, die kumulativ vorliegen müssen, weil sie als gemeinschaftliche Bestandteile der negativen Voraussetzung und aufeinander bezogen zu verstehen sind[326]. Zum anderen gilt es bei beiden Tatbestandsmerkmalen weiter zu differenzieren:

Bei der Voraussetzung „dauerndes Dienstverhältnis" kommt es zunächst auf die Dauer des Verhältnisses als solches an. Insofern ist anerkannt, dass dass Dienstverhältnis nicht notwendiger Weise auf unbestimmte Zeit eingangen sein muss. Ausreichend ist auch ein befristetes Verhältnis, sofern es nur auf bestimmte, längere Zeit abgeschlossen ist. Selbst die Vereinbarung einer Laufzeit von nur einem Jahr kann die Annahme eines dauernden Dienstverhältnisses rechtfertigen, wenn die Parteien von der Möglichkeit und Zweckmäßigkeit einer Verlängerung ausgehen[327]. Darüber hinaus muss der Dienstverpflichtete in einem gewissen Maße durch das Dienstverhältnis zeitlich in Anspruch genommen werden. Nicht erforderlich ist insofern, dass die Tätigkeit den Verpflichteten vollständig oder hauptsächlich in Anspruch nimmt. Allerdings muss eine gewisse persönliche Bindung zwischen den Vertragsparteien bestehen, an welcher es fehlt, wenn ein Dienstleistungsunternehmen seine Dienste einer großen, unbestimmten und unbegrenzten Zahl von Interessenten anbietet[328]. Im Regelfall ist da-

---

[322] S. OLG München ZIP 1987, 849, 852; Joachim, DZWiR 1992, 397, 403.

[323] BGH NJW 2011, 3575, 3576; MünchKommBGB/Henssler, § 627 Rn. 27.

[324] GroßkommAktG/Mülbert, § 292 Rn. 148; Windbichler ZIP 1987, 825, 828.

[325] Joachim, DZWiR 1992, 397, 398, 403; Windbichler, ZIP 1987, 825, 828.

[326] BGH NJW 2011, 3575, 3576; NJW-RR 1993, 505; RG Z 146, 116, 117; Erman/Belling/Riesenhuber, § 627 Rn. 8; s. aber auch MünchKommBGB/Henssler, § 627 Rn. 13; Staudinger/Preis, § 627 Rn. 17, die für bestimmte Fälle eine teleologische Reduktion des § 627 Abs. 1 BGB erwägen.

[327] BGH 2016, 1578, 1580; NJW 1993, 326, 327; 1984, 1531; NJW-RR 2015, 686, 688; Palandt/Weidenkaff, § 627 Rn. 1.

[328] BGH NJW 2016, 1578, 1580; 2011, 3575, 3576; NJW-RR 1995, 1058, 1059; Z 106, 341, 346; MünchKommBGB/Henssler, § 627 Rn. 16.

her erforderlich, dass das Dienstverhältnis die sachlichen und persönlichen Mittel des Dienstverpflichteten bzw. seine Betriebseinrichtungen und sein Personal nicht nur unerheblich beansprucht[329].

Das Tatbestandsmerkmal „feste Bezüge" erschöft sich nicht darin, dass die Vergütung des Dienstverpflichteten fest bestimmt (also nicht variabel) ist. Entscheidend ist vielmehr, dass durch die gesetzliche Regelung das Vertrauen des Dienstverpflichteten geschützt werden soll, dass ihm auf längere Zeit bestimmte, von vorne herein festgelegte Beträge in einem Umfang zufließen, welche (mit) die Grundlage seines wirtschaftlichen Daseins bilden können. Deshalb bedarf es der Festlegung einer Regelvergütung, mit der ein in einem dauernden Vertragsverhältnis stehender Dienstverpflichteter als nicht unerheblichen Beitrag zur Sicherung seiner wirtschaftlichen Existenz rechnen und planen darf[330].

Werden danach die sachlichen und persönlichen Mittel des Betriebsführers durch einen Betriebsführungsvertrag nur in einem unerheblichen Umfang in Anspruch genommen und/oder trägt die Vergütung keinen erheblichen Beitrag zur Existenzsicherung des Betriebsführers bei, unterliegt der Betriebsführungsvertrag (trotz Festvergütung) dem Kündigungsrecht des § 627 Abs. 1 BGB. Der Anwendungsbereich der Norm ist danach nicht auf die Fälle einer ausschließlich variablen Vergütung beschränkt. Freilich wird es sich hier um eher seltene Fälle handeln, etwa wenn der Betriebsführer Ausschnitte aus der Betriebsführung gegenüber einbem großen Kundenkreis bedient. In solchen Fällen ist dann stets zu prüfen, ob der Betriebsführer noch, wie von § 627 BGB vorausgesetzt, überhaupt Dienste höherer Art zu leisten hat.

(b) Abweichende Vereinbarungen

Bei § 627 Abs. 1 BGB handelt es sich um dispositives Recht. Das Recht zur fristlosen Kündigung kann daher (durch Individualvereinbarung) modifiziert oder vollständig ausgeschlossen werden[331]. Ist die Anwendbarkeit des § 627 Abs. 1 BGB zweifelhaft, sollte eine ausdrückliche vertragliche Vereinbarung getroffen werden. Zwar ist § 627 Abs. 1 BGB auch konkludent abdingbar. Dafür bedarf es jedoch eines klaren und bestimmten Ausdrucks des Parteiwillens, dessen Vorhandensein nicht allein aus dem Umstand hergeleitet werden kann, dass im Vertrag eine feste Laufzeit vorgesehen ist[332].

Nach dem unterstellten Sachverhalt bietet der selbst auf einem vergleichsweise kleinen Markt operativ tätige Betriebsführer seine Dienste nur einer geringen, weil durch diesen Markt begrenzten, Zahl von Interessenten an. Neben dem Betriebsführungsvertrag mit dem Eigentümer bestehen lediglich drei weitere vergleichbare Betriebsführungsverträge. Dementsprechend werden durch den Betriebsführungsvertrag mit dem Eigentümer die sachlichen und persönlichen Betriebsmittel des Betriebsführers nicht nur unerheblich beansprucht. Dieses gilt umso mehr, als der Betriebsführer das Personal und die sachlichen Betriebsmittel für die Betriebsführung stellen soll (§ 5 des Betriebsführungsvertrags). Es liegt daher ein dauerndes Dienstverhältnis i. S. d. § 627 Abs. 1 BGB vor. Damit korrespondierend stellt die mit dem Eigentümer vereinbarte Vergütung einen erheblichen Beitrag zur Sicherung der wirtschaftlichen Existenz des Betriebsführers dar, so dass auch das Merkmal der „festen Bezüge" i. S. d. § 627 Abs. 1 BGB vorliegt. Vor dem Hintergrund, dass die Voraussetzungen des Negativtatbe-

---

[329] BGH NJW 2016, 1578, 1580; 2011, 3575, 3576; 2010, 1520, 1522; NJW-RR 2015, 686, 688.

[330] BGH NJW 2016, 1578, 1580; 2011, 3575, 3576; 2010, 1520, 1521; 1995, 1425, 1430; NJW-RR 2015, 686, 688; RG Z 146, 116, 117; Palandt/Weidenkaff, § 627 Rn. 1.

[331] BGH NJW 2010, 1520, 1522; 1991, 439, 440; MünchKommBGB/Henssler, § 627 Rn. 40.

[332] BGH NJW-RR 2015, 686, 688; NJW 1999, 276, 278; RG Z 80, 29, 29 f.

standsmerkmals „ohne in einem dauernden Dienstverhältnis mit festen Bezügen zu stehen" ohne weiteres bejaht werden können, bedarf es keiner Regelung zum (nicht bestehenden) Recht der fristlosen Kündigung bei Vertrauensstellung nach §§ 675, 627 Abs. 1 BGB.

(4) Schriftform und weitere Voraussetzungen

Jede Kündigung des Betriebsführungsvertrags bedarf der Schriftform (§ 297 Abs. 3 AktG)[333]. § 6 Abs. 3 des Formulars hat also lediglich gesetzeswiederholenden Charakter. Die Schriftform kann durch die elektronische Form (§§ 126 Abs. 3, 126a BGB) ersetzt werden[334].

Für die (ordentliche und fristlose) Kündigung des Betriebsführungsvertrags durch den Eigentümer ist keine Zustimmung der Hauptversammlung des Eigentümers als verpflichteter Gesellschaft erforderlich[335]. Die ordentliche Kündigung des Eigentümers bedarf ferner nicht der Zustimmung außenstehender Aktionäre (§ 297 Abs. 2 AktG), sofern nicht freiwillig ein Ausgleich oder eine Abfindung zugesagt ist[336].

Gegebenenfalls ist allerdings für die (ordentliche und fristlose) Kündigung eine Zustimmung des Aufsichtsrats gemäß § 111 Abs. 4 Satz 2 AktG einzuholen. Das gilt sowohl für den Eigentümer als auch, wenn es sich bei dem Betriebsführer anders als im Formular vorgesehen um eine Aktiengesellschaft oder Kommanditgesellschaft auf Aktien handelt, für den Betriebsführer[337].

Für die (ordentliche und fristlose) Kündigung des Betriebsführungsvertrags durch den Betriebsführer bedarf es, sofern es sich bei diesem um eine Aktiengesellschaft oder Kommanditgesellschaft auf Aktien handelt, keiner Zustimmung seiner Hauptversammlung[338]. Auch bei der GmbH als Betriebsführer handelt es sich um eine Maßnahme der Geschäftsführung, die im Grundsatz nicht der Zustimmung der Gesellschafterversammlung bedarf[339]. Häufig besteht aber in der Satzung, in einer Geschäftsordnung oder in einem Geschäftsführeranstellungsvertrag ein Zustimmungsvorbehaltskatalog, nach dem auch die Beendigung von Unternehmensverträgen im Innenverhältnis der Zustimmung der Gesellschafterversammlung bedarf. Im Zweifel sollte wie beim Abschluss des Betriebsführungsvertrags die Zustimmung der Gesellschafterversammlung vorab eingeholt werden.

Nach h. M. bedarf die fristlose Kündigung aus wichtigem Grund bzw. ihre Erklärung keiner Begründung als Wirksamkeitsvoraussetzung[340]. Zu beachten ist dabei allerdings, dass bei ei-

---

[333] Bei der Beteiligung einer GmbH am Betriebsführungsvertrag (als Eigentümer oder Betriebsführer) gilt § 297 Abs. 3 AktG analog, statt aller: MHLS/Servatius, Syst. Darst. 4 Rn. 229, 234 (mit Rn. 390).

[334] MünchKommAktG/Altmeppen, § 297 Rn. 86; Emmerich/Habersack/Emmerich, § 297 Rn. 10.

[335] MünchKommAktG/Altmeppen, § 297 Rn. 5, 13; GroßkommAktG/Mülbert, § 297 Rn. 9; zur umstrittenen Rechtslage im GmbH-Recht bei einer GmbH als Eigentümer s. MHLS/Servatius, Syst. Darst. 4 Rn. 223 ff. (mit Rn. 390); MünchKommAktG/Altmeppen, § 297 Rn. 6.

[336] Vgl. MünchHdbAG/Krieger, § 73 Rn. 76; MünchKommAktG/Altmeppen, § 295 Rn. 29; § 296 Rn. 30; Emmerich/Habersack/Emmerich, § 297 Rn. 8.

[337] MünchKommAktG/Altmeppen, § 297 Rn. 11; Hüffer/Koch, § 297 Rn. 19; GroßkommAktG/Mülbert, § 297 Rn. 7; KölnerKommAktG/Koppensteiner, § 297 Rn. 12; Emmerich/Habersack/Emmerich, § 297 Rn. 7.

[338] MünchKommAktG/Altmeppen, § 297 Rn. 5.

[339] Abweichend: MHLS/Servatius, Syst. Darst. 4 Rn. 227 (mit Rn. 390), wonach vorab die Zustimmung der Gesellschafter gemäß § 37 Abs. 1 GmbHG wegen der Bedeutung für die Gesellschaft einzuholen sei.

[340] Emmerich/Habersack/Emmerich, § 297 Rn. 25; Spindler/Stilz/Veil, § 297 Rn. 30; auch: GroßkommAktG/Mülbert, § 297 Rn. 61; K. Schmidt/Lutter/Langenbucher, § 297 Rn. 25, die die Angabe des Grundes aber als zweckmäßig ansehen; abweichend: MünchKommAktG/Altmeppen, § 297 Rn. 88; KölnerKommAktG/Koppensteiner, § 297 Rn. 24.

nem Betriebsführungsvertrag subsidiär § 626 BGB gilt. Nach § 626 Abs. 2 Satz 3 BGB muss der Kündigende dem anderen Teil auf Verlangen den Kündigungsgrund unverzüglich schriftlich mitteilen.

Die fristlose Kündigung setzt bei Verletzung einer Vertragspflicht regelmäßig eine vorangehende Abhilfefrist bzw. Abmahnung voraus. Dabei mag offen bleiben, ob dieses Ergebnis aus einer entsprechenden Anwendung des § 314 Abs. 2 BGB (neben § 626 BGB) folgt[341] oder aus dem „ultima-ratio-Grundsatz" abgeleitet wird[342].

Die Erklärung der fristlosen Kündigung kann nur binnen der Ausschlussfrist von zwei Wochen gemäß § 626 Abs. 2 Sätze 1 und 2 BGB erfolgen.

ff) Aufhebungsvertrag

Durch Vereinbarung kann der Betriebsführungsvertrag aufgehoben werden. Nach § 296 Abs. 1 Satz 1 AktG kann der zwischen Aktiengesellschaften und Kommanditgesellschaften auf Aktien geschlossene Vertrag nur zum Ende des Geschäftsjahres (der verpflichteten Eigentümergesellschaft[343]) oder des sonst vertraglich bestimmten Abrechnungszeitraums aufgehoben werden. Eine rückwirkende Aufhebung ist nach § 296 Abs. 1 Satz 2 AktG unzulässig; das Rückwirkungsverbot gilt nicht nur für die Verträge des § 291 AktG, sondern auch für die Verträge nach § 292 AktG[344] und damit auch für den Betriebsführungsvertrag. Sieht der Aufhebungsvertrag einen nach § 296 Abs. 1 Satz 1 oder 2 AktG unzulässigen Zeitpunkt vor, ist der Aufhebungsvertrag nach § 134 BGB nichtig[345]. Ob das Verbot der unterjährigen und rückwirkenden Aufhebung für die Verträge des § 292 AktG auch gilt, wenn der Vertrag zwischen zwei GmbHs besteht, wird unterschiedlich beurteilt[346].

Für den Abschluss einer Aufhebungsvertrags ist keine Zustimmung der Hauptversammlung des Eigentümers als verpflichteter Gesellschaft erforderlich. Handelt es sich bei dem Betriebsführer um eine Aktiengesellschaft oder Kommanditgesellschaft auf Aktien, bedarf es auch keiner Zustimmung der Hauptversammlung des Betriebsführers als anderen Vertragsteil. Ggf. ist allerdings eine Zustimmung des Aufsichtsrats einer oder beider Gesellschaften gemäß § 111 Abs. 4 Satz 2 AktG einzuholen[347]. Die Aufhebung bedarf nicht der Zustimmung außen-

---

[341] Vgl. MünchKommBGB/Henssler, § 626 Rn. 44; von Hase, NJW 2002, 2278, 2281.

[342] Die aktienrechtliche Literatur geht ohne weiteres von einer Anwendbarkeit des § 314 Abs. 2 BGB aus (Emmerich/Habersack/Emmerich, § 297 Rn. 23; MünchKommAktG/Altmeppen, § 297 Rn. 22; Großkomm-AktG/Mülbert, § 297 Rn. 62).

[343] MünchKommAktG/Altmeppen, § 296 Rn. 21; Emmerich/Habersack/Emmerich, § 296 Rn. 13; Hüffer/Koch, § 296 Rn. 2; KölnerKommAktG/Koppensteiner, § 296 Rn. 12.

[344] MünchKommAktG/Altmeppen, § 296 Rn. 23; KölnerKommAktG/Koppensteiner, § 296 Rn. 15; Großkomm-AktG/Mülbert, § 296 Rn. 17; Emmerich/Habersack/Emmerich, § 296 Rn. 15; eine Einschränkung des Rückwirkungsverbots für die Verträge des § 292 AktG erwägt Spindler/Stilz/Veil, § 296 Rn. 6 für den Fall, dass dadurch nicht in bereits begründete Rechte der Gesellschaft oder Dritter eingegriffen wird.

[345] BGH NJW 2002, 822, 823; MünchKommAktG/Altmeppen, § 296 Rn. 25; Emmerich/Habersack/Emmerich, § 296 Rn. 16 jeweils auch zu der Frage, ob in diesem Fall eine modifizierte Aufrechterhaltung des Aufhebungsvertrags in Betracht kommt.

[346] Dagegen (Betriebspachtvertrag): OLG Zweibrücken GmbHR 2014, 251, 253; dafür: MHLS/Servatius, Syst. Darst. 4 Rn. 390.

[347] MünchKommAktG/Altmeppen, § 296 Rn. 3, 8, 18 f; Emmerich/Habersack/Emmerich, § 296 Rn. 9 f.; Hüffer/Koch, § 296 Rn. 5; zur Rechtslage im GmbH-Vertragskonzern s. MünchKommAktG/Altmeppen, § 296 Rn. 15 ff.; Emmerich/Habersack/Emmerich, § 296 Rn. 7 ff.; MHLS/Servatius, Syst. Darst. 4 Rn. 200 ff. (mit Rn. 390).

stehender Aktionäre des Eigentümers (§ 296 Abs. 2 AktG), sofern nicht freiwillig ein Ausgleich oder eine Abfindung zugesagt ist[348].

Die Aufhebung des Betriebsführungsvertrags bedarf der Schriftform (§ 296 Abs. 1 Satz 3 AktG)[349]. Die Schriftform kann durch die elektronische Form (§§ 126 Abs. 3, 126a BGB) ersetzt werden[350].

gg) Insolvenz

(1) Insolvenz des Eigentümers

Die entgeltliche Betriebsführung ist als Geschäftsbesorgungsvertrag i. S. d. § 675 BGB, die unentgeltliche als Auftrag i. S. d. § 662 BGB zu qualifizieren[351]. Wird über das Vermögen des Eigentümers ein Insolvenzverfahren eröffnet, finden dementsprechend – da sich der Betriebsführungsvertrag auf das zur Insolvenzmasse gehörende Vermögen bezieht – die §§ 115, 116 InsO Anwendung[352]. Nach ganz h. M. erlischt der Betriebsführungsvertrag durch die Eröffnung des Insolvenzverfahrens gemäß §§ 115 Abs. 1, 116 Satz 1 InsO ex nunc[353]. Das Erlöschen des Betriebsführungsvertrags erfolgt kraft Gesetzes, einer Erklärung des Insolvenzverwalters bedarf es daher nicht[354]. Auch eine dem Betriebsführer erteilte Vollmacht erlischt durch die Eröffnung des Insolvenzverfahrens (§ 117 Abs. 1 InsO).

Will der Insolvenzverwalter den Betrieb durch den Betriebsführer fortführen lassen, muss der Insolvenzverwalter mit dem Betriebsführer erneut einen Betriebsführungsvertrag schließen. Die Fortsetzung des Betriebsführungsvertrags durch ein Erfüllungsverlangen des Insolvenzverwalters kommt nicht in Betracht, da § 103 Abs. 1 InsO nach ganz h. M. keine Anwendung findet; die §§ 115, 116 InsO verdrängen das Wahlrecht des Insolvenzverwalters nach § 103 InsO[355]. Soll der Betriebsführer im Rahmen einer Betriebsfortführung mit Wirkung für und gegen den Eigentümer als Träger der Insolvenzmasse handeln können, muss der Insolvenzverwalter dem Betriebsführer Vollmacht erteilen. Rechtliche Bedenken gegen eine solche Vollmachtserteilung bestehen grundsätzlich nicht[356].

(2) Insolvenz des Betriebsführers

Wird über das Vermögen des Betriebsführers das Insolvenzverfahren eröffnet, finden die §§ 115, 116 InsO entsprechend ihrem Wortlaut und Regelungszweck keine Anwendung. Die Insolvenz des Betriebsführers führt nicht zum Erlöschen des Betriebsführungsvertrags. Das

---

[348] Vgl. MünchHdbAG/Krieger, § 73 Rn. 76; MünchKommAktG/Altmeppen, § 295 Rn. 29; § 296 Rn. 30; GroßkommmAktG/Mülbert, § 296 Rn. 23.

[349] Im GmbH-Vertragskonzern findet § 296 Abs. 1 Satz 3 AktG entsprechend Anwendung, s. MHLS/Servatius, Syst. Darst. 4 Rn. 202 (mit Rn. 390).

[350] MünchKommAktG/Altmeppen, § 296 Rn. 27; K. Schmidt/Lutter/Langenbucher, § 296 Rn. 6; GroßkommAktG/Mülbert, § 296 Rn. 22; Emmerich/Habersack/Emmerich, § 296 Rn. 11.

[351] S. bereits unter A.II.1.a).

[352] Berthold, S. 267.

[353] Zum Betriebsführungsvertrag: Berthold, S. 267; allgemein zu Geschäftsbesorgungsverträgen auch: BGH ZInsO 2006, 1055; Kübler/Prütting/Bork/Tintelnot, §§ 115, 116 Rn. 9; abweichend: Marotzke FS Henckel, 1995, S. 579 ff.

[354] Uhlenbruck/Sinz, §§ 115, 116 Rn. 8; Gottwald/Huber, § 36 Rn. 47.

[355] BGH NZI 2006, 637, 638; OLG Koblenz WM 1988, 1355, 1357; Uhlenbruck/Sinz, §§ 115, 116 Rn. 10; Kübler/Prütting/Bork/Tintelnot, §§ 115, 116 Rn. 10; abweichend: HK/Marotzke, § 115 Rn. 6 ff.

[356] Eingehend dazu: Köhn, S. 141 ff.

weitere Schicksal von Aufträgen und Geschäftsbesorgungsverträgen bestimmt sich vielmehr nach den allgemeinen Regeln[357].

Bei einer unentgeltlichen Betriebsführung kann der Eigentümer als Auftraggeber den Auftrag jederzeit widerrufen und der Betriebsführer (persönlich, nicht der Insolvenzverwalter) als Beauftragter ihn jederzeit kündigen (§ 671 Abs. 1 BGB)[358]. Ein Eintritt des Insolvenzverwalters kommt nicht in Betracht, da der unentgeltliche Auftrag keinen Vermögenswert verkörpert, den der Verwalter zur Insolvenzmasse ziehen kann[359].

Bei einem entgeltlichen Betriebsführungsvertrag kann der Eigentümer den Vertrag nach Maßgabe der vertraglichen Vereinbarungen oder der gesetzlichen Bestimmungen ordentlich kündigen (sofern keine Festlaufzeit vereinbart ist). Im Übrigen wird die Insolvenz des Betriebsführers dem Eigentümer regelmäßig einen wichtigen Grund zur Kündigung des Betriebsführungsvertrags geben[360]. Die Insolvenz als solche stellt jedoch keinen wichtigen Grund dar und kann nach h. M. auch nicht vertraglich als wichtiger Grund vereinbart werden, weil durch diese Vereinbarung das Wahlrecht des Insolvenzverwalters nach § 103 InsO im Voraus ausgeschlossen werden würde[361].

Macht der Eigentümer von seinem Kündigungsrecht keinen Gebrauch (besteht der Betriebsführungsvertrag also fort) liegt ein beiderseitig noch nicht vollständig erfüllter Vertrag vor. Zweifelhaft ist, ob auf diesen Vertrag § 103 InsO Anwendung findet. Dieses wird teilweise verneint[362] und teilweise davon abhängig gemacht, ob die Tätigkeit des Geschäftsbesorgers im Einzelfall als höchstpersönlich aufzufassen und deshalb die Verwaltungskompetenz des Insolvenzverwalters zu verneinen ist[363]. Die letztgenannte Auffassung verdient den Vorzug, da die §§ 115, 116 InsO nur innerhalb ihres Anwendungsbereichs den § 103 InsO verdrängen. Bei einer Insolvenz des Geschäftsbesorgers sind die §§ 115, 116 InsO unanwendbar. Da die Betriebsführungstätigkeit nicht als höchstpersönlich anzusehen ist (sondern auch vom Verwalter ausgeübt werden kann), unterliegt der Betriebsführungsvertrag dem Wahlrecht des Verwalters.

hh) Umwandlung und Eingliederung

Eine formwechselnde Umwandlung einer der Vertragsparteien gemäß § 190 UmwG hat keinen Einfluss auf den Betriebsführungsvertrag, da sich an einem Betriebsführungsvertrag auf beiden Seiten Unternehmen jeder Rechtsform beteiligen können. Erforderlichenfalls ist der Betriebsführungsvertrag infolge der neuen Situation durch Auslegung anzupassen[364]. Demge-

---

[357] Zum Betriebsführungsvertrag: Berthold, S. 267 f.; allgemein auch: GroßkommInsO/Jacoby, §§ 115 f. Rn. 85, 86, 88.

[358] Vgl. GroßkommInsO/Jacoby, §§ 115 f. Rn. 86; Kübler/Prütting/Bork/Tintelnot, §§ 115, 116 Rn. 4e; Uhlenbruck/Sinz, §§ 115, 116 Rn. 5.

[359] Vgl. GroßkommInsO/Jacoby, §§ 115 f. Rn. 86.

[360] Vgl. GroßkommInsO/Jacoby, §§ 115 f. Rn. 88; Kübler/Prütting/Bork/Tintelnot, §§ 115, 116 Rn. 4e; s. auch: Berthold, S. 267 f.

[361] Statt aller: BGH NJW 2013, 1159, 1160 f. (für Verträge über die fortlaufende Lieferung von Waren oder Energie); OLG Düsseldorf ZInsO 2007, 152, 154; Kübler/Prütting/Bork/Tintelnot, § 119 Rn. 15 ff.; Raeschke-Kessler/Christopeit, WM 2013, 1592, 1596; abweichend: OLG München ZInsO 2006, 1060, 1062; eingehend zur Bewertung insolvenzabhängiger Lösungsklauseln: Gottwald/Huber, § 35 Rn. 13 ff.

[362] Berthold, S. 267.

[363] GroßkommInsO/Jacoby, §§ 115 f. Rn. 89.

[364] Vgl. OLG Düsseldorf AG 2004, 324, 327; Emmerich/Habersack/Emmerich, § 297 Rn. 45 f.; MünchKomm-AktG/Altmeppen, § 297 Rn. 137; Spindler/Stilz/Veil, § 297 Rn. 48; GroßkommAktG/Mülbert, § 297 Rn. 128 f.

genüber führt die Verschmelzung der Vertragsparteien nach § 2 UmwG zum Erlöschen des Betriebsführungsvertrags durch Konfusion[365]. Im Übrigen ist nach den Vertragsparteien des Betriebsführungsvertrags zu differenzieren:

Bei Umwandlungsmaßnahmen zwischen dem Eigentümer und einem Dritten kommt es darauf an, ob der Eigentümer als Rechtsträger untergeht oder erhalten bleibt. Bleibt der Eigentümer als Rechtsträger erhalten, hat die Umwandlung nach h. M. keinen Einfluss auf den Betriebsführungsvertrag[366]. Geht der Eigentümer infolge der Umwandlung unter, wird der auf das ganze bisherige Unternehmen des Eigentümers bezogene Betriebsführungsvertrag zum betriebsbezogenen Teilbetriebsführungsvertrag des neuen Rechtsträgers[367]. Bei einer Aufspaltung (§ 123 Abs. 1 UmwG) des Eigentümers ist eine Spaltung des Betriebsführungsvertrags auf mehrere übernehmende Rechtsträger denkbar[368].

Die Umwandlung des Betriebsführers beendet den Betriebsführungsvertrag nach h. M. grundsätzlich nicht. Geht der Betriebsführer infolge der Umwandlungsmaßnahme unter, tritt hinsichtlich des übernehmenden Rechtsträgers Gesamtrechtsnachfolge ein[369]. Problematisch ist die Behandlung der Aufspaltung (§ 123 Abs. 1 UmwG) des Betriebsführers auf mehrere übernehmende Rechtsträger, weil in diesem Fall die Frage zu beantworten ist, ob der Betriebsführungsvertrag mehreren übernehmenden Rechtsträgern zugeordnet werden kann[370].

Die Eingliederung hat sowohl auf Seiten des Eigentümers als auch auf Seiten des Betriebsführers keinen Einfluss auf den Bestand des Betriebsführungsvertrags[371].

b) Handelsregistereintragung

Endet der Betriebsführungsvertrag gleich aus welchem der vorstehenden genannten Gründe ist der Vorstand entsprechend § 298 AktG verpflichtet, die Beendigung, den Grund und den Zeitpunkt der Beendigung unverzüglich zur Eintragung in das Handelsregister anzumelden.

Die Anmeldepflicht entsteht erst mit dem Beendigungszeitpunkt, nicht bereits mit der Vornahme des zur Beendigung führenden Rechtsgeschäfts[372]. Zwar kann die Anmeldung bereits vor dem Beendigungszeitpunkt erfolgen, allerdings ist das Registergericht erst ab dem Beendigungszeitpunkt zur Eintragung verpflichtet[373].

---

[365] Vgl. MünchKommAktG/Altmeppen, § 297 Rn. 130; Emmerich/Habersack/Emmerich, § 297 Rn. 38; Spindler/Stilz/Veil, § 297 Rn. 41; GroßkommAktG/Mülbert, § 297 Rn. 112, 115.

[366] Vgl. MünchHdbAG/Krieger, § 71 Rn. 211; Spindler/Stilz/Veil, § 297 Rn. 45; MünchKommAktG/Altmeppen, § 297 Rn. 133.

[367] Vgl. MünchKommAktG/Altmeppen, § 297 Rn. 132; Emmerich/Habersack/Emmerich, § 297 Rn. 40; Spindler/Stilz/Veil, § 297 Rn. 44; MünchHdbAG/Krieger, § 73 Rn. 80; GroßkommAktG/Mülbert, § 297 Rn. 117.

[368] Vgl. MünchKommAktG/Altmeppen, § 297 Rn. 136; Heidenhain, NJW 1995, 2873, 2877.

[369] Vgl. LG Bonn GmbHR 1996, 774, 774 f.; MünchKommAktG/Altmeppen, § 297 Rn. 125; GroßkommAktG/Mülbert, § 297 Rn. 113.

[370] Vgl. dazu statt aller: Spindler/Stilz/Veil, § 297 Rn. 43; MünchKommAktG/Altmeppen, § 297 Rn. 127 ff. m. w. N.

[371] MünchKommAktG/Altmeppen, § 297 Rn. 140, 142; KölnerKommAktG/Koppensteiner, § 297 Rn. 41; Spindler/Stilz/Veil, § 297 Rn. 51; GroßkommAktG/Mülbert, § 297 Rn. 107 ff.

[372] Vgl. MünchKommAktG/Altmeppen, § 298 Rn. 10; Emmerich/Habersack/Emmerich, § 298 Rn. 4, 6; Hüffer/Koch, § 298 Rn. 2; KölnerKommAktG/Koppensteiner, § 298 Rn. 4.

[373] BayObLG NJW-RR 2003, 907, 908; GroßkommAktG/Mülbert, § 298 Rn. 8; MünchKommAktG/Altmeppen, § 298 Rn. 10; KölnerKommAktG/Koppensteiner, § 298 Rn. 4.

Im Gegensatz zur Eintragung des Bestehens des Betriebsführungsvertrags in das Handelsregister (§ 294 AktG) hat die Eintragung seiner Beendigung lediglich deklaratorischen Charakter[374].

§ 7 Wirksamkeit

Inhalt

1. Zustimmung der Hauptversammlung
2. Handelsregistereintragung

3. Übernahme der Betriebsführung

1. Zustimmung der Hauptversammlung

Sofern der Betriebsführungsvertrag als Unternehmensvertrag i. S. d. § 292 Abs. 1 Nr. 3 AktG zu qualifizieren ist, bedarf er zu seiner Wirksamkeit der Zustimmung der Hauptversammlung des Eigentümers entsprechend § 293 Abs. 1 Satz 1 AktG[375]. § 7 Abs. 1 Satz 1 des Formulars beschränkt sich nicht auf eine klarstellende Wiedergabe der Rechtslage, sondern stellt die Wirksamkeit des Betriebsführungsvertrags unter die aufschiebende Bedingung der Zustimmung der Hauptversammlung des Eigentümers. Eine solche aufschiebende Bedingung unterliegt keinen rechtlichen Bedenken. Zwar muss durch die Einsichtnahme in das Handelsregister jederzeit feststellbar sein, ob ein Unternehmensvertrag besteht oder nicht[376]. Dem steht jedoch nach allgemeiner Meinung die Vereinbarung einer aufschiebenden Bedingung nicht entgegen, wenn die Bedingung im Zeitpunkt der Eintragung bereits eingetreten ist[377]. Dies trifft auf die Zustimmung der Hauptversammlung zu, sofern die Anmeldung zur Eintragung in dass Handelsregister des Eigentümers nach der erteilten Zustimmung der Hauptversammlung erfolgt.

Betriebsführungsverträge können bei einer entsprechenden Ausgestaltung Mittel des Kontrollerwerbs i. S. d. § 37 Abs. 1 Nr. 2 Satz 2 Buchst. b GWB sein[378]. Die Vereinbarung einer aufschiebenden Bedingung bietet sich daher an, wenn ungewiss ist, ob dem Vertragsschluss kartellrechtliche Hindernisse bestehen bzw. die Möglichkeit besteht, dass der Vertragsschluss kartellrechtlich untersagt wird[379].

---

[374] OLG Düsseldorf AG 1997, 578; MünchKommAktG/Altmeppen, § 298 Rn. 2; Hüffer/Koch, § 298 Rn. 5; Emmerich/Habersack/Emmerich, § 298 Rn. 1; Spindler/Stilz/Veil, § 298 Rn. 1; GroßkommAktG/Mülbert, § 296 Rn. 34; § 297 Rn. 17; zur Rechtslage im GmbH-Recht: MünchKommAktG/Altmeppen, § 298 Rn. 3.

[375] S. bereits A.V.1.a).

[376] BGH NJW 1993, 1976, 1978; KölnerKommAktG/Koppensteiner, § 293 Rn. 19; GroßkommAktG/Mülbert, § 294 Rn. 36; MünchKommAktG/Altmeppen, § 293 Rn. 26.

[377] KölnerKommAktG/Koppensteiner, § 293 Rn. 19; Emmerich/Habersack/Emmerich, § 293 Rn. 18; MünchKommAktG/Altmeppen, § 293 Rn. 26; Spindler/Stilz/Veil, § 293 Rn. 8; Windbichler, Unternehmensverträge, S. 57; s. ferner zu den inhaltlichen Anforderungen einer aufschiebenden Bedingung: MünchHdbAG/Krieger, § 71 Rn. 16; GroßkommAktG/Mülbert, § 393 Rn. 15, wonach die Bedingung inhaltlich klar bestimmt sein muss und innerhalb eines überschaubaren Zeitraums feststehen muss, ob die Bedingung eingetreten oder ausgefallen ist.

[378] S. Immenga/Mestmäcker/Mestmäcker/Veelken, § 37 Rn. 38; FrankKommGWB/Paschke, § 37 GWB 2005 Rn. 36, 42; Bechtold/Bosch, § 37 Rn. 18.

[379] MünchKommAktG/Altmeppen, § 293 Rn. 26; Emmerich/Habersack/Emmerich, § 293 Rn. 18; GroßkommAktG/Mülbert, § 293 Rn. 15.

2. Handelsregistereintragung

Der Betriebsführungsvertrag wird erst mit seiner Eintragung in das Handelsregister des Eigentümers wirksam (§ 294 Abs. 2 AktG). § 7 Abs. 1 Satz 2 des Formulars beschränkt sich auf eine klarstellende Wiedergabe der Rechtslage. Wird ein wegen Mängeln des Vertrags oder Mängeln der erforderlichen Zustimmung des Eigentümers fehlerhafter Betriebsführungsvertrag in das Handelsregister des Eigentümers eingetragen, ist der Betriebsführungsvertrag nach h. M. aufgrund seines Austauschcharakters nicht für die Vergangenheit nach den Grundsätzen über die fehlerhafte Gesellschaft als wirksam anzusehen, sondern rückabzuwickeln[380].

3. Übernahme der Betriebsführung

Die Übernahme der Betriebsführung erfolgt nach § 7 Abs. 2 des Formulars vorbehaltlich der Zustimmung der Hauptversammlung aber ungeachtet der Handelsregistereintragung zu dem in § 6 Satz 1 des Formulars genannten Zeitpunkt des Vertragsbeginns[381].

---

[380] MünchHdbAG/Krieger, § 73 Rn. 71; KölnerKommAktG/Koppensteiner, § 297 Rn. 59.
[381] Zu den Folgen bei einer Verzögerung der Handelsregisteranmeldung s. B.I.1.b) Vertragseingang Anm. 4.b).

2. Einladung zur außerordentlichen Hauptversammlung

a) Formulartext

... AG, ...

WKN: ...
ISIN: ...

Einladung zur außerordentlichen Hauptversammlung

Wir laden Sie als Aktionäre unserer Gesellschaft zu der am

..., den ... um ... Uhr

im ..., ...

stattfindenden außerordentlichen Hauptversammlung ein. Einlass ist ab ... Uhr.

Tagesordnung

(...) ggf. weitere Tagesordnungspunkte

... Beschlussfassung über die Zustimmung zu dem Abschluss eines Betriebsführungsvertrags über die Führung des Betriebs der ... AG mit Sitz in ... durch die ... GmbH mit Sitz in ...

Die ... AG und die ... GmbH haben am ... einen Betriebsführungsvertrag abgeschlossen.

Der Betriebsführungsvertrag ist nach überwiegender Rechtsansicht wie ein Unternehmensvertrag i. S. d. § 293 Abs. 1 Nr. 3 AktG zu behandeln. Er bedarf dementsprechend zu seiner Wirksamkeit der Zustimmung der Hauptversammlung der ... AG.

Vorstand und Aufsichtsrat schlagen vor, dem Abschluss des Betriebsführungsvertrags zwischen der ... AG und der ... GmbH vom ... die Zustimmung zu erteilen.

Der Betriebsführungsvertrag hat folgenden wesentlichen Inhalt:

➢ Die ... GmbH wird mit der Führung des gesamten Betriebs der ... AG beauftragt. Die Betriebsführung umfasst sämtliche Handlungen, die der gewöhnliche Betrieb des Handelsgewerbes der ... AG mit sich bringt sowie die Vorbereitung und Umsetzung von darüber hinausgehenden Handlungen, über deren Vornahme der Vorstand der ... AG entscheidet.

➢ Bei der Betriebsführung hat die ... GmbH die Interessen der ... AG wahrzuehmen. Sie führt den Betrieb der ... AG im Namen und für Rechnung der ... AG. Die ... GmbH erhält eine zur Vertretung des Vorstands der ... AG berechtigende Generalhandlungsvollmacht.

➢ Die an die ... GmbH zu zahlende Vergütung beträgt pro Kalenderjahr ... € zuzüglich Umsatzsteuer und ist in vier gleichen Raten zum 01. eines jeden Quartals zahlbar. Daneben hat die ... GmbH Anspruch auf Ersatz der erforderlichen Aufwendungen, die ihr durch die Betriebsführung entstehen. Die Bezüge der Geschäftsführer der ... GmbH sowie die Aufwendungen für Personal und materielle Betriebsmittel – das bzw. die von der ... GmbH zu stellen sind – sind mit der Vergütung abgegolten.

➢ Der Betriebsführungsvertrag beginnt am 01. Januar ... und wird für die Dauer von ... Jahren geschlossen. Danach verlängert er sich um jeweils ... Jahre, falls er nicht spätestens mit einer Frist von ... Monaten vor seinem Ablauf schriftlich gekündigt wird. Das Recht zur fristlosen Kündigung bleibt unberührt.

➢ Der Vertrag bedarf zu seiner Wirksamkeit der Zustimmung der Hauptversammlung der ... AG. Er wird mit der Eintragung in das Handelsregister des Sitzes der ... AG wirksam. Die ... GmbH übernimmt die Betriebsführung vorbehaltlich der Zustimmung der Hauptversammlung aber ungeachtet der Handelsregistereintragung zum 01. Januar ...

Vom Zeitpunkt der Einberufung der Hauptversammlung an liegen in den Geschäftsräumen der ... AG, ... in ..., folgende Unterlagen zur Einsicht der Aktionäre aus:

1. Betriebsführungsvertrag zwischen der ... AG und der ... GmbH vom ...;

2. Jahresabschlüsse und Lageberichte der ... AG für die Geschäftsjahre ..., ... und ...;

3. Jahresabschlüsse und Lageberichte der ... GmbH für die Geschäftsjahre ..., ... und ...;

4. Bericht des Vorstandes der ... AG über den Betriebsführungsvertrag vom ...;

5. Prüfungsbericht des Vertragsprüfers, der ... Wirtschaftsprüfungsgesellschaft, ..., ..., über den Betriebsführungsvertrag vom ...;

Die vorgenannten Unterlagen können von der Einberufung an im Internet unter der Internetseite der Gesellschaft https://www....de abgerufen werden.

Auf Wunsch wird jedem Aktionär der Gesellschaft unverzüglich und kostenlos eine Abschrift der vorgenannten Unterlagen erteilt. Die Unterlagen werden auch in der Hauptversammlung ausliegen.

Weitere zwingende allgemeine Angaben zur Einberufung gemäß § 121 Abs. 3 Satz 3 AktG (Teilnahmevoraussetzungen, Ausübung des Stimmrechts, ggf. Nachweisstichtag nach § 123 Abs. 4 Satz 2 AktG und dessen Bedeutung, Verfahren für die Stimmabgabe, Rechte der Aktionäre nach §§ 122 Abs. 2, 126 Abs. 1, § 127, § 131 Abs. 1 AktG und Internetseite für die Informationen gemäß § 124a AktG) und § 30b Abs. 1 Satz 1 Nr. 1 WpHG (Gesamtzahl der Aktien und Stimmrechte)

..., den ...

... AG

Der Vorstand

b) Formularkommentare

1. Allgemeine Einberufungsanforderungen

Die Zustimmung gemäß § 293 Abs. 1 Satz 1 AktG erfolgt im Wege der Beschlussfassung (§§ 119 Abs. 1, 293 Abs. 1 Satz 2 AktG). Der Beschluss wird in der Hauptversammlung gefasst (§ 118 Abs. 1 AktG). Daher bedarf es der Einberufung der Hauptversammlung, sofern die Einberufung nicht nach § 121 Abs. 6 AktG (Vollversammlung) entbehrlich ist. Die Einberufung erfolgt nach den allgemeinen Regeln (§§ 121 ff. AktG).

a) Einberufungsberechtigter

Einberufungsberechtigt (und -verpflichtet) ist gemäß § 121 Abs. 2 Satz 1 HS 1 AktG primär der Vorstand. Besteht der Vorstand anders als nach dem Formular unterstellt aus mehreren Personen, beschießt der Vorstand gemäß § 121 Abs. 2 Satz 1 HS 2 AktG (abweichend vom Gesamtprinzip des § 77 Abs. 1 Satz 1 AktG) über die Einberufung mit einfacher Mehrheit.

b) Einberufungsinhalt

Der Einberufungsinhalt wird durch § 121 Abs. 3 AktG vorgegeben[382].

Gemäß § 121 Abs. 3 Satz 1 AktG muss die Einberufung die Firma, den Sitz der Gesellschaft sowie Zeit und Ort der Hauptversammlung enthalten.

Firma meint den Geschäftsnamen der Aktiengesellschaft, welcher gemäß § 4 AktG die Bezeichnung „Aktiengesellschaft" oder eine allgemein verständliche Abkürzung dieser Bezeichnung enthalten muss. Sitz der Gesellschaft ist gemäß § 5 AktG der Ort im Inland, den die Satzung bestimmt. Bei börsennotierten Aktiengesellschaften nach § 3 Abs. 2 AktG und bei Aktiengesellschaften, die im Freiverkehr notiert sind, ist eine Angabe der Wertpapierkennnummer (WKN) und die sie ersetzende europaweite International Security Number (ISIN) nicht erforderlich, aber in der Praxis üblich. Daher werden beide Nummern im Formular angegeben.

Unter Zeit der Hauptversammlung sind der Tag und die Uhrzeit des Beginns der Hauptversammlung zu verstehen. Die voraussichtliche Dauer der Hauptversammlung ist nicht anzugeben[383]. Zu der Zeit der Hauptversammlung enthält das Gesetz keine ausdrückliche Regelung.

---

[382] Zu den Rechtsfolgen bei Verstößen gegen § 121 Abs. 3 AktG s. statt aller: MünchKommAktG/Kubis, § 121 Rn. 42; Hüffer/Koch, § 121 Rn. 11.

[383] OLG Koblenz ZIP 2001, 1093; Hüffer/Koch, § 121 Rn. 9; KölnerKommAktG/Noack/Zetzsche, § 121 Rn. 70.

Nach allgemeiner Meinung entscheidet darüber – sofern die Satzung darüber keine Vorgaben enthält – der Einberufende unter Berücksichtigung des Zumutbaren und der Verkehrssitte[384]. Danach darf die Hauptversammlung grundsätzlich nicht auf einen Sonn- oder bundesweiten Feiertag gelegt werden[385]. Beginn und Ende der Hauptversammlung müssen ebenfalls zumutbar sein. Als Richtschnur gilt, dass die Hauptversammlung nicht vor 8:00 Uhr morgens beginnen und nach 0:00 Uhr enden darf[386].

Wenn die Satzung nichts anderes bestimmt, soll die Hauptversammlung am Sitz der Gesellschaft (§ 5 AktG) stattfinden (§ 121 Abs. 5 Satz 1 AktG). Sind die Aktien der Gesellschaft an einer deutschen Börse zum Handel im regulierten Markt zugelassen (wie nach dem Formular unterstellt), so kann gemäß § 121 Abs. 5 Satz 2 AktG, wenn die Satzung nichts anderes bestimmt, die Hauptversammlung auch am Sitz der Börse stattfinden.

Gemäß § 121 Abs. 3 Satz 2 AktG ist zudem die Tagesordnung anzugeben. Über Gegenstände der Tagesordnung, die nicht ordnungsgemäß bekanntgemacht sind, dürfen keine Beschlüsse gefasst werden (§ 124 Abs. 4 Satz 1 AktG)[387]. Über den Inhalt der Tagesordnung entscheidet grundsätzlich allein der Vorstand (Ausnahme: Minderheitsverlangen, § 122 Abs. 2 AktG). Da der Betriebsführungsvertrag gesetzlich nicht geregelt ist, ist es empfehlenswert, wenn auch nicht rechtlich erforderlich, im Rahmen des Tagesordnungspunktes über die Zustimmung zum Abschluss des Betriebsführungsvertrags darauf hinzuweisen, dass dieser nach überwiegender Rechtsauffassung wie ein Unternehmensvertrag nach § 292 Abs. 1 Nr. 3 AktG behandelt wird und dementsprechend der Zustimmung der Hauptversammlung bedarf.

Über die vorgenannten Basisangaben hinaus, deren Angabe bei jeder Aktiengesellschaft erforderlich ist, sind bei börsennotierten Aktiengesellschaften die in § 121 Abs. 3 Satz 3 Nr. 1 - 4 AktG genannten Angaben in die Einberufung aufzunehmen (das Formular beschränkt sich auf einen Hinweis auf diese Angaben):

Gemäß § 121 Abs. 3 Satz 3 Nr. 1 AktG sind die Voraussetzungen für die Teilnahme an der Versammlung und die Ausübung des Stimmrechts bekannt zu machen, also die Bestimmungen der Satzung zur Anmeldung (§ 123 Abs. 2 AktG) und zur Legitimation der Aktionäre (§ 123 Abs. 3 AktG). Sieht die Satzung einen Nachweisstichtag (record date) i. S. d. § 123 Abs. 4 Satz 2 - 5 AktG vor, so ist auch dieser und dessen Bedeutung gemäß § 121 Abs. 3 Satz 3 Nr. 1 AktG bekannt zu machen.

Bekannt zu machen ist nach § 121 Abs. 3 Satz 3 Nr. 2 AktG ferner das Verfahren für die Stimmabgabe und zwar zum einen durch einen Bevollmächtigten unter Hinweis auf die Formulare, die für die Erteilung einer Stimmrechtsvollmacht zu verwenden sind, und auf die Art und Weise, wie der Gesellschaft ein Nachweis über die Bestellung eines Bevollmächtigten elektronisch übermittelt werden kann (§ 121 Abs. 3 Satz 3 Nr. 2 Buchst. a) AktG) sowie zum anderen durch Briefwahl oder im Wege der elektronischen Kommunikation gemäß § 118 Abs. 1 Satz 2 AktG, soweit die Satzung eine entsprechende Form der Stimmrechtsausübung vorsieht (§ 121 Abs. 3 Satz 3 Nr. 2 Buchst. b) AktG).

---

[384] Hüffer/Koch, § 121 Rn. 17; KölnerKommAktG/Noack/Zetzsche, § 121 Rn. 69, 70; Spindler/Stilz/Rieckers, § 121 Rn. 79.

[385] Hüffer/Koch, § 121 Rn. 17; KölnerKommAktG/Noack/Zetzsche; § 121 Rn. 67; MünchKommAktG/Kubis, § 121 Rn. 36.

[386] Hüffer/Koch, § 121 Rn. 17; KölnerKommAktG/Noack/Zetzsche, § 121 Rn. 70; grds. ebenso: MünchKommAktG/Kubis, § 121 Rn. 36, nach dem die Publikums-Hauptversammlung nicht vor 10:00 Uhr beginnen darf.

[387] Zu den Rechtsfolgen bei Bekanntmachungsfehlern s. statt aller: Hüffer/Koch, § 124 Rn. 27; MünchKommAktG/Kubis, § 124 Rn. 52 ff. m. w. N.

Anzugeben sind zudem gemäß § 121 Abs. 3 Satz 3 Nr. 3 HS 1 AktG die Rechte der Aktionäre nach § 122 Abs. 2 AktG (Ergänzungsanträge), § 126 Abs. 1 AktG (Gegenanträge), § 127 AktG (Wahlvorschläge) und § 131 Abs. 1 AktG (Auskunftsrecht). Gemäß § 121 Abs. 3 Satz 3 Nr. 3 HS 2 AktG können sich die Angaben auf die Fristen für die Ausübung der Rechte beschränken, wenn in der Einberufung im Übrigen auf weitergehende Erläuterungen auf der Internetseite der Gesellschaft hingewiesen wird.

Ferner ist gemäß § 121 Abs. 3 Satz 3 Nr. 4 AktG die Internetseite der Gesellschaft, über die die Informationen nach § 124a AktG zugänglich sind, bekannt zu machen.

In der Einberufung sind bei börsennotierten Aktiengesellschaften schließlich die Gesamtanzahl der Aktien und Stimmrechte anzugeben (§§ 124a Satz 1 Nr. 4 AktG, 30b Abs. 1 Satz 1 Nr. 1 WpHG).

c) Bekanntmachung

Die Einberufung ist gemäß § 121 Abs. 4 Satz 1 AktG in den Gesellschaftsblättern bekannt zu machen. Im Rahmen der Aktienrechtsnovelle 2016 ist § 25 Satz 2 AktG a. F. gestrichen worden, so dass der Bundesanzeiger das einzige Gesellschaftsblatt ist, in dem nach § 25 AktG eine Bekanntmachung der Gesellschaft zu erfolgen hat.

Sind die Aktionäre der Gesellschaft namentlich bekannt, so kann gemäß § 121 Abs. 4 Satz 2 HS 1 AktG (anstelle der Bekanntgabe in den Gesellschaftsblättern) die Hauptversammlung mit eingeschriebenen Brief einberufen werden, wenn die Satzung nicht anderes bestimmt; der Tag der Absendung gilt als Tag der Bekanntmachung (§ 121 Abs. 4 Satz 2 HS 2 AktG). Kennt der Einberufende alle Aktionäre, steht selbst eine Börsenzulassung der Einberufung nach § 121 Abs. 4 Satz 2 AktG nicht entgegen[388].

Das Formular unterstellt, dass die Eigentümerin börsennotiert ist (§ 3 Abs. 2 AktG), nur Inhaberaktien ausgegeben hat (§ 10 Abs. 1 Satz 2 Nr. 1 AktG) und dem Vorstand nicht alle Aktionäre namentlich bekannt sind. Daher findet § 121 Abs. 4a AktG Anwendung. Danach ist die Einberufung (zusätzlich zu der Bekanntmachung in den Gesellschaftsblättern) spätestens zum Zeitpunkt der Bekanntmachung solchen Medien zur Veröffentlichung zuzuleiten, bei denen davon ausgegangen werden kann, dass sie die Information in der gesamten Europäischen Union verbreiten. Solche Medien können, müssen aber nicht in Papierform erscheinen; auch elektronische Informationsquellen genügen. Hinreichende Verbreitung ist gegeben, wenn der Medienbetreiber ein hinreichendes Angebot unterhält, also eine EU-weite Publikation verspricht[389].

Bei börsennotierten Gesellschaften müssen nach § 124a Satz 1 AktG alsbald nach der Einberufung der Hauptversammlung über die Internetseite der Gesellschaft die in § 124a Satz 1 Nr. 1 bis 5 AktG genannten Gegenstände zugänglich sein.

Ferner sind die Mitteilungspflichten nach § 125 AktG zu beachten.

---

[388] Hüffer/Koch, § 121 Rn. 11b; Spindler/Stilz/Rieckers, § 121 Rn. 52; MünchKommAktG/Kubis, § 121 Rn. 77 m. w. N.
[389] Hüffer/Koch, § 121 Rn. 11i; MünchKommAktG/Kubis, § 121 Rn. 84.

d) Vorschläge zur Beschlussfassung

Gemäß § 124 Abs. 3 Satz 1 AktG haben der Vorstand und der Aufsichtsrat zu jedem Gegenstand der Tagesordnung, über den die Hauptversammlung beschließen soll, in der Bekanntmachung grundsätzlich (Ausnahmen: § 124 Abs. 3 Satz 3 AktG) Vorschläge zur Beschlussfassung zu machen. Über Gegenstände der Tagesordnung, die nicht ordnungsgemäß bekanntgemacht sind, dürfen gemäß § 124 Abs. 4 Satz 1 AktG grundsätzlich (Ausnahmen: § 124 Abs. 4 Satz 2 AktG) keine Beschlüsse gefasst werden.

Handelt es sich, anders als nach dem Formular unterstellt, um einen mehrgliedrigen Vorstand, entscheidet der Vorstand über die Beschlussvorschläge durch Beschluss, welcher (wenn nicht von den Möglichkeiten nach § 77 Abs. 1 Satz 2 AktG Gebrauch gemacht worden ist) der Einstimmigkeit bedarf[390].

Ebenfalls durch Beschluss – von einer Darstellung eines entsprechenden Formulars wird abgesehen – entscheidet der Aufsichtsrat über die Beschlussvorschläge. Bei dem Zustandekommen dieses Beschlusses sind die Regularien der §§ 107 Abs. 2, 108 AktG zu beachten. Der Beschluss des Aufsichtsrats bedarf der Mehrheit der abgegebenen Stimmen und damit der einfachen Mehrheit[391].

e) Einberufungsfrist

Gemäß § 123 Abs. 1 Satz 1 AktG ist die Hauptversammlung mindestens dreißig Tage vor dem Tage der Versammlung einzuberufen. Dabei ist nach § 123 Abs. 1 Satz 2 AktG der Tag der Einberufung nicht mitzurechnen. Hinsichtlich der Fristberechnung ist § 121 Abs. 7 AktG zu beachten.

2. Besondere Einberufungsanforderungen

a) Bekanntmachungspflicht

Eine besondere Bekanntmachungspflicht sieht § 124 Abs. 2 Satz 3 Alt. 2 AktG vor. Danach ist in der Einberufung auch der wesentliche Inhalt des Betriebsführungsvertrags bekannt zu machen. Die Bekanntmachungspflicht betrifft nur den Vertrag als solchen, die Berichte gemäß §§ 293a und 293e AktG sind nicht bekannt zu machen[392]. Auch bedarf es keines Hinweises auf die Auslegung und Abschrifterteilung nach § 293f AktG. Es ist jedoch empfehlenswert, in der Einberufung der Hauptversammlung auf die Auslegung der Unterlagen und die Möglichkeit der Abschrifterteilung hinzuweisen, bzw. – um den Anforderungen nach § 293f Abs. 2 AktG genüge zu tun – einen kurzen Bericht i. S. d. §§ 293a und 293e AktG gleich mit abzudrucken[393].

---

[390] KölnerKommAktG/Noack/Zetzsche, § 124 Rn. 64; Spindler/Stilz/Rieckers, § 124 Rn. 30; MünchKommAktG/Kubis, § 124 Rn. 35.

[391] MünchKommAktG/Habersack, § 108 Rn. 20; KölnerKommAktG/Noack/Zetzsche, § 124 Rn. 66; Spindler/Stilz/Rieckers, § 124 Rn. 31.

[392] GroßkommAktG/Mülbert, § 293f Rn. 23; KölnerKommAktG/Koppensteiner, § 293f Rn. 10; Groß, AG 1997, 97, 102.

[393] GroßkommAktG/Mülbert, § 293f Rn. 23; MünchKommAktG/Altmeppen, § 293f Rn. 4; Spindler/Stilz/Veil, § 293f Rn. 5; Emmerich/Habersack/Emmerich, § 293f Rn. 5; Bungert, DB 1995, 1449, 1450.

Die Bekanntmachung muss es den Aktionären ermöglichen, sich ein ungefähres Bild von den Vorzügen und Nachteilen des Vertrags zu machen[394]. Zum wesentlichen Inhalt des Vertrags gehören die Vertragsart, die Firma des Vertragspartners und die Hauptleistungspflichten[395]. Darüber hinaus ist jedes Vertragselement aufzuführen, das positiv oder negativ von den gesetzlichen Vorgaben so abweicht, dass die Zustimmung oder Ablehnung des Vertrags davon beeinflusst werden kann[396].

Um Anfechtungsrisiken zu vermeiden, wird von der h. M. befürwortet, gleich den ganzen Unternehmensvertrag bekannt zu machen[397]. Nach der Gegenauffassung befreit die Veröffentlichung des gesamten Vertragswerks im Wortlaut den Einberufenden nicht davon, den wesentlichen Inhalt des Vertrags bekannt zu machen[398]. Das Formular beschränkt sich daher entsprechend der gesetzlichen Vorgabe (§ 124 Abs. 2 Satz 3 Alt. 2 AktG) auf die Wiedergabe des wesentlichen Inhalts des Betriebsführungsvertrags. Hinzuweisen ist in diesem Zusammenhang darauf, dass wenn nicht unbedeutende Änderungen des Vertrags im Anschluss an die Bekanntmachung nachgeschoben werden, dies zur Anfechtbarkeit des späteren Hauptversammlungsbeschlusses führen kann[399].

b) Auslegung und Abschriftserteilung

Zwei besondere Informationspflichten im Rahmen der Vorbereitung der Hauptversammlung enthält § 293f AktG.

aa) Auslegungspflicht

Gemäß § 293f Abs. 1 AktG sind von der Einberufung der Hauptversammlung an, die über die Zustimmung zu dem Unternehmensvertrag beschließen soll, in dem Geschäftsraum jeder der beteiligten Aktiengesellschaften oder Kommanditgesellschaften auf Aktien die in § 293f Abs. 1 Nr. 1 bis 3 AktG genannten Unterlagen zur Einsicht der Aktionäre auszulegen.

(1) Verpflichteter

Da § 293f AktG eine Hauptversammlungszuständigkeit voraussetzt, betrifft die Auslegungspflicht nur den Eigentümer und seine Aktionäre[400]. Pflichtenträger ist der Vorstand, bei einer Kommanditgesellschaft auf Aktien der persönlich haftende Gesellschafter[401].

---

[394] KölnerKommAktG/Noack/Zetzsche, § 124 Rn. 55; MünchKommAktG/Kubis, § 124 Rn. 24.

[395] KölnerKommAktG/Noack/Zetzsche, § 124 Rn. 55; MünchKommAktG/Kubis, § 124 Rn. 24; KölnerKommAktG/Koppensteiner, § 293f Rn. 10.

[396] KölnerKommAktG/Noack/Zetzsche, § 124 Rn. 55; MünchKommAktG/Kubis, § 124 Rn. 24; KölnerKommAktG/Koppensteiner, § 293f Rn. 10.

[397] KölnerKommAktG/Koppensteiner, § 293f Rn. 10; KölnerKommAktG/Noack/Zetzsche, § 124 Rn. 47; Spindler/Stilz/Riecken, § 124 Rn. 20; kritisch, da rechtlich nicht geboten: GroßkommAktG/Mülbert, § 293f Rn. 22.

[398] MünchKommAktG/Kubis, § 124 Rn. 25.

[399] LG Nürnberg-Fürth AG 1995, 141, 142; KölnerKommAktG/Koppensteiner, § 293f Rn. 10; MünchKommAktG/Altmeppen, § 293f Rn. 4; Emmerich/Habersack/Emmerich, § 293f Rn. 2.

[400] Vgl. MünchKommAktG/Altmeppen, § 293f Rn. 6; GroßkommAktG/Mülbert, § 293 f Rn. 9; KölnerKommAktG/Koppensteiner, § 293f Rn. 3; Emmerich/Habersack/Emmerich, § 293f Rn. 6.

[401] GroßkommAktG/Mülbert, § 293 f Rn. 9; KölnerKommAktG/Koppensteiner, § 293f Rn. 9; MünchKommAktG/Altmeppen, § 293f Rn. 5.

(2) Ort

Die auslegungspflichtigen Unterlagen sind in „dem Geschäftsraum" der Eigentümergesellschaft auszulegen. Das Gesetz lässt offen, welcher konkrete Geschäftsraum damit gemeint ist. Nach h. M. genügt es, die Unterlagen an einem Ort auszulegen; dafür bietet sich ein Geschäftsraum bei der Hauptverwaltung an[402]. Dieser Geschäftsraum muss den Aktionären während der üblichen Geschäftszeiten ohne weiteres zugänglich sein[403].

(3) Zeitraum

Die Auslegungspflicht beginnt mit der Einberufung der Hauptversammlung, also mit der Bekanntmachung (§ 121 Abs. 4 AktG). Da die Unterlagen nach § 293g Abs. 1 AktG auch in der Hauptversammlung zugänglich zu machen sind, endet die Pflicht zur Auslegung in dem Zeitpunkt, in dem die Pflicht nach § 293g Abs. 1 AktG beginnt, also mit dem Beginn der Hauptversammlung[404].

(4) Auslegungspflichtige Unterlagen

Auszulegen ist der Betriebsführungsvertrag selbst (§ 293f Abs. 1 Nr. 1 AktG). Dies bedeutet, dass der gesamte Vertrag einschließlich aller Nebenabreden und Anlagen auszulegen ist, die mit dem Vertrag eine rechtliche Einheit i. S. d. § 139 BGB bilden; auch unwesentliche Nebenabreden oder Anlagen dürfen nicht weggelassen werden[405].

Bei einem Betriebsführungsvertrag ist zweifelhaft, ob nach § 293f Abs. 1 Nr. 2 AktG auch die Jahresabschlüsse und die Lageberichte der vertragsschließenden Unternehmen für die letzten drei Geschäftsjahre auszulegen sind. Die Frage wird für die Verträge des § 292 AktG unterschiedlich beurteilt[406]. Der Zweck des § 293f AktG, die Aktionäre vor der Hauptversammlung umfassend zu informieren, spricht für eine (entsprechende) Anwendung des § 293f Abs. 1 Nr. 2 AktG bei einem Betriebsführungsvertrag. Auszulegen sind nämlich stets nicht nur die Jahresabschlüsse und Lageberichte des verpflichteten, sondern auch die des anderen Vertragsteils[407]. Die Jahresabschlüsse und mehr noch die Lageberichte (s. § 289 HGB) des Betriebsführers enthalten wesentliche Informationen, die Rückschlüsse auf die Eignung des Betriebsführers zur Führung des Betriebs des Eigentümers zulassen. Da sich hinsichtlich der fraglichen Auslegung der Jahresabschlüsse und Lageberichte noch keine klar überwiegende Rechtsauffassung herausgebildet hat, sollte eine Auslegung (auch) dieser Unterlagen erfolgen.

---

[402] MünchKommAktG/Altmeppen, § 293f Rn. 4; KölnerKommAktG/Koppensteiner, § 293f Rn.12; GroßkommAktG/Mülbert, § 293f Rn. 10; s. aber auch: Hüffer/Koch, § 175 Rn. 6, der wegen des Anfechtungsrisikos empfiehlt, Abschriften auch in den Geschäftsräumen des Vorstands, bei verschiedenen Dienstsitzen in den verschiedenen Geschäftsräumen, auszulegen.

[403] GroßkommAktG/Mülbert, § 293f Rn. 11; Spindler/Stilz/Veil, § 293f Rn. 5; Emmerich/Habersack/Emmerich, § 293f Rn. 3.

[404] GroßkommAktG/Mülbert, § 293f Rn. 12 f.

[405] Emmerich/Habersack/Emmerich, § 293f Rn. 7; Spindler/Stilz/Veil, § 293f Rn. 4; GroßkommAktG/Mülbert, § 293f Rn. 16.

[406] Befürwortend: GroßkommAktG/Mülbert, § 293f Rn. 17; KölnerKommAktG/Koppensteiner, § 293f Rn. 4; Emmerich/Habersack/Emmerich, § 293f Rn. 1; wohl auch, aber kritisch: Hüffer/Koch, § 293f Rn. 4; ablehnend: MünchKommAktG/Altmeppen, § 293f Rn. 2; Altmeppen, ZIP 1998, 1853, 1865; Bungert, DB 1995, 1449, 1450.

[407] Abweichend: KölnerKommAktG/Koppensteiner, § 293f Rn. 6, nach dem eine wechselseitige Auslegung wegen § 293 Abs. 2 AktG nur bei den Verträgen des § 291 AktG erfolge. Diese Einschränkung findet in dem Gesetzeswortlaut des § 293f Abs. 1 Nr. 2 AktG jedoch keine Grundlage.

Auszulegen sind die Jahresabschlüsse und Lageberichte in deutscher Sprache; werden sie in einer ausländischen Sprache ausgelegt, ist der Zustimmungsbeschluss anfechtbar[408]. Ausreichend ist die Auslage von Kopien, ein Anspruch auf Auslage von Originalen besteht nicht[409].

Wenn nach dem Gesetzeswortlaut die Jahresabschlüsse und Lageberichte „für die letzten drei Geschäftsjahre" auszulegen sind, bedeutet dieses nach h. M. für das letzte maßgebliche Geschäftsjahr, dass auf das letzte Jahr abzustellen ist, für das ein Jahresabschluss festgestellt werden musste und nicht auf das Jahr, für das ein Jahresabschluss tatsächlich festgestellt wurde[410]. Besteht die Eigentümergesellschaft noch keine drei Jahre, sind die vorhandenen Abschlüsse auszulegen[411].

Die Jahresabschlüsse und Lageberichte sind so auszulegen, wie sie festgestellt wurden. Ein Anspruch auf Korrektur etwaiger Mängel besteht nicht[412]. Keine Auslegungspflicht besteht, solange der Jahresabschluss noch nicht festgestellt, sondern lediglich vom Vorstand aufgestellt ist[413]. Ferner besteht keine Auslegungspflicht für Konzernabschluss und Konzernlagebericht[414]; eine Ausnahme kommt nach wohl h. M. auch für eine Holding nicht in Betracht, die ihr gesamtes operatives Geschäft über Tochtergesellschaften ausübt[415].

Auszulegen sind schließlich nach § 293f Abs. 1 Nr. 3 AktG der Bericht des Vorstands des Eigentümers, und der Prüfungsbericht. Soweit auf die Berichte verzichtet wurde, entfällt die Auslegungspflicht.

bb) Abschriftserteilung

Gemäß § 293f Abs. 2 AktG ist auf Verlangen jedem Aktionär unverzüglich und kostenlos eine Abschrift der in § 293f Abs. 1 AktG bezeichneten Unterlagen zu erteilen.

Unverzüglich bedeutet ohne schuldhaftes Zögern (§ 121 Abs. 1 Satz 1 BGB). Die Erteilung erfolgt noch unverzüglich, wenn die Unterlagen nach dem Eingang des Verlangens für den betreffenden Aktionär erst noch (ohne schuldhaftes Zögern) dupliziert werden müssen[416].

---

[408] OLG München ZIP 2009, 718, 721 f.; LG München I Der Konzern 2008, 295, 302; MünchKomm-AktG/Altmeppen, § 293f Rn. 7; Emmerich/Habersack/Emmerich, § 293f Rn. 7.

[409] Emmerich/Habersack/Emmerich, § 293f Rn. 8; K. Schmidt/Lutter/Langenbucher, § 293f Rn. 11; GroßkommAktG/Mülbert, § 293f Rn. 15.

[410] OLG Hamburg AG 2003, 441, 443; MünchKommAktG/Altmeppen, § 293f Rn. 7; GroßkommAktG/Mülbert, § 293f Rn. 18; Emmerich/Habersack/Emmerich, § 293f Rn. 8; KölnerKommAktG/Koppensteiner, § 293f Rn. 6; Vetter NZG 1999, 925, 929; abweichend: K. Schmidt/Lutter/Langenbucher, § 293f Rn. 6.

[411] Emmerich/Habersack/Emmerich, § 293f Rn. 8; Spindler/Stilz/Veil, § 293f Rn. 4.

[412] KG AG 2009, 30, 36; Emmerich/Habersack/Emmerich, § 293f Rn. 8a; GroßkommAktG/Mülbert, § 293f Rn. 19.

[413] OLG Hamburg AG 2003, 441, 443; Emmerich/Habersack/Emmerich, § 293f Rn. 8a; GroßkommAktG/Mülbert, § 293f Rn. 18.

[414] OLG Düsseldorf AG 2005, 293, 296; KG AG 2009, 30, 36; OLG Düsseldorf NJW-Spezial 2007, 481; MünchKommAktG/Altmeppen, § 293f Rn. 7; Emmerich/Habersack/Emmerich, § 293f Rn. 8a; GroßkommAktG/Mülbert, § 293f Rn.20; Kort NZG 2006, 604, 605.

[415] OLG Düsseldorf NJW-Spezial 2007, 481; MünchKommAktG/Altmeppen, § 293f Rn. 7 (mit Fn. 21); GroßkommAktG/Mülbert, § 293f Rn. 20; Kort, NZG 2006, 604, 605; abweichend: OLG Celle AG 2004, 206, 207; Emmerich/Habersack/Emmerich, § 293f Rn. 8a; offen gelassen von: KG AG 2009, 30, 36.

[416] MünchKommAktG/Altmeppen, § 293f Rn. 10; K. Schmidt/Lutter/Langenbucher, § 293f Rn. 13; GroßkommAktG/Mülbert, § 293f Rn. 27; Emmerich/Habersack/Emmerich, § 293f Rn. 12.

Die Erteilung der Abschriften ist als Schickschuld (§ 269 BGB) zu verstehen, die Versendungskosten gehen zu Lasten der Eigentümergesellschaft[417].

Der Anspruch kann nach allgemeiner Meinung auch dadurch erfüllt werden, dass die Unterlagen der Einberufung beigefügt werden[418].

Da § 293f Abs. 2 AktG keine zeitliche Einschränkung enthält, kann der Anspruch auf Abschriftserteilung noch in der Hauptversammlung geltend gemacht werden[419].

cc) Entfall der Auslegungspflicht und Abschriftserteilung

Die vorgenannten Verpflichtungen (Auslegungspflicht und Abschriftserteilung) entfallen nach § 293f Abs. 3 AktG, wenn die in § 293f Abs. 1 AktG bezeichneten Unterlagen für denselben Zeitraum über die Internetseite der Gesellschaft zugänglich sind. Börsennotierte Gesellschaften sind dazu verpflichtet (§ 124a Satz 1 Nr. 3 AktG).

dd) Rechtsfolgen bei Verstoß gegen die Pflichten aus § 293f AktG

Werden die Unterlagen nicht oder verspätet ausgelegt oder dem Aktionär die Abschriften nicht oder nicht unverzüglich erteilt, ist der Hauptversammlungsbeschluss grundsätzlich anfechtbar[420]. Eine Verletzung der Pflicht zur Veröffentlichung der Unterlagen auf der Internetseite der Eigentümergesellschaft nach § 124a AktG berechtigt hingegen nicht zur Anfechtung (§ 243 Abs. 3 Nr. 2 AktG).

---

[417] MünchKommAktG/Altmeppen, § 293f Rn. 10; K. Schmidt/Lutter/Langenbucher, § 293f Rn. 12 (Fn. 23); GroßkommAktG/Mülbert, § 293f Rn. 26, 29; Emmerich/Habersack/Emmerich, § 293f Rn. 12; Hüffer/Koch, § 175 Rn. 7.

[418] KölnerKommAktG/Koppensteiner , § 293f Rn. 15; Emmerich/Habersack/Emmerich, § 293f Rn. 5; GroßkommAktG/Mülbert, § 293f Rn. 6; Bungert, DB 1995, 1449, 1450.

[419] MünchKommAktG/Altmeppen, § 293g Rn. 3; KölnerKommAktG/Koppensteiner, § 293g Rn. 4.

[420] MünchKommAktG/Altmeppen, § 293f Rn. 12; GroßkommAktG/Mülbert, § 293f Rn. 35.

3. Bericht über den Betriebsführungsvertrag

a) Formulartext

Bericht

des Vorstands der ... AG

über den

Betriebsführungsvertrag

zwischen der

... AG

und der

... GmbH

Vorbemerkung

Die ... AG und die ... GmbH haben am ... einen Betriebsführungsvertrag abgeschlossen, mit dem die ... GmbH mit der Führung des gesamten Betriebs der ... AG beauftragt wird. Auf Seiten der ... AG ist die Initiative zum Abschluss des Betriebsführungsvertrag vom Vorstand der Gesellschaft ausgegangen.

Der Betriebsführungsvertrag wird der außerordentlichen Hauptversammlung der ... AG am ... als Unternehmensvertrag entsprechend § 293 Abs. 1 AktG zur Zustimmung vorgelegt. Zur Unterrichtung der Aktionäre der ... AG sowie zur Vorbereitung ihrer Beschlussfassung erstattet der Vorstand der ... AG nach § 293a AktG den folgenden Bericht über den Unternehmensvertrag:

A. Abschluss des Betriebsführungsvertrags

I. Wirtschaftliche Ausgangslage der Parteien

1. ... AG

a) Unternehmensgeschichte und -entwicklung

Die Gesellschaft ist im Jahr ... als Gesellschaft mit beschränkter Haftung in Firma ... Gesellschaft mbH mit Sitz in ... gegründet worden. Am ... ist die Beschlussfassung über eine Umwandlung der ... Gesellschaft mbH in eine Aktiengesellschaft in Firma ... AG und eine Sitzverlegung nach ... erfolgt. Der Börsengang der Gesellschaft hat am ... stattgefunden.

Die ... AG ist eingetragen im Handelsregister des Amtsgerichts ... unter HRB ...

Satzungsmäßiger Gegenstand des Unternehmens der ... AG ist gemäß § ... der Satzung ...

Das Geschäftsjahr der ... AG entspricht gemäß § ... der Satzung dem Kalenderjahr.

b) Geschäftstätigkeit

Die Geschäftstätigkeit der Gesellschaft beschränkte sich nach ihrer Gründung zunächst auf das Gebiet der ... Nach ihrer Umwandlung in eine Aktiengesellschaft hat die Gesellschaft ihre Geschäftstätigkeit um die Geschäftsfelder ... und ... erweitert.

Derzeit ist die ... AG nur auf dem nationalen Markt aktiv.

Der Vorstand der Gesellschaft beabsichtigt, zukünftig auch das Marktsegment ... zu bedienen und räumlich die Tätigkeit der Gesellschaft auf die Länder ... und ... zu erweitern.

c) Wettbewerber und Marktanteil

Nach einer aktuellen Studie des Marktforschungsinstituts ... vom ... hat die Branche, die im weitesten Sinne auf dem Gebiet des ... tätig ist, im abgelaufenen Jahr bundesweit insgesamt ... € umgesetzt. Marktführer ist unverändert die ... mit einem Marktanteil von ... %. Bedeutsame Marktteilnehmer sind daneben die ... und die ... mit Marktanteilen von ... % bzw. ... %. Ausgehend von dem vorgenannten Gesamtumsatz der Branche beträgt der Marktanteil der ... AG ... %.

d) Wirtschaftliche Kennzahlen

Die wesentlichen wirtschaftlichen Kennzahlen der ... AG für die vergangenen drei Geschäftsjahre stellen sich nach Einzel- und Konzernabschluss wie folgt dar:

Einzelabschluss

Kennzahl (in Mio. €)	Geschäftsjahr ...	Geschäftsjahr ...	Geschäftsjahr ...
Erlöse und Erträge	...	...	...
Aufwendungen und Abschreibungen	...	...	...
Ergebnis der gewöhnlichen Geschäftstätigkeit	...	...	...
Jahresüberschuss/-fehlbetrag	...	...	...
Bilanzgewinn/-verlust	...	...	...
Anlagevermögen	...	...	...
Bilanzsumme	...	...	...
Eigenkapital	...	...	...

Konzernabschluss

Kennzahl (in Mio. €)	Geschäftsjahr ...	Geschäftsjahr ...	Geschäftsjahr ...
Erlöse und Erträge	...	...	...
Aufwendungen und Abschreibungen	...	...	...
Ergebnis der gewöhnlichen Geschäftstätigkeit	...	...	...
Jahresüberschuss/-fehlbetrag	...	...	...
Bilanzgewinn/-verlust	...	...	...
Anlagevermögen	...	...	...
Bilanzsumme	...	...	...
Eigenkapital	...	...	...

Der verhältnismäßig hohe Anstieg der Erlöse und Erträge nach Einzelabschluss im abgelaufenen Geschäftsjahr gegenüber dem Vorjahr ist darauf zurückzuführen, dass sich die ... AG von ihrer Beteiligung an der ... getrennt und dabei ... € erlöst hat. Die Veräußerung dieser Beteiligung ist wesentlicher Grund für den Rückgang des Anlagevermögens von ... € im Vorjahr zu ... € im abgelaufenen Geschäftsjahr.

Im abgelaufenen Geschäftsjahr hat die Gesellschaft nach Konzernabschluss ein operatives Ergebnis (EBIT) von ... € erwirtschaftet. Dieses entspricht einem Anstieg von ... % gegenüber dem Vorjahr. Bereinigt um die vorgenannte Veräußerung der Beteiligung an der ... ist der Anstieg des EBIT tendenziell rückläufig. Danach hat die Gesellschaft im Vorjahr noch einen Anstieg des EBIT von ...% verzeichnen können. Im abgelaufenen Geschäftsjahr beträgt der Anstieg lediglich noch ... %. Im laufenden Geschäftsjahr wird das EBIT voraussichtlich unterhalb dem des abgelaufenen Geschäftsjahrs liegen.

Der Rückgang des EBIT ist auf verminderte Einnahmen zurückzuführen. Bedingt durch den verschärften Wettbewerb ist die Anzahl der Geschäftsabschlüsse kontinuierlich zurückgegangen. Entsprechendes gilt tendenziell für die wirtschaftliche Attraktivität der einzelnen Geschäftsabschlüsse.

e) Mitarbeiter

Die ... AG beschäftigt keine Mitarbeiter.

f) Organe, Kapital und Gesellschafter

Die ... AG hat einen Vorstand, der gemäß § ... der Satzung aus einer oder mehreren Personen besteht. Über die Zahl entscheidet nach § ... der Satzung der Aufsichtsrat. Zum Zeitpunkt der Unterzeichnung dieses Berichts besteht der Vorstand aus einem Mitglied. Dieses ist der Unterzeichner dieses Berichts, Herr ..., der seit dem ... für die Gesellschaft tätig und bis zum ... bestellt ist. Da der Vorstand nur aus einer Person besteht, vertritt er die Gesellschaft gemäß § ... der Satzung allein.

Dem Aufsichtsrat der Gesellschaft gehören gemäß § ... der Satzung sechs Mitglieder an. Zum Zeitpunkt der Unterzeichnung dieses Berichts setzt sich der Aufsichtsrat aus Frau ..., Frau ..., Frau ..., Herrn ..., Herrn ... und Herrn ... zusammen. Aufsichtsratsvorsitzende ist Frau ... Alle Mitglieder des Aussichtsrats gehören diesem seit dem ... an und sind bestellt bis zum Ende der ordentlichen Hauptversammlung, die über die Entlastung für das Geschäftsjahr ... beschließt.

Das Grundkapital der Gesellschaft beträgt ... €. Es ist eingeteilt in ... auf den Inhaber lautende Stückaktien mit einem anteiligen Betrag in Höhe von ...€ je Aktie. Jede Aktie gewährt eine Stimme. Die Aktien sind zum Handel im regulierten Markt (Prime Standard) der Frankfurter Wertpapierbörse (ISIN ...; WKN ...) zugelassen, werden im elektronischen Handelssystem XETRA gehandelt und sind im Freiverkehr an den Wertpapierbörsen in ..., ... und ... notiert.

Die ... und die ... sind jeweils mit ... % an der ... AG beteiligt. Drittgrößter Aktionär ist die ... mit ... %. Die übrigen Aktien befinden sich in Streubesitz.

g) Konzernstruktur

Die ... AG ist Alleingesellschafterin der Unternehmen ... und ... . An den Unternehmen ... und ... ist die Gesellschaft mit ... % beteiligt. Darüber hinaus ist die Gesellschaft an ... weiteren Gesellschaften beteiligt.

h) Betriebsführungsvertrag

Zwischen der Gesellschaft und der ... Aktiengesellschaft besteht seit ... ein Betriebsführungsvertrag. Sofern die Hauptversammlung der Gesellschaft dem Abschluss des Betriebsführungsvertrags mit der ... GmbH zustimmt, werden die ... AG und die ... Aktiengesellschaft den Betriebsführungsvertrag zum Jahresende einvernehmlich aufheben, so dass dieser am 31.12.... endet. Sollte es wider Erwarten nicht zu einer Einigung über die Modalitäten der Vertragsaufhebung kommen, kann die Gesellschaft den bestehenden Betriebsführungsvertrag aufgrund der vereinbarten Kündigungsfrist von ... Monaten zum 31.12. eines jeden Kalenderjahres noch bis zum ... ordentlich zum Ablauf des Jahresendes kündigen.

2. ... GmbH

a) Unternehmensgeschichte und -entwicklung

Die ... GmbH wurde am ... gegründet. Die ... GmbH hat ihren Sitz in ... und ist eingetragen im Handelsregister des Amtsgerichts ... unter HRB ...

Satzungsmäßiger Gegenstand des Unternehmens ist gemäß § ... der Satzung ... . Gemäß § ... der Satzung ist die ... GmbH berechtigt, die Betriebsführung von Betrieben anderer Unternehmen zu übernehmen, die auf dem Gebiet des Unternehmensgegenstands nach § ... der Satzung tätig sind.

Das Geschäftsjahr der ... GmbH entspricht nach § ... der Satzung dem Kalenderjahr.

b) Geschäftstätigkeit

Die ... GmbH ist seit ... Jahren selbst auf den Gebieten ..., ..., ..., ... und ... tätig. Sie ist sowohl auf dem nationalen Markt aktiv, als auch international in ... weiteren Ländern. Darüber hinaus bietet die ... GmbH seit ... Jahren ihre Dienste als Betriebsführer an. Aktuell führt die ... GmbH die Betriebe von ... Unternehmen aus der Branche.

c) Wettbewerber und Marktanteil

Ausgehend von der vorgenannten Studie beträgt der (eigene) Marktanteil der Gesellschaft auf dem nationalen Markt ... %.

d) Wirtschaftliche Kennzahlen

Die wesentlichen wirtschaftlichen Kennzahlen der ... GmbH für die vergangenen drei Geschäftsjahre stellen sich nach Einzel- und Konzernabschluss wie folgt dar:

Einzelabschluss

Kennzahl (in Mio. €)	Geschäftsjahr ...	Geschäftsjahr ...	Geschäftsjahr ...
Erlöse und Erträge	...	...	...
Aufwendungen und Abschreibungen	...	...	...
Ergebnis der gewöhnlichen Geschäftstätigkeit	...	...	...
Jahresüberschuss/-fehlbetrag	...	...	...
Bilanzgewinn/-verlust	...	...	...
Anlagevermögen	...	...	...
Bilanzsumme	...	...	...
Eigenkapital	...	...	...

Konzernabschluss

Kennzahl (in Mio. €)	Geschäftsjahr ...	Geschäftsjahr ...	Geschäftsjahr ...
Erlöse und Erträge	...	...	...
Aufwendungen und Abschreibungen	...	...	...
Ergebnis der gewöhnlichen Geschäftstätigkeit	...	...	...
Jahresüberschuss/-fehlbetrag	...	...	...
Bilanzgewinn/-verlust	...	...	...
Anlagevermögen	...	...	...
Bilanzsumme	...	...	...
Eigenkapital	...	...	...

Der starke Anstieg des EBIT nach Konzernabschluss um ... % im Geschäftsjahr ... gegenüber dem Geschäftsjahr ... sowie um ... % im abgelaufenen Geschäftsjahr gegenüber dem Vorjahr ist im Wesentlichen durch zwei Faktoren bedingt: Zum einen hat die erfolgreiche Entwicklung der ausländischen Tochtergesellschaften das Konzernergebnis positiv geprägt. Zum anderen hat die Gesellschaft im abgelaufenen Geschäftsjahr ein weiteres Unternehmen für eine Betriebsführung durch die Gesellschaft gewinnen können.

e) Mitarbeiter

Zum ... beschäftigt die ... GmbH selbst ... Mitarbeiter. Die ... ausländischen Tochtergesellschaften der ... GmbH beschäftigen zum ... weitere ... Mitarbeiter.

f) Organe, Kapital und Gesellschafter

Die ... GmbH hat drei Geschäftsführer. Zum Zeitpunkt der Unterzeichnung dieses Berichts sind dieses Frau ... und die Herren ... und ...

Das Stammkapital der ... GmbH beträgt ... €.

Gesellschafter der ... GmbH sind jeweils zu je 1/3 die vorgenannten Geschäftsführer.

g) Konzernstruktur

Aufgrund ihrer internationalen Ausrichtung hat die ... GmbH Tochtergesellschaften in ... Staaten gegründet, deren alleinige Gesellschafterin die ... GmbH ist. Daneben ist die Gesellschaft an ... weiteren Gesellschaften beteiligt.

II. Gründe für den Abschluss des Betriebsführungsvertrags

Dem Abschluss des Betriebsführungsvertrags zwischen der ... AG und der ... GmbH liegen folgende wirtschaftlichen und rechtlichen Erwägungen zugrunde:

1. Ziele

Die ... AG beabsichtigt, ihre unternehmerische Tätigkeit gegenständlich um das Marktsegment ... und räumlich auf die Länder ... und ... zu erweitern. Dafür bedarf die ... AG nach Einschätzung des Vorstands eines strategischen Partners mit Know-how auch im Bereich ... und einer internationaler Ausrichtung. Durch den Abschluss des Betriebsführungsvertrags mit der ... GmbH soll ein Betriebsführer gewonnen werden, der sowohl über eine ausgewiesene Expertise auch im Marktsegment ... verfügt als auch über eine internationale Ausrichtung.

Darüber hinaus sollen durch den Abschluss des Betriebsführungsvertrags weiterhin unmittelbare Kosten für Personal und materielle Betriebsmittel vermieden werden, da sich eine Fremdverwaltung gegenüber einer eigenen Verwaltung nach wie vor als wirtschaftlicher darstellt.

2. Vorteile und Chancen

Auf dem nationalen Markt hat die Konkurrenz infolge des Zutritts neuer Marktteilnehmer in den letzten ... Jahren erheblich zugenommen. Der Markt, auf dem die ... AG tätig ist, ist im Wesentlichen erschlossen, das Potential für ein weiteres Wachstum durch weitere Markterschließung ist daher weitestgehend erschöpft. Aktuell hat ein Verdrängungswettbewerb zwischen den Marktteilnehmern eingesetzt. Wie vorstehend ausgeführt hat dieser Verdrängungswettbewerb seinen Niederschlag in der Ergebnisentwicklung der Gesellschaft in den vergangenen drei Jahren gefunden.

Durch die intendierte gegenständliche Erweiterung der Tätigkeit und durch die internationale Ausrichtung, flankiert mit einem Betriebsführer, der über entsprechende Fach- und Branchenkenntnisse verfügt, wird eine breitere Basis für die unternehmerische Tätigkeit der ... AG geschaffen. Diese ist nach Ansicht des Vorstands Voraussetzung für ein weiteres Wachstum der ... AG und Grundlage für das Bestehen im nationalen Wettbewerb auf den Geschäftsfeldern ..., ... und ...

Aufgrund der internationalen Erfahrungen der ... GmbH kann die ... AG im Rahmen des beabsichtigten Markteintritts in den Ländern ... und ... insbesondere von dem durch die ... GmbH in diesem Ländern gewonnenen Know-how partizipieren und vermindert dadurch nach Auffassung des Vorstands das Risiko von nachteiligen Entscheidungen.

89

3. Nachteile und Risiken

Durch den erneuten Abschluss eines Betriebsführungsvertrags büßt die ... AG (weiterhin) einen Teil ihrer Selbständigkeit ein. Es entsteht eine Abhängigkeit vom Erfolg der Betriebsführung durch die ... GmbH.

III. Auswirkungen des Betriebsführungsvertrags

Die wirtschaftlichen und rechtlichen Folgen des intendierten Betriebsführungsvertrags mit der ... GmbH entsprechen denen des laufenden Betriebsführungsvertrags mit der ... Aktiengesellschaft.

Finanzwirtschaftlich hat der Abschluss des Betriebsführungsvertrags zur Folge, dass die ... AG Kosten für Personal und materielle Betriebsmittel einspart, die bei der Unterhaltung einer eigenen Organisation anfallen würden. Dem stehen die Kosten der Betriebsführung durch die ... GmbH in Form der zu leistenden Vergütung gegenüber.

Bilanziell entsprechen die Auswirkungen des Abschlusses des Betriebsführungsvertrags denen des laufenden Betriebsführungsvertrags mit der ... Aktiengesellschaft. Infolge der Nichtvorhaltung einer eigenen Organisation ist das Sachanlagevermögen vergleichsweise gering. Da die Kosten für die Unterhaltung einer eigenen Organisation höher wären als die Vergütung für die Betriebsführung, fällt der Jahresüberschuss höher aus als dies der Fall bei der Unterhaltung einer eigenen Organisation wäre.

Der Abschluss des Betriebsführungsvertrags hat keinen Einfluss auf die Organisationsverfassung der ... AG. Die Rechte und Pflichten der Organe der ... AG werden durch den Abschluss des Vertrags nicht berührt. Der Betriebsführungsvertrag greift nicht in die Leitungskompetenz des Vorstands nach § 76 Abs. 1 AktG ein. Auch die Aufgaben und Rechte des Aufsichtsrats gemäß § 111 AktG werden durch den Betriebsführungsvertrag nicht tangiert. Der Betriebsführungsvertrag greift nicht in die Rechte der Aktionäre gemäß § 119 AktG ein.

Steuerrechtlich hat der Abschluss des Betriebsführungsvertrags keine Organschaft gemäß §§ 14 ff. KStG zur Folge. Dementsprechend findet keine Zuweisung von etwa eintretenden Verlusten der ... AG bei der ... GmbH statt, welche diese mit (eigenen) Gewinnen verrechnen könnte. Vielmehr erfolgt die Besteuerung der ... AG und der ... GmbH nach den allgemeinen Regeln. Jeder der Vertragsteile bleibt selbständiges Steuersubjekt und versteuert sein eigenes Einkommen. Die durch die ... GmbH im Namen und für Rechnung der ... AG erzielten Einnahmen sind der ... AG zuzurechnen. Die Vergütung für die Betriebsführung ist für die ... AG Betriebsausgabe. Sie unterliegt als sonstige Leistung im umsatzsteuerlichen Sinne der Umsatzsteuer, die auf die Betriebsführungsvergütung zu zahlen ist und vom Vorsteuerabzug umfasst ist.

Die ... AG hat kein Personal, so dass der Betriebsführungsvertrag keine arbeitsrechtlichen Folgen mit sich bringt.

IV. Alternativen zum Betriebsführungsvertrag mit der ... GmbH

1. Fortsetzung des Betriebsführungsvertrags mit der ... Aktiengesellschaft

Als Alternative zum Abschluss des Betriebsführungsvertrags mit der ... GmbH kommt eine Fortsetzung des Betriebsführungsvertrags mit der ... Aktiengesellschaft in Betracht. Die ... Aktiengesellschaft verfügt allerdings weder über eine Expertise auf dem Gebiet des ... noch über eine internationale Ausrichtung. Darüber hinaus hat die ... Aktiengesellschaft signalisiert, sich mittelfristig aus dem Geschäftsfeld der Fremdbetriebsführung zurückziehen zu wollen.

2. Abschluss eines neuen Betriebsführungsvertrags mit der ... Aktiengesellschaft

Aus dem letztgenannten Grund kommt der Abschluss eines neuen Betriebsführungsvertrags mit der ... Aktiengesellschaft, der den intendierten Erweiterungen des Tätigkeitsfeldes der ... AG Rechnung trägt, nicht in Betracht.

3. Betriebsführungsvertrag mit einem anderen Betriebsführer als der ... GmbH

Die ... AG hat neben der ... GmbH Verhandlungen mit der ..., der ... und der ... geführt. Gegenstand der Verhandlungen war der Abschluss eines Betriebsführungsvertrags auf der Grundlage der intendierten Verbreitung des Geschäftsfeldes der ... AG. Die ... ist im Bereich des ... erst seit einem halben Jahr tätig und verfügt nach Auffassung des Vorstands dementsprechend noch nicht über eine hinreichende Expertise auf diesem Gebiet. Die Tätigkeit der ... ist zwar international ausgerichtet, erstreckt sich aber nicht auf das Land ..., das aus Sicht des Vorstands die größten Wachstumspotentiale bietet. Die ... deckt zwar das vollständige Tätigkeitsfeld der ... AG einschließlich des Marktsegmentes ... ab und ist auch in den Ländern ... und ... tätig. Allerdings hat die ... für die Betriebsführung eine – als nicht verhandelbar dargestellte – Mindestvergütung gefordert, deren Höhe sich nicht mit den Vorstellungen des Vorstands deckt und die weit über der mit der ... GmbH vereinbarten Vergütung liegt.

4. Aufbau einer eigenen Organisation

Anstelle des Abschlusses eines Betriebsführungsvertrags mit einem Dritten kommt der Aufbau einer eigenen Organisation zur Führung des Betriebs der ... AG in Betracht. Der Aufbau und die Unterhaltung einer eigenen Organisation wären (im Vergleich zu den betriebsführungsbedingten Kosten) mit höheren Kosten für Personal und materielle Betriebsmittel verbunden. Unabhängig davon bestünde nach Einschätzung des Vorstands das Risiko verminderter Erlöse und Erträge, da sich die eigene Organisation erst am Markt etablieren und ein entsprechendes Know-how erarbeiten müsste.

5. Abschluss eines anderen Unternehmensvertrags

Der Abschluss eines anderen Unternehmensvertrags gemäß §§ 291 f. AktG, mit welchem die unter Ziffer II.1 genannten Ziele gleichermaßen oder besser verwirklicht werden könnten, besteht nach Ansicht des Vorstands nicht. Da weder eine Leitungsunterstellung noch eine steuerliche Organschaft intendiert sind, scheidet der Abschluss eines Beherrschungs- und/oder Gewinnabführungsvertrags (§ 291 AktG) aus.

Auch zukünftig sollen ausschließlich die Aktionäre der Gesellschaft am wirtschaftlichen Erfolg des Unternehmens partizipieren, was als Kehrseite selbstverständlich mit sich bringt, dass sie auch allein das unternehmerische Risiko tragen müssen. Damit nicht zu vereinbaren ist der Abschluss eines der in § 292 Abs. 1 Nr. 1 bis 3 AktG ausdrücklich aufgeführten Unternehmensverträge (Betriebspachtvertrag, Betriebsüberlassungsvertrag).

6. Verschmelzung

Da die ... AG als eigenständiger Rechtsträger erhalten bleiben soll, stellt die Verschmelzung aus der Sicht des Vorstands keine geeignete Alternative zum Abschuss eines Betriebsführungsvertrag dar.

V. Abwägung Vor- und Nachteile

In Anbetracht der veränderten wirtschaftlichen Rahmenbedingungen ist eine gegenständliche und räumliche Erweiterung der unternehmerischen Tätigkeit der ... AG zur Sicherstellung ihrer Wettbewerbsfähigkeit nach Auffassung des Vorstands angezeigt. Das für die Erweiterung der unternehmerischen Basis erforderliche Know-how soll durch einen (neuen) Betriebsführer beigesteuert werden. Dadurch entsteht zwar eine Abhängigkeit vom wirtschaftlichen Erfolg der Betriebsführung durch die ... GmbH. Dieses Risiko schätzt der Vorstand jedoch angesichts der positiven wirtschaftlichen Entwicklung der ... GmbH als gering ein. Dem Abhängigkeitsrisiko und gleichsam dem Einbüßen der Selbständigkeit ließe sich nur durch den Aufbau einer eigenen Organisation wirksam begegnen. Abgesehen davon, dass dadurch höhere Kosten entstehen würden, ist kaum abzuschätzen, ob sich das Risiko des Scheiterns einer Marktetablierung realisiert, da es insofern an einer Einschätzungsgrundlage mangelt. Mit anderen Maßnahmen als dem Abschluss eines Betriebsführungsvertrags mit der ... GmbH lassen sich die Ziele einer teilweisen wirtschaftlichen Neuausrichtung nach Meinung des Vorstands nicht gleichermaßen gut oder besser verwirklichen. Dieses gilt, wie vorstehend begründet, insbesondere für die Auswahl des neuen Betriebsführers.

B. Betriebsführungsvertrag im Einzelnen

I. Erläuterungen der einzelnen Vertragsbestimmungen

1. Gegenstand und Inhalt der Betriebsführung

Gemäß § 1 Abs. 1 Satz 1 wird die ... GmbH mit der Führung des gesamten Betriebs der ... AG beauftragt. Der gegenständliche Umfang des Betriebsführungsvertrags ist dementsprechend unbegrenzt.

Entsprechendes gilt grundsätzlich auch für die inhaltliche Reichweite des Betriebsführungsvertrags. Die Leitungsverantwortung des Vorstands der ... AG gemäß § 76 Abs. 1 AktG bleibt jedoch unberührt. Dies folgt aus § 1 Abs. 1 Satz 2. Danach entscheidet der Vorstand der ... AG über die Vornahme von für den Betrieb des Handelsgewerbes der ... AG ungewöhnlichen

Handlungen. Die Aufgabe der ... GmbH beschränkt sich insoweit auf die Vorbereitung und Umsetzung solcher Handlungen.

Zu § 1 Abs. 2 Satz 2 ist anzumerken, dass die Betriebsführung durch die ... GmbH im Namen der ... AG erfolgt. Handelt der Betriebsführer – wie hier – im Außenverhältnis im Namen der Gesellschaft, deren Betriebsführung er übernommen hat, liegt ein sogenannter echter Betriebsführungsvertrag vor. Bei der zulässigen alternativen Gestaltung (sogenannter unechter Betriebsführungsvertrag) handelt der Betriebsführer zwar ebenfalls im Innenverhältnis für Rechnung des Eigentümers, aber im Außenverhältnis im eigenen Namen. Der Abschluss eines unechten Betriebsführungsvertrags hätte zur Folge, dass die Marke ... AG im Geschäftsverkehr nicht präsent wäre, würde also die Abhängigkeit der ... AG von der ... GmbH verstärken. Ferner hätte der unechte Betriebsführungsvertrag zur Folge, dass die ... GmbH zunächst im Außenverhältnis das volle Haftungsrisiko für die Betriebsschulden der ... AG trägt. Der Abschluss eines unechten Betriebsführungsvertrags entspricht nach dem Dafürhalten des Vorstands daher nicht den Interessen beider Vertragspartner.

In § 2 sind das Weisungs- und Auskunftsrecht der ... AG geregelt. § 2 hat lediglich klarstellenden Charakter. Der Betriebsführungsvertrag wird rechtlich als Geschäftsbesorgungsvertrag i. S. d. § 675 BGB eingeordnet. Gemäß § 675 Abs. 1 BGB finden auf den Geschäftsbesorgungsvertrag unter anderem die Vorschriften über die Weisung (§ 665 BGB) und die Auskunft (§ 666 BGB) aus dem Auftragsrecht Anwendung.

Um die ... GmbH rechtlich in die Lage zu versetzen, mit Wirkung für und gegen die ... AG zu handeln, hat der Vorstand der ... AG der ... GmbH nach § 3 eine Generalhandlungsvollmacht zu allen Geschäften und Rechtshandlungen, die der Betrieb des Handelsgewerbes der ... AG gewöhnlich mit sich bringt, erteilt. Die erteilte Vollmacht knüpft an § 54 Abs. 1 HGB an, bleibt aber in ihrem Umfang hinter dem (vermuteten) Umfang einer Handlungsvollmacht nach § 54 Abs. 1 HGB zurück, da sie sich nur auf Geschäfte und Rechtshandlungen erstreckt, die der Betrieb des Handelsgewerbes der ... AG gewöhnlich mit sich bringt. Die Handlungsvollmacht nach § 54 Abs. 1 HGB umfasst demgegenüber auch Geschäfte und Rechtshandlungen, die der Betrieb eines derartigen Handelsgewerbes gewöhnlich mit sich bringt.

2. Vergütung und Aufwendungsersatz

Für ihre Betriebsführungstätigkeit erhält die ... GmbH nach § 4 Abs. 1 Satz 1 eine jährliche Vergütung in Höhe von ... €, die nach § 4 Abs. 1 Satz 3 in vier gleichen Raten jeweils zum 01. eines jeden Quartals zahlbar ist. Die Vergütungshöhe wurde zwischen den Parteien unter Berücksichtigung des voraussichtlichen (nicht erstattungsfähigen) Aufwands der ... GmbH ausgehandelt.

Da die Betriebsführungsleistungen sonstige Leistungen im umsatzsteuerlichen Sinne darstellen, kommt auf die Vergütung nach § 4 Abs. 1 Satz 2 die gesetzliche Umsatzsteuer in der jeweils gesetzlichen Höhe hinzu.

Die ... GmbH hat nach § 4 Abs. 2 Satz 1 Anspruch auf Aufwendungsersatz. Ersetzt werden der ... GmbH (nur) die für die Betriebsführung erforderlichen Aufwendungen. Damit bleibt der vertraglich vereinbarte Aufwendungsersatzanspruch hinter der korrespondierenden Regelung des § 670 BGB zurück, nach welcher der Beauftragte nicht nur die objektiv erforderlichen Aufwendungen ersetzt erhält, sondern auch solche, die er den Umständen nach für erforderlich halten darf. Der Regelung wird in der Praxis nur eine untergeordnete Bedeutung zukommen: Da der Vertrag als echter Betriebsführungsvertrag ausgestaltet und die ... GmbH mit einer Generalhandlungsvollmacht ausgestattet ist, werden Verbindlichkeiten im Regelfall unmittelbar zu Lasten der ... AG begründet.

Nicht zu den ersatzfähigen Aufwendungen gehören nach § 4 Abs. 2 Satz 2 die Bezüge der Geschäftsführer der ... GmbH und Aufwendungen gemäß § 5. Diese Aufwendungen sind vielmehr mit der Vergütung abgegolten. Auch insofern weicht der Vertrag von § 670 BGB ab.

3. Personal und Betriebsmittel

Das Personal und die materiellen Betriebsmittel für die Betriebsführung werden von der ... GmbH gestellt (§ 5). Üblicherweise werden Dienst- und Arbeitsverhältnisse mit dem Rechtsträger des Betriebs geschlossen und die materiellen Betriebsmittel vom Rechtsträger des Betriebs erworben. Der Betrieb der ... AG ist jedoch so klein, dass sich die Verwaltung durch ein anderes Unternehmen gegenüber dem Aufbau und der Unterhaltung einer eigenen Verwaltung als wirtschaftlicher darstellt. Die Fremdverwaltung und damit einhergehend das Vermeiden von Aufwand für Personal und materielle Betriebsmittel ist ein wesentliches Ziel des Betriebsführungsvertrags.

4. Vertragsdauer

Der Betriebsführungsvertrag hat nach § 6 Abs. 1 Satz 1 zunächst eine Festlaufzeit von ... Jahren. Danach verlängert er sich nach § 6 Abs. 1 Satz 2 jeweils um ... Jahre, sofern er nicht spätestens mit einer Frist von ... Monaten vor seinem Ablauf gekündigt wird. Damit weicht der Vertrag von den gesetzlichen Bestimmungen ab. Ohne eine vertragliche Vereinbarung läuft der Betriebsführungsvertrag auf unbestimmte Zeit und kann nach Maßgabe der §§ 675, 621 BGB gekündigt werden. Da die Vergütung des Betriebsführungsvertrags nach Jahren bemessen ist, könnte der Vertrag (ohne eine abweichende Vereinbarung) unter Einhaltung einer Kündigungsfrist von sechs Wochen für den Schluss eines Kalendervierteljahrs gekündigt werden (§ 621 Nr. 4 BGB).

Länge und Modalitäten der Vertragslaufzeit können grundsätzlich frei vereinbart werden. Die Vereinbarung einer Festlaufzeit hat zur Folge, dass der Betriebsführungsvertrag während dieser Dauer nicht ordentlich gekündigt werden kann. Die Dauer der anfänglichen Festlaufzeit von ... Jahren bietet den Parteien Planungssicherheit und ist zwischen den Parteien insbesondere unter dem Aspekt der Amortisation der anfänglichen Aufwendungen der ... GmbH ausgehandelt worden. Die anschließenden Verlängerungsabschnitte von jeweils ... Jahren bieten die Möglichkeit einer weiteren Zusammenarbeit der Parteien. Die Kündigungsfrist von ... Monaten ist so bemessen, dass der andere Vertragsteil genügend Zeit hat, die aufgrund der Vertragsbeendigung erforderlichen wirtschaftlichen Dispositionen zu treffen.

Klarstellend bestimmt § 6 Abs. 2, dass das Recht zur fristlosen Kündigung unberührt bleibt.

Das Schriftformerfordernis (§ 6 Abs. 3) entspricht der Rechtslage.

5. Wirksamkeit

Bei einem Betriebsführungsvertrag handelt es sich nach herrschender Rechtsauffassung um einen Unternehmensvertrag entsprechend § 292 Abs. 1 Nr. 3 AktG. Zu seiner Wirksamkeit bedarf ein Unternehmensvertrag nach § 293 Abs. 1 Satz 1 AktG der Zustimmung der Hauptversammlung. Der Beschluss der Hauptversammlung bedarf nach § 293 Abs. 1 Satz 2 AktG (neben der einfachen Stimmenmehrheit, § 133 Abs. 1 AktG) einer Mehrheit, die mindestens drei Viertel des bei der Beschlussfassung vertretenen Grundkapitals umfasst.

Eine Zustimmung der Gesellschafterversammlung der ... GmbH ist zur Wirksamkeit des Betriebsführungsvertrags nicht erforderlich. Selbst wenn die aktienrechtlichen Vorschriften zu Unternehmensverträgen gemäß §§ 291 ff. AktG auf die GmbH entsprechend Anwendung fänden, bestünde eine solche Zustimmungspflicht gemäß § 293 Abs. 2 AktG nur bei Beherrschungs- und Gewinnabführungsverträgen.

Der Betriebsführungsvertrag wird zudem erst wirksam, wenn sein Bestehen in das Handelsregister der ... AG eingetragen worden ist (§ 294 Abs. 2 AktG).

Für die vorgenannten zwingenden gesetzlichen Wirksamkeitsvoraussetzungen enthält § 7 Abs. 1 entsprechende korrespondieren Regelungen.

§ 7 Abs. 2 des Vertrags ist dem Umstand geschuldet, dass ein nahtloser Übergang der Betriebsführung zwischen der ... Aktiengesellschaft und der ... GmbH erfolgen soll:

Der Betriebsführungsvertrag mit der ... Aktiengesellschaft soll einvernehmlich durch Aufhebungsvertrag beendet werden. Die Aufhebung eines Unternehmensvertrags ist nach § 296 Abs. 1 Satz 1 AktG nur zum Ende des Geschäftsjahres oder des sonst vertraglich bestimmten Abrechnungszeitraums möglich. Eine rückwirkende Aufhebung ist nach § 296 Abs. 1 Satz 2 AktG unzulässig. Da der Abrechnungszeitraum in dem Betriebsführungsvertrag mit der ... Aktiengesellschaft dem Geschäftsjahr der ... AG entspricht, ist die Aufhebung dieses Betriebsführungsvertrags nur zum Ablauf des 31.12. eines Jahres möglich.

Die Wirksamkeit des Betriebsführungsvertrags (mit der ... GmbH) setzt seine Eintragung in das Handelsregister (der ... AG) voraus. Da in das Handelsregister nur bereits eingetretene (und nicht auch zukünftige) Tatsachen eingetragen werden, kann die Eintragung des Betriebsführungsvertrags mit der ... GmbH frühestens am 02.01.... erfolgen, da der Jahreserste ein gesetzlicher Feiertag ist. § 7 Abs. 2 bestimmt, dass die ... GmbH – vorbehaltlich der ungewissen Zustimmung der Hauptversammlung – gleichwohl schon am 01.01.... und damit vor der Wirksamkeit des Vertrags die Betriebsführung zu übernehmen hat. Damit wird im Ergebnis eine rückwirkende Geltung des Betriebsführungsvertrags vereinbart. Eine solche Rückwirkung kann nach allgemeiner Rechtsauffassung wirksam vereinbart werden. Ein praktisches Risiko ist mit dieser Rückwirkung für beide Parteien nicht verbunden. Nach herrschender Rechtsauffassung ist das Eigentümerunternehmen an den Vertrag gebunden und dementsprechend verpflichtet, das Wirksamwerden des Vertrags durch die Anmeldung zum Handelsregister herbeizuführen. Kommt das Eigentümerunternehmen der Pflicht zur Handelsregisteranmeldung nicht nach, ist das Eigentümerunternehmen dem Betriebsführer gegenüber zum Schadensersatz verpflichtet. Umgekehrt ist der Betriebsführer bei einer rückwirkenden Geltung des Betriebsführungsvertrags dem Eigentümerunternehmen nach allgemeinen Regeln (§§ 275, 280, 283 BGB) zum Schadenersatz verpflichtet, wenn die beantragte Handelsregistereintragung erfolgt, aber der Betriebsführer zu dem (infolge der Handelsregistereintragung nunmehr wirksam) vertraglich vereinbarten Zeitpunkt die Betriebsführungstätigkeit nicht aufgenommen hat.

II. Wirtschaftlicher Wert der Betriebsführung

Der wirtschaftliche Wert der Betriebsführung ergibt sich aus einer Gegenüberstellung der Kosten der Betriebsführung einerseits und den Kosteneinsparungen und der voraussichtlichen Ertragsentwicklung andererseits.

1. Kosten

Die jährliche Betriebsführungsvergütung beträgt ... €. Hinzuzusetzen sind die Aufwendungen der ... GmbH, die zum einen ersatzfähig und zum anderen betriebsführungsbedingt sind, also ohne das Bestehen eines Betriebsführungsvertrags nicht anfallen würden. Ausgehend von den durchschnittlichen Aufwendungen der vergangenen drei Jahre in Höhe von ... € und unter Berücksichtigung der Verbreiterung des Geschäftsfeldes der ... AG werden sich diese auf voraussichtlich ca. ... € p. a. belaufen. Die Kosten der Betriebsführung sind daher insgesamt mit ... € p. a. anzusetzen.

2. Kosteneinsparungen durch Nichtvorhaltung einer eigenen Verwaltungsorganisation

Vor dem Abschluss des ersten Betriebsführungsvertrags mit der ... Aktiengesellschaft unterhielt die ... AG eine eigene Organisation. Die damit korrespondierenden Kosten für Personal und materielle Betriebsmittel beliefen sich im Geschäftsjahr vor dem Abschluss des ersten Betriebsführungsvertrags auf rund ... €.

Ausgehend von dem vorgenannten Betrag und unter Berücksichtigung einer durchschnittlichen Teuerungsrate von ... % p. a. ist heute von Kosten für Personal und materielle Betriebsmittel in Höhe von ... € p. a. auszugehen. Zu berücksichtigen ist ferner, dass infolge des Wachstums der ... AG in den vergangenen ... Jahren ein höherer Verwaltungsaufwand bestehen würde. Der Vorstand geht insofern von einer ca. ...%igen Steigerung dieses Verwaltungsaufwands aus.

Ab dem kommenden Jahr kämen weitere Kosten aufgrund der gegenständlichen und räumlichen Verbreiterung der Aktivitäten der ... AG hinzu. Um das Marktsegment ... zu bedienen, wären jährlich ca. weitere ... € an Aufwand für Personal und materielle Betriebsmittel erforderlich. Die laufenden Kosten für eine eigene Organisation in den Ländern ... und ... würden rund ... € betragen.

Würde die ... AG im kommenden Jahr eine eigene Organisation vorhalten, wäre dieses daher mit Kosten für Personal und materielle Betriebsmittel von insgesamt rund ... € verbunden.

Die geringfügigen eigenen Kosten für Personal und materielle Betriebsmittel der ... AG (für Vorstand und Vorstandsbüro) beliefen sich im abgelaufenen Geschäftsjahr auf ... €. Setzt man die jährlichen Betriebsführungskosten hinzu, die durch die ... GmbH nach dem intendierten Betriebsführungsvertrag zukünftig verursacht werden, ergibt sich eine Summe in Höhe von ... €. Dieser Betrag liegt ... € unter den vorgenannten fiktiven Aufwendungen in Höhe von ... €, die sich ergäben, wenn die ... AG eine eigene Organisation vorhalten würde.

Aus einer wirtschaftlichen Vergleichsrechnung folgt daher, dass sich bereits ohne Berücksichtigung der voraussichtlichen Ertragsentwicklung die Fremdbetriebsführung nach wie vor als wirtschaftlicher darstellt, als der Aufbau einer eigenen Verwaltungsorganisation. Allerdings fällt diese Differenz verhältnismäßig gering aus.

3. Voraussichtliche Ertragsentwicklung

Der eigentliche Wert der Betriebsführung durch die ... GmbH ergibt sich denn auch aus der erwarteten Ertragsentwicklung, die selbstverständlich von der gesamtwirtschaftlichen Entwicklung und mehr noch von der Entwicklung der Märkte, auf denen die ...AG tätig ist, und von der Marktstrategie der ... AG abhängt.

a) Gesamtwirtschaftliche Entwicklung

Nach der erneuten Finanzkrise Ende ... zeichnet sich ab, dass sich die Weltwirtschaft in den kommenden zwei Jahren weiter erholen wird. Der Internationale Währungsfonds (IWF) prognostiziert für das kommende Jahr ein Wachstum von ca. ...%. Entsprechend dem Trend der vorangegangenen drei Jahre dürfte nach Einschätzung des Vorstands das Wachstum im übernächsten Jahr erneut leicht über dem Vorjahresniveau liegen.

Das Weltwirtschaftswachstum im kommenden Jahr wird laut IWF voraussichtlich regional deutlich unterschiedlich ausfallen. In den Industrieländern wird mit einem Wachstum von ...% gerechnet, für den Euroraum ein Wachstum von ... % prognostiziert. In Deutschland wird ein Wachstum von ... % erwartet. Die konjunkturelle Entwicklung der Schwellen- und Entwicklungsländer gestaltet sich zwar insgesamt weiterhin positiv. Die wirtschaftliche Expansion der Länder des ... Kontinents liegt mit ...% denn auch unverändert hoch über dem Durchschnitt. Demgegenüber ist die positive konjunkturelle Entwicklung der ... Länder merklich zurückgegangen.

Infolge des politischen Umbruchs erwartet der IWF bereits im kommenden Jahr in ... ein Wachstum von ... %. Der Vorstand nimmt an, dass zumindest mittelfristig von vergleichbaren Wachstumsraten auszugehen ist und hat sich daher für ein zukünftiges Engagement der ... AG in ... entschieden.

Der Vorstand geht davon aus, dass sich die unverändert bestehenden Wachstumsrisiken größtenteils nur in einem verhältnismäßig geringen Ausmaß negativ auf die positiven Wachstumsprognosen auswirken könnten. Die Knappheit an fossilen Brennstoffen wird zwar dazu führen, dass die Preise für Energie nach wie vor hoch bleiben. Aufgrund des weltweit anhaltenden Trends zum Wechsel auf erneuerbare Energieträger sind jedoch keine erheblichen Preissteigerungen zu erwarten. Infolge der weltweit mehrheitlich durch die Länder eingeführten Instrumente zur Finanzregulierung ist zu erwarten, dass das hohe Zinsniveau eher zurückgeht als ansteigen wird. Im Übrigen ist zu beobachten, dass die Wirtschaft bei einer Kreditverknappung durch die Banken und damit einhergehenden steigenden Zinsen zunehmend andere Wege der Finanzierung beschreitet. Sorge bereiten allerdings die Rohstoffpreise für ...; insoweit muss insbesondere die Entwicklung des ...preises auf den Rohstoffmärkten beobachtet werden.

b) Märkte der ... AG

Ebenfalls unterschiedlich entwickeln sich die Märkte, auf denen die ... AG tätig ist bzw. zukünftig sein wird.

Das Marktforschungsinstitut ... rechnet für das kommende Jahr in Deutschland trotz der gesamtwirtschaftlich positiven Wachstumserwartungen erstmals mit einem negativen Wachstum von ...% auf den Geschäftsfeldern ..., ... und ... Im darauf folgenden Jahr wird ebenfalls ein Wachstumsrückgang von ... % erwartet. Diese Prognose unterstreicht die Einschätzung des Vorstands, dass der Verdrängungswettbewerb noch nicht abgeschlossen und kurzfristig keine Erholung des Marktes zu erwarten ist. Ein ähnliches Bild der Marktentwicklung bietet sich bei einer Betrachtung der Eurozone insgesamt. Nur in ... ist infolge einer Veränderung der rechtlichen Rahmenbedingungen von einem verhältnismäßig hohen Wachstum von ... % auszugehen, das zumindest mittelfristig anhalten dürfte. Dieser Umstand bildet denn auch den wesentlich Grund dafür, warum der Vorstand beabsichtigt, zukünftig in ... zu investieren.

Noch in den Anfängen steckt das Geschäftsfeld ..., auf dem zukünftig auch die ... AG operativ tätig sein wird. Entsprechend vorsichtig äußert sich das Marktinstitut ... und rechnet für das kommende Jahr mit einem Wachstum von lediglich ... %. Der Vorstand beurteilt die Wachstumsrate dieses Geschäftsfeldes positiver. Die vergangenen drei Jahre haben gezeigt, dass sich das Geschäftsfeld ... entsprechend dem gesamtwirtschaftlichen Wachstum entwickelt. Es bestehen keine Anzeichen dafür, dass dieses im kommenden Jahr anders sein wird. Aufgrund der unverändert hohen Nachfrage ist auch im darauf folgenden Jahr mit einer Wachstumsrate im Bereich von ... % zu rechnen. Diese Einschätzung wird vom Verband der ... geteilt.

c) Marktstrategie der ... AG

Aufgrund der negativen nationalen Wachstumsprognosen für die Tätigkeitsfelder ..., ... und ... wird sich die ... AG zum einen auf eine Konsolidierung dieser Geschäftsfelder fokussieren. Besonderes Augenmerk wird dabei auf die Senkung der Kosten gerichtet. Darüber hinaus sollen tendenziell wirtschaftlich attraktivere Geschäftsabschlüsse erfolgen. Zum anderen wird die ... AG ihre Aktivitäten auf das neue Geschäftsfeld ... bzw. das künftige Auslandsgeschäft konzentrieren.

d) Umsatz- und Ergebnisentwicklung

Bedingt durch die veränderte Marktstrategie der ... AG rechnet der Vorstand im kommenden Geschäftsjahr – bezogen auf das Inlandgeschäft – mit einem Rückgang der Umsatzerlöse von ... % auf den Geschäftsfeldern ..., ... und ..., was einem Betrag in Höhe von ... € entspricht. Im darauf folgenden Jahr erwartet der Vorstand ... € an Umsatzerlösen.

Auf dem neuen Geschäftsfeld ... soll die ... AG im kommenden Jahr Erlöse in Höhe von ... € erzielen. Entsprechend den Erwartungen des Vorstands zur positiven Marktentwicklung sollen im darauf folgenden Jahr ... € erlöst werden. Im Auslandgeschäft erwartet der Vorstand ... € an Erlösen im kommenden Jahr und ... € im darauf folgenden Jahr.

Insgesamt ist damit in den kommenden zwei Jahren lediglich mit moderaten Umsatzzuwächsen zu rechnen. Die Steigerung der Umsatzerlöse im kommenden Jahr beträgt ... % und im darauf folgenden Jahr ... %. Insbesondere unter Berücksichtigung der Tatsache, dass die Umsätze auf dem neuen Geschäftsfeld ... und im Auslandsgeschäft im Wesentlichen allein der Betriebsführungstätigkeit der ... GmbH zuzurechnen sind, beträgt der Anteil der ... GmbH an der Steigerung der Umsatzerlöse im kommenden Jahr ... % und im darauffolgenden Jahr ...%.

Ein wesentlich positiveres Bild ergibt sich aber bei einer Betrachtung der Ergebnisentwicklung. Aufgrund ihrer exquisiten Branchenkenntnisse wird die ... GmbH nach Einschätzung des Vorstands in der Lage sein, wirtschaftlich wesentlich attraktivere Geschäftsabschlüsse auf den Tätigkeitsfeldern ..., ... und ... zu tätigen. Darüber hinaus verfügt die ... GmbH über ein besonderes Know-how im Bereich ..., was eine erhebliche Reduktion des Aufwandes für ... erwarten lässt. Der Vorstand sieht auf der Grundlage des § 293a Abs. 2 AktG davon ab, dieses Know-how näher zu bezeichnen. Das Know-how ist auf dem Markt noch nicht bekannt und lässt sich rechtlich nicht schützen. Auch eine Größenangabe der Reduktion des Aufwandes für ... unterbleibt, weil diese automatisch Rückschlüsse auf das Know-how bieten würde. Das Bekanntwerden dieser Tatsachen ist geeignet, der ...AG einen nicht unerheblichen Nachteil zuzufügen, da die allgemeine Kenntnis zu einem Preisverfall führen würde, der negative Auswirkungen auf die Ergebnisentwicklung der Gesellschaft hätte.

Die vorstehenden Erwartungen des Vorstands finden ihre Grundlage in den wirtschaftlichen Kennzahlen der ... GmbH in den Jahresabschlüssen der vorangegangenen drei Jahre.

Im Ergebnis erwartet der Vorstand im kommenden Jahr einen Anstieg des EBIT von ... % und im darauf folgenden Jahr von ... %. Der Größenordnung nach entfällt davon ein Anteil in Höhe von ... % auf die Betriebsführung durch die ... GmbH und den damit einhergehenden positiven Effekten auf die Ergebnisentwicklung.

C. Ausgleich und Abfindung

Die §§ 304, 305 AktG, also die Vorschriften über Ausgleich und Abfindung zur Sicherung der außenstehenden Aktionäre, finden nur auf die Unternehmensverträge des § 291 AktG (Beherrschungs- und Gewinnabführungsvertrag) Anwendung und nicht auf die sonstigen Unternehmensverträge des § 292 AktG. Da ein Betriebsführungsvertrag wie ein Unternehmensvertrag i. S. d. § 292 Abs. 1 Nr. 3 AktG behandelt wird und dementsprechend die §§ 304, 305 AktG keine Anwendung finden, enthält der Betriebsführungsvertrag mit der ... GmbH keine Regelungen über Ausgleich und Abfindung.

D. Stand der Vertragsprüfung

Auf Antrag des Vorstands der ... AG vom ... hat das Landgericht ... gemäß § 293c Abs. 1 Satz 1 AktG mit Beschluss vom ... die ... Wirtschaftsprüfungsgesellschaft mbH, ..., ... zum Vertragsprüfer bestellt. Der Vorstand der ... AG hat die ... Wirtschaftsprüfungsgesellschaft mbH dementsprechend am ... beauftragt, die Prüfung des Betriebsführungsvertrags vorzunehmen.

..., den ...

_____

... AG
Vorstand

b) Formularkommentare

1. Verpflichteter

Der Bericht über den Betriebsführungsvertrag ist vom Vorstand der Aktiengesellschaft zu erstatten[421]. Die Pflicht zur Berichterstattung trifft nur den Vorstand des Eigentümers. Der Vorstand des Betriebsführers ist nicht zur Berichterstattung verpflichtet, da der Betriebsführungsvertrag keiner Zustimmung gemäß § 293 Abs. 2 AktG bedarf und nach § 293a Abs. 1 Satz 1 AktG nur eine Berichtspflicht besteht, soweit die Zustimmung der Hauptversammlung nach § 293 AktG erforderlich ist[422].

Die Berichtspflicht richtet sich an den Vorstand als Kollegialorgan. Dementsprechend hat der Vorstand in seiner Gesamtheit über den Bericht nach § 77 AktG zu beschließen; eine Vertretung ist insoweit ausgeschlossen[423].

2. Allgemeine Inhaltsanforderungen

Ausgehend vom Gesetzeswortlaut (§ 293a Abs. 1 Satz 1 HS 1 AktG) hat der Vorstand über drei Komplexe zu berichten und zwar (erstens) über den Abschluss des Unternehmensvertrags, (zweitens) den Vertrag im Einzelnen und (drittens) insbesondere Art und Höhe des Ausgleichs nach § 304 AktG und der Abfindung nach § 305 AktG.

Da der Gesetzgeber § 293a Abs. 1 AktG § 8 Abs. 1 UmwG nachgebildet hat, kann man sich an den Anforderungen orientieren, die an den Inhalt des Verschmelzungsberichts gestellt werden[424].

---

[421] Bei einer Kommanditgesellschaft auf Aktien ist der Bericht durch die Komplementäre zu erstatten (§ 278 Abs. 2 AktG). Der Wortlaut des § 293a Abs. 1 Satz 1 AktG ist insoweit missglückt, s. Hüffer/Koch, § 293a Rn. 8; KölnerKommAktG/Koppensteiner, § 293a Rn. 17; Neun, S. 45.

[422] Emmerich/Habersack/Emmerich, § 293a Rn. 9; KölnerKommAktG/Koppensteiner, § 293a Rn. 16; Hüffer/Koch, § 293a Rn. 7; Neun, S. 44; Bungert, DB 1995, 1384, 1387.

[423] OLG Stuttgart AG 2004, 105, 106; KölnerKommAktG/Koppensteiner, § 293a Rn. 17; Hüffer/Koch, § 293a Rn. 8; EmmerichHabersack/Emmerich, § 293a Rn. 16; GroßkommAktG/Mülbert, § 293a Rn. 20 ff.; Spindler/Stilz/Veil, § 293a Rn. 6; Neun, S. 44 f.; abweichend für den Fall, dass eine anderweitige Arbeitsaufteilung aufgrund der Satzung oder Geschäftsordnung besteht: MünchKommAktG/Altmeppen, § 293a Rn. 29.

[424] MünchKommAktG/Altmeppen, § 293a Rn. 37; Spindler/Stilz/Veil, § 293a Rn. 9; GroßkommAktG/Mülbert, §293a Rn. 24.

a) Ausführlichkeit

Der Vorstand hat einen „ausführlichen" Bericht zu erstatten. Danach stellt sich die Frage nach der Intensität des Berichts. Der Aktionär soll durch den Bericht in die Lage versetzt werden, eine Plausibilitätskontrolle der Entscheidung des Vorstands vornehmen zu können, um so eine geeignete Entscheidungsgrundlage für sein Abstimmungsverhalten zu erhalten[425]. Den Aktionären ist ein so umfassendes und detailgenaues Bild von dem Zweck des Unternehmensvertrags und dessen wirtschaftlichen und rechtlichen Auswirkungen zu vermitteln, dass diese in der Lage sind, eine sachgerechte Beurteilung der Zweckmäßigkeit vornehmen zu können[426]. Einerseits sind dementsprechend bloße Behauptungen, nichts sagende Angaben, formelhafte Formulierungen oder eine allgemeine Bezugnahme auf generelle Motive von Unternehmensverträgen unzureichend[427]. Andererseits braucht der Bericht nicht so weit gehen, dass den Aktionären wie einem Sachverständigen eine eigene sachliche Prüfung des ganzen Vorgangs möglich würde[428]. Konkret lässt sich die Grenzziehung an dem Beispiel veranschaulichen, dass der Vorstand als einen Grund für den Abschluss des Betriebsführungsvertrags Einsparungen im Personalbereich anführt. Unzureichend wäre der Bericht, wenn der Vorstand sich auf die Aussage beschränken würde, dass der Betriebsführungsvertrag zu Kosteneinsparungen im Personalbereich führe. Die Anforderungen an einen ausführlichen Bericht würden allerdings überspannt, wenn man vom Vorstand verlangen würde, die Kosten für die einzelnen Mitarbeiter darzulegen. Der Vorstand genügt seiner Pflicht zur ausführlichen Berichterstattung, wenn er die Einsparungen – allerdings auf nachvollziehbarer Basis – grob schätzt[429].

b) Erläuterung und Begründung

Die drei Berichtskomplexe sind rechtlich und wirtschaftlich zu erläutern und zu begründen. Zum einen ist danach über die juristischen und betriebswirtschaftlichen Aspekte des Betriebsführungsvertrags Bericht zu erstatten. Zum anderen sind die Berichtskomplexe zu erläutern und zu begründen. Erläuterung bedeutet das Darstellen von Tatsachen und Sachverhalten, Begründung die Wiedergabe unternehmerischer Bewertungen und Einschätzungen. Die Tatsachen und Sachverhalte müssen richtig und vollständig dargestellt werden, die Bewertungen und Einschätzungen müssen so treffend wiedergegeben werden, wie sie der Auffassung des Vorstands entsprechen[430]. Der Vorstand hat dabei eine Trennung zwischen Tatsachendarstellung und Bewertung vorzunehmen, damit die Aktionäre die Tatsachen selbständig beurteilen

---

[425] KG AG 2009, 30, 34; LG Frankfurt NZG 2013, 140, 141; GroßkommAktG/Mülbert, § 293a Rn. 25; KölnerKommAktG/Koppensteiner, § 293a Rn. 24; Emmerich/Habersack/Emmerich, § 293a Rn. 22; MünchKommAktG/Altmeppen, § 293a Rn. 38; Spindler/Stilz/Veil, § 293a Rn. 10; für den Verschmelzungsbericht ebenso: OLG Jena NJW-RR 2009, 182 183; OLG Düsseldorf DB 2002, 781; OLG Karlsruhe WM 1989, 1137, 1138; OLG Hamm DB 1988, 1842 f.; Lutter/Winter/Lutter/Drygala, § 8 Rn. 3, 12; KölnerKommUmwG/Simon, § 8 Rn. 18; Mertens, AG 1990, 20, 22.

[426] Neun, S. 52 f.

[427] GroßkommAktG/Mülbert, § 293a Rn. 40; Neun, S. 51; Wilhelm, EWiR 1999, 389, 390; für den Verschmelzungsbericht vgl. auch: LG München I AG 2000, 87, 88.

[428] GroßkommAktG/Mülbert, § 293a Rn. 41; Emmerich/Habersack/Emmerich, § 293a Rn. 22; für den Verschmelzungsbericht ebenso: OLG Saarbrücken AG 2011, 343, 344; OLG Jena NJW-RR 2009, 182, 183; OLG Düsseldorf AG 2002, 398, 400; 1999, 418, 419; OLG Hamm 1999, 422, 424 f.; LG Mainz AG 2002, 247, 248; KölnerKommUmwG/Simon, § 8 Rn. 18.

[429] Vgl. Emmerich/Habersack/Emmerich, § 293a Rn. 20; GroßkommAktG/Mülbert, § 293a Rn. 26; zum Verschmelzungsbericht auch: OLG Hamm AG 1999, 422, 424; OLG Düsseldorf ZIP 1999, 793, 795; KölnerKommUmwG/Simon, § 8 Rn. 21; Semler/Stengel/Gehling, § 8 Rn. 17.

[430] Für den Verschmelzungsbericht: Semler/Stengel/Gehling, § 8 Rn. 14.

und die Bewertungen des Vorstands anhand eigener Überlegungen nachvollziehen können[431]. Diese Trennung bedeutet keine räumliche Trennung des Textes. Ausreichend ist, wenn der Vorstand kenntlich macht, an welcher Stelle er Tatsachen schildert und wo er eine Bewertung vornimmt[432].

c) Adressatenorientiertheit

Der Bericht ist in einer für die Aktionäre verständlichen Weise zu erstatten. Dies bedeutet, dass auf den Erfahrungs- und Kenntnisstand eines durchschnittlichen Aktionärs abzustellen ist[433]. Der Gehalt des Vertrags muss auch juristisch und betriebswirtschaftlich nicht vorgebildeten Aktionären verständlich sein[434]. Da der Bericht dem Aktionär lediglich eine Plausibilitätskontrolle ermöglichen soll, ist nicht erforderlich, dass der Vorstand den Bericht mit komplexen Einzelheiten und Fachtermini versieht[435]. Auch bei dem Informationsbedürfnis ist auf den durchschnittlichen Aktionär abzustellen. Demgemäß müssen besondere Informationsbedürfnisse Einzelner nicht berücksichtigt werden. Diesen bleibt die Möglichkeit, in der Hauptversammlung ihr Fragerecht (§ 293g Abs. 3 AktG) auszuüben[436].

d) Umfang

Ein bestimmter Umfang ist für den Vertragsbericht nicht vorgesehen. Teilweise wird vertreten, dass der Vertragsbericht in seinem Umfang hinter dem Verschmelzungsbericht zurückbleiben kann[437] und innerhalb der Vertragsberichte der Bericht für die Verträge des § 292 AktG – und damit auch für den Betriebsführungsvertrag – wesentlich kürzer ausfallen kann, als bei einem Unternehmensvertrag nach § 291 AktG[438]. Richtigerweise kommt es nicht auf den Umfang des Vertragsberichts an, sondern darauf, ob der Bericht diejenigen Tatsachen enthält, die den Aktionären eine Plausibilitätskontrolle ermöglichen[439]. Danach kann der Vertragsbericht für den Betriebsführungsvertrag im Einzelfall bei einfacher Sach- und Rechtslage verhältnismäßig knapp ausfallen oder eben auch bei komplexen Sachverhalten breitere Ausführungen erfordern. Bei einem entsprechenden Berichtsumfang ist es empfehlenswert, dem Bericht ein Inhaltsverzeichnis voranzustellen; für die Berichte zu den Verträgen des § 291 AktG ist dieses in der Praxis verbreitet[440].

---

[431] GroßkommAktG/Mülbert, § 293a Rn. 25; Neun, S. 53 f.

[432] Köhn, Der Konzern 2013, 323, 325.

[433] MünchKommAktG/Altmeppen, § 293a Rn. 42; Neun, S. 53.

[434] KölnerKommAktG/Koppensteiner, § 293a Rn. 29; GroßkommAktG/Mülbert, § 293a Rn. 45; für den Verschmelzungsbericht auch: KölnerKommUmwG/Simon, § 8 Rn. 24; wohl enger: Semler/Stengel/Gehling, § 8 Rn. 21, wonach vorausgesetzt werden könne, dass die Aktionäre über den Gehalt der gesetzlichen Regelungen Kenntnis haben.

[435] Neun, S. 53.

[436] Für den Verschmelzungsbericht: LG Frankenthal WM 1989, 1854, 1858; KölnerKommUmwG/Simon, § 8 Rn. 19.

[437] Bungert, DB 1995, 1384, 1388.

[438] So noch: Emmerich/Habersack/Emmerich, 6. Aufl., § 293a Rn. 27.

[439] So, zum Verhältnis des Umfangs von Verschmelzungs- und Unternehmensvertragsbericht: MünchKommAktG/Altmeppen, § 293a Rn. 41.

[440] Köhn, Der Konzern 2013, 323, 325.

3. Aufbau

§ 293a Abs. 1 Satz 1 HS 1 AktG enthält keine Vorgaben für den Aufbau des Berichts. Für die Praxis empfiehlt es sich, mit einer Einleitung zu beginnen (Buchst. A des Formulars), anschließend in der Reihenfolge der gesetzlichen Nennung die drei Berichtskomplexe zu behandeln (Buchst. B des Formulars), sodann auf den Komplex Ausgleich und Abfindung einzugehen (Buchst. C des Formulars) und abschließend über den Stand des Verfahrens der Vertragsprüfung zu berichten (Buchst. D des Formulars).

a) Einleitung

Zu Beginn des Berichts sollte der Vorstand kurz darstellen, warum er den Bericht verfasst hat und warum der Aktionär den Bericht lesen sollte. Daher sollte zunächst geschildert werden, dass die Gesellschaft und der Betriebsführer einen Betriebsführungsvertrag geschlossen haben bzw. beabsichtigen, dieses zu tun. Der Inhalt des Vertrags sollte schlagwortartig bezeichnet werden. Ferner kann an dieser Stelle angegeben werden, auf wessen Initiative auf Seiten der Eigentümergesellschaft (vom Vorstand oder der Hauptversammlung nach § 83 Abs. 1 Satz 2 AktG) der Vertragsabschluss ausgeht[441]. Schließlich sollte geschildert werden, dass und wann der Betriebsführungsvertrag der Hauptversammlung zur Zustimmung vorgelegt wird und dass der Bericht zur Unterrichtung der Aktionäre sowie zur Vorbereitung ihrer Beschlussfassung erstattet wird.

b) Vertragsabschluss

aa) Wirtschaftliche Ausgangslage

Wie beim Verschmelzungsbericht ist die wirtschaftliche Ausgangslage der beteiligten Unternehmen zu erläutern. Für den Betriebsführer versteht sich das von selbst, da die Kenntnis vom potentiellen Vertragspartner eine wesentliche Information für die Aktionäre des Eigentümers darstellt[442]. Für die Entscheidung der Aktionäre ist von Bedeutung, ob der Betriebsführer geeignet ist, die Geschäfte der Gesellschaft zu führen oder anders ausgedrückt ist für die Aktionäre von Interesse, „mit wem sie es zu tun haben".

Ebenso ist die wirtschaftliche Ausgangslage des Eigentümerunternehmens zu erläutern[443]. Dem mag entgegen gehalten werden, dass die Kenntnis der eigenen Gesellschaft bei den Aktionären unterstellt werden darf, weshalb die Darstellung entbehrlich ist[444]. Die besseren Argumente sprechen jedoch für eine Darstellung der wirtschaftlichen Ausgangslage auch des Eigentümerunternehmens: Mit dem Abschluss des Betriebsführungsvertrags verfolgt der Vorstand ein bestimmtes Ziel, das seinen Ausgangspunkt in bestimmten – den Aktionären nicht notwendigerweise bekannten – wirtschaftlichen Daten des Eigentümerunternehmens haben kann. Auch sollen sich die Aktionäre bei einer Gegenüberstellung der am Vertragsschluss

---

[441] Emmerich/Habersack/Emmerich, § 293a Rn. 20; GroßkommAktG/Mülbert, § 293a Rn. 26; Neun, S. 59; für den Verschmelzungsbericht auch: Mertens, AG 1990, 22, 25.

[442] Neun, S. 54; vgl. auch: MünchKommAktG/Altmeppen, § 293a Rn. 40.

[443] Ebenso (außer bei getrennter Berichterstattung (was nur die Verträge des § 291 AktG betrifft)): GroßkommAktG/Mülbert, § 293a Rn. 28.

[444] So: MünchKommAktG/Altmeppen, § 293a Rn. 40; für den Verschmelzungsbericht auch: Lutter/Winter/Lutter/Drygala, § 8 Rn. 14; für den Verschmelzungsbericht vermittelnd: KölnerKommUmwG/Simon, § 8 Rn. 20; Semler/Stengel/Gehling, § 8 Rn. 16, wonach die Darstellung des eigenen Rechtsträgers entsprechend knapp ausfallen könne.

beteiligen Unternehmen ein Bild darüber machen können, ob die Vertragspartner zueinander „passen", etwa was die verfolgte Unternehmenspolitik anlangt[445]. Aus diesem Grund wird unter Buchst. A.I des Formulars die wirtschaftliche Ausgangslage beider Parteien dargestellt.

Bei der Erläuterung der wirtschaftlichen Ausgangslage sind die Vertragspartner vorzustellen. Dieses beinhaltet zunächst die Angabe von Firma, Rechtsform, Sitz und Unternehmensgegenstand[446]. Zu berichten ist sodann etwa hinsichtlich des Tätigkeitsfeldes, Umsatzvolumens, Marktanteils, Mitarbeiterumfangs sowie über Gesellschafts- und Beteiligungsstrukturen[447]. In der Praxis wird vielfach (auch ohne dass dafür eine Notwendigkeit besteht) eine kurze Zusammenfassung der jüngeren Unternehmensgeschichte und der jüngsten Geschäftsentwicklung beigefügt[448].

bb) Gründe für den Vertragsabschluss

Sodann hat der Vorstand über die Gründe für den Vertragsschluss zu berichten (Buchst. A.II des Formulars). Berichten ist insofern in einem ersten Schritt über die mit dem Vertragsabschluss beabsichtigten betriebswirtschaftlichen Ziele. In einem zweiten Schritt ist über die Vorteile und Chancen (z. B. Synergieeffekte, Kostensenkungen, Verbesserung der Wettbewerbsfähigkeit) zu berichten. Diesen sind in einem dritten Schritt Nachteile und Risiken (z. B. zusätzliche Kosten, Abhängigkeitsrisiko vom wirtschaftlichen Erfolg des Betriebsführers) gegenüberzustellen[449].

cc) Auswirkungen

Die wesentlichen (erwarteten) Auswirkungen des Betriebsführungsvertrags sind anschließend darzustellen (Buchst. A.III des Formulars). Dieses gilt namentlich für die finanzwirtschaftlichen, bilanziellen, gesellschaftsrechtlichen und steuerlichen Folgen des Betriebsführungsvertrags[450]. Eine sachgerechte Beurteilung der Entscheidung des Vorstands ist den Aktionären überhaupt erst möglich, wenn sie nicht nur über die unmittelbaren Folgen des Betriebsführungsvertrags informiert werden, sondern Kenntnis von den wirtschaftlichen und rechtlichen Auswirkungen erhalten[451].

dd) Alternativen

Als nächstes sind die Alternativen zum Abschluss des Betriebsführungsvertrags zu erläutern. Die Alternativen zum Betriebsführungsvertrag bestehen darin, keinen Betriebsführungsvertrag abzuschließen (sondern die Betriebsführung vollständig mit der eigenen Organisation durchzuführen), einen Betriebsführungsvertrag mit einem anderen Betriebsführer einzugehen,

---

[445] Köhn, Der Konzern 2013, 323, 326.
[446] Emmerich/Habersack/Emmerich, § 293a Rn. 20.
[447] Neun, S. 54; für den Verschmelzungsbericht auch: Lutter/Winter/Lutter/Drygala, § 8 Rn. 14; KölnerKommUmwG/Simon, § 8 Rn. 20.
[448] Für den Verschmelzungsbericht: Semler/Stengel/Gehling, § 8 Rn. 16.
[449] Vgl. MünchKommAktG/Altmeppen, § 293a Rn. 42; GroßkommAktG/Mülbert, § 293a Rn. 26; Neun, S. 55 f.; für den Verschmelzungsbericht auch: Semler/Stengel/Gehling, § 8 Rn. 17; KölnerKommUmwG/Simon, § 8 Rn. 21; Lutter/Winter/Lutter/Drygala, § 8 Rn. 15.
[450] Spindler/Stilz/Veil, § 293a Rn. 11; GroßkommAktG/Mülbert, § 293a Rn. 26; vgl. auch: Neun, S. 65; für den Verschmelzungsbericht auch: Semler/Stengel/Gehling, § 8 Rn. 20, Lutter/Winter/Lutter/Drygala, § 8 Rn. 15.
[451] Köhn, Der Konzern 2013, 323, 326.

einen anderen Unternehmensvertrag i. S. d. § 291 f. AktG zu schließen oder eine Verschmelzung durchzuführen. Ferner kommen etwa der Abschluss eines Unternehmenskaufvertrags, eines Beratervertrags oder eines Know-how-Vertrags in Betracht. Diese Alternativen sind anzusprechen und aufzuzeigen, warum sie weniger geeignet erscheinen als der geplante Vertragsschluss[452]. Dabei gilt der Grundsatz, dass je fern liegender eine Alternative ist, desto knapper der Bericht ausfallen kann[453]. Ganz fern liegende allenfalls hypothetische Alternativen müssen überhaupt nicht berücksichtigt werden[454]. Insofern kommt es jeweils auf die konkrete Ausgangssituation an. Entsprechend der Ausgangslage werden in dem Formular als Alternativen zum Abschluss des Betriebsführungsvertrags (mit dem neuen Betriebsführer) die Fortsetzung des Betriebsführungsvertrags mit dem bisherigen Betriebsführer, der Abschluss eines neuen Betriebsführungsvertrags mit dem bisherigen Betriebsführer, der Abschluss eines Betriebsführungsvertrags mit einem anderen als dem designierten Betriebsführer, der Aufbau einer eigenen Organisation, der Abschluss eines anderen Unternehmensvertrags und eine Verschmelzung thematisiert (Buchst. A.IV des Formulars).

ee) Abwägung der Vor- und Nachteile

In einem letzten Schritt sind die bereits beschriebenen Vor- und Nachteile des beabsichtigten Unternehmensvertrags gegeneinander abzuwägen (Buchst. A.V des Formulars). Der Vorstand hat darzulegen, warum aus seiner Sicht die Vorteile gegenüber den Nachteilen überwiegen und den Abschluss des Unternehmensvertrags als das geeignete Mittel zur Verfolgung des Unternehmenszwecks erscheinen lassen und warum die Aktionäre dem zustimmen sollten[455]. Hat der Vorstand (entsprechend dem Inhalt des Formulars) im Rahmen der Erläuterung der Vor- und Nachteile bereits seine Einschätzungen und Bewertungen mitgeteilt, kann er sich in diesem Abschnitt darauf beschränken, die tragenden Gründe zusammenzufassen[456].

c) Vertragsinhalt

aa) Allgemeine Anforderungen

Über den Vertrag ist nach dem Wortlaut des § 293a Abs. 1 Satz 1 HS 1 AktG „im Einzelnen" zu berichten. Daraus folgt zum einen, dass sämtliche Vertragsabsprachen offenzulegen sind und zwar unabhängig davon, ob sie in der Vertragsurkunde oder in Nebenvereinbarungen dazu geregelt sind. Zum anderen bedeutet dieses, dass sich der Vorstand nicht auf eine Wiedergabe des Vertragstextes beschränken kann, sondern die einzelnen Vertragselemente so aufzubereiten hat, dass ein durchschnittlicher Aktionär die rechtliche und wirtschaftliche Tragweite der Elemente eigenständig beurteilen kann[457]. Unter Buchst. B.I des Formulars werden die Einzelregelungen des Vertrags erläutert und begründet.

---

[452] Spindler/Stilz/Veil, § 293a Rn. 12; GroßkommAktG/Mülbert, § 293a Rn. 27; Neun, S. 58; für den Verschmelzungsbericht auch: KölnerKommUmwG/Simon, § 8 Rn. 23; Semler/Stengel/Gehling, § 8 Rn. 18.

[453] Vgl. bereits Neun, S. 58 f., wonach es völlig ausreiche, bei Abschluss eines Unternehmensvertrags des § 291 AktG zur Implementierung der steuerlichen Organschaft den Aktionären kurz die Gründe mitzuteilen, warum die Verschmelzung als Alternative nicht in Betracht kommt.

[454] Für den Verschmelzungsbericht: Semler/Stengel/Gehling, § 8 Rn. 18; KölnerKommUmwG/Simon, § 8 Rn. 23.

[455] GroßkommAktG/Mülbert, § 293a Rn. 27; Neun, S. 58; für den Verschmelzungsbericht auch: Lutter/Winter/Lutter/Drygala, § 8 Rn. 16.

[456] Köhn, Der Konzern 2013, 323, 327.

[457] Neun, S. 61.

bb) Vertragstyp

Im Rahmen der Erläuterung und Begründung des Vertrags im Einzelnen muss der Vorstand den Vertragstyp nach h. M. genau bezeichnen[458]. Beim Betriebsführungsvertrag hat der Vorstand darüber hinaus zu erläutern, warum dieser nach seiner konkreten Ausgestaltung seine Pflicht zur eigenverantwortlichen Leitung der Gesellschaft gemäß § 76 Abs. 1 AktG unberührt lässt. Ferner hat der Vorstand den Unterschied zwischen echtem und unechtem Betriebsführungsvertrag darzustellen und zu begründen, für welche Alternative er sich entschieden hat[459].

cc) Einzelregelungen

Hinsichtlich der Erläuterung und Begründung der Einzelregelungen des Vertrags ist zwischen dem Gehalt der einzelnen Regelungen zu differenzieren:

Nach allgemeiner Meinung gehört die Erläuterung einer von der gewöhnlichen, nach dem Gesetz bestehenden Vertragssituation abweichenden Regelung zum erforderlichen Berichtsinhalt. Das Gebot einer effektiven Information erfordert in diesem Fall, etwaige Gründe einer problematischen Regelung, aufgrund deren die Angemessenheit der Regelung beurteilt werden kann, anzuführen und die möglichen Folgen einer derartigen Regelung offenzulegen[460].

Im Übrigen wird unterschiedlich beurteilt, welche Regelungen der Erläuterung und Begründung bedürfen. Einer Auffassung nach sind alle wesentlichen Regelungen des Vertrags hinsichtlich ihres Inhalts und ihrer Tragweite zu erläutern. Lediglich die typischen (durch die gesetzlichen Regelungen bedingten) Standardregelungen müssten nicht erklärt werden[461]. Nach einer engeren Ansicht sind auch die typischen Standardregelungen erläuterungs- und begründungsbedürftig[462]. Einer weniger strengen Auffassung nach genügt der Vorstand seiner Berichtspflicht, wenn er sich auf die Regelungen beschränkt, die aus der Sicht eines Laien erläuterungsbedürftig sind[463].

Auszugehen ist einerseits vom Gesetzeswortlaut. Danach ist der Vertrag „im Einzelnen" zu erläutern und zu begründen. Dies bedeutet, dass sämtliche Regelungen, also auch die typischen, zu behandeln sind. Andererseits soll der Bericht den Aktionären lediglich eine Plausibilitätskontrolle ermöglichen. Daraus folgt, dass nicht alle Regelungen gleichermaßen breit zu erörtern sind. Regelungen, die rechtliche oder wirtschaftliche Risiken mit sich bringen, sind daher ausführlich zu erörtern. Dagegen können typische Vertragsregelungen kurz abgehandelt werden. Bei einer salvatorischen Klausel etwa genügt der Vorstand seiner Berichtspflicht, wenn er darauf hinweist, dass es sich um eine übliche Schlussklausel handelt, die verhindern

---

[458] MünchKommAktG/Altmeppen, § 293a Rn. 41; GroßkommAktG/Mülbert, § 293a Rn. 31; Spindler/Stilz/Veil, § 293a Rn. 14; Hüffer/Koch, § 293a Rn. 13; Emmerich/Habersack/Emmerich, § 293a Rn. 21; Neun, S. 62; abweichend: KölnerKommAktG/Koppensteiner, § 293a Rn. 29.

[459] Köhn, Der Konzern 2013, 323, 327.

[460] KG AG 2009, 30, 34; Spindler/Stilz/Veil, § 293a Rn. 14; GroßkommAktG/Mülbert, § 293a Rn. 31; KölnerKommAktG/Koppensteiner, § 293a Rn. 29; Emmerich/Habersack/Emmerich, § 293a Rn. 22; Neun, S. 62; Wilhelm, EWiR 1999, 389 (390).

[461] Für den Verschmelzungsbericht: Semler/Stengel/Gehling, § 8 Rn. 21.

[462] MünchHdbAG/Krieger, § 71 Rn. 30; Bungert, DB 1995, 1384, 1388; dagegen: Hüffer/Koch, § 293a Rn. 13; KölnerKommAktG/Koppensteiner, § 293a Rn. 29.

[463] Neun, S. 62; für den Verschmelzungsbericht auch: Lutter/Winter/Lutter/Drygala, § 8 Rn. 17.

soll, dass bei einer Nichtigkeit von einzelnen Vertragsklauseln eine Gesamtnichtigkeit des Vertrags nach § 139 BGB eintritt[464].

dd) Wirtschaftlicher Wert

Der Schwerpunkt der Berichtspflicht zum Vertragsinhalt liegt bei dem Betriebsführungsvertrag in einer Vergleichsrechnung, in der darzulegen und zu bewerten ist, wie sich die Kosten der Betriebsführung zu den Kosteneinsparungen und der zu erwarteten Ertragsentwicklung verhalten[465]. Die Vergleichsrechnung ist unter Buchst. B.II des Formulars abgebildet.

Die Kosten der Betriebsführung setzen sich aus der Vergütung für die Betriebsführung und den voraussichtlichen Aufwendungen zusammen, für welche der Betriebsführer nach den vertraglichen Vereinbarungen und in Ermangelung solcher gemäß § 670 BGB Ersatz verlangen kann.

Kosteneinsparungen können sich insbesondere ergeben, wenn der Betriebsführer ganz oder teilweise die Betriebsführung mit eigenem Personal ausführt und insoweit ein Aufwendungsersatzanspruch vereinbarungsgemäß ausgeschlossen ist. Entsprechendes gilt für fachliche Fähigkeiten, die der Betriebsführer mitbringt und deren Leistung vertraglich geschuldet ist, sofern dadurch ein Aufwand für externe Beratungsleistungen entfällt.

Fallen die Kosteneinsparungen höher aus als die Kosten der Betriebsführung, was insbesondere dann der Fall sein kann, wenn der Betriebsführer die Betriebsführungsaufgaben (auf eigene Kosten) mit eigenem Personal ausführt, kann gleichwohl nicht davon abgesehen werden, zu der erwarteten Ertragsentwicklung Stellung zu nehmen, da sich erst aus einer Gesamtschau ergibt, welchen wirtschaftlichen Wert die Betriebsführung hat.

Hinsichtlich der erwarteten Ertragsentwicklung können die Grundsätze herangezogen werden, die für die Erstellung des Prognoseberichts nach § 289 Abs. 1 Satz 4 HGB gelten. Dabei hat der Vorstand herauszuarbeiten, welchen Anteil der Betriebsführer an der erwarteten Umsatz- und Ergebnisentwicklung hat.

d) Ausgleich und Abfindung

Der dritte Berichtskomplex betrifft die in § 293a AktG vorgegebene Verpflichtung zur Erläuterung und Begründung der Art und Höhe des Ausgleichs nach § 304 AktG und der Abfindung nach § 305 AktG. Das Angebot eines angemessenen Ausgleichs bzw. einer angemessenen Abfindung gemäß §§ 304, 305 AktG ist jedoch ausschließlich für Beherrschungs- und Gewinnabführungsverträge (§ 291 AktG) vorgesehen. Andere Unternehmensverträge i. S. d. § 292 AktG müssen demgegenüber keine Regelungen über einen Ausgleich bzw. eine Abfindung enthalten, sofern sie nicht in Wirklichkeit auch einen Gewinnabführungs- oder Beherr-

---

[464] Köhn, Der Konzern 2013, 323, 327.

[465] KölnerKommAktG/Koppensteiner, § 293a Rn. 37; Neun, S. 64, 65; eingehend: Köhn, Der Konzern 2013, 323, 327 f.; wohl enger: LG München ZIP 2010, 522, 523; Spindler/Stilz/Veil, § 293a Rn. 14; Großkomm-AktG/Mülbert, § 293a Rn. 31, wonach nur die Annahmen des Vorstands zur Angemessenheit der Gegenleistung anzugeben seien; ablehnend: MünchKommAktG/Altmeppen, § 293a Rn. 43, nach dem es insoweit (für Ausführungen in dem Bericht zur Angemessenheit von Leitung und Gegenleistung) eindeutig an einer entsprechenden gesetzgeberischen Entscheidung fehle.

schungsvertrag darstellen[466]. Daher entfällt auch beim Betriebsführungsvertrag der dritte Berichtskomplex[467]. Dieses wird unter Buchst. C des Formulars erläutert.

e) Stand der Vertragsprüfung

Wie in der Praxis üblich sollte – auch wenn dafür keine rechtliche Notwendigkeit besteht – der Bericht damit abschließen, über den Stand der Vertragsprüfung zu informieren (Buchst. D des Formulars).

4. Form

Der Bericht muss gemäß § 293a Abs. 1 Satz 1 HS 1 AktG schriftlich erstattet werden. Danach ist der Bericht durch den Vorstand eigenhändig durch Namensunterschrift oder mittels notariell beglaubigten Handzeichens zu unterzeichnen (§ 126 Abs. 1 BGB)[468]. Da sich die Berichtspflicht an den Vorstand in seiner Gesamtheit richtet, ist er – vorbehaltlich einer abweichenden Regelung in der Satzung oder der Geschäftsordnung, nach der eine Erklärungsvertretung zulässig ist – durch sämtliche Vorstandsmitglieder zu unterzeichnen. Eine Unterzeichnung durch Vorstandsmitglieder in vertretungsberechtigter Anzahl genügt also nicht[469]. Die schriftliche Form kann nach § 126 Abs. 3 BGB durch die elektronische Form gemäß § 126a BGB ersetzt werden[470].

5. Einschränkung der Berichtspflicht

Gemäß § 293a Abs. 2 Satz 1 AktG brauchen Tatsachen nicht in den Bericht aufgenommen werden, deren Bekanntwerden geeignet ist, einem der vertragsschließenden Unternehmen oder einem verbundenen Unternehmen einen nicht unerheblichen Nachteil zuzufügen. Sensible und damit geheimhaltungsbedürftige Tatsachen sind solche, die der Konkurrenz Rückschlüsse auf die Marktpositionierung der Gesellschaft oder ihre Strategie ermöglichen würden[471]. Dies trifft beispielsweise auf besonders günstige Bezugsquellen, eine fast ausgereifte Erfindung und vor allem auf Einzelheiten der Ertragsprognose zu[472].

---

[466] Spindler/Stilz/Veil, § 293b Rn. 5; Emmerich/Habersack/Emmerich, § 293b Rn. 5; Hüffer/Koch, § 293b Rn. 6; GroßkommAktG/Mülbert, § 293b Rn. 21.

[467] MünchHdbAG/Krieger, § 73 Rn. 63; Köhn, Der Konzern 2011, 530, 539.

[468] Abweichend nur: K. Schmidt/Lutter/Langenbucher, § 293a Rn. 7, wonach eine Unterzeichnung durch den Vorstand entbehrlich sei, da § 293a AktG lediglich bezwecke, eine mündliche Berichterstattung zu verbieten.

[469] OLG Stuttgart AG 2004, 105, 106; Hüffer, in: FS Claussen, 1997, 171, 176 ff.; Köhn, Der Konzern 2013, 323, 328; zustimmend auch: KölnerKommAktG/Koppensteiner, § 293a Rn. 19; Neun, S. 46 ff, die für die Praxis eine Unterzeichnung durch sämtliche Vorstandsmitglieder empfehlen, da sich die Rechtsfigur des Erklärungsvertreters noch nicht durchgesetzt habe; abweichend (Unterzeichnung durch Vorstandsmitglieder in vertretungsberechtigter Zahl ausreichend): Hüffer/Koch, § 293a Rn. 10; GroßkommAktG/Mülbert, § 293a Rn. 43; Emmerich/Habersack/Emmerich, § 293a Rn. 18; K. Schmidt/Lutter/Langenbucher, § 293a Rn. 8; Spindler/Stilz/Veil, § 293a Rn. 8; im Ergebnis abweichend auch: MünchKommAktG/Altmeppen, § 293a Rn. 34 (Unterschrift derjenigen Vorstandsmitglieder, die kraft interner Geschäftsverteilung die Aufgabe haben, den Bericht zu verfassen); abweichend für den Verschmelzungsbericht auch: BGH AG 2007, 625, 628.

[470] MünchKommAktG/Altmeppen, § 293a Rn. 35; K. Schmidt/Lutter/Langenbucher, § 293a Rn. 9 f.; KölnerKommAktG/Koppensteiner, § 293a Rn. 19; GroßkommAktG/Mülbert, § 293a Rn. 42; abweichend: Emmerich/Habersack/Emmerich, § 293a Rn. 18; Spindler/Stilz/Veil, § 293a Rn. 8.

[471] KölnerKommAktG/Koppensteiner, § 293a Rn. 46; GroßkommAktG/Mülbert, § 293a Rn. 46.

[472] Emmerich/Habersack/Emmerich, § 293a Rn. 32; MünchKommAktG/Altmeppen, § 293a Rn. 63; KölnerKommAktG/Koppensteiner, § 293a Rn. 46 f.; GroßkommAktG/Mülbert, § 293a Rn. 46; Bungert, DB 1995, 1384, 1389.

Bei dem Bericht über den Betriebsführungsvertrag kann im Einzelfall eine Einschränkung der Berichtspflicht bei der Darlegung der Vergleichsrechnung im Hinblick auf die erwartete Ertragsentwicklung in Betracht kommen. Da der Bericht aber darauf abzielt, dem Aktionär eine Plausibilitätskontrolle zu ermöglichen, wird der Bericht im Regelfall keine Detailinformationen enthalten (müssen), deren Geheimhaltung es bedarf[473]. Anderes gilt etwa bei einem Einsatz unbekannten Know-hows des Betriebsführers (s. Buchst. B.II.3.d des Formulars).

Bestehen geheimhaltungsbedürftige Tatsachen i. S. d. § 293a Abs. 2 Satz 1 AktG, sind gemäß § 293a Abs. 2 Satz 2 AktG die Gründe, aus denen die Tatsachen nicht aufgenommen worden sind, darzulegen. Danach ist zum einen die Lücke im Bericht aufzudecken und sind zum anderen die Nachteile der Offenlegung darzulegen. Die Gründe für das Verschweigen müssen lediglich plausibel gemacht werden, da eine zu weit gehende Erläuterung den Zweck, die Tatsache im Interesse der Gesellschaft geheim zu halten, gefährden würde[474].

6. Entfall der Berichtspflicht

Die Berichtspflicht entfällt bei einem Verzicht auf seine Erstattung gemäß § 293a Abs. 3 AktG. Der Verzicht ist entgegen dem Wortlaut der Vorschrift – alle Anteilsinhaber *aller* beteiligten Unternehmen – nur durch die Aktionäre des Eigentümers zu erklären, da nur sie und nicht auch die Aktionäre des Betriebsführers zu informieren sind und auf den Bericht verzichten können[475]. Der Verzicht muss sich auf einen bereits konkret ins Auge gefassten Betriebsführungsvertrag richten, ein (vorab erklärter) Pauschalverzicht genügt also nicht[476]. Die Verzichtserklärungen der Aktionäre bedürfen der öffentlichen Beglaubigung (§ 129 Abs. 1 BGB). Zulässig ist stattdessen auch ein einstimmiger notariell beurkundeter Beschluss der Anteilseigner (§ 129 Abs. 2 BGB)[477]. Anders als bei der Vertragsprüfung (s. § 293b Abs. 1 AktG) entfällt die Berichtspflicht nach allgemeiner Meinung nicht, wenn sich alle Aktien der Untergesellschaft in der Hand der Obergesellschaft befinden[478].

7. Rechtsfolgen fehlerhafter Vertragsberichte

Fehlt der Vertragsbericht oder ist er unvollständig, beruht der Zustimmungsbeschluss der Aktionäre auf einer Gesetzesverletzung, so dass er nach § 243 Abs. 1 AktG anfechtbar ist[479].

---

[473] KölnerKommAktG/Koppensteiner, § 293a Rn. 24, 46; Neun, S. 52 f., 150.

[474] Spindler/Stilz/Veil, § 293a Rn. 20; MünchKommAktG/Altmeppen, § 293a Rn. 65; Hüffer/Koch, § 293a Rn. 20; Emmerich/Habersack/Emmerich, § 293a Rn. 33; GroßkommAktG/Mülbert, § 293a Rn. 47; KölnerKommAktG/Koppensteiner, § 293a Rn. 47; Bungert, DB 1995, 1384, 1389.

[475] Vgl. GroßkommAktG/Mülbert, § 293a Rn. 52; KölnerKommAktG/Koppensteiner, § 293a Rn. 39; Neun, S. 152; Bungert, DB 1995, 1384, 1388.

[476] MünchKommAktG/Altmeppen, § 293a Rn. 49; GroßkommAktG/Mülbert, § 293a Rn. 50; Spindler/Stilz/Veil, § 293a Rn. 21; Emmerich/Habersack/Emmerich, § 293a Rn. 37; KölnerKommAktG/Koppensteiner, § 293a Rn. 42; ob den Aktionären dafür bereits ein Vertragsentwurf vorliegen muss, wird unterschiedlich beurteilt, s. dazu MünchKommAktG/Altmeppen, § 293a Rn. 49 m. w. N. in Fn. 88.

[477] MünchKommAktG/Altmeppen, § 293a Rn. 58; Emmerich/Habersack/Emmerich, § 293a Rn. 35; GroßkommAktG/Mülbert, § 293a Rn. 55; Hüffer/Koch, § 293a Rn. 21; KölnerKommAktG/Koppensteiner, § 293a Rn. 41; Spindler/Stilz/Veil, § 293a Rn. 23; abweichend: Neun, S. 153.

[478] Spindler/Stilz/Veil, § 293a Rn. 22; MünchKommAktG/Altmeppen, § 293a Rn. 60; Hüffer/Koch, § 293a Rn. 22; Emmerich/Habersack/Emmerich, § 293a Rn. 38; KölnerKommAktG/Koppensteiner, § 293a Rn. 43; Neun, S. 153 f.

[479] Eingehend dazu und zu der nach h. M. ausgeschlossenen Möglichkeit der Heilung durch Nachholung der entsprechenden Informationen in der Hauptversammlung s. etwa: MünchKommAktG/Altmeppen, § 293a Rn. 67 ff.; GroßkommAktG/Mülbert, § 293a Rn. 62 ff., 58 ff. m. w. N.

4. Bestellung eines Vertragsprüfers

a) Formulartext

Landgericht ...
- Kammer für Handelssachen -
...
...

In dem Verfahren

der ... AG, vertreten durch den Vorstand ..., ..., ...

- Antragstellerin -

wegen Bestellung eines Vertragsprüfers gemäß § 293c AktG

wird beantragt,

> einen sachverständigen Prüfer (Vertragsprüfer) zur Prüfung des Betriebsführungsvertrags zwischen der Antragstellerin und der ... GmbH, ..., vom ... zu bestellen

und vorgeschlagen

> hierfür die ... Wirtschaftsprüfungsgesellschaft mbH, ..., ..., oder die ... Wirtschaftsprüfungsgesellschaft mbH, ..., ..., auszuwählen.

Begründung:
Die Antragstellerin und die ... GmbH haben am ... einen Betriebsführungsvertrag geschlossen. Mit diesem Vertrag wird die ... GmbH mit der Führung des gesamten Betriebs der Antragstellerin beauftragt. Der Betriebsführungsvertrag ist diesem Antrag in der Anlage 1 beigefügt.

Der Betriebsführungsvertrag soll der voraussichtlich am ... stattfindenden außerordentlichen Hauptversammlung der ... AG zur Zustimmung vorgelegt werden.

Die ... Wirtschaftsprüfungsgesellschaft mbH und die ... Wirtschaftsprüfungsgesellschaft mbH haben sich bereit erklärt, einen Auftrag zur Prüfung des Betriebsführungsvertrags anzunehmen und versichert, das kein Ausschlussgrund (§§ 293d Abs. 1 Satz 1 AktG i. V. m. §§ 319 Abs. 2 bis 4, 319a Abs. 1, 319b Abs. 1 HGB) vorliegt. Entsprechende Schreiben der ... Wirtschaftsprüfungsgesellschaft mbH vom ... und der ... Wirtschaftsprüfungsgesellschaft mbH vom ... sind diesem Antrag in den Anlagen 2 und 3 beigefügt.

Ein Betriebsführungsvertrag wird nach überwiegender Rechtsauffassung als Unternehmensvertrag gemäß § 292 Abs. 1 Nr. 3 AktG behandelt. Dementsprechend ist nach überwiegender Meinung der Betriebsführungsvertrag gemäß § 293b Abs. 1 AktG durch einen Vertragsprüfer zu prüfen. Ein Fall des § 293b Abs. 1 HS 2 AktG liegt nicht vor.

_____

... AG
Vorstand

b) Formularkommentare

Inhalt

1. Zuständiges Gericht

Zuständig ist das Landgericht, in dessen Bezirk die abhängige Gesellschaft ihren Sitz hat (§ 293c Abs. 1 Satz 3 AktG). Mit abhängige Gesellschaft meint das Gesetz bei den Verträgen des § 292 Abs. 1 Nr. 3 AktG diejenige Gesellschaft, die jeweils die vertragstypischen Leistungen erbringt[480], beim Betriebsführungsvertrag also die den Betrieb ihres Unternehmens dem Betriebsführer zur Führung überlassende Eigentümergesellschaft. Ist bei dem Landgericht eine Kammer für Handelssachen gebildet, so entscheidet deren Vorsitzender an Stelle der Zivilkammer (§ 293c Abs. 1 Satz 4 AktG). Einige Bundesländer haben von der Möglichkeit der Zuständigkeitskonzentration gemäß § 293c Abs. 2 i. V. m. § 10 Abs. 4 UmwG a. F. (jetzt: § 71 Abs. 4 GVG) Gebrauch gemacht[481].

2. Antrag

Der Vertragsprüfer wird nach § 293c Abs. 1 Satz 1 AktG auf Antrag vom Gericht ausgewählt und bestellt. Da die Vertragsprüfung bei einem Betriebsführungsvertrag nur beim Eigentümer stattfindet, ist nur der Vorstand des Eigentümers antragsbefugt[482]. Der Antrag wird gegenüber dem zuständigen Gericht schriftlich oder zur Niederschrift der Geschäftsstelle abgegeben und soll begründet werden (§§ 293c AktG i. V. m. § 10 Abs. 3 UmwG i. V. m. §§ 23 Abs. 1, 25 Abs. 1 FamFG). Es besteht kein Anwaltszwang.

3. Vorschläge zur Person des Prüfers

Auch wenn die Auswahl des Vertragsprüfers durch das Gericht (im Verfahren der freiwilligen Gerichtsbarkeit[483]) erfolgt, kann der Vorstand des Eigentümers bei der Antragstellung Vorschläge zur Person des Prüfers machen. Diese Vorschläge sind für das Gericht aber nicht bindend. Das Gericht wird die Bestellung des vorgeschlagenen Prüfers aber nur ablehnen, wenn im konkreten Fall tatsächliche Anhaltspunkte für eine mangelnde Unabhängigkeit oder fachliche Qualifikation des Prüfers bestehen[484].

---

[480] Emmerich/Habersack/Emmerich, § 293c Rn. 4; KölnerKommAktG/Koppensteiner, § 293c Rn. 4; GroßkommAktG/Mülbert, § 293c Rn. 9.

[481] S. dazu: MünchKommAktG/Altmeppen, § 293c Rn. 6; GroßkommAktG/Mülbert, § 293c Rn. 10.

[482] Köhn, Der Konzern 2013, 323, 329.

[483] Eingehend dazu einschließlich der Rechtschutzmöglichkeiten: MünchKommAktG/Altmeppen, § 293c Rn. 7 ff.; GroßkommAktG/Mülbert, § 293b Rn. 11, 16.

[484] MünchKommAktG/Altmeppen, § 293c Rn. 8; Emmerich/Habersack/Emmerich, § 293c Rn. 5; für die Prüferbestellung gemäß § 327c Abs. 2 Satz 3 AktG auch: OLG Düsseldorf NZG 2005, 347, 351.

4. Anforderungen an die Person des Prüfers

Bei der Auswahl des Prüfers hat das Gericht § 293d Abs. 1 AktG zu beachten. Vertragsprüfer kann daher nur ein Wirtschaftsprüfer oder eine Wirtschaftsprüfungsgesellschaft sein, sofern es sich bei dem Eigentümerunternehmen um eine Aktiengesellschaft oder Kommanditgesellschaft auf Aktien handelt (§ 319 Abs. 1 Satz 1 HGB). Handelt es sich bei dem Eigentümer um eine GmbH (und hält man §§ 293a ff. AktG auch für die GmbH anwendbar[485]), können bei einer kleinen oder mittelgroßen GmbH auch vereidigte Buchprüfer oder Buchprüfungsgesellschaften Vertragsprüfer sein (§ 319 Abs. 1 Satz 2 und § 267 Abs. 2 HGB)[486].

Um eine unbefangene Prüfung zu gewährleisten, verweist § 293d Abs. 1 Satz 1 AktG auf die Bestellungsverbote nach § 319 Abs. 2 bis 4, 319a Abs. 1, 319b Abs. 1 HGB. Nach allgemeiner Meinung greifen diese Verbote auch ein, wenn der Ausschlussgrund lediglich für die andere Vertragspartei vorliegt[487].

5. Kosten

a) Gericht

Es entsteht eine Verfahrensgebühr gemäß Nr. 13500 KV GNotKG, da nach der Vorbemerkung 1.3.5 Nr. 2 Buchst. a) KV GNotKG die Vorschriften des Abschnitts 5 der KV GNotKG für Verfahren vor dem Landgericht nach § 293c AktG gelten. Diese beträgt 2,0. Zweifelhaft ist, welcher Geschäftswert dieser Verfahrensgebühr zugrundezulegen ist. Die Spruchpraxis der Gerichte ist unterschiedlich. Soweit in dem Beschluss über die Bestellung des Vertragsprüfers der Geschäftswert festgesetzt wird, erfolgt die Festsetzung teilweise unter Bezugnahme auf § 36 Abs. 3 GNotKG, teilweise unter Bezugnahme auf § 67 GNotKG. § 67 Abs. 1 GNotKG ist zwar nicht unmittelbar anwendbar, da es sich bei dem Verfahren nach § 293c AktG nicht um ein unternehmensrechtliches Verfahren nach § 375 FamFG handelt. Die Gleichstellung nach der Vorbemerkung 1.3.5 Nr. 2 Buchst. a) KV GNotKG spricht jedoch dafür, § 67 Abs. 1 GNotKG analog anzuwenden. Danach beträgt der Geschäftswert, wenn eine Kapitalgesellschaft betroffen ist, 60.000,00 € (§ 67 Abs. 1 Nr. 1 GNotKG).

b) Vertragsprüfer

Der Vergütungsanspruch und die Auslagen des Vertragsprüfers werden vom Gericht festgesetzt (§ 293c Abs. 1 Satz 5 AktG i. V. m. § 318 Abs. 5 HGB). Die Festsetzung erfolgt auf Antrag des Vertragsprüfers[488]. Regelmäßig erfolgt jedoch eine Vereinbarung über die Vergütung unter Berücksichtigung des berufsständischen Vergütungsrechts zwischen der Gesellschaft und dem Vertragsprüfer, die Vorrang gegenüber einer gerichtlichen Festsetzung hat[489].

---

[485] Eingehend dazu: Köhn, Der Konzern 2011, 530, 541 ff.

[486] Emmerich/Habersack/Emmerich, § 293d Rn. 2; MünchKommAktG/Altmeppen, § 293d Rn. 2; GroßkommAktG/Mülbert, § 293d Rn. 5.

[487] MünchKommAktG/Altmeppen, § 293d Rn. 4; Emmerich/Habersack/Emmerich, § 293d Rn. 3; KölnerKommAktG/Koppensteiner, § 293d Rn. 7; Hüffer/Koch, § 293d Rn. 3; Spindler/Stilz/Veil, § 293d Rn. 2; GroßkommAktG/Mülbert, § 293d Rn. 8.

[488] MünchKommAktG/Altmeppen, § 293c Rn. 12; Emmerich/Habersack/Emmerich, § 293c Rn. 8; GroßkommAktG/Mülbert, § 293c Rn. 18.

[489] MünchKommAktG/Altmeppen, § 293c Rn. 12; Emmerich/Habersack/Emmerich, § 293c Rn. 9; GroßkommAktG/Mülbert, § 293c Rn. 19.

5. Prüfungsbericht

a) Formulartext

Prüfungsbericht

des Vertragsprüfers

über die

Prüfung des Betriebsführungsvertrages vom ...

zwischen der

... AG

und der

... GmbH

A. Auftrag und Auftragsdurchführung

Auf Antrag des Vorstands der ... AG, Herrn ..., hat uns das Landgericht ... gemäß § 293c Abs. 1 Satz 1 AktG durch Beschluss vom ... (Aktenzeichen ...) zum Vertragsprüfer gemäß § 293b Abs. 1 AktG bezüglich eines am ... geschlossenen Betriebsführungsvertrags zwischen der ... AG und der ... GmbH bestellt. Der Beschluss des Landgerichts ... vom ... ist diesem Bericht in der Anlage 1 beigefügt.

Der Vorstand der ... AG hat uns daraufhin am ... schriftlich mit der Durchführung der Prüfung des Betriebsführungsvertrags beauftragt.

Die Prüfung haben wir gemäß § 293b und § 293e AktG durchgeführt.

Zur Prüfung des Betriebsführungsvertrags haben uns folgende Unterlagen vorgelegen:

1. Handelsregisterauszug der ... AG vom ...;
2. Handelsregisterauszug der ... GmbH vom ...;
3. Betriebsführungsvertrag zwischen der ... AG und der ... GmbH vom ... und
4. Bericht des Vorstands der ... AG vom ... über den Betriebsführungsvertrag vom ...

Der Vorstand der ... AG hat uns alle von uns erbetenen Informationen und Nachweise erteilt und uns deren Vollständigkeit in einer schriftlichen Erklärung bestätigt.

Die Prüfung haben wir in der Zeit zwischen dem ... und dem ... in unseren Büroräumen in ..., ... durchgeführt. Art und Umfang unserer Prüfungshandlungen haben wir in unseren Arbeitspapieren festgehalten.

Für die Durchführung des Auftrags und unsere Verantwortlichkeit sind, auch im Verhältnis zu

Dritten, die Allgemeinen Auftragsbedingungen für Wirtschaftsprüfer und Wirtschaftsprüfungsgesellschaften in der Fassung vom 01. Januar 2017 maßgebend. Diese Auftragsbedingungen sind in der Anlage 2 beigefügt. Für unsere Verantwortlichkeit gegenüber den vertragsschließenden Unternehmen und deren Anteilsinhabern gelten § 293d Abs. 2 AktG i. V. m. § 323 HGB.

B. Gegenstand und Umfang der Vertragsprüfung

I. Gegenstand

Gegenstand unserer Vertragsprüfung ist gemäß § 293b Abs. 1 AktG der zwischen der … AG und der … GmbH am … geschlossene Betriebsführungsvertrag. Der Betriebsführungsvertrag ist in der Anlage 3 beigefügt.

Hinsichtlich des Berichts des Vorstands der ... AG vom ... sind wir der vorherrschenden Rechtsauffassung gefolgt. Danach ist der Bericht des Vorstands gemäß § 293a AktG kein eigenständiger Prüfungsgegenstand, aber Beurteilungsgrundlage, soweit der Umfang der Prüfung reicht. Der Bericht des Vorstands der ... AG über den Betriebsführungsvertrag vom ... ist diesem Bericht in der Anlage 4 beigefügt.

II. Umfang

Zum Umfang der Vertragsprüfung folgt aus § 293e Abs. 1 Satz 2 AktG, dass zu prüfen ist, ob der vorgeschlagene Ausgleich oder die vorgeschlagene Abfindung angemessen ist. Das Angebot eines angemessenen Ausgleichs bzw. einer angemessenen Abfindung (§§ 304, 305 AktG) ist jedoch ausschließlich für Beherrschungs- und Gewinnabführungsverträge (§ 291 AktG) vorgesehen. Andere Unternehmensverträge i. S. d. § 292 AktG müssen dagegen keine Regelungen über einen Ausgleich bzw. eine Abfindung enthalten, sofern sie nicht in Wirklichkeit auch einen Gewinnabführungs- oder Beherrschungsvertrag darstellen.

Im Übrigen sieht das Gesetz für den Umfang der Prüfung – anders als bei der Verschmelzung – keinen Mindeststandard zum Vertragsinhalt vor, dessen Vollständigkeit und Richtigkeit einer Prüfung unterzogen werden könnte. Neben der richtigen Bezeichnung der Vertragsparteien beschränkt sich die Vertragsprüfung entsprechend der überwiegend vertretenen Rechtsauffassung darauf, ob der Unternehmensvertrag die zwingenden Bestandteile eines Vertrags des entsprechenden Typs enthält. Wir haben daher geprüft, ob der vorliegende Vertrag rechtlich zutreffend als Betriebsführungsvertrag einzuordnen ist und die vertragstypischen essentialia negotii (Verpflichtung zur Betriebsführung einerseits und Betriebsführungsentgelt bzw. Unentgeltlichkeit der Betriebsführung andererseits) enthält.

Wir haben nicht geprüft, ob der Betriebsführungsvertrag darüber hinaus allen gesetzlichen Vorschriften der §§ 291 ff. AktG entspricht. Weiterhin ist die wirtschaftliche Zweckmäßigkeit des Vertrags nicht Prüfungsgegenstand. Schließlich haben wir entsprechend der vorherrschenden Rechtsauffassung nicht die Angemessenheit der Betriebsführungsvergütung geprüft.

C. Prüfungsfeststellungen

Der Vertragsprüfer hat über das Ergebnis der Prüfung gemäß § 293e Abs. 1 Satz 1 AktG schriftlich zu berichten.

Der Prüfungsbericht ist nach dem Wortlaut des § 293e Abs. 1 Satz 2 AktG mit einer Erklärung darüber abzuschließen, ob der vorgeschlagene Ausgleich oder die vorgeschlagene Abfindung angemessen ist. Dabei ist nach § 293e Abs. 1 Satz 3 AktG anzugeben,
1. nach welchen Methoden Ausgleich und Abfindung ermittelt worden sind;
2. aus welchen Gründen die Anwendung dieser Methoden angemessen ist;
3. welcher Ausgleich oder welche Abfindung sich bei der Anwendung verschiedener Methoden, sofern mehrere angewandt worden sind, jeweils ergeben würde; zugleich ist darzulegen, welches Gewicht den verschiedenen Methoden bei der Bestimmung des vorgeschlagenen Ausgleichs oder der vorgeschlagenen Abfindung und der ihnen zugrunde liegenden Werte beigemessen worden ist und welche besonderen Schwierigkeiten bei der Bewertung der vertragschließenden Unternehmen aufgetreten sind.

Bei den Verträgen des § 292 AktG sind Abfindung bzw. Ausgleich nicht geschuldet. Daher ist bei solchen Verträgen festzustellen, dass eine Abfindung bzw. ein Ausgleich gesetzlich nicht vorgesehen sind und nach dem Vertrag nicht geschuldet sind.

I. Bezeichnung der Vertragsparteien

Die Vertragsparteien sind in dem Betriebsführungsvertrag vom ... richtig bezeichnet.

II. Einordnung des Unternehmensvertrags

Bei dem als „Betriebsführungsvertrag" bezeichneten Vertrag vom ... handelt es sich um einen sogenannten echten Betriebsführungsvertrag entsprechend § 292 Abs. 1 Nr. 3 AktG. Im Hinblick auf die Regelungen des Vertrags und unter Berücksichtigung des Berichts des Vorstands, den wir für die Prüfung hinzugezogen haben, ist die für den Vertrag gewählte Bezeichnung plausibel:

Bei einem Betriebsführungsvertrag beauftragt ein Unternehmen (Eigentümer) ein anderes Unternehmen (Betriebsführer) mit der Führung des Betriebs des Eigentümers für dessen Rechnung. In diesem Sinne bestimmen § 1 Abs. 1 Satz 1 des Vertrags, dass die ... GmbH mit der Führung des gesamten Betriebs der ... AG beauftragt wird und § 1 Abs. 2 Satz 2 des Vertrags, dass die Betriebsführung für Rechnung der Auftraggeberin erfolgt.

Bei einem echten Betriebsführungsvertrag erfolgt die Betriebsführung durch den Betriebsführer im Namen des Eigentümers. Anders ist dies beim sogenannten unechten Betriebsführungsvertrag, bei dem der Betriebsführer im eigenen Namen handelt. § 1 Abs. 2 Satz 2 des Vertrags ist zu entnehmen, dass die Auftragnehmerin im Namen der Auftraggeberin handelt. Damit der Betriebsführer im Außenverhältnis im Namen des Eigentümers bzw. mit Wirkung für und gegen den Eigentümer handeln kann, muss der Eigentümer dem Betriebsführer eine

Vollmacht erteilen. Eine zur Vertretung des Vorstands der Auftraggeberin berechtigende Generalhandlungsvollmacht zu allen Geschäften und Rechtshandlungen, die der Betrieb des Handelsgewerbes der Auftraggeberin gewöhnlich mit sich bringt, ist in § 3 des Vertrags enthalten.

Nach herrschender Rechtsauffassung darf dem Betriebsführer, jedenfalls wenn der Betriebsführungsvertrag gegenständlich und inhaltlich den gesamten Betrieb umfasst, lediglich die laufende Geschäftsführung übertragen werden. Entscheidungen über die Grundfragen der Unternehmenspolitik müssten dem Vorstand des Eigentümers vorbehalten sein. Würden dem Betriebsführer auch Leitungsentscheidungen übertragen, führe dieses wegen eines Verstoßes gegen die Verpflichtung zur eigenverantwortlichen Leitung der Aktiengesellschaft (§ 76 Abs. 1 AktG) entweder zur Nichtigkeit des Betriebsführungsvertrags oder es läge in Wirklichkeit ein Beherrschungsvertrag vor, der nur wirksam sei, wenn er den gesetzlichen Anforderungen an einen Beherrschungsvertrag entspreche. Der zwischen den Parteien geschlossene Vertrag genügt diesen Anforderungen. Die Betriebsführung umfasst gemäß § 1 Abs. 1 Satz 2 Mod. 1 des Vertrags sämtliche Handlungen, die der gewöhnliche Betrieb des Handelsgewerbes der ... AG mit sich bringt. Diese Regelung entspricht § 116 Abs. 1 HGB. Danach darf die ... GmbH beispielsweise nicht über die Durchführung von Geschäften entscheiden, die nicht zum Geschäftsfeld bzw. Handelszweig der ... AG gehören. Ferner bleibt dem Vorstand der ... AG die Entscheidung über die Vornahme von Geschäften vorbehalten, die nach Art und Inhalt, Zweck oder Umfang und Risiko aus dem Rahmen fallen. Damit beschränkt sich der Entscheidungsbefugnis auf das laufende Tagesgeschäft. Dass die GmbH außergewöhnliche Handlungen, über deren Vornahme der Vorstand der ... AG entscheidet, vorbereitet und umsetzt (§ 1 Abs. 1 Satz 2 Mod. 2 des Vertrags), ist mit § 76 Abs. 1 AktG zu vereinbaren.

Ein Betriebsführungsvertrag entspricht in seinen Wirkungen darüber hinaus auch dann einem Beherrschungsvertrag, wenn er das Weisungsrecht des Eigentümers gemäß § 665 BGB ausschließt und auch keine anderen Einflussrechte, insbesondere in Form von Berichtpflichten und Zustimmungsvorbehalten, vorsieht, die sicherstellen, dass der Eigentümer die Möglichkeit hat, seine Interessen gegenüber dem Betriebsführer durchzusetzen. § 2 des Vertrags bestimmt ausdrücklich, dass die ... AG der ... GmbH in allen Belangen der Betriebsführung Weisungen erteilen kann. Der Betriebsführungsvertrag stellt sich daher auch unter diesem Gesichtspunkt nicht als ein „verschleierter" Beherrschungsvertrag dar.

Da sich das Weisungsrecht der ... AG nach § 2 des Vertrags lediglich auf die Belange der Betriebsführung (der ... AG) bezieht, betrifft es nicht die eigenen Geschäftsführungsmaßnahmen der ... GmbH. Auch insofern liegt kein Beherrschungsvertrag i. S. d. § 291 Abs. 1 AktG vor.

III. Zwingende Vertragsbestandteile

Der Betriebsführungsvertrag vom ... enthält die zwingenden Vertragsbestandteile eines (echten) Betriebsführungsvertrags: In § 1 Abs. 1 Satz 1 des Vertrags ist die Leistung geregelt, nach der die ... GmbH mit der Führung des gesamten Betriebs der ... AG beauftragt wird. Diese Leistung wird durch § 1 Abs. 1 Satz 2 des Vertrags inhaltlich definiert. § 3 des Vertrags enthält die für ein außenwirksames Handeln der ... GmbH erforderliche Vollmacht in Form einer Generalhandlungsvollmacht. Die Gegenleistung für die Betriebsführungtätigkeit der ...

GmbH, die Vergütung, ist in § 4 Abs. 1 des Vertrags festgelegt.

IV. Ausgleich und Abfindung

Wie vorstehend unter Ziffer II ausgeführt, entspricht der Betriebsführungsvertrag vom ... in seinen Wirkungen nicht einem Beherrschungsvertrag i. S. d. § 291 AktG. Dementsprechend muss der Betriebsführungsvertrag vom ... keine Regelungen über einen Ausgleich bzw. eine Abfindung enthalten. Solche Regelungen enthält der Betriebsführungsvertrag vom ... auch nicht.

D. Prüfungsergebnis und Schlusserklärung

Wir berichten gemäß § 293e Abs. 1 Satz 1 AktG über das Ergebnis unserer Prüfung wie folgt:

Der Vertrag zwischen der ... AG und der ... GmbH vom ... stellt einen (echten) Betriebsführungsvertrag entsprechend § 292 Abs. 1 Nr. 3 AktG dar. Bei einem Unternehmensvertrag nach § 293 Abs. 1 Nr. 3 AktG sind eine Abfindung bzw. ein Ausgleich gesetzlich nicht vorgesehen und nach dem Betriebsführungsvertrag vom ... auch nicht geschuldet.

..., den ...

_____

... Wirtschaftsprüfungsgesellschaft mbH

b) Formularkommentare

Inhalt

1. Verpflichteter

Zu der Abfassung des Berichts ist der vom Gericht bestellte Vertragsprüfer verpflichtet.

2. Allgemeine Anforderungen

a) Prüfungsqualität

Hinsichtlich der Prüfungsqualität außerhalb der Verträge des § 291 AktG ist der einschlägigen Fachliteratur kaum ein Anhaltspunkt zu entnehmen. Zu den Verträgen des § 291 AktG besteht Einvernehmen darüber, dass der Vertragsprüfer keine eigenständige Bewertung von Ausgleich und Abfindung vorzunehmen hat. Der Vertragsprüfer muss daher keine eigenständige Unternehmensbewertung vornehmen, sondern kann sich darauf beschränken, die einschlägigen Vertragselemente (anhand des Vertragsberichts einschließlich der von den Vertragsparteien verwandten Bewertungsgutachten) auf ihre Plausibilität hin zu untersuchen[490]. Dieser Befund lässt sich auf die Vertragsprüfung des Betriebsführungsvertrags übertragen. Ausgehend von den vertraglichen Regelungen und unter Hinzuziehung des Vertragsberichts des Vorstands hat der Vertragsprüfer eine Plausibilitätsprüfung vorzunehmen[491].

b) Ausführlichkeit

Während der Bericht des Vorstands nach § 293a Abs. 1 Satz 1 AktG „ausführlich" zu erstatten ist, verlautbart § 293e Abs. 1 Satz 1 AktG, dass der Prüfer „über das Ergebnis der Prüfung" zu berichten hat. Dies bedeutet, dass der Prüfer nicht den gesamten Prüfungsvorgang in allen Einzelheiten im Bericht zu dokumentieren hat, sondern lediglich das abschließende Urteil, das er sich bei der Prüfung des Unternehmensvertrags gebildet hat[492]. Unterschiedlich beurteilt wird, ob es sich bei dem Bericht um einen Ergebnisbericht handelt, der sich auf die im Gesetz vorgeschriebenen Angaben beschränken kann[493] oder ob diese Angaben bloße

---

[490] KG AG 2009, 30, 35; Emmerich/Habersack/Emmerich, § 293b Rn. 17; GroßkommAktG/Mülbert, § 293b Rn. 18; KölnerKommAktG/Koppensteiner, § 293b Rn. 19; K. Schmidt/Lutter/Langenbucher, § 293e Rn. 4; Spindler/Stilz/Veil, § 293b Rn. 5.

[491] Köhn, Der Konzern 2013, 323, 320; so auch: Spindler/Stilz/Veil, § 293b Rn. 7, der aber bezüglich des Vertragstyps annimmt, dass sich die Prüfung auf die vom Vorstand getroffene Qualifikation beziehe.

[492] Emmerich/Habersack/Emmerich, § 293e Rn. 5; KölnerKommAktG/Koppensteiner, § 293e Rn. 7; GroßkommAktG/Mülbert, § 293e Rn. 9.

[493] Hüffer/Koch, § 293e Rn. 6; für den Verschmelzungsprüfungsbericht auch: OLG Düsseldorf AG 2010, 711, 714; OLG Hamm WM 1988, 1164, 1168; LG Frankfurt WM 1990, 592, 594.

Mindestangaben darstellen, so dass der Prüfer in seinem Bericht erforderlichenfalls zu weiteren Erläuterungen verpflichtet ist, um den Aktionären sein abschließendes Urteil plausibel zu machen[494]. Der Gesetzeszweck spricht für die letztgenannte Ansicht. Im Übrigen hätte sich der Gesetzgeber ansonsten mit einem bloßen Testat des Prüfers zum Vorstandsbericht begnügen können[495].

c) Adressatenorientiertheit

Ungeachtet des Umstands, dass der Bericht dem Vorstand der Gesellschaft, welche sich zur Erbringung der vertragstypischen Leistungen verpflichtet hat (also dem Eigentümer), vorzulegen ist[496], folgt aus dem Zweck der Prüfung, dem Aktionär eine Plausibilitätskontrolle zu ermöglichen, dass der Prüfungsbericht in einer für den durchschnittlichen Aktionär verständlichen Weise zu erstatten ist. Es gelten daher die zum Vertragsbericht dargelegten Grundsätze[497].

d) Umfang

Einen bestimmten Umfang schreibt das Gesetz für den Prüfungsbericht nicht vor. Nach allgemeiner Meinung steht der Umfang des Berichts im pflichtgemäßen Ermessen des Vertragsprüfers[498]. Da der bei den Unternehmensverträgen des § 291 AktG erforderliche Schwerpunkt zum Bericht über die Angemessenheit von Abfindung und Ausgleich beim Betriebsführungsvertrag entfällt, wird der Bericht über den Betriebsführungsvertrag verhältnismäßig kurz ausfallen können. In der Praxis umfassen die Ausführungen des Vertragsprüfers über das Prüfungsergebnis einschließlich der Schlusserklärung (§ 293e Abs. 1 Satz 2 AktG) etwa zwei Seiten[499].

3. Aufbau

Ein bestimmter Aufbau ist für den Prüfungsbericht nicht vorgegeben. Regelmäßig wird insofern auf die Grundsätze verwiesen, die für den Verschmelzungsprüfungsbericht gelten[500]. Es empfiehlt sich, den Prüfungsbericht in vier Teile zu gliedern, nämlich (erstens) in Auftrag, Auftragsdurchführung und Verantwortlichkeit (Buchst. A des Formulars), (zweitens) Gegenstand und Umfang der Prüfung (Buchst. B des Formulars), (drittens) Prüfungsfeststellungen (Buchst. C des Formulars) und (viertens) Schlusserklärung (Buchst. D des Formulars).

---

[494] MünchKommAktG/Altmeppen, § 293e Rn. 13; Emmerich/Habersack/Emmerich, § 293e Rn. 16; KölnerKommAktG/Koppensteiner, § 293e Rn. 7; für den Verschmelzungsprüfungsbericht auch: OLG Frankfurt AG 2007, 449, 451; OLG Karlsruhe AG 1990, 35, 37 f.; LG Frankenthal AG 1990, 549, 551.

[495] KölnerKommAktG/Koppensteiner, § 293e Rn. 7; Köhn, Der Konzern 2013, 323, 330.

[496] Spindler/Stilz/Veil, § 293e Rn. 3; GroßkommAktG/Mülbert, § 293e Rn. 6.

[497] Köhn, Der Konzern 2013, 323, 330.

[498] MünchKommAktG/Altmeppen, § 293e Rn. 5; Spindler/Stilz/Veil, § 293e Rn. 5; Humbeck, BB 1995, 1893, 1897.

[499] Köhn, Der Konzern 2013, 323, 330.

[500] Hüffer/Koch, § 293e Rn. 3; GroßkommAktG/Mülbert, § 293e Rn. 11.

a) Auftragsinhalt und -durchführung

Der erste Teil sollte mit der Schilderung des Auftragsinhalts beginnen, also der Prüfung des Betriebsführungsvertrags zwischen Eigentümerunternehmen und Betriebsführer gemäß § 293b ff. AktG. Dabei ist auf den Beschluss der Bestellung sowie auf den Prüfungsvertrag mit dem Eigentümer hinzuweisen[501].

Hinsichtlich der Auftragsdurchführung ist anzugeben, welche Unterlagen bei der Prüfung zur Verfügung gestanden haben (§ 293d Abs. 1 Satz 1 AktG i. V. m. § 320 Abs. 1 Satz 2 HGB), ob der Vorstand die erbetenen Auskünfte und Nachweise sowie ggf. eine Vollständigkeitserklärung erteilt hat (§ 293d Abs. 1 Satz 1 AktG i. V. m. § 320 Abs. 2 Sätze 1 und 2 HGB)[502] und wo und in welchem Zeitraum die Prüfung durchgeführt wurde.

Bezüglich der Verantwortlichkeit ist auf § 293d Abs. 2 AktG i. V. m. § 323 HGB zu verweisen[503]. In der Praxis erfolgt regelmäßig ein Verweis auf die Allgemeinen Auftragsbedingungen für Wirtschaftsprüfer und Wirtschaftsprüfungsgesellschaften.

b) Gegenstand und Umfang der Prüfung

Da sowohl über den Gegenstand der Prüfung Meinungsverschiedenheiten bestehen als auch über den Prüfungsumfang sollten in einem zweiten Teil der Gegenstand und der Umfang der Prüfung dargestellt werden.

aa) Prüfungsgegenstand

Der Gegenstand der Prüfung folgt zunächst unmittelbar aus dem Gesetz. Zu prüfen ist danach der Betriebsführungsvertrag selbst (§ 293b Abs. 1 AktG). Ausreichend ist insofern nach allgemeiner Meinung auch der Vertragsentwurf[504]. Keine ausdrückliche Prüfung ordnet das Gesetz über den Vertrag hinausgehend für den Bericht gemäß § 293a AktG an. Ob der Vertragsbericht gleichwohl Prüfungsgegenstand ist, wird unterschiedlich beurteilt. Im Wesentlichen bestehen zwei Meinungen. Nach einer Ansicht ist auch der Bericht des Vorstands nach dem Zweck der gesetzlichen Regelung Gegenstand der Prüfung[505]. Nach der herrschenden Gegenauffassung ist der Vertragsbericht angesichts des Wortlauts des § 293b Abs. 1 AktG nicht Prüfungsgegenstand, aber als Erkenntnisquelle bzw. Beurteilungsgegenstand heranzuzie-

---

[501] Nach h. M. kommt trotz der gerichtlichen Bestellung ein Prüfungsvertrag zwischen dem Vertragsprüfer und dem Eigentümer zustande, eingehend dazu statt aller: MünchKommAktG/Altmeppen, § 293c Rn. 12 (mit Fn. 37); GroßkommAktG/Mülbert, § 293c Rn. 14 (mit Fn. 33).

[502] Zum Prüfungs- und Auskunftsrecht der Vertragsprüfer s. statt aller: GroßkommAktG/Mülbert, § 293d Rn. 12 ff.; MünchKommAktG/Altmeppen, § 293d Rn. 11 ff.

[503] Zur Verantwortlichkeit der Vertragsprüfer s. statt aller: GroßkommAktG/Mülbert, § 293d Rn. 21 ff.; MünchKommAktG/Altmeppen, § 293d Rn. 16 ff.

[504] MünchKommAktG/Altmeppen, § 293b Rn. 4; KölnerKommAktG/Koppensteiner, § 293b Rn. 10; GroßkommAktG/Mülbert, § 293b Rn. 12; Neun, S. 166 f.; s. in diesem Zusammenhang zum streitigen Prüfungszeitpunkt statt aller: GroßkommAktG/Mülbert, § 293b Rn. 24 ff; Emmerich/Habersack/Emmerich, § 293b Rn. 19a f.

[505] Hüffer/Koch, § 293b Rn. 3; für die Eingliederung auch: LG Berlin AG 1996, 230, 232; für eine partielle Erweiterung des Prüfungsgegenstands auch: Emmerich/Habersack/Emmerich, § 293b Rn. 15; soweit sich der Prüfungsbericht auf Angemessenheit und Ausgleich bezieht auch: MünchHdbAG/Krieger, § 71 Rn. 39.

hen[506]. In der Praxis sollte der Vertragsbericht entsprechend der h. M. als Erkenntnisquelle herangezogen werden.

bb) Prüfungsumfang

Für den sachlichen Umfang der Vertragsprüfung folgt aus § 293e Abs. 1 Satz 2 AktG, dass zu prüfen ist, ob der vorgeschlagene Ausgleich oder die vorgeschlagene Abfindung angemessen ist. Wie bereits geschildert muss der Betriebsführungsvertrag aber keine Regelungen über einen Ausgleich bzw. eine Abfindung enthalten[507]. Daher entfällt beim Betriebsführungsvertrag eine Prüfung der Angemessenheit von Ausgleich und Abfindung.

Nach allgemeiner Meinung gehört es ferner nicht zum Prüfungsauftrag, die (wirtschaftliche) Zweckmäßigkeit des Abschlusses des Vertrags zu prüfen[508]. Nach dem gesetzgeberischen Willen ist auch für die Verschmelzung keine Prüfung der Zweckmäßigkeit vorzunehmen[509].

Unterschiedlich beurteilt wird, ob es zum Prüfungsumfang bei den Verträgen des § 292 AktG gehört, die Angemessenheit der Gegenleistung – beim Betriebsführungsvertrag also die Angemessenheit der Betriebsführungvergütung – zu prüfen. Die h. M. lehnt eine solche Prüfung ab[510]. Die Gegenauffassung befürwortet eine solche Prüfung, um der Prüfung (angesichts des Inhalts des § 293e Abs. 1 Satz 2 AktG) einen Sinn zu geben[511]. Für eine solche Prüfung bietet das Gesetz aber keine Grundlage[512]. Zu bedenken ist ferner, dass es sich bei dem Betriebsführungsvertrag im Verhältnis zwischen den Vertragsparteien um einen schuldrechtlichen Austauschvertrag handelt, bei dem Leistung und Gegenleistung aufgrund unterschiedlichster Aspekte individuell ausgehandelt werden, die dem Vertragsprüfer nicht bekannt sind. Letztlich würde die Prüfung der Angemessenheit der Gegenleistung auf eine teilweise wirtschaftliche Zweckmäßigkeitsprüfung hinauslaufen, die nach allgemeiner Meinung aber gerade nicht Aufgabe des Vertragsprüfers ist. Entsprechend der h. M. ist daher auch die Angemessenheit der Gegenleistung kein Prüfungsgegenstand. Anzumerken ist, dass die Praxis bei einer Prüfung von Verträgen des § 292 AktG bzw. Betriebsführungsverträgen insofern unterschiedlich verfährt.

Eine allgemeine Rechtmäßigkeitsprüfung, also eine Prüfung, ob der Vertrag im Einzelnen den Vorschriften der §§ 291 ff. AktG entspricht, gehört nach allgemeiner Meinung ebenfalls nicht

---

[506] Bezogen auf Ausgleich und Abfindung: K. Schmidt/Lutter/Langenbucher, § 293b Rn. 5; KölnerKomm-AktG/Koppensteiner, § 293b Rn. 9; Neun, S. 167 ff.; Bungert, DB 1995, 1384, 390; weitergehend („insbesondere" zur Prüfung der Angemessenheit von Ausgleich und Abfindung): GroßkommAktG/Mülbert, § 293b Rn. 14; weitergehend – „soweit der Prüfungsauftrag reicht": Spindler/Stilz/Veil, § 293b Rn. 3; ähnlich: MünchKommAktG/Altmeppen, § 293b Rn. 11, der die Beiziehung des Vorstandsberichts in das pflichtgemäße Ermessen der Vertragsprüfer stellt; wohl auch – unter Bezugnahme auf die beiden Vorgenannten: KG AG 2009, 31, 35.

[507] S. dazu bereits B.I.3.b) Anm. 3.d).

[508] MünchKommAktG/Altmeppen, § 293b Rn. 3; Emmerich/Habersack/Emmerich, § 293b Rn. 19; KölnerKommAktG/Koppensteiner, § 293b Rn. 14; Spindler/Stilz/Veil, § 293b Rn. 8; Hüffer/Koch, § 293b Rn. 4; Bungert, DB 1995, 1384, 1390.

[509] RegBegr. BT-Drucks. 9/1065, S. 16.

[510] KölnerKommAktG/Koppensteiner, § 293b Rn. 6; Emmerich/Habersack/Emmerich, § 293b Rn. 6; Hüffer/Koch, § 293b Rn. 6; K. Schmidt/Lutter/Langenbucher, § 293b Rn. 5; Neun, S. 30.

[511] MünchHdbAG/Krieger, § 73 Rn. 64; Spindler/Stilz/Veil, § 293b Rn. 8; GroßkommAktG/Mülbert, § 293b Rn. 21; als Hilfserwägung auch: MünchKommAktG/Altmeppen, § 293e Rn. 17, der aber auf dem Standpunkt steht, dass die Vorschriften der 293a ff. AktG nur auf die Verträge des § 291 AktG Anwendung finden.

[512] Emmerich/Habersack/Emmerich, § 293b Rn. 6.

zum Prüfungsauftrag der Vertragsprüfer, da die Klärung von Rechtsfragen in die Zuständigkeit der Gerichte fällt[513].

Vorstehender Befund bedeutet allerdings nicht, dass sich die Vertragsprüfung auf einige Angaben zu den Vertragsformalien beschränken könnte[514]. Ausgangspunkt der Überlegungen, was zum Prüfungsumfang des Vertragsprüfers gehört, ist die Tatsache, dass das Gesetz – anders als im Recht der Verschmelzung (s. § 5 UmwG) – für Unternehmensverträge keinen Mindeststandard zum Vertragsinhalt vorsieht, dessen Vollständigkeit und Richtigkeit Gegenstand der Pflichtprüfung sein könnte[515]. Wenn es aber keinen prüffähigen Mindeststandard zum Vertragsinhalt gibt, folgt daraus, dass sich die Prüfung auf das Vorhandensein der zwingenden Bestandteile eines Vertrags des entsprechenden Typs beschränkt[516]. Dazu gehören die zutreffende Bezeichnung der Vertragsparteien[517] sowie die typischen Leistungen und Gegenleistungen[518].

Bei einem Betriebsführungsvertrag erstreckt sich die Prüfung daher auf die richtige Bezeichnung von Eigentümer und Betriebsführer sowie die essentialia negotii des Betriebsführungsvertrags, also die Verpflichtung zur Betriebsführung einerseits und die Verpflichtung zur Zahlung einer Vergütung bzw. die Unentgeltlichkeit der Betriebsführung andererseits[519].

Die Unternehmensverträge der §§ 291 f. AktG weisen unterschiedliche zwingende Vertragsbestandteile auf. Wenn der Vertragsprüfer dazu berufen ist, die zwingenden Bestandteile eines Vertrags des entsprechenden Typs auf ihr Vorhandensein zu prüfen, bedeutet dieses folgerichtig, dass der Vertragsprüfer auch zu prüfen hat, welche rechtliche Qualifikation dem Vertrag zukommt[520]. Eine solche Prüfung wird zwar teilweise mit der Begründung abgelehnt, dass die Abgrenzung der Verträge schwierige Probleme aufwerfe, deren Klärung den Gerichten vorbehalten sei[521]. Das Gesetz schreibt aber nicht vor, dass der Vertragstext mit einer genauen Bezeichnung des Vertragstyps zu versehen ist. Auf diese käme es auch gar nicht an, da nicht die Bezeichnung des Vertrags, sondern sein materieller Gehalt für die Bestimmung der Vertragsart maßgebend ist[522]. Soll der Vertragsprüfer das Vorhandensein der zwingenden Vertragsbestandteile prüfen, muss er sich daher zwangsläufig mit der rechtlichen Qualifikation des Vertrags befassen.

Für den Betriebsführungsvertrag bedeutet dieses, dass sich der Vertragsprüfer insbesondere mit der Abgrenzung zwischen Betriebsführungsvertrag und Beherrschungsvertrag auseinanderzusetzen hat. Da bei Betriebsführungsverträgen zwischen echten und unechten Betriebsführungsverträgen differenziert wird, sollte auch geprüft werden, ob der echte Betriebsführungsvertrag eine für das außenwirksame Handeln erforderliche Vollmacht enthält[523].

---

[513] GroßkommAktG/Mülbert, § 293b Rn. 16; KölnerKommAktG/Koppensteiner, § 293b Rn. 14; MünchKommAktG/Altmeppen, § 293b Rn. 7; Bungert, DB 1995, 1384, 1391.

[514] So aber: Emmerich/Habersack/Emmerich, § 293b Rn. 6.

[515] MünchKommAktG/Altmeppen, § 293b Rn. 6; Spindler/Stilz/Veil, § 293b Rn. 4; Hüffer/Koch, § 293b Rn. 5; Emmerich/Habersack/Emmerich, § 293b Rn. 5; GroßkommAktG/Mülbert, § 293b Rn. 16.

[516] MünchKommAktG/Altmeppen, § 293b Rn. 7; Spindler/Stilz/Veil, § 293b Rn. 7; s. zum Beherrschungs- und Gewinnabführungsvertrag auch: KG AG 2009, 30, 35; Bungert, DB 1995, 1384, 1389.

[517] Emmerich/Habersack/Emmerich, § 293b Rn. 19; GroßkommAktG/Mülbert, § 293b Rn. 16; KölnerKommAktG/Koppensteiner, § 293b Rn. 12.

[518] Spindler/Stilz/Veil, § 293b Rn. 7.

[519] Köhn, Der Konzern 2013, 323, 332.

[520] Emmerich/Habersack/Emmerich, § 293b Rn. 19; ähnlich: Spindler/Stilz/Veil, § 293b Rn. 7, wonach insofern die vom Vorstand getroffene Qualifikation zu prüfen ist.

[521] KölnerKommAktG/Koppensteiner, § 293b Rn. 13; Neun, S. 165 f.

[522] KölnerKommAktG/Koppensteiner, § 291 Rn. 18; GroßkommAktG/Mülbert, § 293 Rn. 12; Neun, S. 165.

[523] Köhn, Der Konzern 2013, 323, 332.

Anzumerken ist, dass die Praxis bei einer Prüfung von Verträgen des § 292 AktG bzw. Betriebsführungsverträgen auch insofern unterschiedlich verfährt: Teilweise wird der Vertragstyp schlicht unterstellt oder ohne nähere Begründung festgestellt. Andere Prüfungsberichte setzen sich ausführlich mit der Bestimmung des Vertragstyps (unter Bezugnahme auf breite juristische Literaturquellen) auseinander. Entsprechendes gilt für die Abgrenzung zum Beherrschungsvertrag. Teilweise schweigen die Berichte dazu oder erwähnen eher beiläufig, dass der Vertrag nicht zu einer Beherrschung führt, während andere sich ausführlich mit der Thematik auseinandersetzen[524].

c) Prüfungsfeststellungen

In dem dritten Teil ist über die Prüfungsfeststellungen zu berichten. Der Bericht hat insofern Feststellungen zum Vertragstyp, zu der Richtigkeit der Parteibezeichnungen und zu dem Vorhandensein der typischen Leistungen und Gegenleistungen eines Betriebsführungsvertrags zu enthalten.

d) Schlusserklärung

In einem vierten Teil hat der Prüfer eine Schlusserklärung abzugeben. Eine Schlusserklärung mit dem in § 293e Abs. 1 Satz 2 AktG vorgegebenen Inhalt macht aber für den Betriebsführungsvertrag keinen Sinn, da Ausgleich und Abfindung nicht geschuldet sind. Da nach der hier vertreten Position der Vertragstyp zu prüfen ist, sollte die Schlusserklärung zunächst eine Erklärung zum Vertragstyp enthalten. Ferner ist zu erklären, dass bei einem Betriebsführungsvertrag Ausgleich und Abfindung nicht geschuldet sind und nach dem Vertrag auch nicht geschuldet werden[525].

4. Adressat

§ 293e Abs. 1 AktG ist nicht zu entnehmen, wem der Bericht vorzulegen ist. Auch wenn der Prüfungsbericht sich an die Aktionäre richtet, ist er dem Vorstand vorzulegen. Bei den Verträgen des § 292 AktG ist der Bericht nur dem Vorstand der Gesellschaft vorzulegen, die sich zur Erbringung der vertragstypischen Leistung verpflichtet[526], bei dem Betriebsführungsvertrag also dem Vorstand des Eigentümerunternehmens.

5. Form

Der Vertragsprüfer hat nach § 293e Abs. 1 Satz 1 AktG über das Ergebnis der Prüfung schriftlich zu berichten. Die Schriftform (§ 126 Abs. 1 BGB) kann durch die elektronische Form ersetzt werden[527].

---

[524] Köhn, Der Konzern 2013, 323, 332.
[525] Hüffer/Koch, § 293e Rn. 8; Köhn, Der Konzern 2013, 323, 332; kritisch zu einer Schusserklärung solchen Inhalts: MünchKommAktG/Altmeppen, § 293e Rn. 15 f.
[526] Siehe dazu bereits B.I.5.b) Anm. 2.c).
[527] MünchKommAktG/Altmeppen, § 293e Rn. 3; K. Schmidt/Lutter/Langenbucher, § 293e Rn. 2; KölnerKommAktG/Koppensteiner, § 293e Rn. 5; GroßkommAktG/Mülbert, § 293e Rn. 10; abweichend: Spindler/Stilz/Veil, § 293e Rn. 4; Emmerich/Habersack/Emmerich, § 293e Rn. 7 i. V. m. § 293a Rn. 18.

6. Einschränkung der Berichtspflicht

§ 293e Abs. 2 AktG verweist hinsichtlich der Einschränkung der Berichtspflicht auf § 293a Abs. 2 AktG. Insofern gelten dieselben Grundsätze wie bei § 293a Abs. 2 AktG[528].

7. Entfall der Berichtspflicht

Gemäß § 293b Abs. 1 HS 2 AktG entfällt eine Prüfung des Unternehmensvertrags, wenn sich alle Aktien der abhängigen Gesellschaft in der Hand des herrschenden Unternehmens befinden. Hintergrund der Regelung ist, dass die zu 100 % im Besitz der Obergesellschaft befindliche Aktiengesellschaft keine außenstehenden Aktionäre hat, so dass die §§ 304, 305 AktG ins Leere gehen und das Hauptziel der Prüfung nicht verwirklicht werden kann[529]. Erkennbar ist § 293b Abs. 1 HS 2 AktG auf den Unternehmensvertrag des § 291 AktG zugeschnitten. Bei einem Betriebsführungsvertrag finden die §§ 304, 305 AktG ohnehin keine Anwendung. Wenn man mit der h. M. davon ausgeht, dass die §§ 293a ff. AktG auf alle Unternehmensverträge anzuwenden sind[530], ist auch § 293b Abs. 1 HS 2 AktG auf den Betriebsführungsvertrag anwendbar.

Das bedeutet für den Betriebsführungsvertrag, dass eine Prüfung nicht nur entfällt, wenn die Obergesellschaft die Betriebsführung ihrer 100%igen Tochtergesellschaft übernimmt, sondern auch dann, wenn es sich umgekehrt verhält, also die in vollständigem Besitz der Muttergesellschaft befindliche Tochtergesellschaft für ihre Alleinaktionärin die Betriebsführung übernimmt.

Nach allgemeiner Meinung findet § 293b Abs. 1 HS 2 AktG auch Anwendung bei einem Mehrmütterkonzern, also wenn sämtliche Aktien der Untergesellschaft von den Muttergesellschaften gehalten werden, wobei unterschiedlich beurteilt wird, ob dies erfordert, dass alle Aktien der abhängigen Gesellschaft von einer GbR gehalten werden müssen, die von den Müttern gegründet worden ist[531] oder – so die ganz h. M. – auch ein Vertrag unmittelbar zwischen den Müttern und der abhängigen Gesellschaft genügt[532].

§ 293b Abs. 2 AktG verweist auf § 293a Abs. 3 AktG. Dementsprechend ist eine Vertragsprüfung nicht erforderlich, wenn alle Anteilseigner des Eigentümers auf die Erstattung des Prüfungsberichts verzichten. Insofern gelten dieselben Grundsätze wie bei § 293a Abs. 3 AktG[533]. Der Verzicht auf den Vertragsbericht bedeutet nicht, dass damit zugleich auf den Prüfungsbericht verzichtet wird; erforderlich sind insofern zwei Verzichtserklärungen[534].

Möglich ist auch, dass die Aktionäre nicht auf die Prüfung, aber auf die Berichterstattung verzichten (§ 293e Abs. 2 i. V. m. § 293a Abs. 3 AktG)[535].

---

[528] Statt aller: MünchKommAktG/Altmeppen, § 293e Rn. 18; GroßkommAktG/Mülbert, § 293e Rn. 23.

[529] Hüffer/Koch, § 293b Rn. 9; MünchKommAktG/Altmeppen, § 293b Rn. 18; Spindler/Stilz/Veil, § 293b Rn. 12; GroßkommAktG/Mülbert, § 293b Rn. 11; Emmerich/Habersack/Emmerich, § 293b Rn. 12; Bungert DB 1995, 1384, 1391.

[530] S. dazu bereits A.V.1.c).

[531] Spindler/Stilz/Veil, § 293b Rn. 12.

[532] MünchKommAktG/Altmeppen, § 293b Rn. 19; Hüffer/Koch, § 293b Rn. 9; GroßkommAktG/Mülbert, § 293b Rn. 11; Emmerich/Habersack/Emmerich, § 293b Rn. 12.

[533] Statt aller: MünchKommAktG/Altmeppen, § 293b Rn. 17; GroßkommAktG/Mülbert, § 293b Rn. 27.

[534] MünchKommAktG/Altmeppen, § 293a Rn. 51; GroßkommAktG/Mülbert, § 293a Rn. 51.

[535] S. dazu statt aller: GroßkommAktG/Mülbert, § 293e Rn. 8; MünchKommAktG/Altmeppen, § 293e Rn. 21.

8. Rechtfolgen fehlerhafter Prüfungsberichte

Erfolgt keine Prüfung des Unternehmensvertrags, wird die Angemessenheit von Ausgleich und Abfindung nicht bestätigt oder werden sonstige Mängel des Vertrags beanstandet, darf das Registergericht den Unternehmensvertrag nach allgemeiner Meinung nicht in das Handelsregister eintragen[536]. Da bei einem Betriebsführungsvertrag Ausgleich und Abfindung nicht geschuldet ist, tritt an die Stelle der vorgenannten fehlenden Bestätigung der Angemessenheit von Ausgleich und Abfindung die fehlende Bestätigung, dass Ausgleich und Abfindung nicht geschuldet sind. Überdies ist der Zustimmungsbeschluss in den vorgenannten Fällen nach § 243 Abs. 1 AktG anfechtbar[537]. Inhaltliche Mängel des Prüfungsberichts begründen demgegenüber keine Anfechtbarkeit des Zustimmungsbeschlusses[538].

---

[536] Emmerich/Habersack/Emmerich, § 293b Rn. 20; GroßkommAktG/Mülbert, § 293b Rn. 28; MünchKomm-AktG/Altmeppen, § 293b Rn. 20; Humbeck, BB 1995, 1893, 1898.

[537] Emmerich/Habersack/Emmerich, § 293b Rn. 21; MünchKommAktG/Altmeppen, § 293b Rn. 20; GroßkommAktG/Mülbert, § 293b Rn. 28; für den Eingliederungsbericht auch: LG Berlin AG 1996, 230, 232 f.

[538] Emmerich/Habersack/Emmerich, § 293b Rn. 23; MünchKommAktG/Altmeppen, § 293b Rn. 21; GroßkommAktG/Mülbert, § 293e Rn. 26; für den Übertragungsprüfungsbericht auch: LG München I AG 2008, 904, 908; OLG Stuttgart AG 2009, 204, 209; OLG Karlsruhe AG 2007, 92, 93. Etwas anderes gilt, wenn es sich um derart schwerwiegende Mängel handelt, dass es sich im Grunde um einen Fall der Nichterfüllung handelt, so: Emmerich/Habersack/Emmerich, § 293b Rn. 23; für den Übertragungsprüfungsbericht auch: KG AG 2010, 166, 169.

6. Notarielle Beurkundung der Hauptversammlung

a) Formulartext

UR-Nr. …

Verhandelt am …

in … im …

…-straße …

Der unterzeichnete Notar …

mit dem Amtssitz in …

begab sich heute auf Ersuchen des Vorstands der … AG nach …, um die Niederschrift über die heute dorthin berufene

außerordentliche Hauptversammlung

der

… AG

aufzunehmen.

I.

Erschienen waren:

1. vom Aufsichtsrat:
…

2. vom Vorstand:
…

3. die in dem von der Gesellschaft aufgestellten und verwahrten Teilnehmerverzeichnis nebst Nachtragsverzeichnis aufgeführten Aktionäre bzw. Aktionärsvertreter.

II.

Die Vorsitzende des Aufsichtsrats, Frau …, übernahm gemäß § … der Satzung den Vorsitz in der Hauptversammlung und eröffnete sie um … Uhr. Sie begrüßte die erschienenen Aktionäre und Aktionärsvertreter, den Vorstand und die Mitglieder des Aufsichtsrats.

Die Vorsitzende teilte mit, dass die … AG den unterzeichneten Notar … mit der Erstellung der Niederschrift der heutigen Hauptversammlung beauftragt habe.

Die Vorsitzende stellte fest, dass die Einberufung der Hauptversammlung mit der Tagesordnung und den Beschlussvorschlägen von Vorstand und Aufsichtsrat form- und fristgerecht im Bundesanzeiger Nr. … vom … bekannt gemacht worden sei. Eine Kopie der Veröffentlichung der Einberufung der Hauptversammlung im Bundesanzeiger Nr. … vom … ist dieser Niederschrift in der Anlage 1 beigefügt.

Ebenfalls am ... sei die Einladung auch Medien i. S. d. § 121 Abs. 4a AktG zur Veröffentlichung zugeleitet worden.

Ferner stellte die Vorsitzende fest, dass dem im Gesetz genannten Empfängerkreis fristgemäß die Mitteilungen gemäß § 125 AktG übermittelt worden sei.

Die Vorsitzende teilte mit, dass Anträge auf Erweiterung der Tagesordnung aus dem Kreis der Aktionäre nicht gestellt worden seien. Ferner seien keine Gegenanträge zu einem bestimmten Punkt der Tagesordnung gestellt worden.

Sodann gab die Vorsitzende organisatorische Hinweise zum Präsenzbereich, zu Ton-, Bild- und Videoaufzeichnungen sowie zur Teilnahme an der Versammlung und der Möglichkeit der Bevollmächtigung. Insofern gab die Vorsitzende den Inhalt eines Dokumentes mit der Bezeichnung „Hinweise zur Teilnahme an der außerordentlichen Hauptversammlung der ... AG am ...“ wieder, das jeder Aktionäre erhalten habe und dieser Niederschrift in der Anlage 2 beigefügt ist.

Zum Verzeichnis der Teilnehmer erklärte die Vorsitzende, dass dieses zur Zeit erstellt und vor der ersten Abstimmung am Wortmeldetisch zur Einsicht ausgelegt werde. Spätestens vor der ersten Abstimmung werde auch die Präsenz bekannt gegeben. Bei Änderungen der Präsenz würden Nachtragsverzeichnisse gefertigt, die unter Bekanntgabe der Präsenzänderung ebenfalls am Wortmeldetisch zur Einsicht ausgelegt würden.

Die Vorsitzende erklärte, dass sie von ihrem Recht Gebrauch mache, das Abstimmungsverfahren festzulegen und erläuterte das Abstimmungsverfahren wie folgt: Es finde das Additionsverfahren statt. Dementsprechend würden sowohl die Ja- als auch die Nein-Stimmen aufgenommen und ausgezählt. Aus der Differenz zwischen den abgegebenen und den präsenten Stimmen ergäbe sich die Anzahl der Enthaltungen. Wer an einer Abstimmung nicht teilnehmen oder sich enthalten wolle, möge daher keine Stimmkarte abgeben. Die Abstimmung erfolge mit den beim Einlass ausgegebenen und mit Barcodes versehenen Stimmkarten. Für jeden Tagesordnungspunkt, über den Beschluss gefasst werden soll, hätten die anwesenden Aktionäre und Aktionärsvertreter eine Stimmkarte erhalten. Bei der jeweiligen Abstimmung sei die jeweilige Stimmkarte in einen der Stimmkästen zu werfen. Die Stimmkästen seien entweder mit einem schwarzen „Ja“ oder einem rotem „Nein“ beschriftet. Aktionäre oder Aktionärsvertreter, die für den betreffenden Beschlussvorschlag stimmen wollten, mögen daher ihre Stimmkarte in einen der Stimmkästen mit der schwarzen Aufschrift „Ja“ werfen. Soll gegen einen Beschlussvorschlag gestimmt werden, sei die Stimmkarte in einen der Stimmkästen mit der roten Aufschrift „Nein“ zu werfen. Die Ausübung des Stimmrechts könne nur in diesem Saal erfolgen. Die Stimmkästen würden nach der Abstimmung unter Aufsicht des beurkundenden Notars geleert und mit Hilfe eines elektronischen Stimmzählers ausgezählt.

Zum Ablauf der Hauptversammlung wies die Vorsitzende darauf hin, dass die Diskussion über alle Punkte der Tagesordnung in Form einer Generaldebatte im Anschluss an die Erläuterungen des Vorstands zum Betriebsführungsvertrag (Tagesordnungspunkt ...) erfolgen werde. In diesem Zusammenhang erläuterte die Vorsitzende das bei Wortmeldungen einzuhaltende Verfahren. Sobald keine Wortmeldungen mehr vorlägen und alle Fragen beantwortet seien, werde sie die Generaldebatte schließen und unmittelbar in die Abstimmung zu allen Tagesordnungspunkten eintreten. Die Abstimmung über alle Tagesordnungspunkte werde für jeden Tagesordnungspunkt gesondert, aber gesammelt in einem Abstimmungsdurchgang durchgeführt.

III.

Die Tagesordnung wurde sodann wie folgt erledigt:

(...) ggf. weitere Tagesordnungspunkte

... Beschlussfassung über die Zustimmung zu dem Abschluss eines Betriebsführungsvertrags über die Führung des Betriebs der ... AG mit Sitz in ... durch die ... GmbH mit Sitz in ...

Die Vorsitzende stellte zu diesem Tagesordnungspunkt fest, dass der wesentliche Inhalt des Betriebsführungsvertrags mit der Einberufung ordnungsgemäß veröffentlicht worden sei. Ferner stellte die Vorsitzende fest, dass

➢ der Betriebsführungsvertrag vom ... zwischen der Gesellschaft und der ... GmbH,

➢ die Jahresabschlüsse und Lageberichte der Gesellschaft für die Geschäftsjahre ..., ... und ...,

➢ die Jahresabschlüsse und Lageberichte der ... GmbH für die Geschäftsjahre ..., ... und ...,

➢ der nach § 293a AktG erstattete Bericht des Vorstands der Gesellschaft über den Betriebsführungsvertrag vom ... und

➢ der nach § 293e AktG erstattete Bericht des Vertragsprüfers ... Wirtschaftsprüfungsgesellschaft mbH über den Betriebsführungsvertrag vom ...

von der Einberufung der heutigen Hauptversammlung an im Internet unter der Internetseite der Gesellschaft ... abrufbar seien, in den Geschäftsräumen der Gesellschaft in ..., ... zur Einsichtnahme durch die Aktionäre ausgelegen haben und auch während der Hauptversammlung den Aktionären zur Einsicht zur Verfügung stehen und jedem Aktionär auf dessen Verlangen unverzüglich und kostenlos Abschriften der vorgenannten Unterlagen erteilt worden seien und werden.

Die Vorsitzende überreichte dem Notar den Betriebsführungsvertrag vom ... zwischen der Gesellschaft und der ... GmbH, welcher dieser Niederschrift in beglaubigter Abschrift als Anlage 3 beigefügt ist.

Anschließend gab die Vorsitzende bekannt, dass das Teilnehmerverzeichnis nunmehr fertig gestellt sei. Sie stellte fest, dass vom Grundkapital der Gesellschaft in Höhe von ... €, einge-

teilt in ... auf den Inhaber lautende Stückaktien mit einem anteiligen Betrag in Höhe von ... €
je Aktie laut Teilnehmerverzeichnis ... Stückaktien vertreten seien. Dieses entspreche ... %
des Grundkapitals der Gesellschaft. Das Teilnehmerverzeichnis lag am Wortmeldetisch aus.

Die Vorsitzende erteilte darauf hin dem Vorstand, ..., das Wort, welcher den Betriebsführungsvertrag erläuterte.

IV.

Anschließend eröffnete der Vorsitzende die Generaldebatte über alle Tagesordnungspunkte
und bat um Wortmeldungen. Der Vorstand beantwortete zahlreiche Fragen der Aktionäre.
Sodann stellte die Vorsitzende fest, dass keine weiteren Wortmeldungen vorliegen. Auf Nachfrage der Vorsitzenden, ob sonst noch das Wort gewünscht werde, erfolgte keine Wortmeldung. Daraufhin stellte die Vorsitzende fest, dass keine weiteren Wortmeldungen vorliegen
und schloss die Generaldebatte um ... Uhr.

V.

Die Vorsitzende bat alle Aktionäre und Aktionärsvertreter, sich zum Zwecke der Abstimmung
in den Saal zu begeben und wiederholte ihre Feststellungen zum Ablauf des Abstimmungsverfahrens. Sodann gab die Vorsitzende die aktuelle Präsenz der erschienenen oder vertretenen Aktionäre wie folgt bekannt:

Vom Grundkapital der Gesellschaft in Höhe von ... €, eingeteilt in ... auf den Inhaber lautende
Stückaktien mit einem anteiligen Betrag in Höhe von ... € je Aktie seien laut Nachtragsverzeichnis ... Stückaktien vertreten. Dieses entspreche ... % des Grundkapitals der Gesellschaft.
Das Nachtragsverzeichnis lag am Wortmeldetisch aus.

Die Vorsitzende trat sodann in die Abstimmung zu den Punkten ... bis ... der Tagesordnung
ein.

(...) ggf. Abstimmung zu weiteren Tagesordnungspunkten

**... Beschlussfassung über die Zustimmung zu dem Abschluss eines Betriebsführungsvertrags über die Führung des Betriebs der ... AG mit Sitz in ... durch die ... GmbH mit Sitz
in ...**

Zum Tagesordnungspunkt ... stellte die Vorsitzende den Beschlussvorschlag von Vorstand
und Aufsichtsrat über die Zustimmung zu dem Abschluss eines Betriebsführungsvertrags über
die Führung des Betriebs der ... AG mit Sitz in ... durch die ... GmbH mit Sitz in ..., mit dem
im Bundesanzeiger Nr. … vom … veröffentlichten Inhalt zur Abstimmung:

Vorstand und Aufsichtsrat schlagen vor, dem Abschluss des Betriebsführungsvertrags zwischen der ... AG und der ... GmbH vom ... die Zustimmung zu erteilen.

Sodann erfolgte die Abstimmung in der von der Vorsitzenden beschriebenen Art und Weise.

Die Vorsitzende versicherte sich durch Nachfrage, dass alle Aktionäre und Aktionärsvertreter die Gelegenheit zur Abstimmung hatten und schloss darauf hin die Abstimmung zu allen Tagesordnungspunkten.

Nach Leerung der Stimmkästen und Auszählung der Stimmkarten mittels des elektronischen Stimmzählers, von dessen ordnungsgemäßer Funktionsweise sich der Notar vor dem Auslesevorgang überzeugt hatte, stellte die Vorsitzende für jeden Beschluss das Abstimmungsergebnis fest und verkündete es wie folgt:

(...) ggf. Feststellung des Abstimmungsergebnisses zu weiteren Tagesordnungspunkten

Ergebnis zu Punkt ... der Tagesordnung

Bei der Beschlussfassung zum Tagesordnungspunkt ... betrug die stimmberechtigte Präsenz ... Stimmen. Während dieser Abstimmung wurden für ... Aktien gültige Stimmen abgegeben. Das entspricht einen Anteil von ... % des gesamten satzungsmäßigen Grundkapitals der Gesellschaft.

Die Zahl der für den Beschluss abgegebenen Stimmen betrug ... Stimmen. Die Zahl der Gegenstimmen betrug ... Stimmen. Auf die für den Beschluss abgegebenen Stimmen entfallen ... % der abgegebenen gültigen Stimmen.

Die Vorsitzende gab das Ergebnis der Abstimmung bekannt und stellte fest, dass dem Abschluss des Betriebsführungsvertrags zwischen der ... AG und der ... GmbH vom ... mit der erforderlichen einfachen Stimmenmehrheit und einer Dreiviertelmehrheit des vertretenen Grundkapitals zugestimmt wurde.

Die Vorsitzende schloss die Versammlung um … Uhr.

Diese Niederschrift wurde vom Notar aufgenommen und von ihm eigenhändig wie folgt unterschrieben:

Notar

b) Formularkommentare

1. Allgemeines zur notariellen Niederschrift

Der Zustimmungsbeschluss der Hauptversammlung bedarf der notariellen Beurkundung nach § 130 Abs. 1 Satz 1 AktG. Das Schriftformerfordernis nach § 293 Abs. 3 AktG gilt nur für den Vertrag selbst[539].

a) Verpflichteter

§ 130 Abs. 1 Satz 1 AktG erfordert eine notariell aufgenommene Niederschrift. Daher hat ein Notar die Niederschrift aufzunehmen. Dieser wird vom Vorstand im Namen der Gesellschaft beauftragt. Zu beauftragen ist ein Notar, in dessen Amtsbezirk die Hauptversammlung stattfindet; wird ein Notar außerhalb seines Amtsbezirks beauftragt, führt dieser Verstoß allerdings nicht zur Unwirksamkeit der Beurkundung (§ 11 Abs. 3 BNotO). Der Notar unterliegt den Mitwirkungsverboten des § 3 BeurkG; ein Verstoß gegen ein solches Mitwirkungsverbot führt nicht zur Nichtigkeit der gefassten Beschlüsse und berechtigt regelmäßig aufgrund fehlender Relevanz auch nicht zur Anfechtung[540].

b) Inhalt

Der Inhalt der Niederschrift richtet sich nach § 130 AktG. § 130 AktG verdrängt als speziellere Norm (s. § 59 BeurkG) die §§ 36 ff. BeurkG[541]. Der Notar ist jedoch nicht daran gehindert, die Hauptversammlung der Aktiengesellschaft nach den §§ 8 ff. BeurkG zu beurkunden[542];

[539] MünchKommAktG/Altmeppen, § 293 Rn. 36; Emmerich/Habersack/Emmerich, § 293 Rn. 24; Spindler/Stilz/Veil, § 293 Rn. 17.
[540] Hüffer/Koch, § 130 Rn. 10; s. auch: MünchKommAktG/Kubis, § 130 Rn. 15.
[541] Hüffer/Koch, § 130 Rn. 11; Winkler, § 37 Rn. 18; abweichend (Ergänzung der §§ 36 f. BeurkG durch § 130 AktG): K. Schmidt/Lutter/Ziemons, § 130 Rn. 2.
[542] Winkler, § 37 Rn. 25; Eylmann/Vaasen/Limmer, § 8 BeurkG Rn. 3; Armbrüster/Preuß/Renner/Preuß, § 36 Rn. 7.

allerdings ist es auch bei einer Beurkundung nach §§ 8 ff. BeurkG erforderlich, dass die Niederschrift den in § 130 Abs. 1, 2 und 4 AktG vorgeschriebenen Mindestinhalt hat[543].

Der Notar hat eine Niederschrift zu fertigen, in der alle beurkundungspflichtigen Vorgänge enthalten sind[544]. Die Niederschrift ist ein Ergebnis-, nicht ein Verlaufs- oder Wortprotokoll[545].

aa) Obligatorischer Inhalt

Gemäß § 130 Abs. 2 Satz 1 AktG sind in der Niederschrift der Ort und der Tag der Verhandlung anzugeben. Unter Ort ist die politische Gemeinde zu verstehen. Die Angabe des Versammlungsorts nach Straße und Hausnummer ist nach h. M nicht erforderlich, aber üblich und zweckmäßig[546].

Zudem ist nach § 130 Abs. 2 Satz 1 AktG der Name des beurkundenden Notars anzugeben. Ob die Angabe des Familiennamens ausreichend ist oder ob es auch der Angabe des Vornamens bedarf, wird unterschiedlich beurteilt[547]. Für die Praxis wird daher empfohlen, vorsorglich auch den Vornamen anzugeben.

Weiter ist gemäß § 130 Abs. 2 Satz 1 AktG die Art der Abstimmung anzugeben. Unter Art der Abstimmung ist zum einen die Form der Abstimmung (Stimmkarten, Handzeichen, o. ä.) gemeint[548]. Zum anderen ist nach h. M. die Art der Stimmauszählung (Subtraktions- oder Additionsmethode, Einsatz von Stimmzählern, usw.) anzugeben[549]. Ob anzugeben ist, ob sich die Art der Abstimmung aus der Satzung ergibt oder ob der Vorsitzende in Ermangelung einer Satzungsbestimmung eine entsprechende Bestimmung trifft, wird unterschiedlich beurteilt[550].

Anzugeben ist gemäß § 130 Abs. 2 Satz 1 AktG in der Niederschrift ferner das Ergebnis der Abstimmung. Unter dem Ergebnis der Abstimmung sind zum einen die Angabe der Anzahl der Ja- und Nein-Stimmen zu verstehen[551] sowie die Niederschrift des Antrags, sofern sich dessen Inhalt nicht aus der Feststellung des Abstimmungsergebnisses ergibt[552]. Ob Stimmenthaltungen angegeben werden müssen, wird unterschiedlich beurteilt; jedenfalls bei börsennotierten Gesellschaften folgt aus § 130 Abs. 2 Satz 2 Nr. 3 AktG, dass solche nur gegebenen-

---

[543] Winkler, § 37 Rn. 25; Eylmann/Vaasen/Limmer, § 8 BeurkG Rn. 3; Armbrüster/Preuß/Renner/Preuß, § 36 Rn. 7.

[544] Zur differenzierten Behandlung von Gesetzesverstößen s. statt aller: Hüffer/Koch, § 130 Rn. 30; MünchKommAktG/Kubis, § 130 Rn. 81 ff.

[545] Hüffer/Koch, § 130 Rn. 11; Faßbender, RNotZ 2009, 425, 440; abweichend (Ergebnis- und teilweise Verlaufsprotokoll): KölnerKommAktG/Noack/Zetzsche, § 130 Rn. 3.

[546] Hüffer/Koch, § 130 Rn. 15; KölnerKommAktG/Noack/Zetzsche, § 130 Rn. 93; GroßkommAktG/Mülbert, § 130 Rn. 92; abweichend (Erfordernis der postalischen Anschrift): MünchKommAktG/Kubis, § 130 Rn. 44; K. Schmidt/Lutter/Ziemons, § 130 Rn. 10.

[547] S. dazu: Hüffer/Koch, § 130 Rn. 16; GroßkommAktG/Mülbert, § 130 Rn. 93 jeweils m. w. N. zum Streitstand.

[548] BGH NJW 2018, 52, 53; OLG Oldenburg AG 2002, 682; KölnerKommAktG/Noack/Zetzsche, § 130 Rn. 158; Hüffer/Koch, § 130 Rn. 17; MünchKommAktG/Kubis, § 130 Rn. 51; GroßkommAktG/Mülbert, § 130 Rn. 97.

[549] OLG Oldenburg AG 2002, 682; LG München AG 2013, 138, 139; Hüffer/Koch, § 130 Rn. 17; GroßkommAktG/Mülbert, § 130 Rn. 98; abweichend: Schulte, AG 1985, 33, 38.

[550] Dagegen: BGH NJW 2018, 52, 54; KölnerKommAktG/Noack/Zetzsche, § 130 Rn. 176; Sigel/Schäfer, BB 2005, 2137, 2142; dafür: GroßkommAktG/Mülbert, § 130 Rn. 95; MünchKommAktG/Kubis, § 130 Rn. 50.

[551] BGH NJW 2018, 52, 54; Hüffer/Koch, § 130 Rn. 19; MünchKommAktG/Kubis, § 130 Rn. 57; GroßkommAktG/Mülbert, § 130 Rn. 101; abweichend: KölnerKommAktG/Noack/Zetzsche, § 130 Rn. 169 ff.

[552] Hüffer/Koch, § 130 Rn. 19; KölnerKommAktG/Noack/Zetzsche, § 130 Rn. 177.

falls anzugeben sind, wenn es also für die Feststellung des Abstimmungsergebnisses auf die Anzahl der Enthaltungen ankommt, was (nur) bei der Subtraktionsmethode der Fall ist[553]. Zum anderen ist die rechtliche Folgerung aus der Zahl der Ja- und Nein-Stimmen, also die Annahme oder Ablehnung des Antrags, anzugeben, wobei unterschiedlich beurteilt wird, ob es sich um die eigene Folgerung des Notars aus eigener Wahrnehmung oder die Wiedergabe der Feststellung des Vorsitzenden handeln muss[554]. Wenn neben der einfachen Stimmenmehrheit eine qualifizierte Mehrheit des vertretenen Grundkapitals erforderlich ist, ist auch die Kapitalmehrheit festzustellen[555].

Schließlich ist gemäß § 130 Abs. 2 Satz 1 AktG die Feststellung des Vorsitzenden über die Beschlussfassung anzugeben. Darunter ist die Feststellung des Vorsitzenden zu verstehen, dass ein Beschluss eines bestimmten Inhalts mit der dafür erforderlichen Mehrheit zustande gekommen oder nicht zustande gekommen ist[556].

Bei börsennotierten Gesellschaften umfasst die Feststellung über die Beschlussfassung für jeden Beschluss gemäß § 130 Abs. 2 Satz 2 AktG auch die Zahl der Aktien, für die gültige Stimmen abgegeben wurden (§ 130 Abs. 2 Satz 2 Nr. 1 AktG), den Anteil des durch die gültigen Stimmen vertretenen Grundkapitals am eingetragenen Grundkapital (§ 130 Abs. 2 Satz 2 Nr. 2 AktG)[557] und die Zahl der für einen Beschluss abgegebenen Stimmen, Gegenstimmen und gegebenenfalls die Zahl der Enthaltungen (§ 130 Abs. 2 Satz 2 Nr. 3 AktG)[558]. Abweichend von § 130 Abs. 2 Satz 2 AktG kann der Versammlungsleiter gemäß § 130 Abs. 2 Satz 3 AktG die Feststellung über die Beschlussfassung für jeden Beschluss darauf beschränken, dass die erforderliche Mehrheit erreicht wurde, falls kein Aktionär eine umfassende Feststellung gemäß § 130 Abs. 2 Satz 2 AktG verlangt.

Weitere beurkundungspflichtige Vorgänge sind das Minderheitsverlangen nach § 130 Abs. 1 Satz 2 AktG, die Auskunftsverweigerung gemäß § 131 Abs. 5 AktG sowie Widersprüche zur Niederschrift von Aktionären[559]. Ob darüber hinaus noch ungeschriebene obligatorische Angaben bestehen, etwa Ordnungsmaßnahmen des Vorsitzenden oder Verstöße gegen Stimmverbote (§ 136 AktG), wird unterschiedlich beurteilt[560].

---

[553] Hüffer/Koch, § 130 Rn. 19a, 23a; MünchKommAktG/Kubis, § 130 Rn. 57 m. w. N.

[554] S. zum Streitstand: Hüffer/Koch, § 130 Rn. 21; GroßKommAktG/Mülbert, § 130 Rn. 105; MünchKommAktG/Kubis, § 130 Rn. 63.

[555] GroßkommAktG/Mülbert, § 130 Rn. 104; MünchKommAktG/Kubis, § 130 Rn. 58.

[556] OLG Düsseldorf ZIP 2003, 1147, 1149; Hüffer/Koch, § 130 Rn. 22; MünchKommAktG/Kubis, § 130 Rn. 61.

[557] Durch das Hinzusetzen der Worte „am eingetragenen Grundkapital" in § 130 Abs. 2 Satz 2 Nr. 2 AktG im Rahmen der Aktienrechtsnovelle 2016 hat sich der bis dahin bestehende Streit, ob sich der Anteil auf das satzungsmäßige im Handelsregister eingetragene Grundkapital oder das bei der Hauptversammlung anwesende Grundkapital bezieht (zum Streitstand statt aller: KölnerKommAktG/Noack/Zetzsche, § 130 Rn. 201 ff.), erledigt. Daher wird in dem Formular nur noch der Anteil am eingetragenen Grundkapital angegeben.

[558] Wie zuvor bereits geschildert, sind Enthaltungen nur bei der Anwendung der Subtraktionsmethode anzugeben.

[559] S. dazu: Hüffer/Koch, § 130 Rn. 4; KölnerKommAktG/Noack/Zetzsche, § 130 Rn. 211 ff.

[560] S. dazu: MünchKommAktG/Kubis, § 130 Rn. 11, 71; KölnerKommAktG/Noack/Zetzsche, § 130 Rn. 257 ff.; Hüffer/Koch, § 130 Rn. 5.

bb) Fakultativer Inhalt

Über den obligatorischen Mindestinhalt hinaus kann der Notar nach allgemeiner Meinung die Niederschrift nach pflichtgemäßem Ermessen um weitere Angaben ergänzen[561]. Vor diesem Hintergrund ist es zulässig und auch zweckmäßig, Angaben zu den anwesenden Organmitgliedern (Vorstand und Aufsichtsrat), zu Beginn und Ende der Hauptversammlung, sowie zur Person des Hauptversammlungsleiters in die Niederschrift aufzunehmen[562]. Zwar bestehen hinsichtlich des Umfangs solcher (fakultativen) Inhalte keine gesetzlichen Vorgaben. Allerdings erschweren zu breite Ausführungen den Blick auf den obligatorischen Inhalt und erhöhen die Gefahr wiedersprüchlicher Angaben[563].

c) Teilnehmerverzeichnis

Gemäß § 129 Abs. 4 Satz 1 AktG ist das Teilnehmerverzeichnis (§ 129 Abs. 1 Satz 2 AktG) vor der ersten Abstimmung allen Teilnehmern zugänglich zu machen. Nachträgliche Zu- und Abgänge von Aktionären und Aktionärsvertretern sind im Teilnehmerverzeichnis zu vermerken[564].

d) Anlagen

Gemäß § 130 Abs. 3 AktG sind die Belege über die Einberufung der Versammlung der Niederschrift als Anlage beizufügen, wenn sie nicht unter Angabe ihres Inhalts in der Niederschrift aufgeführt sind. Ob die Belege in Urschrift beizufügen sind, wird unterschiedlich beurteilt[565].

Unabhängig von dem vorstehenden Streitstand genügt es nach allgemeiner Meinung im Falle der Bekanntmachung im Bundesanzeiger, als Anlage der Niederschrift einen Ausdruck der Einberufung aus dem Bundesanzeiger beizufügen[566].

Nicht erforderlich ist es, einen Nachweis für die mediale Verbreitung nach § 121 Abs. 4a AktG beizufügen[567]. Entsprechendes gilt für die Mitteilungen nach § 125 AktG[568].

Ebenfalls braucht das Teilnehmerverzeichnis nicht (mehr) als Anlage der Niederschrift beigefügt werden[569], auch wenn die Beifügung in der Praxis üblich ist. Bei börsennotierten Gesell-

---

[561] Hüffer/Koch, § 130 Rn. 6; MünchKommAktG/Kubis, § 130 Rn. 72; KölnerKommAktG/Noack/Zetzsche, § 130 Rn. 264 ff.

[562] Hüffer/Koch, § 130 Rn. 6; KölnerKommAktG/Noack/Zetzsche, § 130 Rn. 265; eingehend mit weiteren Beispielen: KölnerKommAktG/Kubis, § 130 Rn. 72.

[563] MünchKommAktG/Kubis, § 130 Rn. 72.

[564] Hüffer/Koch, § 129 Rn. 10; MünchHdbAG/Hoffmann-Becking, § 37 Rn. 28; GroßkommAktG/Mülbert, § 129 Rn. 54.

[565] Dafür: RG Z 114, 202, 203 f.; Hüffer, 10. Aufl., § 130 Rn. 24; abweichend: Hüffer/Koch, § 130 Rn. 24; MünchKommAktG/Kubis, § 130 Rn. 73; KölnerKommAktG/Noack/Zetzsche, § 130 Rn. 273.

[566] KölnerKommAktG/Noack/Zetzsche, § 130 Rn. 272; auch: MünchKommAktG/Kubis, § 130 Rn. 73, nach dem alternativ der Inhalt der Einberufungsbekanntmachung möglichst inhaltsgleich in die Niederschrift genommen werden kann.

[567] KölnerKommAktG/Noack/Zetzsche, § 130 Rn. 272; Spindler/Stilz/Wicke, § 130 Rn. 58.

[568] S. KölnerKommAktG/Noack/Zetzsche, § 130 Rn. 272, wonach der Notar in der Regel ein Exemplar der Einberufungsmitteilung gemäß §§ 125, 128 Abs. 1 AktG zur Niederschrift nehme.

[569] Hüffer/Koch, § 130 Rn. 24; MünchKommAktG/Kubis, § 130 Rn. 74; Spindler/Stilz/Wicke, § 130 Rn. 58.

schaften verbietet sich allerdings die Beifügung des Teilnehmerverzeichnisses wegen des Vertraulichkeitsgebots nach § 30a Abs. 1 Nr. 3 WpHG[570].

Soweit nach den vorstehenden Ausführungen die Beifügung von Anlagen nicht erforderlich ist, bedeutet dieses nicht, dass der Notar daran gehindert ist, auch solche Unterlagen seiner Niederschrift beizufügen[571], sofern dem keine gesetzlichen Bestimmungen entgegenstehen.

e) Unterschrift des Notars

Die Niederschrift ist nach § 130 Abs. 4 Satz 1 AktG vom Notar zu unterzeichnen. Die Unterschrift muss nach § 13 Abs. 3 Satz 1 BeurkG eigenhändig erfolgen. Gemäß § 13 Abs. 3 Satz 2 BeurkG soll die Amtsbezeichnung beigefügt werden.

f) Einreichung zum Handelsregister

Unverzüglich nach der Versammlung hat der Vorstand gemäß § 130 Abs. 5 AktG eine öffentlich beglaubigte, im Falle des § 130 Abs. 1 Satz 3 AktG eine vom Vorsitzenden des Aufsichtsrats unterzeichnete, Abschrift der Niederschrift und ihrer Anlagen zum Handelsregister einzureichen.

g) Internetpublizität

Börsennotierte Gesellschaften müssen gemäß § 130 Abs. 6 AktG innerhalb von sieben Tagen nach der Versammlung die festgestellten Abstimmungsergebnisse einschließlich der Angaben nach § 130 Abs. 2 Satz 2 AktG auf ihrer Internetseite veröffentlichen.

2. Ablauf der Hauptversammlung

Über den Ablauf der Hauptversammlung entscheidet der Vorsitzende. Er hat für die sachgerechte Erledigung der Versammlungsgegenstände Sorge zu tragen und die Rechte, die er dafür braucht[572]. Der Vorsitzende kann beispielsweise, wie im Formular vorgesehen, alle Tagesordnungspunkte zusammen aufrufen, die Aussprache einschließlich der Ausübung des Fragerechts in einer Generaldebatte stattfinden lassen und anschließend über alle Punkte der Tagesordnung gesammelt in einem einheitlichen Abstimmungsvorgang abstimmen lassen[573].

In der Praxis ist es verbreitet, an die Aktionäre Informationen über den organisatorischen Ablauf der Hauptversammlung auszugeben. Diese sind nach Inhalt und Umfang ganz unterschiedlich ausgestaltet und enthalten neben den im Formular genannten hauptversammlungsspezifischen Inhalten (Präsenzbereich, Ton-, Bild- und Videoaufzeichnungen sowie Teilnahme an der Versammlung und Möglichkeit der Bevollmächtigung) auch sonstige allgemeine nützliche Hinweise etwa zum Verhalten in Notfällen oder zu Ausgabestellen für Speisen und

---

[570] Hüffer/Koch, § 130 Rn. 24; GroßkommAktG/Mülbert, § 130 Rn. 124.
[571] GroßkommAktG/Mülbert, § 130 Rn. 125; KölnerKommAktG/Noack/Zetzsche, § 130 Rn. 285 f.
[572] BGH Z 44, 245, 248; OLG Frankfurt AG 2011, 36, 42; LG Frankfurt AG 1984, 192, 194; Hüffer/Koch, § 129 Rn. 22; Spindler/Stilz/Wicke, § 129 Rn. 7.
[573] OLG Hamburg AG 2011, 677, 678; MünchKommAktG/Kubis, § 119 Rn. 138; Hüffer/Koch, § 129 Rn. 22.

Getränke. Zum Pflichtinhalt der Niederschrift gehören diese Informationen nicht, der Notar ist jedoch nicht daran gehindert, ein Dokument mit solchen Informationen als Anlage zur Niederschrift zu nehmen.

3. Zugänglichmachung der Unterlagen

Bei der Durchführung der Hauptversammlung ist zunächst § 293f Abs. 1 AktG zu beachten. Danach sind in der Hauptversammlung die in § 293f Abs. 1 AktG bezeichneten Unterlagen zugänglich zu machen.

a) Verpflichteter

Da § 293g AktG eine Hauptversammlungszuständigkeit voraussetzt, betrifft die Auslegungspflicht nur den Eigentümer und seine Aktionäre. Pflichtenträger ist der Vorstand, bei einer Kommanditgesellschaft auf Aktien der persönlich haftende Gesellschafter.

b) Ort

Die Unterlagen sind „in der Hauptversammlung" zugänglich zu machen. Daraus folgt, dass die Unterlagen in dem Raum, in dem die Hauptversammlung stattfindet, zugänglich zu machen sind[574].

c) Zeitraum

Die Pflicht zur Zugänglichmachung der Unterlagen beginnt mit dem Beginn der Hauptversammlung. Nach h. M. endet die Pflicht, wenn der Beschluss über die Zustimmung zu dem Unternehmensvertrag protokolliert und der Tagesordnungspunkt erledigt ist[575].

d) Zugänglichpflichtige Unterlagen

Da § 293g Abs. 1 AktG auf die „in § 293f Abs. 1" AktG bezeichneten Unterlagen verweist, sind die Unterlagen nach § 293g Abs. 1 AktG zugänglich zu machen, die nach § 293f Abs. 1 auszulegen sind.

e) Zugänglichmachung

„Zugänglich zu machen" bedeutet, dass der Vorstand die Unterlagen in geeigneter Weise den Aktionären zur Einsichtnahme zur Verfügung stellen muss. Das kann in Papierform gesche-

---

[574] MünchKommAktG/Altmeppen, § 293g Rn. 3; GroßkommAktG/Mülbert, § 293g Rn. 9; s. auch KölnerKommAktG/Koppensteiner, § 293g Rn. 4 nach dem ein angrenzender Raum genügt.

[575] MünchKommAktG/Altmeppen, § 293g Rn. 4; KölnerKommAktG/Koppensteiner, § 293g Rn. 5; GroßkommAktG/Mülbert, § 293g Rn. 11; Spindler/Stilz/Veil, § 293g Rn. 3; abweichend (Ende der Hauptversammlung): Emmerich/Habersack/Emmerich, § 293g Rn. 5 mit der Begründung, dass noch bis zum Ende der Hauptversammlung Widerspruch zu Protokoll erklärt werden könne.

hen oder über elektronische Anzeigegeräte (Monitore)[576]. Die Stückzahl der Papierexemplare bzw. Monitore hängt von den zu erwartenden Einsichtswünschen ab, denen in angemessener Zeit nachgekommen werden muss[577]. Unzureichend ist es, wenn die Unterlagen ohne konkreten Hinweis auf die Einsichtnahmemöglichkeit von einem anwesenden Mitarbeiter der Gesellschaft verwahrt werden, der auf Nachfrage bereit ist, die Einsicht zu gewähren[578]. Den Anforderungen an ein zugänglich machen wird ebenfalls nicht dadurch genügt, dass die Unterlagen über das Internet abrufbar sind[579].

4. Besonderheiten bei der Verhandlung

Weitere Besonderheiten im Rahmen der Durchführung der Hauptversammlung ergeben sich aus § 293g Abs. 2 und 3 AktG:

a) Erläuterung des Betriebsführungsvertrags

Zu Beginn der Verhandlung hat der Vorstand[580] den Betriebsführungsvertrag gemäß § 293g Abs. 2 Satz 1 AktG mündlich zu erläutern. Erläuterung meint einen zusammenfassenden mündlichen Vortrag über den wesentlichen Vertragsinhalt, die wirtschaftlichen und rechtlichen Gründe des Vertragsschlusses und die Angemessenheit der Gegenleistung[581].

Da den Aktionären die Informationen aus dem Vertragsbericht bereits zur Verfügung stehen, genügt der Vorstand der Erläuterungspflicht, wenn er sich auf zusammenfassende Ausführungen beschränkt und gegebenenfalls den Vertragsbericht auf den neuesten Stand bringt[582]. Hinsichtlich Gestaltung, Art und Umfang des mündlichen Berichts hat der Vorstand einen Ermessensspielraum, dessen Grenzen durch den Normzweck – die Aktionäre in die Lage zu versetzen, die Erwägungen des Vorstands einer Plausibilitätskontrolle zu unterziehen und sich ein eigenes Urteil über den geplanten Unternehmensvertrag zu bilden – bestimmt werden[583].

Bei der Erläuterung gilt hinsichtlich geheimhaltungsbedürftiger Tatsachen § 293a Abs. 2 AktG entsprechend[584].

[576] Begr. RegE BT-Drs. 17/11642, S. 25 (zu § 52 Abs. 2 Satz 4 AktG n. F.).

[577] MünchKommAktG/Altmeppen, § 293g Rn. 3; KölnerKommAktG/Koppensteiner, § 293g Rn. 4; GroßkommAktG/Mülbert, § 293g Rn. 9; ähnlich: Emmerich/Habersack/Emmerich, § 293g Rn. 5; Spindler/Stilz/Veil, § 293g Rn. 3.

[578] OLG Frankfurt DB 1992, 2492; GroßkommAktG/Mülbert, § 293g Rn. 9; MünchKommAktG/Altmeppen, § 293g Rn. 3; KölnerKommAktG/Koppensteiner, § 293g Rn. 4.

[579] MünchKommAktG/Altmeppen, § 293g Rn. 3; GroßkommAktG/Mülbert, § 293g Rn. 9; J. Schmidt, NZG 2008, 734, 735.

[580] Bei einer Kommanditgesellschaft auf Aktien hat der persönlich haftende Gesellschafter den Betriebsführungsvertrag zu erläutern.

[581] Hüffer/Koch, § 293g Rn. 2a; MünchKommAktG/Altmeppen, § 293g Rn. 6; GroßkommAktG/Mülbert, § 293g Rn. 18; Emmerich/Habersack/Emmerich, § 293g Rn. 6.

[582] Vgl. Emmerich/Habersack/Emmerich, § 293g Rn. 7; KölnerKommAktG/Koppensteiner, § 293g Rn. 8; K. Schmidt/Lutter/Langenbucher, § 293g Rn. 5; Spindler/Stilz/Veil, § 293g Rn. 5; MünchHdbAG/Krieger, § 71 Rn. 47; GroßkommAktG/Mülbert, § 293g Rn. 18 f; weitergehender: MünchKommAktG/Altmeppen, § 293g Rn. 6, der eine eingehende Behandlung der wirtschaftlichen und rechtlichen Bedeutung des Vertrags mit allen Auswirkungen für die Gesellschaft fordert – s. aber auch Rn. 7, wonach zusammenfassende Ausführungen genügen sollen.

[583] MünchKommAktG/Altmeppen, § 293g Rn. 7; Spindler/Stilz/Veil, § 293g Rn. 5.

[584] Emmerich/Habersack/Emmerich, § 293g Rn. 8; GroßkommAktG/Mülbert, § 293g Rn. 20; MünchKommAktG/Altmeppen, § 293g Rn. 7; Spindler/Stilz/Veil, § 293g Rn. 6.

b) Auskunftsrecht der Aktionäre

Den Schlussstein der Unterrichtung der Aktionäre bildet das Auskunftsrecht nach § 293g Abs. 3 AktG. Danach ist jedem Aktionär auf Verlangen in der Hauptversammlung Auskunft auch über alle für den Vertragsschluss wesentlichen Angelegenheiten des anderen Vertragsteils zu geben.

aa) Verpflichteter

Das Auskunftsrecht richtet sich allein gegen den Vorstand des Eigentümers, nicht auch gegen den Betriebsführer oder seine Organe[585]. Der Vorstand kann und darf sich bezüglich der Angelegenheiten des Betriebsführers nicht auf Nichtwissen berufen. Er muss sich hinsichtlich aller wesentlichen den Betriebsführer betreffenden Angelegenheiten bei Vertragsschluss unterrichten. Werden dem Vorstand Auskünfte verweigert, wird er in der Regel verpflichtet sein, den Aktionären eine Ablehnung des Vertragsschlusses zu empfehlen[586].

bb) Berechtigter

Das Auskunftsrecht steht jedem Aktionär zu. Auch dem Inhaber nur einer Aktie darf die Auskunft grundsätzlich nicht wegen seines kleinen Aktienbesitzes, wegen fehlendem Rechtsschutzinteresse oder wegen Rechtsmissbrauch verweigert werden[587].

cc) Inhalt

Das Fragerecht erweitert das allgemeine Auskunftsrecht der Aktionäre nach § 131 AktG um die für den Vertragsabschluss wesentlichen Angelegenheiten des Betriebsführers und der mit ihm verbundenen Unternehmen[588]. Es umfasst sämtliche Angelegenheiten des Betriebsführers, die für eine sachgerechte Entscheidung der Aktionäre über die Zustimmung zu dem Betriebsführungsvertrag von Bedeutung sein können[589]. Der Aktionär kann verlangen, in dem Umfang unterrichtet zu werden wie er dies hinsichtlich des Eigentümerunternehmens verlangen kann[590].

---

[585] S. dazu: Emmerich/Habersack/Emmerich, § 293g Rn. 14 ff.; KölnerKommAktG/Koppensteiner, § 293g Rn. 20; MünchKommAktG/Altmeppen, § 293g Rn. 17; K. Schmidt/Lutter/Langenbucher, § 293g Rn. 8; Spindler/Stilz/Veil, § 293g Rn. 10.

[586] MünchKommAktG/Altmeppen, § 293g Rn. 17; Emmerich/Habersack/Emmerich, § 293g Rn. 18; KölnerKommAktG/Koppensteiner, § 293g Rn. 17; Spindler/Stilz/Veil, § 293g Rn. 11; GroßkommAktG/Mülbert, § 293g Rn. 30; abweichend: K. Schmidt/Lutter/Langenbucher, § 293g Rn. 9.

[587] BayObLG NJW 1974 2094; Emmerich/Habersack/Emmerich, § 293g Rn. 13; Spindler/Stilz/Veil, § 293g Rn. 9; MünchKommAktG/Altmeppen, § 293g Rn. 19.

[588] Vgl. KG AG 2003, 99, 101; LG Frankfurt a. M. AG 1989, 331; GroßkommAktG/Mülbert, § 293g Rn. 23; Emmerich/Habersack/Emmerich, § 293g Rn. 11.

[589] S. dazu statt aller: Emmerich/Habersack/Emmerich, § 293g Rn. 20 ff.; GroßkommAktG/Mülbert, § 293g Rn. 25.

[590] MünchKommAktG/Altmeppen, § 293g Rn. 16; im Ergebnis auch: KölnerKommAktG/Koppensteiner, § 293g Rn. 21.

dd) Auskunftsverweigerung

Wird das Auskunftsrecht gemäß § 131 Abs. 1 AktG geltend gemacht, kann der Vorstand die Auskunft nach Maßgabe des § 131 Abs. 3 AktG verweigern. Unterschiedlich beurteilt wird, ob der Vorstand aus den in § 131 Abs. 3 AktG genannten Gründen auch die Auskunft nach § 293g Abs. 3 AktG verweigern kann. Die h. M. befürwortet eine Anwendung des § 131 Abs. 3 AktG im Rahmen des Auskunftsverlangens nach § 293g Abs. 3 AktG[591]. Nach der Gegenauffassung kann sich der Vorstand bei einem Auskunftsverlangen gemäß § 293g Abs. 3 AktG grundsätzlich nicht auf ein Auskunftsverweigerungsrecht nach § 131 Abs. 3 AktG berufen[592]. Eine vermittelnde Ansicht anerkennt ein Auskunftsverweigerungsrecht in dem Maße, in dem Tatsachen nach § 293a Abs. 2 AktG von der Berichtspflicht ausgenommen sind; allerdings müsse der Vorstand die Auskunftsverweigerung in der Hauptversammlung in entsprechender Anwendung des § 293a Abs. 2 begründen[593]. Die letztgenannte Ansicht überzeugt durch ihren konsistenten systematischen Ansatz. In der Praxis kann entsprechend der h. M. verfahren werden, wobei es sich empfiehlt, die Gründe für die Auskunftsverweigerung auch dann in die Niederschrift mit aufzunehmen, wenn der Aktionär dieses nicht nach § 131 Abs. 5 AktG verlangt.

5. Folgen bei Verstößen gegen § 293g AktG

Werden die Unterlagen den Aktionären nicht gemäß § 293g Abs. 1 AktG ordnungsgemäß zugänglich gemacht, führt dies zur Anfechtbarkeit des Zustimmungsbeschlusses nach § 243 Abs. 1 AktG[594]. Der Anfechtungsausschluss nach § 243 Abs. 3 Nr. 1 AktG erfasst nur technische Störungen bei der Wahrnehmung von Hauptversammlungsrechten im Wege elektronischer Kommunikation und ist auf Störungen elektronischer Darstellungsgeräte im Rahmen der Zugänglichmachung von Unterlagen gemäß § 293g Abs. 1 AktG nicht anwendbar[595]. Hat der Aktionär eine Abschrift nach § 293f Abs. 2 AktG erhalten, kann er sich auf eine Verletzung der Pflicht nach § 293g Abs. 1 AktG von vornherein nicht berufen[596].

Eine Verletzung der Erläuterungspflicht gemäß § 293g Abs. 2 Satz 1 AktG führt ebenfalls dazu, dass der Zustimmungsbeschluss anfechtbar ist[597]. Wird der Betriebsführungsvertrag nicht nach § 293g Abs. 2 Satz 2 AktG als Anlage zur Niederschrift beigefügt, liegt ein Formfehler vor, der eine Ablehnung der Eintragung rechtfertigt[598].

---

[591] BayObLG NJW 1974, 2094; OLG Frankfurt AG 1989, 330, 331; Spindler/Stilz/Veil, § 293g Rn. 13; GroßkommAktG/Mülbert, § 293g Rn. 32; MünchHdbAG/Krieger, § 71 Rn. 49; Bungert, DB 1995, 1449, 1451.

[592] Emmerich/Habersack/Emmerich, § 293g Rn. 23 (bei „krassen Fällen" seien aber § 93 Abs. 1 Satz 2 und § 293a Abs. 2 Satz 1 AktG anwendbar); Hüffer/Koch, § 293g Rn. 5 (mit Ausnahme des § 131 Abs. 3 Nr. 7 AktG).

[593] MünchKommAktG/Altmeppen, § 293g Rn. 21; K. Schmidt/Lutter/Langenbucher, § 293g Rn. 10; KölnerKommAktG/Koppensteiner, § 293g Rn. 22; ebenso in „krassen Fällen": Emmerich/Habersack/Emmerich, § 293g Rn. 23.

[594] BGHZ 82, 188, 199 f; OLG Frankfurt AG 1993, 185; MünchKommAktG/Altmeppen, § 293g Rn. 22; Emmerich/Habersack/Emmerich, § 293g Rn. 5b; GroßkommAktG/Mülbert, § 293g Rn. 34.

[595] MünchKommAktG/Altmeppen, § 293g Rn. 22.

[596] MünchKommAktG/Altmeppen, § 293g Rn. 22; KölnerKommAktG/Koppensteiner, § 293g Rn. 24; differenzierend: GroßkommAktG/Mülbert, § 293g Rn. 34.

[597] MünchKommAktG/Altmeppen, § 293g Rn. 23; GroßkommAktG/Mülbert, § 293g Rn. 35.

[598] MünchKommAktG/Altmeppen, § 293g Rn. 27; GroßkommAktG/Mülbert, § 293g Rn. 36.

Verletzt der Vorstand die Auskunftspflicht nach § 293g Abs. 3 AktG, führt dieses ebenfalls zur Anfechtbarkeit des Zustimmungsbeschlusses[599]. Allerdings ist den Aktionären unbenommen, nach § 132 AktG vorzugehen[600].

6. Zustimmungsbeschluss

a) Zuständigkeit

Sofern der Betriebsführungsvertrag als Unternehmensvertrag i. S. d. § 292 Abs. 1 Nr. 3 AktG zu qualifizieren ist, bedarf er zu seiner Wirksamkeit der Zustimmung der Hauptversammlung des Eigentümers entsprechend § 293 Abs. 1 Satz 1 AktG[601].

Bei einer Kommanditgesellschaft auf Aktien bedarf der Vertrag auch der Zustimmung des persönlich haftenden Gesellschafters (§ 285 Abs. 2 Satz 1 AktG)[602].

Eine Zustimmung des Aufsichtsrats des Eigentümers ist demgegenüber nicht erforderlich. Allerdings kann nach h. M. die Satzung oder ein Aufsichtsratsbeschluss für den Abschluss von Unternehmensverträgen durch den Vorstand die Zustimmung des Aufsichtsrates für den Fall vorsehen, dass die Initiative zum Abschluss des Unternehmensvertrags vom Vorstand und nicht von der Hauptversammlung ausgeht[603].

b) Gegenstand

Gegenstand der Beschlussfassung der Hauptversammlung ist der gesamte Vertrag. Dementsprechend muss der Hauptversammlung der vollständige Vertrag mit allen Abreden vorgelegt werden.[604] Unerheblich ist demgegenüber, ob der Vertrag in mehreren Vertragsurkunden enthalten ist oder ob mehr als zwei Vertragsparteien beteiligt sind[605]. Werden der Hauptversammlung Vertragsbestandteile nicht vorgelegt, bleiben diese unwirksam, was nach § 139 BGB die Gesamtnichtigkeit des Vertrags zur Folge haben kann[606].

---

[599] MünchKommAktG/Altmeppen, § 293g Rn. 24; Hüffer/Koch, § 293g Rn. 5; Spindler/Stilz/Veil, § 293g Rn. 14; Emmerich/Habersack/Emmerich, § 293g Rn. 24; K. Schmidt/Lutter/Langenbucher, § 293g Rn. 12; GroßkommAktG/Mülbert, § 293g Rn. 35.

[600] MünchKommAktG/Altmeppen, § 293g Rn. 26; Emmerich/Habersack/Emmerich, § 293g Rn. 24; KölnerKommAktG/Koppensteiner, § 293g Rn. 24; K. Schmidt/Lutter/Langenbucher, § 293g Rn. 12; GroßkommAktG/Mülbert, § 293g Rn. 35.

[601] S. bereits A.V.1.a).

[602] MünchKommAktG/Altmeppen, § 293 Rn. 32.

[603] S. dazu bereits B.I.1.b) Vertragseingang Anm. 2.a).

[604] MünchKommAktG/Altmeppen, § 293 Rn. 56; K. Schmidt/Lutter/Langenbucher, § 293 Rn. 22; KölnerKommAktG/Koppensteiner, § 293 Rn. 32 ff.; Emmerich/Habersack/Emmerich, § 293 Rn. 26; Spindler/Stilz/Veil, § 293 Rn. 14; GroßkommAktG/Mülbert, § 293 Rn. 50.

[605] BGHZ 82, 188, 196 ff.; MünchKommAktG/Altmeppen, § 293 Rn. 56; Hüffer/Koch, § 293 Rn. 5; KölnerKommAktG/Koppensteiner, § 293 Rn. 32; GroßkommAktG/Mülbert, § 293 Rn. 50; Spindler/Stilz/Veil, § 293 Rn. 14; Emmerich/Habersack/Emmerich, § 293 Rn. 26; abweichend noch: OLG Hamm BB 1980, 1653, 1654; Vollmer, BB 1977 Beil. 4, 1, 5 ff., wonach nicht alle Vereinbarungen der Parteien über die wirtschaftliche Zusammenarbeit zustimmungs- und beurkundungspflichtig seien.

[606] MünchKommAktG/Altmeppen, § 293 Rn. 56; Hüffer/Koch, § 293 Rn. 5; KölnerKommAktG/Koppensteiner, § 293 Rn. 36; abweichend: GroßkommAktG/Mülbert, § 293 Rn. 50; Emmerich/Habersack/Emmerich, § 293 Rn. 27, wonach der gesamte Vertrag nichtig ist, wenn der Hauptversammlung nicht sämtliche Vertragsbestandteile vorgelegt worden sind.

Die Hauptversammlung kann sich ihrer Zuständigkeit nach h. M. auch nicht (teilweise) dadurch begeben, dass sie dem Vorstand die Vereinbarung von Einzelpunkten oder konkretisierenden Ausführungsbestimmungen überlässt. Dieses sei aus Gründen der Rechtssicherheit und Registerpublizität abzulehnen[607]. Nach anderer Ansicht ist nach dem Sinn und Zweck des § 293 AktG lediglich erforderlich, dass die Hauptversammlung über den Abschluss des Vertrags entscheidet. Eine solche Entscheidung läge auch dann vor, wenn der Vorstand ermächtigt werde, Einzelheiten mit dem Vertragspartner festzulegen. Im Übrigen entspreche es einem praktischen Bedürfnis, die Regelung von unwesentlichen Detailfragen dem Vorstand zu überlassen, da ansonsten bei später erkannten regelungsbedürftigen Details stets eine weitere Hauptversammlung erforderlich sei[608]. Aus Gründen der Rechtssicherheit sollte der h. M. gefolgt werden.

c) (Keine) Inhaltskontrolle

Unterschiedlich beurteilt wird, ob der Zustimmungsbeschluss der Hauptversammlung zu einem Unternehmensvertrag über die gesetzlich genannten Voraussetzungen hinaus einer sachlichen Rechtfertigung bedarf. Teilweise wird – insbesondere in Anknüpfung an eine Entscheidung des Bundesgerichtshofs zu Kapitalerhöhungsmaßnahmen mit Bezugsrechtsausschluss[609] – aus Gründen des Schutzes der Minderheitsaktionäre die Auffassung vertreten, dass der Zustimmungsbeschluss einer Inhaltskontrolle zu unterziehen sei. Der Unternehmensvertrag müsse sich als im Gesellschaftsinteresse sachlich gerechtfertigt, erforderlich und verhältnismäßig darstellen[610]. Die h. M. differenziert demgegenüber danach, ob den gesetzlichen Bestimmungen eine gesetzgeberische Entscheidung zu entnehmen ist, welche den Eingriff der Mehrheit in die Minderheitsrechte ohne sachliche Voraussetzungen gestattet. Sei dieses der Fall, habe der Gesetzgeber bereits eine Abwägung zu Lasten der betroffenen Minderheitsaktionäre getroffen, so dass sei kein Raum für eine außergesetzliche Nachbesserung bestehe[611]. Für Unternehmensverträge liege eine solche Entscheidung vor, da der Gesetzgeber durch §§ 291 ff. AktG unter gleichzeitiger Einführung von Sicherungsvorschriften (§§ 300 ff., 304 ff. AktG) Unternehmensverträge grundsätzlich zugelassen habe[612]. Mit der h. M. bedarf es daher – auch wenn und soweit der Betriebsführungsvertrag erst per Analogie entsprechend § 293 Abs. 1 Nr. 3 AktG als Unternehmensvertrag eingeordnet wird – keiner sachlichen Rechtfertigung für den Betriebsführungsvertrag. Zu beachten ist dabei, dass die h. M. eine Anfechtung des Zustimmungsbeschlusses im Einzelfall nicht ausschließt, wenn ein Verstoß gegen § 53a AktG, eine Verletzung der mitgliedschaftlichen Treubindungen oder eine unzulässige Verfolgung von Sondervorteilen nach § 243 Abs. 2 AktG vorliegt[613].

---

[607] Hüffer/Koch, § 293 Rn. 5; KölnerKommAktG/Koppensteiner, § 293 Rn. 18, 34; Spindler/Stilz/Veil, § 293 Rn. 15; GroßkommAktG/Mülbert, § 293 Rn. 52 ff. (anders in Rn. 14).

[608] MünchKommAktG/Altmeppen, § 293 Rn. 59 ff.; Semler, BB 1983, 1566, 1568.

[609] BGH Z 71, 40 ff.

[610] Emmerich, AG 1991, 303, 307; Timm, BB 1981, 1491, 1494 f.; Wiedemann, ZGR 1980, 147, 156 f.; Martens, FS Fischer, 1979, 437, 446.

[611] MünchKommAktG/Altmeppen, § 293 Rn. 49, 51 ff.; Hüffer/Koch, § 293 Rn. 6 f.; GroßkommAktG/Mülbert, § 293 Rn. 71; Spindler/Stilz/Veil, § 293 Rn. 24; Lutter, ZGR 1979, 401, 411; Semler, BB 1983, 1566, 1569.

[612] MünchKommAktG/Altmeppen, § 293 Rn. 51 ff.; Hüffer/Koch, § 293 Rn. 7; MünchHdbAG/Krieger, § 73 Rn. 66; Spindler/Stilz/Veil, § 293 Rn. 24 f.; GroßkommAktG/Mülbert, § 293 Rn. 72 f.; Lutter, ZGR 1979, 401, 411; differenzierend: KölnerKommAktG/Koppensteiner, § 293 Rn. 62 f., wonach nur die Verträge des § 291 AktG einer Inhaltskontrolle entzogen seien, die Austauschverträge des § 292 AktG demgegenüber den Kriterien der Erforderlichkeit und Verhältnismäßigkeit zu genügen hätten.

[613] Hüffer/Koch, § 293 Rn. 7; Spindler/Stilz/Veil, § 293 Rn. 26.

d) Zeitpunkt

Die Hauptversammlung kann dem Betriebsführungsvertrag vor seinem Abschuss zustimmen[614]. In diesem Fall liegt in einem zustimmenden Beschluss die Ermächtigung des Vorstandes zum Vertragsschluss in der der Hauptversammlung vorgelegten Fassung[615]. Zulässig ist auch die Einholung der Zustimmung nach Vertragsschluss. Schließt der Vorstand den Vertrag ohne vorherige Zustimmung der Hauptversammlung, ist der Vertrag (zunächst) schwebend unwirksam[616].

e) Mehrheitserfordernis

Der Beschluss der Hauptversammlung bedarf gemäß § 293 Abs. 1 Satz 2 AktG einer Mehrheit, die mindestens ¾ des bei Beschlussfassung vertretenden Grundkapitals umfasst. Erforderlich ist danach zum einen die allgemein für Beschlüsse der Hauptversammlung geltende einfache Stimmenmehrheit gemäß § 133 Abs. 1 AktG und zum anderen eine ¾-Kapitalmehrheit, die sich nach dem bei der Beschlussfassung vertretenen Grundkapitals richtet[617]. Die Satzung kann nach § 293 Abs. 1 Satz 3 AktG eine größere Kapitalmehrheit und weitere Erfordernisse bestimmen, wobei nach allgemeiner Meinung die gesetzlichen Vorgaben nur erhöht werden können[618].

7. Beifügung der Sitzungsniederschrift

Der Betriebsführungsvertrag ist gemäß § 293g Abs. 2 Satz 2 AktG der Niederschrift (§ 130 Abs. 1 AktG) als Anlage beizufügen. Damit soll „urkundlich festgehalten" werden, „welchem Wortlaut die Hauptversammlung zugestimmt hat"[619]. Da die Niederschrift zum Handelsregister einzureichen ist (§ 130 Abs. 5 AktG), kann jedermann den Betriebsführungsvertrag beim Handelsregister einsehen und einen Ausdruck bzw. eine Abschrift verlangen (§ 9 Abs. 4 HGB). Indem die Sitzungsniederschrift zum Handelsregister eingereicht wird, wird zugleich die Einreichungspflicht nach § 294 Abs. 1 Satz 2 AktG in der Weise erfüllt, dass eine spätere Bezugnahme auf die bereits eingereichte Sitzungsniederschrift genügt[620].

Die Berichte nach § 293a und § 293e AktG müssen der Niederschrift nicht beigefügt werden. Da der Notar aber nicht daran gehindert ist, auch solche Unterlagen seiner Niederschrift beizufügen, deren Beifügung nicht erforderlich ist, bestehen aber keine Bedenken dagegen, dass der Notar auch die Berichte der Niederschrift beifügt.

---

[614] MünchKommAktG/Altmeppen, § 293 Rn. 34; Hüffer/Koch, § 293 Rn. 4; Emmerich/Habersack/Emmerich § 293 Rn. 25; Spindler/Stilz/Veil, § 293 Rn. 16; GroßkommAktG/Mülbert, § 293 Rn. 65; KölnerKommAktG/Koppensteiner, § 293 Rn. 6 (abweichend noch: KölnerKommAktG/Koppensteiner, 2. Aufl., § 293 Rn. 5).

[615] MünchKommAktG/Altmeppen, § 293 Rn. 5.

[616] S. dazu bereits B.I.1.b) Vertragseingang Anm. 2.a).

[617] MünchKommAktG/Altmeppen, § 293 Rn. 37; Emmerich/Habersack/Emmerich, § 293 Rn. 30; Hüffer/Koch, § 293 Rn. 8; KölnerKommAktG/Koppensteiner, § 293 Rn. 28; MünchHdbAG/Krieger, § 71 Rn. 50; Spindler/Stilz/Veil, § 293 Rn. 17.

[618] MünchKommAktG/Altmeppen, § 293 Rn. 38; Emmerich/Habersack/Emmerich, § 293 Rn. 33; KölnerKommAktG/Koppensteiner, § 293 Rn. 28; Spindler/Stilz/Veil, § 293 Rn. 18; GroßkommAktG/Mülbert, § 293 Rn. 64.

[619] BegrRegE Kropff, S. 381.

[620] MünchKommAktG/Altmeppen, § 293g Rn. 8; Hüffer/Koch, § 293g Rn. 2a; Spindler/Stilz/Veil, § 294 Rn. 11; GroßkommAktG/Mülbert, § 293g Rn. 33.

7. Aufhebungsvertrag

a) Formulartext

Aufhebungsvertrag

Zwischen der
... AG
...
...
vertreten durch den Vorstand ...

- nachfolgend Auftraggeberin -

und der

... Aktiengesellschaft
...
...
vertreten durch den Vorstand ...

- nachfolgend Auftragnehmerin -

wird folgender Vertrag geschlossen:

§ 1
Vertragsaufhebung

Der am ... zwischen Auftraggeberin und Auftragnehmerin geschlossene Betriebsführungsvertrag wird im beiderseitigen Einvernehmen aufgehoben.

§ 2
Wirksamkeit

Die Vertragsaufhebung wird zum 31.12. ... wirksam.

..., den ...

_____   _____
Auftraggeberin   Auftragnehmerin

b) Formularkommentare

Vertragseingang

Inhalt

1. Zuständigkeit für den Vertragsabschluss   2. Form des Aufhebungsvertrags

1. Zuständigkeit für den Vertragsabschluss

Handelt es sich bei den Parteien des Betriebsführungsvertrags um Aktiengesellschaften, entscheidet jeweils der Vorstand über die Vertragsaufhebung (§§ 76, 77 AktG) und vertritt die Gesellschaft beim Abschluss des Aufhebungsvertrags (§ 78 AktG). Anders als der Abschluss des Unternehmensvertrags selbst bedarf der Aufhebungsvertrag nicht der Zustimmung der Hauptversammlung des Eigentümers. Auch eine Zustimmung der Hauptversammlung des Betriebsführers ist nicht erforderlich. Ggf. ist allerdings eine Zustimmung des Aufsichtsrats einer oder beider Gesellschaften gemäß § 111 Abs. 4 Satz 2 AktG einzuholen. Die Aufhebung bedarf nicht der Zustimmung außenstehender Aktionäre des Eigentümers (§ 296 Abs. 2 AktG), sofern nicht freiwillig ein Ausgleich oder eine Abfindung zugesagt ist[621].

2. Form des Aufhebungsvertrags

Die Aufhebung des Betriebsführungsvertrags bedarf der schriftlichen Form (§ 296 Abs. 1 Satz 3 AktG), die durch die elektronische Form (§§ 126 Abs. 3, 126a BGB) ersetzt werden kann[622].

§ 1 Vertragsaufhebung

Der Inhalt des Vertrags beschränkt sich auf die Vereinbarung seiner Aufhebung. Es bestehen allerdings keine Bedenken dagegen, nähere Einzelheiten der Abwicklung im Zuge der Vertragsaufhebung zu vereinbaren (sofern diese nicht bereits im Betriebsführungsvertrag vereinbart sind).

§ 2 Wirksamkeit

Der Betriebsführungsvertrag kann nach § 296 Abs. 1 Satz 1 AktG nur zum Ende des Geschäftsjahrs oder des sonst vertraglich bestimmten Abrechnungszeitraums aufgehoben werden. Eine rückwirkende Aufhebung ist nach § 296 Abs. 1 Satz 2 AktG unzulässig[623].

---

[621] S. dazu bereits B.I.1.b) § 6 Anm. 3.a)ff).
[622] S. dazu bereits B.I.1.b) § 6 Anm. 3.a)ff).
[623] S. dazu bereits B.I.1.b) § 6 Anm. 3.a)ff).

8. Anmeldung zum Handelsregister

a) Formulartext

Amtsgericht ...
- Handelsregister -
...
...

... AG
HR B ...

Als allein zur Vertretung berechtigter Vorstand der ... AG in ... melde ich zur Eintragung in das Handelsregister an:

Der Betriebsführungsvertrag (Betriebsüberlassungsvertrag) mit der ... Aktiengesellschaft in ... als Betriebsführer vom ... ist mit Aufhebungsvertrag vom ... mit Wirkung zum 31.12. ... beendet.

Es besteht ein Betriebsführungsvertrag (Betriebsüberlassungsvertrag) mit der ... GmbH in ... als Betriebsführer vom ...

Als Anlage füge ich bei:

notariell beglaubigte Abschrift des Aufhebungsvertrags zwischen der Gesellschaft und der ... Aktiengesellschaft vom ... sowie

notariell beglaubigte Abschrift der Niederschrift über die Hauptversammlung der Gesellschaft vom ... nebst Anlagen (UR-Nr. ... des Notars ..., ...) mit

1. dem Beschluss der Hauptversammlung über die Zustimmung zu dem Betriebsführungs-vertrag und

2. dem Betriebsführungsvertrag zwischen der Gesellschaft und der ... GmbH vom ...

_____
Unterschriftsbeglaubigung

b) Formularkommentare

1. Zuständiges Gericht

Sachlich zuständig ist das Amtsgericht als Registergericht (§§ 8 Abs. 1 HGB, 376 Abs. 1 FamFG). Die örtliche Zuständigkeit des Gerichts wird durch den Sitz der Gesellschaft bestimmt (§§ 5, 14 AktG, 377 Abs. 1 FamFG). Funktionell ist der Richter zuständig (§ 17 Nr. 1d) RPflG).

2. Anmeldepflicht

a) Verpflichteter

Die Anmeldung zum Handelsregister muss vom Vorstand[624] des Eigentümers durch eine zur Vertretung des Eigentümers berechtigte Anzahl von Vorstandsmitgliedern erfolgen. Anmelden kann auch ein zusammen mit einem Prokuristen vertretungsberechtigtes Vorstandsmitglied (§ 78 Abs. 3 Satz 1 AktG) oder ein einzelnes gemäß § 78 Abs. 4 Satz 1 AktG ermächtigtes Vorstandsmitglied[625]. Nach h. M. kann der Vorstand einem Dritten Vollmacht zur Handelsregisteranmeldung erteilen, wobei erforderlich ist, dass diese sich auf die Anmeldung bezieht[626]; die Vollmacht bedarf der Form des § 12 Abs. 1 Satz 2 HGB[627].

b) Rechtsfolgen bei Pflichtverstößen

aa) Bestehen des Vertrags

---

[624] Bei der Kommanditgesellschaft auf Aktien obliegt dem persönlich haftenden Gesellschafter die Anmeldung (§ 283 Nr. 1 AktG).

[625] MünchKommAktG/Altmeppen, § 294 Rn. 7; § 298 Rn. 8; GroßkommAktG/Mülbert, § 294 Rn. 13; § 298 Rn. 10; Emmerich/Habersack/Emmerich, § 294 Rn. 6; Spindler/Stilz/Veil, § 294 Rn. 4.

[626] MünchKommAktG/Altmeppen, § 294 Rn. 8; Hüffer/Koch, § 294 Rn. 2; Emmerich/Habersack/Emmerich, § 294 Rn. 6; Spindler/Stilz/Veil, § 294 Rn. 4; K. Schmidt/Lutter/Langenbucher, § 294 Rn. 10; GroßkommAktG/Mülbert, § 294 Rn. 14; abweichend: MünchHdbAG/Krieger, § 71 Rn. 56.

[627] MünchKommAktG/Altmeppen, § 294 Rn. 8; Emmerich/Habersack/Emmerich, § 294 Rn. 6; KölnerKommAktG/Koppensteiner, § 294 Rn. 6.

Der Vorstand ist verpflichtet, die Anmeldung vorzunehmen. Es steht also nicht mehr in seinem freien Ermessen, von der Anmeldung abzusehen und damit den Vertrag nicht wirksam werden zu lassen[628]. Zwar kann das Registergericht die Anmeldung nicht nach § 14 HGB erzwingen (§ 407 Abs. 2 AktG)[629]. Die Verpflichtung folgt aber aus § 83 Abs. 2 AktG; kommt der Vorstand ihr nicht nach, kann er sich nach § 93 AktG schadensersatzpflichtig machen[630].

bb) Beendigung des Vertrags

Den Vorstand trifft auch die Pflicht zur Anmeldung der Beendigung des (aufgehobenen) Betriebsführungsvertrags. Anders als bei der Anmeldung des Bestehens kann der Vorstand durch das Registergericht zur Anmeldung der Beendigung durch die Festsetzung von Zwangsgeld gemäß § 14 HGB angehalten werden[631].

3. Inhalt der Anmeldung

a) Bestehen des Vertrags

Gemäß § 294 Abs. 1 Satz 1 HS 1 AktG hat der Vorstand das Bestehen und die Art des Unternehmensvertrags sowie den Namen des anderen Vertragsteils zur Eintragung in das Handelsregister anzumelden.

Anzumelden ist danach zunächst das Bestehen des Betriebsführungsvertrags. Auch wenn gute Argumente dafür sprechen, dass eine Angabe des Datums des Vertragsschlusses dabei nicht angezeigt ist[632], sollte das Datum aus Gründen der rechtssicheren Gestaltung angegeben werden.

Ferner ist die Art des Unternehmensvertrags anzumelden. Mit der Art ist eine der Vertragskategorien des § 291 Abs. 1 AktG oder des § 292 Abs. 1 AktG gemeint. Da der (typische) Betriebsführungsvertrag nicht in § 291 f. AktG aufgeführt ist, sondern erst aufgrund einer Analogie zu § 293 Abs. 1 Nr. 3 AktG als Unternehmensvertrag eingeordnet wird, ist der Betriebsführungsvertrag als solcher und mit dem Zusatz „Betriebsüberlassungsvertrag" zur Eintragung anzumelden[633].

Schließlich ist der Name des anderen Vertragsteils, also der des Betriebsführers anzumelden. Dies ist in der Regel die Firma (§ 17 Abs. 1 HGB) des Betriebsführers. Hinzuzufügen ist der

---

[628] MünchKommAktG/Altmeppen, § 294 Rn. 9; zum Streitstand, ob die Pflicht auch gegenüber dem anderen Vertragsteil (dem Betriebsführer) besteht, s. bereits B.I.1.b), Vertragseingang Anm. 4.b).

[629] MünchKommAktG/Altmeppen, § 294 Rn. 9; Emmerich/Habersack/Emmerich, § 294 Rn. 7; KölnerKommAktG/Koppensteiner, § 294 Rn. 8; Hüffer/Koch, § 294 Rn. 2; K. Schmidt/Lutter/Langenbucher, § 294 Rn. 11; Spindler/Stilz/Veil, § 294 Rn. 5; GroßkommAktG/Mülbert, § 294 Rn. 16.

[630] MünchKommAktG/Altmeppen, § 294 Rn. 9; Emmerich/Habersack/Emmerich, § 294 Rn. 7; KölnerKommAktG/Koppensteiner, § 294 Rn. 8.

[631] MünchKommAktG/Altmeppen, § 298 Rn. 8; Emmerich/Habersack/Emmerich, § 298 Rn. 5; Hüffer/Koch, § 298 Rn. 2; Spindler/Stilz/Veil, § 298 Rn. 7.

[632] Köhn, Der Konzern 2011, 530, 541; ebenso, aber als sinnvoll erachtend: Hölters/Deilmann, § 294 Rn. 9; abweichend: GroßkommAktG/Mülbert, § 294 Rn. 18; Hüffer/Koch, § 294 Rn. 3.

[633] Hüffer/Koch, § 294 Rn. 5; Emmerich/Habersack/Emmerich, § 294 Rn. 10; GroßkommAktG/Mülbert, § 294 Rn. 19; mit eingehender Begründung: KölnerKommAktG/Koppensteiner, § 294 Rn. 9; zu den Folgen bei einer unzutreffenden Bezeichnung des Unternehmensvertrags s. statt aller: MünchKommAktG/Altmeppen, § 294 Rn. 18 f.

Sitz bzw. der Wohnort des Betriebsführers, sofern diese Angabe zu seiner Identifizierung erforderlich ist[634].

b) Beendigung des Vertrags

Der Vorstand ist gemäß § 298 AktG verpflichtet, die Beendigung des Unternehmensvertrags, den Grund und den Zeitpunkt der Beendigung zur Eintragung in das Handelsregister anzumelden.

Anzumelden ist danach zunächst die Beendigung des Unternehmensvertrags. Dabei ist der Vertrag konkret zu bezeichnen und zwar so, wie er gemäß § 43 Nr. 6 b) cc) HRV in das Handelsregister eingetragen ist[635]. Anzugeben sind daher die Art des Unternehmensvertrags sowie der Name und ggf. der Sitz des anderen Vertragsteils. Ferner sollte das Datum des Vertragsschlusses und das Datum des die Beendigung auslösenden Ereignisses angegeben werden.

Zudem ist der Grund der Beendigung anzumelden. Nach h. M. ist der Grund so konkret unter Benennung der maßgeblichen Tatsachen anzugeben, dass das Registergericht seiner Prüfungspflicht nachkommen kann[636].

Schließlich ist der Zeitpunkt der Beendigung anzumelden. Anzugeben ist der Tag, an dem der Unternehmensvertrag endet, nicht der Zeitpunkt des das Vertragsende auslösenden Ereignisses.

4. Beizufügende Unterlagen

a) Bestehen des Vertrags

Der Anmeldung sind gemäß § 294 Abs. 1 Satz 2 AktG der Vertrag sowie, wenn er nur mit Zustimmung der Hauptversammlung des anderen Vertragsteils wirksam wird, die Niederschrift dieses Beschlusses und ihre Anlagen in Urschrift, Ausfertigung oder öffentlich beglaubigter Abschrift beizufügen. Da der Betriebsführungsvertrag keiner Zustimmung der Hauptversammlung (bzw. vorliegend der Gesellschafterversammlung) des Betriebsführers bedarf, ist nur der Betriebsführungsvertrag vorzulegen.

Vorzulegen ist der Vertrag im vollständigen Wortlaut[637]. Das Formular sieht eine solche Vorlage in der Weise vor, dass die vollständige Niederschrift der Hauptversammlung, die dem Betriebsführungsvertrag zugestimmt hat, beigefügt wird; der Betriebsführungsvertrag ist eine der Anlagen dieser Niederschrift.

---

[634] MünchKommAktG/Altmeppen, § 294 Rn. 20; KölnerKommAktG/Koppensteiner, § 294 Rn. 10 (mit Fn. 44); Hüffer/Koch, § 294 Rn. 3; K. Schmidt/Lutter/Langenbucher, § 294 Rn. 4; GroßkommAktG/Mülbert, § 294 Rn. 21; weitergehend: Emmerich/Habersack/Emmerich, § 294 Rn. 11; Spindler/Stilz/Veil, § 294 Rn. 7, die eine Angabe des Sitzes bzw. Wohnortes für gewöhnlich erforderlich halten.

[635] Emmerich/Habersack/Emmerich, § 298 Rn. 6; Hüffer/Koch, § 298 Rn. 3; GroßkommAktG/Mülbert, § 298 Rn. 10; Spindler/Stilz/Veil, § 298 Rn. 3.

[636] Emmerich/Habersack/Emmerich, § 298 Rn. 6; GroßkommAktG/Mülbert, § 298 Rn. 11; Spindler/Stilz/Veil, § 298 Rn. 4; abweichend: MünchKommAktG/Altmeppen, § 298 Rn. 6 m. w. N, wonach die Angabe des allgemeinen abstrakten Grundes ausreicht.

[637] MünchKommAktG/Altmeppen, § 294 Rn. 24; Spindler/Stilz/Veil, § 294 Rn. 10; Hüffer/Koch, § 294 Rn. 7.

Im Regelfall liegt der Vertrag dem Registergericht bereits (genau so) vor (§ 130 Abs. 5 i. V. m. § 293g Abs. 2 Satz 2 AktG); in diesem Fall kann sich der Vorstand bei der nachfolgenden Anmeldung auf eine Bezugnahme der bereits eingereichten Unterlagen beschränken[638].

Nicht beizufügen ist nach dem Wortlaut des § 294 Abs. 1 Satz 2 AktG die Niederschrift des Zustimmungsbeschlusses der Hauptversamlung der verpflichteten Gesellschaft (Eigentümer). Das Gesetz geht vielmehr davon aus, dass diese dem Registergericht bereits nach § 130 Abs. 5 AktG vorliegt[639]. Auch insofern empfiehlt sich eine Bezugnahme[640]. Liegt dem Gericht die Sitzungniederschrift noch nicht vor, hat die Einreichung nach § 130 Abs. 5 AktG spätestens mit der Anmeldung des Vertrags zu erfolgen[641]. So sieht es das Formular vor. Bedenken gegen diese Verfahrensweise – Erfüllung der Einreichungspflicht gemäß § 130 Abs. 5 AktG im Rahmen der Erfüllung der Anmeldepflicht gemäß § 294 Abs. 1 Satz 1 AktG – bestehen nicht[642].

b) Beendigung des Vertrags

§ 298 AktG ist anders als § 294 Abs. 1 Satz 2 AktG nichts bezüglich der beizufügenden Unterlagen zu entnehmen. Nach allgemeiner Meinung sind analog § 294 Abs. 1 Satz 2 AktG die Dokumente beizufügen, aus denen sich die Beendigung des Unternehmensvertrags ergibt, bei einer Vertragsaufhebung also der Aufhebungsvertrag[643]. Der Aufhebungsvertrag ist nach Wahl des Vorstands als elektronische Aufzeichnung oder als ein mit einfachem elektronischen Zeugnis versehenes Dokument beizufügen (§ 12 Abs. 2 Satz 2 HGB)[644].

5. Zeitpunkt der Anmeldung

a) Bestehen des Vertrags

Die Anmeldung hat unverzüglich (§ 121 Abs. 1 Satz 1 BGB) zu erfolgen[645]. Erfolgt sie nicht unverzüglich, stehen die Fragen im Raum, ob die Bindung des anderen Vertragsteils endet und diesem Schadensersatzansprüche gegenüber dem Eigentümer zustehen[646].

---

[638] Emmerich/Habersack/Emmerich, § 294 Rn. 14; KölnerKommAktG/Koppensteiner, § 294 Rn. 11; MünchKommAktG/Altmeppen, § 294 Rn. 24; GroßkommAktG/Mülbert, § 294 Rn. 26; Hüffer/Koch, § 294 Rn. 7; Spindler/Stilz/Veil, § 294 Rn. 11.

[639] Hüffer/Koch, § 294 Rn. 7; MünchKommAktG/Altmeppen, § 294 Rn. 24; GroßkommAktG/Mülbert, § 294 Rn. 27.

[640] MünchKommAktG/Altmeppen, § 294 Rn. 24.

[641] GroßkommAktG/Mülbert, § 294 Rn. 27; MünchKommAktG/Altmeppen, § 294 Rn. 24; Hüffer/Koch, § 294 Rn. 7.

[642] Hüffer/Koch, § 130 Rn. 27; Spindler/Stilz/Wicke, § 130 Rn. 61.

[643] Emmerich/Habersack/Emmerich, § 298 Rn. 7; Hüffer/Koch, § 298 Rn. 4; MünchKommAktG/Altmeppen, § 298 Rn. 7.

[644] MünchKommAktG/Altmeppen, § 298 Rn. 7; GroßkommAktG/Mülbert, § 298 Rn. 14.

[645] MünchKommAktG/Altmeppen, § 294 Rn. 15.

[646] S. zu diesen Fragestellungen bereits B.I.1.b) Vertragseingang Anm. 4.b).

b) Beendigung des Vertrags

Aus § 298 AktG folgt ausdrücklich, dass auch die Beendigung des Betriebsführungsvertrags unverzüglich zum Handelsregister anzumelden ist. Unverzüglich bedeutet insofern ohne schuldhaftes Zögern nach Eintritt der Beendigung des Unternehmensvertrags[647].

6. Form

Die Anmeldung hat nach den allgemeinen Regeln für Handelsregisteranmeldungen zu erfolgen, also elektronisch in öffentlich beglaubigter Form (§§ 12 Abs. 1 HGB i. V. m. § 39a BeurkG)[648].

7. Registerverfahren

Das Registergericht prüft nicht nur die formellen sondern auch die materiellen Voraussetzungen für die Eintragung[649].

Formell hat das Gericht insbesondere die (eigene) Zuständigkeit, die Anmeldeberechtigung, die Form der Anmeldung, die Vollständigkeit der beizufügenden Schriftstücke und die Eintragungsfähigkeit zu prüfen[650].

In materieller Hinsicht erstreckt sich die Prüfung hinsichtlich des Bestehens des Betriebsführungsvertrags auf die Wirksamkeit des Betriebsführungsvertrags. Dazu gehören insbesondere die richtige Bezeichnung des Vertrags als Betriebsführungsvertrag[651] und das Vorliegen eines wirksamen Zustimmungsbeschlusses[652] nach § 293 Abs. 1 AktG[653]. Nach h. M. soll bei den Verträgen des § 292 AktG auch die Angemessenheit der Gegenleistung zum Prüfungsumfang gehören[654]. Können die Bedenken des Gerichts gegen die Wirksamkeit des Vertrags trotz Amtsermittlung (§ 26 FamFG) nicht ausgeräumt werden, kann das Gericht nach seinem Er-

---

[647] MünchKommAktG/Altmeppen, § 298 Rn. 10; Hüffer/Koch, § 298 Rn. 2; Emmerich/Habersack/Emmerich, § 298 Rn. 6; KölnerKommAktG/Koppensteiner, § 298 Rn. 4.

[648] Hüffer/Koch, § 294 Rn. 3; MünchKommAktG/Altmeppen, § 294 Rn. 16; GroßkommAktG/Mülbert, § 294 Rn. 23.

[649] MünchKommAktG/Altmeppen, § 294 Rn. 28; § 298 Rn. 12; Hüffer/Koch, § 294 Rn. 11; § 298 Rn. 5; K. Schmidt/Lutter/Langenbucher, § 294 Rn. 13 f.; § 298 Rn. 6; Emmerich/Habersack/Emmerich, § 294 Rn. 19; § 298 Rn. 8; Spindler/Stilz/Veil, § 294 Rn. 15; § 298 Rn. 15; KölnerKommAktG/Koppensteiner, § 294 Rn. 22 f.; § 298 Rn. 6.

[650] MünchKommAktG/Altmeppen, § 294 Rn. 28; § 298 Rn. 12; KölnerKommAktG/Koppensteiner, § 294 Rn. 13, 22; Hüffer/Koch, § 294 Rn. 11.

[651] Aufgrund der Prüfung der richtigen Bezeichnung des Vertrags hat der Streit darüber, ob ein eingetragener Unternehmensvertrag mit einer unrichtigen Bezeichnung nichtig ist oder die Wirkung nach § 294 Abs. 2 AktG eintritt (s. dazu: KölnerKommAktG/Koppensteiner, § 294 Rn. 37; MünchKommAktG/Altmeppen, § 294 Rn. 54), keine praktische Bedeutung.

[652] Zu den Rechtslage bei einer Anfechtbarkeit des Zustimmungsbeschlusses: KölnerKommAktG/Koppensteiner, § 294 Rn. 25; Emmerich/Habersack/Emmerich, § 294 Rn. 21; eingehend: MünchKommAktG/Altmeppen, § 294 Rn. 30, 32 ff.

[653] Emmerich/Habersack/Emmerich, § 294 Rn. 20; MünchKommAktG/Altmeppen, § 294 Rn. 29; KölnerKommAktG/Koppensteiner, § 294 Rn. 23.

[654] Emmerich/Habersack/Emmerich, § 294 Rn. 20; GroßkommAktG/Mülbert, § 294 Rn. 33; für eine Plausibilitätsprüfung: KölnerKommAktG/Koppensteiner, § 294 Rn. 23; Spindler/Stilz/Veil, § 294 Rn. 16; abweichend: MünchKommAktG/Altmeppen, § 294 Rn. 31.

messen die Eintragung ablehnen oder nach § 381 FamFG (Aussetzungsbeschluss) verfahren[655].

8. Inhalt der Eintragung und Bekanntmachung

a) Bestehen des Vertrags

Hinsichtlich des Bestehens des Betriebsführungsvertrags wird das Bestehen und die Art des Unternehmensvertrags (Betriebsführungsvertrag mit dem Zusatz Betriebsüberlassungsvertrag) sowie der Name und ggf. der Sitz des anderen Vertragsteils (des Betriebsführers) in das Handelsregister eingetragen[656]. Das Datum der Eintragung ist im Handelsregister zu vermerken (§ 382 Abs. 2 HS 1 FamFG). Das Gericht hat die Eintragung nach § 10 HGB bekannt zu machen.

b) Beendigung des Vertrags

Bei der Beendigung eines Unternehmensvertrags wird die Beendigung unter Angabe des Grundes und des Zeitpunktes eingetragen[657]. Auch insofern ist das Datum der Eintragung im Handelsregister zu vermerken und die Eintragung bekannt zu machen.

9. Rechtsfolgen der Eintragung

a) Bestehen des Vertrags

Die Handelsregistereintragung hat konstitutive Wirkung. Der Betriebsführungsvertrag wird erst mit seiner Eintragung in das Handelsregister der Eigentümergesellschaft wirksam (§ 294 Abs. 2 AktG)[658].

Enthält der Betriebsführungsvertrag eine vertragliche Regelung, nach welcher der Betriebsführungsvertrag zu einem anderen Zeitpunkt als dem Tag der Eintragung wirksam werden soll, ist zu unterscheiden: Bestimmt der Betriebsführungsvertrag einen späteren Zeitpunkt der Wirksamkeit (z. B. Beginn des nächsten Geschäftsjahres), ist dieses zulässig[659]. Jedoch sollte das Registergericht bis zum Eintritt des Zeitpunkts die Eintragung nach § 381 FamFG aufschieben und muss so verfahren, wenn der Vertrag unter einer aufschiebenden Bedingung abgeschlossen worden ist[660]. Der Betriebsführungsvertrag kann auch mit rückwirkender Geltung vereinbart werden[661]. In diesem Fall wird der Betriebsführungsvertrag (organisations-

---

[655] Emmerich/Habersack/Emmerich, § 294 Rn. 20; MünchKommAktG/Altmeppen, § 294 Rn. 28; eingehend zu den Entscheidungsmöglichkeiten des Registergerichts: GroßkommAktG/Mülbert, § 294 Rn. 43 ff.

[656] Emmerich/Habersack/Emmerich, § 294 Rn. 23; MünchKommAktG/Altmeppen, § 294 Rn. 40; Großkomm-AktG/Mülbert, § 294 Rn. 48.

[657] Emmerich/Habersack/Emmerich, § 298 Rn. 9; MünchKommAktG/Altmeppen, § 298 Rn. 13.

[658] Emmerich/Habersack/Emmerich, § 294 Rn. 25; MünchKommAktG/Altmeppen, § 294 Rn. 41; Hüffer/Koch, § 294 Rn. 17; KölnerKommAktG/Koppensteiner, § 294 Rn. 29; K. Schmidt/Lutter/Langenbucher, § 294 Rn. 23; Spindler/Stilz/Veil, § 294 Rn. 25; GroßkommAktG/Mülbert, § 294 Rn. 61.

[659] Emmerich/Habersack/Emmerich, § 294 Rn. 26; MünchKommAktG/Altmeppen, § 294 Rn. 67; Hüffer/Koch, § 294 Rn. 18; KölnerKommAktG/Koppensteiner, § 294 Rn. 30; K. Schmidt/Lutter/Langenbucher, § 294 Rn. 25.

[660] Emmerich/Habersack/Emmerich, § 294 Rn. 26; GroßkommAktG/Mülbert, § 294 Rn. 36.

[661] Emmerich/Habersack/Emmerich, § 294 Rn. 29; MünchKommAktG/Altmeppen, § 294 Rn. 66; KölnerKommAktG/Koppensteiner, § 294 Rn. 33.

/)rechtlich mit der – ohne weiteres durch das Registergericht vorzunehmenden – Eintragung in das Handelsregister wirksam, die vereinbarte Rückwirkung hat lediglich schuldrechtlichen Charakter[662], hat also keinen Einfluss auf den Zeitpunkt der Wirksamkeit.

Die Eintragung hat keine heilende Kraft, nichtige Betriebsführungsverträge bleiben also nichtig. Eine Ausnahme gilt nur, wenn die Eintragung auf einem rechtskräftigen Freigabebeschluss nach § 246a AktG beruht. In den übrigen Fällen kann das Registergericht bei gleichwohl erfolgter Eintragung diese von Amts wegen löschen (§ 395 FamFG)[663]. Ist trotz einer Anfechtungsklage die Eintragung erfolgt, so wirkt ein der Klage stattgebendes rechtskräftiges Urteil zurück, d. h. der Hauptversammlungsbeschluss, welcher dem Betriebsführungsvertrag zustimmt, gilt als von Anfang an nichtig[664]. Der nichtige und eingetragene Vertrag ist nach den Regeln über die fehlerhafte Gesellschaft zu behandeln; ein darüber hinausgehender Vertrauensschutz nach § 15 Abs. 3 HGB besteht nach ganz h. M. nicht[665].

b) Beendigung des Vertrags

Anders als die Eintragung des Bestehens des Betriebsführungsvertrags hat die Eintragung der Beendigung des Betriebsführungsvertrags lediglich deklaratorischen Charakter[666].

10. Kosten

a) Notar

Die Höhe der Gebühren des Notars bestimmt sich nach seiner konkreten Beauftragung. Wird der Notar mit der Beurkundung des Zustimmungsbeschlusses sowie mit der Fertigung des Entwurfs der Handelsregisteranmeldung und dem Vollzug der Handelsregisteranmeldung beauftragt, erhält er folgende Gebühren:

aa) Beurkundung Zustimmungsbeschluss

Für die Beurkundung des Zustimmungsbeschlusses der Hauptversammlung erhält der Notar eine Gebühr für das Beurkundungsverfahren gemäß Nr. 21100 KV GNotKG. Diese beträgt 2,0, mindestens 120,00 €. Bei der Beurkundung von Beschlüssen von Organen im Sinne des § 108 Abs. 1 GNotKG, welche die Zustimmung zu einem bestimmten Rechtsgeschäft enthalten, ist der Geschäftswert gemäß § 108 Abs. 2 GNotKG wie bei der Beurkundung des Geschäfts zu bestimmen, auf das sich der Zustimmungsbeschluss bezieht. Dabei gilt der Mindestgeschäftswert nach § 108 Abs. 1 Satz 2 GNotKG auch für Zustimmungsbeschlüsse gemäß § 108 Abs. 2 GNotKG[667]. Der Geschäftswert beträgt höchstens 5.000.000,00 €, auch wenn mehrere Beschlüsse mit verschiedenem Gegenstand in einem Beurkundungsverfahren zu-

---

[662] Köhn, Der Konzern 2011, 530, 541.

[663] Emmerich/Habersack/Emmerich, § 294 Rn. 25; MünchKommAktG/Altmeppen, § 294 Rn. 44; Hüffer/Koch, § 294 Rn. 21; K. Schmidt/Lutter/Langenbucher, § 294 Rn. 27; Spindler/Stilz/Veil, § 294 Rn. 28 f.

[664] MünchKommAktG/Altmeppen, § 294 Rn. 44.

[665] OLG Hamm NZG 2009, 1117, 1118; Emmerich/Habersack/Emmerich, § 294 Rn. 25; MünchKommAktG/Altmeppen, § 294 Rn. 44 ff.; KölnerKommAktG/Koppensteiner, § 294 Rn. 39; GroßkommAktG/Mülbert, § 294 Rn. 70; abweichend zum Schutz nach § 15 Abs. 3 HGB: Köhler ZGR 1985, 307, 320.

[666] S. dazu bereits B.I.1.b) § 6 Anm. 3.b).

[667] LeipzigerGNotKG/Heinze, § 108 Rn. 70.

sammengefasst werden (§ 108 Abs. 5 GNotKG). Die Wertgrenzen nach § 107 GNotKG finden demgegenüber auf Gesellschafterbeschlüsse nach § 108 GNotKG keine Anwendung[668].

Bei einem Betriebsführungsvertrag handelt es sich um einen Geschäftsbesorgungsvertrag. Ausgehend von § 108 Abs. 2 GNotKG richtet sich daher der Geschäftswert nach § 99 Abs. 2 Alt. 2 GNotKG[669]. Danach ist der Wert aller Bezüge des zur Geschäftsbesorgung Verpflichteten während der gesamten Vertragslaufzeit, höchstens jedoch der Wert der auf die ersten fünf Jahre entfallenden Bezüge, anzusetzen. Maßgebend für den Geschäftswert ist daher die Höhe der Betriebsführungsvergütung während der Dauer des Betriebsführungsvertrags, begrenzt auf die Vergütung für die ersten fünf Jahre.

Erfolgt eine Zusammenbeurkundung von Zustimmungsbeschluss und Betriebsführungsvertrag (was aus Rechtsgründen nicht erforderlich ist, § 293 Abs. 3 AktG), ist zu beachten, dass es sich gemäß § 110 Nr. 1 GNotKG bei dem Betriebsführungsvertrag und dem darauf bezogenen Zustimmungsbeschluss um verschiedene Beurkundungsgegenstände handelt. In diesem Fall sind ihre Werte zu addieren (§ 35 Abs. 1 GNotKG) und nur eine einheitliche 2,0-Gebühr nach Nr. 21100 KV GNotKG zu erheben[670].

bb) Handelsregisteranmeldung

Fertigt der Notar den Entwurf der Anmeldung des Betriebsführungsvertrags zur Eintragung in das Handelsregister, erhält er dafür eine Gebühr gemäß Nr. 24102 KV GNotKG, da die Gebühr für das Beurkundungsverfahren 0,5 betragen würde (Nr. 21201 Nr. 5 KV GNotKG). Die Gebühr der Nr. 24102 KV GNotKG beträgt 0,3 bis 0,5, mindestens 30,00 €. Wird der Notar mit der vollständigen Erstellung des Entwurfs beauftragt, hat er die Höchstgebühr (also 0,5) zu erheben (§ 92 Abs. 2 Alt. 2 GNotKG). Der Geschäftswert bei einer späteren Anmeldung, die eine Kapitalgesellschaft betrifft, beträgt 1 % des eingetragenen Grundkapitals, mindestens 30.000,00 € (§ 105 Abs. 4 Nr. 1 GNotKG), höchstens 1.000.000,00 € (§ 106 Satz 1 GNotKG), was auch dann gilt, wenn mehrere Anmeldungen in einem Beurkundungsverfahren zusammengefasst werden (§ 106 Satz 2 GNotKG).

Gegenstand der Handelsregisteranmeldung ist neben dem Bestehen eines (abgeschlossenen) Betriebsführungsvertrags auch die Beendigung des (aufgehobenen) Betriebsführungsvertrags. Wird der Notar auch insofern mit der Fertigung des Entwurfs beauftragt, gilt folgendes: Liegen mehrere spätere Anmeldungen vor, die gegenstandsverschieden sind, sind die Werte der einzelnen Anmeldungen zu addieren (§ 35 Abs. 1 GNotKG)[671]. Die Anmeldung des Bestehens und die Anmeldung der Beendigung eines Betriebsführungsvertrags sind gegenstandsverschieden[672]. Der Geschäftswert der Anmeldung der Beendigung des Betriebsführungsvertrags bestimmt sich ebenfalls nach § 105 Abs. 4 Nr. 1 GNotKG.

Beglaubigt der Notar, der den Entwurf gefertigt hat, demnächst unter dem Entwurf eine oder mehrere Unterschriften oder Handzeichen, entstehen für die erstmaligen Beglaubigungen, die

---

[668] Korintenberg/Tiedke, § 107 Rn. 3; LeipzigerGNotKG/Heinze, § 107 Rn. 49.

[669] Abweichend (ohne Begründung): LeipzigerGNotKG/Heinze, § 107 Rn. 69, der hinsichtlich des Betriebsführungsvertrags auf den Gewinnabführungsvertrag verweist und hinsichtlich des Gewinnabführungsvertrags auf den Beherrschungs- und Gewinnabführungsvertrag, bei welchem sich der Geschäftswert für den Abschluss aus § 52 GNotKG ergäbe.

[670] Korintenberg/Tiedke, § 108 Rn. 6; LeipzigerGNotKG/Heinze, § 108 Rn. 99.

[671] Korintenberg/Tiedke, § 105 Rn. 71.

[672] Zur Abgrenzung zwischen Gegenstandsgleichheit und -verschiedenheit s. LeipzigerGNotKG/Heinze, § 105 Rn. 64 ff.

an ein und demselben Tag erfolgen, keine Gebühren (Vorbemerkung 2.4.1 Abs. 2 KV GNotKG). Liegen die Voraussetzungen der Vorbemerkung 2.4.1 Abs. 2 KV GNotKG vor, ist die Beglaubigung der Unterschrift der die Handelsregisteranmeldung unterzeichnenden Person also mit der Entwurfsgebühr abgegolten. Ansonsten richtet sich die Gebühr für die Beglaubigung nach Nr. 25100 KV GNotKG.

Für die für den Vollzug (Einreichung der Handelsregisteranmeldung beim Handelsregister auf elektronischem Wege) erforderliche Erzeugung von XML-Daten erhält der Notar eine Gebühr nach Nr. 22114 KV GNotKG, die 0,3, höchstens 250,00 € beträgt. Der Geschäftswert bestimmt sich nach § 105 Abs. 4 Nr. 1 GNotKG.

cc) Auslagen und Umsatzsteuer

Zu den vorstehend genannten Gebühren kommen Auslagen (Nr. 3200 ff. KV GNotKG) und Umsatzsteuer (Nr. 32014 KV GNotKG) hinzu.

b) Registergericht

Bei der Eintragung des Betriebsführungsvertrags in das Handelsregister des Eigentümers entsteht eine Gebühr gemäß Nr. 2500 des Gebührenverzeichnisses HRegGebV in Höhe von 70,00 €. Da nach dem Formular auch das Ende des bisher bestehenden Betriebsführungsvertrags in das Handelsregister eingetragen wird, entsteht eine weitere Gebühr gemäß Nr. 2500 des Gebührenverzeichnisses HRegGebV, die gemäß Nr. 2501 des Gebührenverzeichnisses HRegGebV 40,00 € beträgt.

II. Unechter Betriebsführungsvertrag (einfaches Formular)

1. Betriebsführungsvertrag

a) Formulartext

Betriebsführungsvertrag

Zwischen der
... GmbH
...
...
vertreten durch die Geschäftsführerin ...

- nachfolgend Auftraggeberin -

und der

... GmbH
...
...
vertreten durch die Geschäftsführer ...

- nachfolgend Auftragnehmerin -

wird folgender Vertrag geschlossen:

§ 1
Gegenstand und Inhalt der Betriebsführung

(1) Die Auftragnehmerin wird mit der Führung des gesamten Betriebs der Auftraggeberin beauftragt. Die Betriebsführung umfasst sämtliche Geschäfte und Maßnahmen, die dem gewerblichen Zweck des geführten Betriebs der Auftraggeberin dienen. Ausgenommen sind Geschäfte und Maßnahmen, die der Bestimmung der Gesellschafter der Auftraggeberin unterliegen.

(2) Bei der Betriebsführung hat die Auftragnehmerin die Interessen der Auftraggeberin wahrzunehmen. Sie führt den Betrieb der Auftraggeberin im eigenen Namen, jedoch für Rechnung der Auftraggeberin.

§ 2
Weisungsrecht, Zustimmungsvorbehalt und Informationsrechte

(1) Die Auftraggeberin kann der Auftragnehmerin in allen Belangen der Betriebsführung Weisungen erteilen. Die Vornahme von Geschäften und Maßnahmen, welche die Geschäftsführung der Auftraggeberin der Gesellschafterversammlung der Auftraggeberin zur Zustimmung vorzulegen hat oder die von grundlegender Bedeutung für die Vermögens- Finanz- oder Ertragslage der Auftraggeberin sind, bedarf der vorherigen Zustimmung der Auftraggeberin.

(2) Die Auftragnehmerin ist verpflichtet, der Auftraggeberin die erforderlichen Nachrichten über die Betriebsführung zu geben und auf Verlangen über den Stand der Betriebsführung Auskunft zu erteilen.

§ 3
Vergütung, Aufwendungsersatz und Abrechnung

(1) Die Auftragnehmerin erhält für ihre Tätigkeit eine monatliche Vergütung in Höhe von ... €.

(2) Die Auftraggeberin ersetzt der Auftragnehmerin alle Aufwendungen, die ihr durch die Betriebsführung entstehen. Dies umfasst zu ... % die Bezüge der Geschäftsführer der Auftragnehmerin.

(3) Die Auftragnehmerin hat für jeden Monat ihre Vergütung sowie die Erträge und Aufwendungen aus der Betriebsführung spätestens zum ... des Folgemonats unter Beachtung der jeweils geltenden umsatzsteuerlichen Regelungen gegenüber der Auftraggeberin abzurechnen. Binnen ... Tagen nach Rechnungserteilung sind Überschüsse durch die Auftragnehmerin an die Auftraggeberin abzuführen und Fehlbeträge durch die Auftraggeberin auszugleichen.

§ 4
Arbeitsverhältnisse, Vermögen und Verträge

(1) Die Auftragnehmerin wird zum Stichtag (§ 6 Abs. 2) die betriebliche Leitungs- und Organisationsmacht für den Betrieb der Auftraggeberin übernehmen. Die dem Betrieb der Auftraggeberin zuzuordnenden Arbeitsverhältnisse gehen gemäß § 613a BGB mit Wirkung ab dem Stichtag (§ 6 Abs. 2) mit allen Rechten und Pflichten von der Auftraggeberin auf die Auftragnehmerin über. Die Unterrichtung der Arbeitnehmer gemäß § 613a Abs. 5 BGB erfolgt durch die Parteien gemeinsam.

(2) Die Auftraggeberin räumt der Auftragnehmerin für die Dauer des Vertrags und im Umfang des jeweils aktuellen Bestandes an den ihr gehörenden und für die Betriebsführung notwendigen Gegenständen des Anlage- und Umlaufvermögens ein Nutzungsrecht ein.

(3) Die Auftraggeberin ermächtigt die Auftragnehmerin über die Gegenstände gemäß Abs. 2 im ordnungsgemäßen Geschäftsgang zu verfügen.

(4) Die Parteien sind sich darüber einig, dass das Eigentum an allen Sachen und alle Rechte und Forderungen, welche die Auftragnehmerin zukünftig für Rechnung der Auftraggeberin erwirbt, von der Auftragnehmerin auf die Auftraggeberin übergehen. Die zur Übertragung von Eigentum erforderliche Übergabe wird dadurch ersetzt, dass die Auftragnehmerin die Sachen als der Auftraggeberin gehörend markiert und für die Auftraggeberin verwahrt.

(5) Alle dem Betrieb der Auftraggeberin zuzuordnenden Verträge gehen mit Wirkung zum Stichtag (§ 6 Abs. 2) auf die Auftragnehmerin über. Die Parteien werden die Vertragspartner dieser Verträge gemeinsam auffordern, einer Vertragsübernahme zuzustimmen. Soweit eine solche Zustimmung nicht erteilt wird, bleibt die Auftraggeberin im Außen-

verhältnis Vertragspartei und erteilt der Auftragnehmerin insoweit Vollmacht, in ihrem Namen die Rechte und Pflichten aus den Verträgen wahrzunehmen.

§ 5
Vertragsdauer

(1)   Der Vertrag beginnt am Stichtag (§ 6 Abs. 2) und wird für die Dauer von ... Jahren geschlossen (Festlaufzeit). Nach Ablauf der Festlaufzeit verlängert sich der Vertrag um jeweils ... Jahre, falls er nicht spätestens mit einer Frist von ... Monaten vor seinem Ablauf gekündigt wird.

(2)   Das Recht zur fristlosen Kündigung bleibt unberührt.

(3)   Die Kündigung des Vertrags bedarf der Schriftform.

§ 6
Wirksamkeit und Stichtag

(1)   Der Vertrag bedarf zu seiner Wirksamkeit der Zustimmung der Gesellschafterversammlung der Auftraggeberin. Er wird mit der Eintragung in das Handelsregister des Sitzes der Auftraggeberin wirksam.

(2)   Der Tag der Handelsregistereintragung ist der Stichtag i. S. d. Vertrags.

..., den ...

_____   _____
Auftraggeberin   Auftragnehmerin

b) Formularkommentare

Vertragseingang

Inhalt

1. Allgemeines
2. Zuständigkeit für den Vertragsabschluss

3. Form des Betriebsführungsvertrags
4. Abschlusswirkungen

1. Allgemeines

Das Formular bestimmt, dass eine Gesellschaft mit beschränkter Haftung als Eigentümer eine Gesellschaft mit beschränkter Haftung als Betriebsführer damit beauftragt, die Führung des Betriebs des Eigentümers zu übernehmen. Konzipiert ist das Formular für einen Betriebsführungsvertrag zwischen zwei gemäß § 15 AktG verbundenen Unternehmen (konzerninterner Betriebsführungsvertrag[673]).

Es handelt sich um ein einfaches Formular, welches (nur) die wesentlichen Punkte eines Betriebsführungsvertrags regelt. Soweit der Betriebsführungsvertrag keine Regelung enthält, gelten die gesetzlichen Bestimmungen, sofern nicht ausnahmsweise eine ergänzende Vertragsauslegung Platz greift[674].

Dem Formular und den nachfolgenden mit dem Formular des Betriebsführungsvertrags im Zusammenhang stehenden Formularen liegt der typische Sachverhalt zugrunde, dass die betriebsführende Gesellschaft die Betriebsführung für ihre 100%ige Tochtergesellschaft übernimmt. Die Bewegründe für eine solche Gestaltung sind unterschiedlich. In Betracht kommt der Abschluss eines Betriebsführungsvertrags zur Konzernstrukturierung, etwa um eine Spartenorganisation auch rechtlich zu verfestigen[675]. Denkbar ist auch, dass eine betriebsführende Gesellschaft alle Anteile an der Eigentümergesellschaft erworben hat und sich dafür entscheidet, die Geschäfte der Eigentümergesellschaft zwar im eigenen Namen zu tätigen, aber der Eigentümergesellschaft ihre rechtliche Selbständigkeit zu belassen (anstelle den Weg einer Verschmelzung zu gehen).

2. Zuständigkeit für den Vertragsabschluss

Auf beiden Seiten ist der bzw. sind die Geschäftsführer grundsätzlich für die Entscheidung über den Vertragsabschluss zuständig. Da das GmbHG allerdings keine § 76 Abs. 1 AktG entsprechende Parallelnorm aufweist, sollten die Geschäftsführer des Betriebsführers in Zweifelsfällen die Entscheidung über den Vertragsschluss ihrer Gesellschafterversammlung zur Zustimmung vorlegen[676]. Einer solchen Vorlage bedarf es auf Seiten des Eigentümers (unabhängig davon ob es sich um einen konzerninternen Betriebsführungsvertrag handelt) nicht, da die Gesellschafter dem Vertragsabschluss (als Voraussetzung für die Wirksamkeit des Betriebsführungsvertrags) ohnehin zustimmen müssen.

---

[673] Eingehend dazu: Winter/Theisen, AG 2011, 662 ff.
[674] S. dazu und zu der Rangfolge der gesetzlichen Bestimmungen bereits B.I.1.b) Vertragseingang Anm. 1.
[675] MünchHdbAG/Krieger, § 73 Rn. 50; Winter/Theissen, AG 2011, 662, 663; Huber, ZHR 152, (1988), 123, 127.
[676] S. dazu bereits B.I.1.b) Vertragseingang Anm. 2.b).

Hat, wie vorliegend der Betriebsführer, die GmbH mehrere Geschäftsführer, erfolgt die Entscheidung über den Vertragsschluss durch Beschluss der Geschäftsführer. Dieser Beschluss – von der Darstellung eines entsprechenden Formulars wird abgesehen – muss nach ganz h. M. analog § 77 Abs. 1 AktG einstimmig gefasst werden[677].

Auf beiden Seiten haben die Geschäftsführer bei der Entscheidung über den Vertragsschluss die Sorgfalt eines ordentlichen Geschäftsmannes anzuwenden (§ 43 Abs. 1 GmbHG). Verletzt die Geschäftsführung eines der Vertragspartner ihre Sorgfaltspflicht, kommt eine Haftung gemäß § 43 Abs. 2 GmbHG in Betracht. Dies gilt nicht beim Handeln aufgrund einer Weisung. Das GmbHG enthält zwar keine § 93 Abs. 4 Satz 1 AktG entsprechende Parallelnorm. Nach allgemeinen Grundsätzen tritt aber eine Haftung nicht ein, wenn das Handeln (der Vertragsschluss) auf einer bindenden Weisung eines anderen Organs der GmbH (im Regelfall ein Beschluss der Gesellschafter) beruht, vorausgesetzt, dass der Geschäftsführer den Beschluss ordnungsgemäß vorbereitet hat[678]. Die nachträgliche Billigung des Vertragsschlusses durch den obligatorischen Zustimmungsbeschluss der Gesellschafterversammlung des Eigentümers führt dagegen regelmäßig nicht zum Ausschluss der Haftung des Geschäftsführers des Eigentümers: Zwar können die Gesellschafter anders als nach dem AktG (§ 93 Abs. 4 Satz 3 AktG) frei über den Ersatzanspruch disponieren, also insbesondere auf ihn verzichten. Der rechtsgeschäftliche Wille der Gesellschafter ist beim Zustimmungsbeschluss, sofern diesem nach seinem Inhalt nach nicht ein Anderes zu entnehmen ist, aber nur auf eine Zustimmung zum Vertrag gerichtet und nicht auch auf einen Verzicht auf Ersatzansprüche gemäß § 43 Abs. 2 GmbHG.

Beide Gesellschaften werden bei dem Vertragsschluss durch ihren bzw. ihre Geschäftsführer vertreten[679]. Etwaige Beschränkungen ihrer Vertretungsmacht haben im Außenverhältnis grundsätzlich keine rechtliche Wirkung (§ 37 Abs. 2 Satz 1 GmbHG). Sind die Geschäftsführer von Eigentümer und Betriebsführer personenidentisch, ist darauf zu achten, dass die Geschäftsführer von beiden Gesellschaften von den Beschränkungen des § 181 BGB befreit sind. Die Geschäftsführer können sich bei dem Vertragsabschluss nach den allgemeinen Regeln auch durch Dritte vertreten lassen.

3. Form des Betriebsführungsvertrags

Unabhängig davon, ob auf den mit einer GmbH als Eigentümer geschlossenen Betriebsführungsvertrag die §§ 53, 54 GmbHG entsprechend Anwendung finden oder ob die §§ 293 ff. AktG entsprechend anwendbar sind, bedarf der Betriebsführungsvertrag der Schriftform[680].

4. Abschlusswirkungen

Der Betriebsführungsvertrag mit einer GmbH als Eigentümer bedarf zu seiner Wirksamkeit eines zustimmenden Gesellschafterbeschlusses der Gesellschafter des Eigentümers und der Eintragung in das Handelsregisters des Eigentümers, gleichgültig ob auf den mit einer GmbH

---

[677] Baumbach/Hueck/Zöllner/Noack, § 37 Rn. 29; Scholz/Schneider, § 37 Rn. 21; abweichend (Mehrheitsbeschluss ausreichend): van Venrooy, GmbHR 1999, 685 ff.

[678] Baumbach/Hueck/Zöllner/Noack, § 43 Rn. 33; Lutter/Hommelhoff/Kleindiek, § 43 Rn. 40 ff.; Scholz/Schneider, § 43 Rn. 119 ff.

[679] S. dazu bereits B.I.1.b) Vertragseingang Anm. 2.b).

[680] S. dazu bereits A.V.2.d); hinsichtlich der inhaltlichen Erfordernisse zur Wahrung der schriftlichen Form s. bereits B.I.1.b) Vertragseingang Anm. 3.

als Eigentümer geschlossenen Betriebsführungsvertrag die §§ 53, 54 GmbHG entsprechend Anwendung finden oder ob die §§ 293 ff. AktG entsprechend anwendbar sind[681].

Hinsichtlich der Frage, ob der bzw. welche Wirkungen der geschlossene Vertrag bereits vor dem Zustimmungsbeschluss bzw. der Handelsregistereintragung erzeugt, gelten dieselben Erwägungen wie bei der Aktiengesellschaft[682]. Bei einem konzerninternen Betriebsführungsvertrag hat diese Frage freilich eher akademischen Charakter – kommt das Leitungsorgan seiner Pflicht zur Herbeiführung des Zustimmungsbeschlusses oder der Handelsregistereintragung nicht nach, kann die Muttergesellschaft das Leitungsorgan abberufen (§ 84 Abs. 3 AktG bzw. vorliegend § 38 Abs. 1 GmbHG) und durch ein anderes ersetzen.

§ 1 Gegenstand und Inhalt der Betriebsführung

Inhalt

1. Betriebsführungsgegenstand und –inhalt
2. Grenze der Aufgabendelegation
3. Wahrnehmung fremden Interesses

4. Handeln im eigenen Namen
5. Handeln für Rechnung des Eigentümers

1. Betriebsführungsgegenstand und -inhalt

Da die Betriebsführung gegenständlich und inhaltlich den gesamten Betrieb des Eigentümers umfasst (§ 1 Abs. 1 Satz 1), kann davon abgesehen werden, den Betrieb und die inhaltlichen Aufgaben des Betriebsführers detailliert zu umschreiben[683].

2. Grenze der Aufgabendelegation

Um das Risiko zu vermeiden, dass der Betriebsführungsvertrag als organisationsrechtlich unzulässig eingestuft wird[684], bestimmt § 1 Abs. 1 Satz 3 des Formulars (flankiert durch den nachfolgenden § 2 Abs. 1 Satz 2), dass von der Betriebsführung Geschäfte und Maßnahmen ausgenommen sind, die der Bestimmung der Gesellschafter der Auftraggeberin unterliegen. Diese abstrakte Kennzeichnung bedarf aufgrund der vorliegenden Konstellation (der Betriebsführer ist Alleingesellschafter des Eigentümers) keiner Konkretisierung.

Bei einem konzerninternen Betriebsführungsvertrag, bei dem die Konzernmutter die Betriebsführung für ihre 100%ige Tochtergesellschaft übernimmt, hätte eine von § 1 Abs. 1 Satz 3 des Formulars abweichende Regelung (Übertragung von Gesellschafterkompetenzen auf den Betriebsführer) aufgrund der Personenidentität von Betriebsführer und Gesellschafter des Eigentümers nur formal zur Folge, dass an die Stelle von Gesellschafterbeschlüssen des Eigentümers – für deren Wirksamkeit die gesetzlichen (§§ 48 ff. GmbHG) bzw. statuarischen Voraussetzungen einzuhalten wären und bei denen die Geschäftsführer des Betriebsführers in ihrer Eigenschaft als Vertreter des Alleineigentümers handeln – entsprechende Geschäftsführungsbeschlüsse der Geschäftsführer des Betriebsführers treten würden.

---

[681] S. dazu bereits A.V.2.
[682] S. dazu bereits B.I.1.b) Vertragseingang Anm. 4.
[683] S. dazu bereits B.I.1.b) § 1 Anm. 1.
[684] S. dazu bereits A.IV.2.

3. Wahrnehmung fremden Interesses

Hinsichtlich der Interessenwahrnehmung (§ 1 Abs. 2 Satz 1 des Formulars)[685] ist der Betriebsführer eines unechten Betriebsführungsvertrags gleichermaßen wie der Betriebsführer eines echten Betriebsführungsvertrags den Interessen des Eigentümers verpflichtet. Das gilt ebenso für den konzerninternen (unechten) Betriebsführungsvertrag, auch wenn der Betriebsführer wirtschaftlich im Ergebnis im eigenen Interesse handelt. Der Betriebsführer hat also bei einem Interessenwiderstreit den Interessen des Eigentümers den Vorrang zu geben.

4. Handeln im eigenen Namen

Gemäß § 1 Abs. 2 Satz 2 Mod. 1 des Formulars erfolgt die Betriebsführung im Namen des Betriebsführers. Das Handeln im eigenen Namen ist das Wesensmerkmal der unechten Betriebsführung. Der Weichenstellung zu Gunsten eines unechten Betriebsführungsvertrags kommt bei einem Vergleich zum echten Betriebsführungsvertrag sowohl für das Außenverhältnis (Rechtsbeziehungen zu Dritten) als auch für das Verhältnis zwischen Eigentümer und Betriebsführer Bedeutung zu[686].

5. Handeln für Rechnung des Eigentümers

Nach § 1 Abs. 2 Satz 2 Mod. 2 des Formulars erfolgt die Betriebsführung für Rechnung des Eigentümers[687]. Es handelt sich um eine klarstellende Regelung. Bei einem unechten Betriebsführungsvertrag treffen den Eigentümer mittelbar die wirtschaftlichen Folgen aus der Betriebsführung, weil der Eigentümer verpflichtet ist, dem Betriebsführer nach Maßgabe des § 670 BGB die zum Zwecke der Ausführung des Auftrags der Betriebsführung gemachten Aufwendungen zu erstatten und der Betriebsführer an den Eigentümer alles, was er aus der Betriebsführung erlangt, herauszugeben hat (§ 667 BGB).

§ 2 Weisungsrecht, Zutimmungsvorbehalte und Informationsrechte

Inhalt

1. Weisungsrecht   3. Informationspflichten
2. Zustimmungsvorbehalt

1. Weisungsrecht

§ 2 Abs. 1 Satz 1 des Formulars bestimmt klarstellend (vgl. § 665 BGB), dass der Eigentümer dem Betriebsführer in allen Belangen der Betriebsführung Weisungen erteilen kann[688]. Dieser Klarstellung kommt bei einem konzerninternen Betriebsführungsvertrag mit einem herrschenden Unternehmen als Betriebsführer besondere Bedeutung zu, da bei einem solchen Vertrag immer die Frage im Raume steht, ob nach der konkreten Gestaltung des Vertrags nicht in Wirklichkeit ein verschleierter Beherrschungsvertrag vorliegt[689].

---

[685] S. dazu bereits B.I.1.b) § 1 Anm. 3.
[686] S. dazu bereits B.I.1.b) § 1 Anm. 4.
[687] S. dazu bereits B.I.1.b) § 1 Anm. 5.
[688] S. dazu bereits B.I.1.b) § 2 Anm. 1.
[689] S. dazu bereits A.III.1.a).

2. Zustimmungsvorbehalt

Für bestimmte Geschäfte und Maßnahmen bestimmt § 2 Abs. 1 Satz 2 des Formulars, dass deren Vornahme der vorherigen Zustimmung des Eigentümers bedarf (welcher durch die Geschäftsführung vertreten wird). Die Regelung knüpft inhaltlich an § 1 Abs. 1 Satz 3 des Formulars an, betrifft also die Grenze der Aufgabendelegation, hier jedoch im Verhältnis zwischen Geschäftsführung des Eigentümers und Betriebsführer[690].

Der Zustimmungsvorbehalt gilt zum einen für Geschäfte und Maßnahmen, welche die Geschäftsführung des Eigentümers der Gesellschafterversammlung des Eigentümers zur Zustimmung vorzulegen hat. Dieses betrifft insbesondere solche Geschäfte und Maßnahmen, die durch einen (in der Praxis verbreiteten) Zustimmungskatalog in der Satzung der GmbH verankert sind.

Zum anderen sind solche Geschäfte und Maßnahmen betroffen, die von grundlegender Bedeutung für die Vermögens- Finanz- oder Ertragslage der Eigentümerin sind. Diese Regelung ist der Formulierung der Ziffer 3.3 Deutscher Corporate Governance – Kodex in der Fassung vom 07.02.2017 entlehnt. Sie stellt einen Auffangtatbestand dar, da solche Geschäfte und Maßnahmen regelmäßig bereits dem Anwendungsbereich des § 1 Abs. 1 Satz 3 bzw. § 2 Abs. 1 Satz 2 Mod. 1 des Formulars unterliegen.

Aufgrund des unterstellten Sachverhalts – Führung des Betriebs der 100%igen Tochtergesellschaft – hätte eine von § 2 Abs. 1 Satz 2 des Formulars abweichende Regelung (Übertragung der Aufgaben ohne Zustimmungsvorbehalt) praktisch nur geringe Auswirkungen[691].

3. Informationspflichten

Die Informationspflichten gemäß § 2 Abs. 2 des Formulars sind § 666 Mod. 1 und 2 BGB nachgebildet[692]. Eine gesonderte Regelung zur Rechenschaftslegung[693] enthält § 3 Abs. 3 Satz 1 des Formulars.

§ 3 Vergütung, Aufwendungsersatz und Abrechnung

Inhalt

1. Vergütung   3. Abrechnung
2. Aufwendungsersatz

1. Vergütung

§ 3 Abs. 1 des Formulars bestimmt, dass der Betriebsführer für seine Betriebsführungstätigkeit eine monatliche Festvergütung erhält. Hinsichtlich der Höhe der Vergütung gelten bei einem unechten Betriebsführungsvertrag dieselben Grundsätze wie bei einem echten Betriebsführungsvertrag[694].

---

[690] S. dazu bereits A.IV.2.
[691] S. dazu bereits B.II.1.b) § 1 Anm. 2.
[692] S. dazu bereits B.I.1.b) § 2 Anm. 2.a) und b).
[693] S. dazu bereits B.I.1.b) § 2 Anm. 2.c).
[694] S. dazu bereits B.I.1.b) § 4 Anm. 1.

Bei einem konzerninternen Betriebsführungsvertrag ist darüber hinaus zu beachten, dass die Höhe der Vergütung einem Drittvergleich Stand halten muss, da ansonsten eine verdeckte Gewinnausschüttung bzw. eine verdeckte Einlage vorliegen kann[695].

2. Aufwendungsersatz

Für den Aufwendungsersatzanspruch des Betriebsführers gemäß §§ 675 Abs. 1, 670 BGB gelten bei einem unechten Betriebsführungsvertrag im Grundsatz dieselben Erwägungen wie bei einem echten Betriebsführungsvertrag[696]. Dem Aufwendungsersatzanspruch kommt bei einem unechten Betriebsführungsvertrag eine höhere Bedeutung als bei einem echten Betriebsführungsvertrag zu, da der Betriebsführer im eigenen Namen handelt und daher bei Rechtsgeschäften mit Dritten stets eigene Verbindlichkeiten des Betriebsführers entstehen, die sich im Verhältnis zwischen Eigentümer und Betriebsführer als ersatzfähige Aufwendungen darstellen (können).

§ 3 Abs. 2 des Formulars weicht (zu Gunsten des Betriebsführers) von der gesetzlichen Regelung ab: Ersatzfähig sind nach § 3 Abs. 2 Satz 1 des Formulars nicht nur Aufwendungen, die der Betriebsführer den Umständen nach für erforderlich halten darf, sondern alle betriebsbedingten Aufwendungen. Ferner sind nach § 3 Abs. 2 Satz 2 des Formulars die Bezüge der Geschäftsführer des Betriebsführers ersatzfähig[697], allerdings nur anteilig, da unterstellt wird, dass sich der Zweck der Betriebsführungsgesellschaft nicht darauf beschränkt, die Geschäfte des Eigentümers zu führen.

3. Abrechnung

§ 3 Abs. 3 Satz 1 des Formulars verpflichtet den Betriebsführer zu einer monatlichen Abrechnung seiner Vergütung sowie der Erträge und Aufwendungen aus der Betriebsführung. Bei der Abrechnung hat der Betriebsführer umsatzsteuerlich zu beachten, dass bei einem unechten Betriebsführungsvertrag die Betriebsführungsleistung bzw. die Vermittlungsleistung durch die fingierten Lieferbeziehungen absorbiert wird[698]. Der Betriebsführer darf daher über die zivilrechtlich vereinbarte Geschäftsbesorgung gegenüber dem Eigentümer keine Rechnung mit offen ausgewiesener Umsatzsteuer erteilen. Eine solche Rechnung wäre eine Rechnung gemäß § 14c Abs. 2 UStG[699], die aufgrund des unberechtigten Steuerausweises zu einer entsprechenden Schuld des ausgewiesenen Steuerbetrages führen würde.

Die Abrechnung bildet die Grundlage für die Herausgabepflicht des Betriebsführers. Der Betriebsführer ist gemäß §§ 675 Abs. 1, 667 Mod. 2 BGB verpflichtet, dem Eigentümer alles, was er aus der Betriebsführung erlangt, herauszugeben. Aus der Ausführung erlangt ist jeder Vorteil, den der Beauftragte im inneren Zusammenhang mit der Führung des Geschäfts erhält[700]. Aus der Betriebsführung erlangt sind insbesondere die Erträge. Der Betriebsführer kommt insofern seiner Herausgabepflicht nach, dass er den Überschuss der Erträge über die Aufwendungen nach Abzug der Betriebsführungsvergütung in regelmäßigen Abständen an

---

[695] S. dazu bereits A.VII.1.a)cc).

[696] S. dazu bereits B.I.1.b) § 4 Anm. 4.

[697] S. dazu bereits B.I.1.b) § 4 Anm. 4.c).

[698] S. dazu bereits A.VII.1.b)bb).

[699] Bunjes/Leonard, § 3 Rn. 296.

[700] BGH NJW-RR 2004, 1290; Palandt/Sprau, § 667 Rn. 2; MünchKommBGB/Schäfer, § 667 Rn. 12 mit zahlreichen Beispielen für „Erlangtes" in Rn. 5 ff.

den Eigentümer abführt[701]. Dafür bedarf es einer Vereinbarung. Eine entsprechende Regelung enthält § 3 Abs. 3 Satz 2 des Formulars, die ebenfalls vorsieht, dass Fehlbeträge durch den Eigentümer auszugleichen sind.

§ 4 Arbeitsverhältnisse, Vermögen und Verträge

Inhalt

1. Betriebsübergang

Schließt der Eigentümer mit dem Betriebsführer einen unechten Betriebsführungsvertrag ab, findet hinsichtlich der bestehenden Arbeitsverhältnisse mit dem Betriebsinhaber (Eigentümer) ein Betriebsübergang i. S. d. § 613 a BGB statt[702].

Für den Zeitpunkt des Betriebsübergangs kommt es nicht auf den Abschluss des Verpflichtungsgeschäfts (also hier des Betriebsführungsvertrags) an. Maßgebend ist vielmehr, zu welchem Zeitpunkt der andere Inhaber i. S. d. § 613a Abs. 1 Satz 1 BGB die tatsächliche betriebliche Leitungs- und Organisationsmacht für den Betrieb übernimmt[703]. § 4 Abs. 1 Satz 1 des Formulars bestimmt (schuldrechtlich), dass diese Übernahme zum Stichtag stattfinden soll. Als Stichtag wird vertraglich in § 6 Abs. 2 des Formulars der Tag definiert, an dem der Betriebsführungsvertrag in das Handelsregister des Eigentümers eingetragen wird. An diesem Tag gehen die dem Betrieb des Eigentümers zuzuordnenden Arbeits- und Dienstverhältnisse gemäß § 613a BGB mit allen Rechten und Pflichten von dem Eigentümer auf den Betriebsführer über (§ 4 Abs. 1 Satz 2 des Formulars).

Gemäß § 613a Abs. 5 BGB hat der bisherige Arbeitgeber oder der neue Inhaber die vom Übergang betroffenen Arbeitnehmer vor dem Übergang in Textform über die in § 613a Abs. 5 Nr. 1 - 4 BGB genannten Inhalte zu unterrichten. § 4 Abs. 1 Satz 3 des Formulars sieht davon abweichend eine gemeinsame Unterrichtung durch den Eigentümer und den Betriebsführer vor. Eine solche gemeinsame Unterrichtung ist zulässig und zweckmäßig[704]. Da die vertragliche Pflicht zur gemeinsamen Unterrichtung vor dem Betriebsübergang zu erfolgen hat, der Zeitpunkt des Betriebsübergangs aber dem der Wirksamkeit des Betriebsführungsvertrag insgesamt entspricht, haben die Parteien die Unterrichtung vor der Wirksamkeit der vertraglichen Verpflichtung vorzunehmen. Dagegen bestehen im Ergebnis keine Bedenken, da der Betriebsführungsvertrag auch mit Rückwirkung geschlossen werden kann[705].

2. Nutzung des Betriebsvermögens

Gemäß § 4 Abs. 2 des Formulars räumt der Eigentümer dem Betriebsführer für die Dauer des Betriebsführungsvertrags und im Umfang des jeweils aktuellen Bestandes an den ihm gehö-

---

[701] Huber, ZHR 152 (1988), 1, 6; Joachim, DZWiR 1992, 397, 399.
[702] S. dazu bereits B.I.1.b) § 1 Anm. 4.
[703] ErfKomm/Preis, § 613a Rn. 59; Erman/Edenfeld, § 613a Rn. 41.
[704] Palandt/Weidenkaff, § 613a Rn. 41; Meyer, BB 2003, 1010, 1011.
[705] S. dazu bereits B.I.1.b) § 6 Anm. 1.

renden und für die Betriebsführung notwendigen Gegenständen des Anlage- und Umlaufver-mögens ein Nutzungsrecht ein. Hintergrund der Regelung ist, dass teilweise vertreten wird, dass durch den Betriebsführungsvertrag nicht das Recht des Betriebsführers begründet werde, die Betriebs- und Geschäftsausstattung des Betriebsinhabers zu nutzen[706], weshalb der Eigen-tümer dem Betriebsführer entweder ein Nutzungsrecht an der Betriebs- und Geschäftsausstat-tung (gegen Entgelt) einräumen müsse oder diese von dem Betriebsführer erworben werden müsste[707].

Die Regelung beschränkt sich nicht auf die Betriebs- und Geschäftsausstattung, sondern er-streckt sich auf das gesamte Anlage- und Umlaufvermögen (vgl. § 266 Abs. 2 HGB) des Ei-gentümers. Das Nutzungsrecht umfasst dabei nur solche Gegenstände, die für die Betriebsfüh-rung notwendig sind. Bei der Regelung wird unterstellt, dass der Eigentümer bezüglich sämt-licher dem Unternehmen zuzuordnenden Gegenstände Vollrechtsinhaber ohne Verfügungsbe-schränkungen ist, also für die Nutzungsüberlassung keine Zustimmungen Dritter erforderlich sind. Da der Bestand der Gegenstände des Anlage- und Umlaufvermögens Änderungen unter-liegt (Zu- und Abgänge bzw. Neuerwerb und Veräußerung) wird durch die Formulierung „und im Umfang des jeweils aktuellen Bestandes" klargestellt, das sich das Nutzungsrecht auch auf den Neuerwerb erstreckt und hinsichtlich der Abgänge erlischt.

Das Nutzungsrecht besteht (nur) für die Dauer des Betriebsführungsvertrags. Endet der Ver-trag, hat der Betriebsführer die ihm zur Nutzung überlassenen Gegenstände (soweit diese nicht bestimmungsgemäß verbraucht oder weitergegeben worden sind) an den Eigentümer nach §§ 675 Abs. 1, 667 Mod. 1 BGB herauszugeben, da er diese zur Auftragsausführung i. S. d. § 667 Mod. 1 BGB erhalten hat[708].

3. Ermächtigung

Da der Eigentümer nach § 4 Abs. 2 des Formulars bezüglich sämtlicher dem Unternehmen zuzuordnenden Gegenstände Rechtsinhaber bleibt, der Betriebsführer aus für Rechnung des Eigentümers geschlossenen Verträgen aber selbst verpflichtet wird, ist es erforderlich, den Betriebsführer (als Nichtberechtigtem) rechtlich in die Lage zu versetzen, die Verbindlichkei-ten gegenüber Dritten zu erfüllen. Entsprechendes gilt für den Einzug der Forderungen des Eigentümers im eigenen Namen. Daher bestimmt § 4 Abs. 3 des Formulars, dass der Eigen-tümer den Betriebsführer (gemäß § 185 Abs. 1 BGB) ermächtigt, über die ihm zur Nutzung überlassenen Gegenstände im ordnungsgemäßen Geschäftsgang zu verfügen.

4. Erwerb und Übertragung von Vermögen

Die Betriebsführung im eigenen Namen hat zur Folge, dass der Betriebsführer selbst Eigen-tum, Rechte und Forderungen erwirbt[709]. Sollen die Geschäftsvorfälle aus der Betriebsfüh-rung (jedenfalls nahezu) ausschließlich beim Eigentümer bilanziell abgebildet werden, ist es

---

[706] Weißmüller, BB 2000, 1949, 1954; abweichend die h. L.: Schlüter, S. 85; Zeiger, S. 43; Joachim, DZWiR 1992, 397, 400; eingehend: Böhm, S. 173 f., 185, der die Überlassungspflicht bei einem unechten Betriebs-führungsvertrag als Obliegenheit einordnet und nach dem bei einem echten Betriebsführungsvertrag die Ein-räumung eines Nutzungsrechts nicht zwingend erforderlich sei.

[707] Eingehend: Weißmüller, BB 2000, 1949, 1954.

[708] S. dazu: BGH NJW-RR 2004, 1290; Palandt/Sprau, § 667 Rn. 2; Erman/Berger, § 667 Rn. 5.

[709] S. dazu bereits B.I.1.b) § 1 Anm. 4.

erforderlich, hinsichtlich der Forderungen eine Vorausabtretung und hinsichtlich der dinglichen Erwerbsgeschäfte ein antizipiertes Besitzmittlungsverhältnis zu vereinbaren[710].

Eine entsprechende Regelung enthält § 4 Abs. 4 des Formulars. Inhaltlich beschänkt sich die Regelung auf das Wesentliche. Um den bei einem vorweggenommenen Besitzmittlungsverhältnis erforderlichen sachenrechtlichen Bestimmtheitsgrundsatz zu wahren[711], verpflichtet § 4 Abs. 4 Satz 2 des Formulars den Betriebsführer, die Sachen als dem Eigentümer gehörend zu markieren.

§ 4 Abs. 4 des Formulars hat nur einen Wechsel der Rechtsinhaberschaft zur Folge. Da sich das Nutzungsrecht gemäß § 4 Abs. 2 und die Ermächtigung gemäß § 4 Abs. 3 des Formulars auf den jeweiligen Bestand beziehen, bleibt der Betriebsführer berechtigt, diese Vermögensgegenstände zu nutzen und über sie zu verfügen.

5. Vertragsübernahme

§ 4 Abs. 5 des Formulars regelt die Übernahme der Bestandsverträge durch den Betriebsführer[712]. Die Vertragsübernahme bedarf als Verfügung über das Schuldverhältnis zu ihrer Wirksamkeit der Zustimmung aller Beteiligten, also auch der Zustimmung des anderen Teils[713], vorliegend also der Vertragspartner des Eigentümers. Soweit eine solche Zustimmung seitens der Vertragspartner nicht erteilt wird, bleibt der Eigentümer im Außenverhältnis Vertragspartei und erteilt dem Betriebsführer insoweit Vollmacht, in seinem Namen die Rechte und Pflichten aus den Verträgen wahrzunehmen (§ 4 Abs. 5 Satz 3 des Formulars).

§ 5 Vertragsdauer

Der Betriebsführungsvertag beginnt gemäß § 5 Abs. 1 Satz 1 des Formulars am Stichtag (§ 6 Abs. 2 des Formulars). Im Übrigen entspricht § 5 des Formulars § 6 des Formulars unter B.I.1.a)[714].

§ 6 Wirksamkeit

Der Betriebsführungsvertrag mit einer GmbH als Eigentümer bedarf zu seiner Wirksamkeit einer Zustimmung seitens der Gesellschafter[715]. § 6 Abs. 1 Sätze 1 und 2 des Formulars entsprechen § 7 Abs. 1 des Formulars unter B.I.1.a)[716].

---

[710] S. dazu bereits A.VII.2.b)aa).

[711] S. dazu statt aller: Palandt/Herrler, § 930 Rn. 2 ff., 10.

[712] Der Übergang der Vertragsverhältnisse kraft Gesetzes bei einem unechten Betriebsführungsvertrag wird von Böhm, S. 181 ff. diskutiert und abgelehnt.

[713] Statt aller: Palandt/Grüneberg, § 398 Rn. 42; MünchKommBGB/Roth/Kieninger, § 398 Rn. 183.

[714] S. dazu bereits die Erläuterungen unter B.I.1.b) § 6.

[715] S. dazu bereits A.V.2.

[716] S. dazu bereits die Erläuterungen unter B.I.1.b) § 7.

2. Notarielle Beurkundung der Gesellschafterversammlung

a) Formulartext

UR-Nr. …

Verhandelt am …

in …

Vor mir, dem unterzeichneten Notar ... erschienen

1) ... ..., ..., geboren am ...

und

2) ... ..., ..., geboren am ....

beide Erschienenen geschäftsansässig in ..., ...

handelnd nicht im eigenen Namen, sondern als gemeinsam zur Vertretung berechtigte Geschäftsführer der ... GmbH mit Sitz in ... (Geschäftsanschrift: ..., ...).

Aufgrund meiner Einsicht in das Handelsregister HRB ... des Amtsgerichts .. vom ... bescheinige ich als Notar, dass die Erschienenen zu 1) und 2) zur gemeinsamen Vertretung berechtigte Geschäftsführer der ... GmbH mit Sitz in ... sind.

Die Erschienenen erklärten:

Die von uns vertretene ... GmbH ist die alleinige Gesellschafterin der ... GmbH mit Sitz in ..., eingetragen im Handelsregister des Amtsgerichts ... unter HRB ... („Gesellschaft").

Unter Verzicht auf alle gesetzlichen und gesellschaftsvertraglichen Formen und Fristen für die Einberufung und Ankündigung wird hiermit eine außerordentliche Gesellschafterversammlung der Gesellschaft abgehalten und beschlossen:

Dem Abschluss des Betriebsführungsvertrags zwischen der Gesellschaft als Eigentümer und der ... GmbH als Betriebsführer vom ..., beigefügt in beglaubigter Ablichtung in der Anlage zu dieser Urkunde, wird zugestimmt.

Weitere Beschlüsse werden nicht gefasst. Damit ist die Gesellschafterversammlung beendet.

Die Erschienenen erklärten ferner:

Auf die Einhaltung der nach dem Aktiengesetz neben der Zustimmung erforderlichen Voraussetzungen zum Abschluss eines Unternehmensvertrags, im Einzelnen auf

➤ die Erstattung eines ausführlichen und schriftlichen Berichts über den Unternehmensvertrag (§ 293a Abs. 1 Satz 1 AktG);

➤ die Prüfung des Unternehmensvertrags durch einen Vertragsprüfer (§ 293b bis e AktG);

> ➢ die Auslegung der in § 293f Abs. 1 AktG bezeichneten Unterlagen sowie

> ➢ das Zugänglichmachen der in § 293f Abs. 1 bezeichneten Unterlagen (§ 293g Abs. 1 AktG) und die mündliche Erläuterung des Unternehmensvertrags nach § 293g Abs. 2 Satz 1 AktG

wird verzichtet.

Zudem verzichten wir vorsorglich auf die Anfechtung des vorstehenden Beschlusses.

Diese Niederschrift wurde den Erschienenen vom Notar vorgelesen, von ihnen genehmigt und von den Erschienenen und dem Notar eigenhändig wie folgt unterzeichnet:

b) Formularkommentare

Inhalt

1. Vorbereitung der Gesellschafterversammlung

Die Einberufung der Gesellschafterversammlung erfolgt nach den allgemeinen Regeln (§§ 49, 51 GmbHG). Ferner ist nach allgemeiner Meinung § 124 Abs. 2 Satz 3 Alt. 2 AktG analog anzuwenden und nach dem hier vertretenen Standpunkt die Gesellschafterversammlung entsprechend § 293f AktG vorzubereiten[717]. Schließlich hat nach dem hier vertretenen Standpunkt der Geschäftsführer der Eigentümer-GmbH einen Bericht über den Betriebsführungsvertrag gemäß § 293a AktG analog zu erstatten, wohingegen keine Vertragsprüfung gemäß §§ 293b bis e AktG analog stattfindet[718].

Wenn alle Gesellschafter anwesend oder vertreten sind, können die Gesellschafter jederzeit auf die vertraglich vorgesehenen Formen und Fristen für die Einberufung und Ankündigung einer Gesellschafterversammlung verzichten (Vollversammlung)[719]. Eine solche Vollversammlung sieht das Formular vor. Da der Betriebsführer der alleinige Gesellschafter des Eigentümers ist, bildet er stets eine Vollversammlung, d. h. er kann zwar als Alleingesellschafter in förmlich einberufenen Gesellschafterversammlungen Beschlüsse fassen, eine entsprechende Notwendigkeit besteht jedoch nicht[720].

Die Beifügung des wesentlichen Inhalts des Betriebsführungsvertrags zur Einladung entsprechend § 124 Abs. 2 Satz 3 Alt. 2 AktG ist Bestandteil der Einladung und wird daher vom Verzicht auf die Einberufungsregularien erfasst. Darüber hinaus sieht das Formular vor, dass auch auf die übrigen aktienrechtlichen Erfordernisse zum Abschluss eines Unternehmensvertrags verzichtet wird[721].

2. Allgemeines zur notariellen Niederschrift

Nach h. M. ist der Beschluss der Gesellschafter gemäß § 53 Abs. 2 GmbHG zu beurkunden, nach dem eigenen Standpunkt ist § 130 Abs. 1 AktG analog anzuwenden[722]. Legt man die h. M. zugrunde, sind für die Beurkundung (von Satzungsänderungen) nach allgemeiner Meinung die §§ 36, 37 BeurkG maßgebend, nach wiederrum ganz h. M. ist eine Beurkundung von Satzungsänderungen auch gemäß §§ 8 ff. BeurkG möglich[723]. Vom eigenen Standpunkt aus ergeben sich die Beurkundungserfordernisse aus § 130 AktG[724]; ausgenommen sind die erweiterten Erfordernisse in § 130 AktG für börsennotierte Gesellschaften. § 130 AktG ent-

---

[717] S. dazu bereits A.V.2.c)cc).
[718] S. dazu bereits A.V.2.c)aa) und A.V.2.c)bb).
[719] S. dazu statt aller: Baumbach/Hueck/Zöllner/Noack, § 51 Rn. 31 ff.; Scholz/Schmidt/Seibt, § 51 Rn. 34 ff.
[720] OLG Hamm NZG 2006, 430, 431; Baumbach/Hueck/Zöllner/Noack, § 48 Rn. 46; Scholz/Schmidt/Seibt, § 48 Rn. 70.
[721] S. dazu nachfolgend B.II.2.b) Anm. 5.
[722] S. dazu bereits B.V.2 sowie Köhn, der Konzern 2011, 530, 543.
[723] S. dazu: OLG Köln GmbHR 1993, 164, 165; Scholz/Priester, § 53 Rn. 70; Lutter/Hommelhoff/Bayer, § 53 Rn. 16; abweichend: OLG Celle, NJW-Spezial 2017, 336; Baumbach/Hueck/Zöllner/Noack, § 53 Rn. 70.
[724] S. dazu bereits B.I.6.b) Anm. 1.

hält weitergehende Anforderungen an die Niederschrift, die über die Mindestangaben nach § 37 BeurkG hinausgehen[725]. Dies spricht dafür, dass die Abweichung von der h. M. unbedenklich ist.

Vorliegend besteht die Besonderheit, dass der Betriebsführer Alleingesellschafter des Eigentümers ist. Die Beurkundung bei Beschlüssen einer „Einmann-GmbH" erfolgt gemäß §§ 8 ff. BeurkG, da § 48 Abs. 3 GmbHG die Unterschrift des Gesellschafters unter der Niederschrift verlangt[726]. Daher ist das Formular in der Form der §§ 8 ff. BeurkG abgefasst.

Die Anforderungen in § 130 Abs. 2 Satz 1 AktG zu Art und Ergebnis der Abstimmung sowie die Feststellung des Vorsitzenden über die Beschlussfassung entfallen nach dem unterstellten Sachverhalt: Bei einer „Einmann-GmbH" findet keine Abstimmung statt, vielmehr gibt der Alleingesellschafter die Beschlüsse zu Protokoll. Da keine Abstimmung stattfindet, bedarf es auch keiner Beschlussfeststellung durch den Vorsitzenden[727].

3. Durchführung der Gesellschafterversammlung

Die Durchführung der Gesellschafterversammlung erfolgt einerseits nach den allgemeinen Regeln und nach dem hier vertretenen Standpunkt andererseits entsprechend § 293g AktG[728]. Die Gesellschafterversammlung wird von dem satzungsmäßig bestimmten oder – in Ermangelung einer Satzungsbestimmung – von dem von der Gesellschafterversammlung bestellten Vorsitzenden geleitet, der über den Ablauf der Gesellschafterversammlung entscheidet[729]. In der Gesellschafterversammlung sind die in § 293f Abs. 1 AktG bezeichneten Unterlagen zugänglich zu machen (§ 293g Abs. 1 AktG)[730], wobei der bzw. die Geschäftsführer des Eigentümers Pflichtenträger ist bzw. sind. Die Geschäftsführung hat den Betriebsführungsvertrag entsprechend § 293g Abs. 2 Satz 1 AktG zu erläutern[731] und entsprechend § 293g Abs. 3 AktG etwaige Fragen der Gesellschafter zu beantworten[732].

4. Zustimmungsbeschluss

Der Betriebsführungsvertrag mit einer GmbH als Eigentümer bedarf eines zustimmenden Beschlusses der Gesellschafterversammlung[733]. Der Zustimmungsbeschluss ist Wirksamkeitserfordernis im Außenverhältnis im Sinne einer Beschränkung der Vertretungsmacht des Geschäftsführers[734].

---

[725] So ausdrücklich: Armbrüster/Preuß/Renner/Renner, 5. Aufl., § 8 Rn. 18.

[726] OLG Frankfurt a. M., Urteil vom 23.08.2006, Az. 4 U 156/05, Rn. 27; Rowedder/Schnorbus, § 53 Rn. 93; abweichend (Beurkundung nach §§ 8 ff. BeurkG oder nach §§ 36 ff. BeurkG): MHLS/Hoffmann, § 53 Rn. 73; abweichend (Beurkundung nach §§ 36 ff. BeurkG, da die Beurkundungsform für Willenerklärungen (§§ 6 ff. BeurkG) völlig ungenügend sei): OLG Celle NJW-Spezial 2017, 336 f.

[727] Für die „Einmann-AG" auch: KölnerKomm/Zöllner, 1. Aufl., § 133 Rn. 97.

[728] S. dazu bereits A.V.2.c)cc).

[729] Statt aller: Baumbach/Hueck/Zöllner/Noack, § 48 Rn. 16 ff.; Scholz/Schmidt/Seibt, § 48 Rn. 33, 36.

[730] S. dazu B.I.6.b) Anm. 3.

[731] S. dazu B.I.6.b) Anm. 4.a).

[732] S. dazu B.I.6.b) Anm. 4.b).

[733] S. dazu bereits A.V.2.a).

[734] Ebenso die h. M. (ohne Differenzierung nach dem Inhalt des Vertrags): MHLS/Servatius, Syst. Darst. 4 Rn. 382 (mit Rn. 376); für den Betriebspachtvertrag auch: LG Berlin WM 1992, 22, 25; Scholz/Emmerich, Anh. § 13 Rn. 218; für alle Verträge des § 292 AktG auch: KölnerKommAktG/Koppensteiner, Anh. nach § 52 Rn. 68; GroßkommGmbHG/Ulmer, 8. Aufl., Anh § 77 Rn. 203, 204.

Legt man die h. M. zugrunde, wonach der Abschluss des Vertrags eine Satzungsänderung darstellt, besteht ein ¾-Mehrheitserfordernis gemäß § 53 Abs. 2 Satz 1 GmbHG, wobei sich das Mehrheitserfordernis nicht auf das vertretene Stammkapital, sondern auf die abgegebenen Stimmen bezieht. Nach dem hier vertretenen Standpunkt bedarf der Zustimmungsbeschluss der einfachen Stimmenmehrheit gemäß § 47 Abs. 1 GmbHG und einer ¾-Mehrheit des bei der Beschlussfassung vertretenen Stammkapitals (§ 293 Abs. 1 Satz 2 AktG)[735].

5. Verzicht auf die aktienrechtlichen Regularien

Das Formular bestimmt, dass der Eigentümer (jenseits der Zustimmung) auf die Einhaltung der nach dem Aktiengesetz erforderlichen Voraussetzungen zum Abschluss eines Unternehmensvertrags verzichtet. Dabei ist anzumerken, dass es eines Verzichts auf die Prüfung des Unternehmensvertrags durch einen Vertragsprüfer (§ 293b Abs. 1 AktG) genau genommen nicht bedarf, da nach dem unterstellten Sachverhalt der Eigentümer Alleingesellschafter des Betriebsführers ist und eine Prüfungspflicht nicht besteht, wenn sich alle Aktien der abhängigen Gesellschaft in der Hand des herrschenden Unternehmens befinden (§ 293b Abs. 1 HS 2 AktG). Legt man die h. M. zugrunde, stellt sich die Frage nach einem Verzicht bzw. dessen Zulässigkeit von vornherein nicht, da sich nach der h. M. der Abschluss eines Unternehmensvertrags als Satzungsänderung darstellt und die §§ 293a ff. AktG keine Anwendung finden.

Die Möglichkeit eines Verzichts auf die Berichte nach § 293a und b AktG wird durch das Gesetz eröffnet (§§ 293a Abs. 3, 293b Abs. 2 AktG). Anstelle der durch das Gesetz bestimmten Form der öffentlich beglaubigen Erklärung kann auch eine notarielle Beurkundung der Erklärung erfolgen (§ 129 Abs. 2 BGB)[736].

Der Umstand, dass die §§ 293a ff. AktG in erster Linie den Schutz der Aktionäre bzw. der Gesellschafter bezwecken, spricht dafür, dass es sich bei diesen Vorschriften insgesamt um nachgiebiges Recht handelt (also ein Verzicht auch auf die Erfordernisse gemäß § 293f und g AktG zulässig ist). Allerdings enthalten die §§ 293f und g AktG (anders als § 293b Abs. 2 AktG) keinen Verweis auf § 293a Abs. 3 AktG. Es lässt sich daher auch per Umkehrschluss argumentieren, dass es sich insoweit nicht um nachgiebiges Recht handelt. Diese Problematik lässt sich wie folgt handhaben: Da ein Verstoß gegen §§ 293f und g AktG keine Nichtigkeit, sondern nur die Anfechtbarkeit des Zustimmungsbeschlusses zur Folge hat[737], sollte vorsorglich im Verzichtsfalle auch auf eine Anfechtung des Zustimmungsbeschlusses verzichtet werden. Der Verzicht der Gesellschafter lässt die Anfechtungsbefugnis entfallen[738]. Der Verzicht ist insbesondere im Hinblick auf das Verfahren für die Handelsregistereintragung nach § 294 AktG von Bedeutung. Das Registergericht hat auch die Anfechtbarkeit des Zustimmungsbeschlusses zu prüfen und kann bei einer Anfechtbarkeit den Eintragungsantrag gemäß § 381 FamFG aussetzen[739]. Bei einem wirksamen Verzicht auf die Anfechtung entfällt dieses Risiko.

---

[735] Köhn, Der Konzern 2011, 530, 543.

[736] S. dazu bereits B.I.3.b) Anm. 6.

[737] OLG München NJW-RR 1997, 544, 545 f.; MünchKommAktG/Altmeppen, § 293f Rn. 12; § 293g Rn. 22 ff.; Emmerich/Habersack/Emmerich, § 293f Rn. 15; § 293g Rn. 5b, 24.

[738] Baumbach/Hueck/Zöllner/Noack, Anh § 47 Rn. 137; Lutter/Hommelhoff/Bayer, Anh zu § 47 Rn. 60; Scholz/Schmidt/Seibt, § 45 Rn. 139.

[739] MünchKommAktG/Altmeppen, § 294 Rn. 32 ff.; K. Schmidt/Lutter/Langenbucher, § 294 Rn. 16 f.; Emmerich/Habersack/Emmerich, § 294 Rn. 21; enger: Hüffer/Koch, § 294 Rn. 12; Lutter NJW 1969, 1873, 1879, wonach die Anmeldung bzw. Eintragung für den Fall der Anfechtbarkeit zurückzuweisen sei, in dem Drittinteressen bzw. Interessen der Öffentlichkeit betroffen seien; ablehnend (keine Prüfungspflicht ohne Rechtshängigkeit einer Anfechtungsklage): GroßkommAktG/Mülbert, § 294 Rn. 40.

3. Anmeldung zum Handelsregister

a) Formulartext

Amtsgericht ...
- Handelsregister -
...
...

... GmbH
HR B ...

Als allein zur Vertretung berechtigte Geschäftsführerin der ... GmbH in ... melde ich zur Eintragung in das Handelsregister an:

Es besteht ein Betriebsführungsvertrag (Betriebsüberlassungsvertrag) mit der ... GmbH in ... als Betriebsführer vom ..., dem die Gesellschafterversammlung der Gesellschaft am ... zugestimmt hat.

Als Anlage füge ich bei:

notariell beglaubigte Abschrift der Niederschrift über die Gesellschafterversammlung der Gesellschaft vom ... nebst Anlagen (UR-Nr. ... des Notars ..., ...) mit

1. Beschluss der Gesellschafterversammlung über die Zustimmung zu dem Betriebsführungsvertrag und

2. Betriebsführungsvertrag zwischen der Gesellschaft und der ... GmbH vom ...

_____

Unterschriftsbeglaubigung

b) Formularkommentare

Inhalt

Der Betriebsführungsvertrag ist zur Eintragung in das Handelsregister anzumelden. Die Grundlage dafür bildet nach h. M. § 54 GmbHG, nach eigenem Standpunkt § 294 AktG analog[740]. Die unterschiedlichen Rechtsgrundlagen haben nur marginale Unterschiede zur Folge: Auf der Grundlage der h. M. ist neben dem Bestehen des Betriebsführungsvertrags auch der Zustimmungsbeschluss einschließlich des Beschlussdatums zur Eintragung in das Handelsregister anzumelden. Dem trägt das Formular Rechnung.

1. Zuständiges Gericht

Sachlich zuständig ist das Amtsgericht als Registergericht (§§ 8 Abs. 1 HGB, 376 Abs. 1 FamFG). Die örtliche Zuständigkeit des Gerichts wird durch den Sitz der Gesellschaft bestimmt (§§ 4a GmbHG, 377 Abs. 1 FamFG). Funktionell ist der Richter zuständig (§ 17 Nr. 1 Buchst. d RPflG).

2. Anmeldepflicht

a) Verpflichteter

Die Anmeldung zum Handelsregister muss von der Geschäftsführung des Eigentümers erfolgen. Dies folgt aus § 294 Abs. 1 Satz 1 AktG bzw. auf der Grundlage der h. M. aus § 78 GmbHG. Ausreichend ist eine zur Vertretung des Eigentümers berechtigte Anzahl von Geschäftsführern. Anmeldungen zum Handelsregister sind nur in den in § 78 GmbHG (und in einigen wenigen Vorschriften außerhalb des GmbHG) genannten Fällen durch sämtliche Geschäftsführer zu bewirken. Bei einer unechten Gesamtvertretung kann die Anmeldung auch von einem Geschäftsführer zusammen mit einem Prokuristen erfolgen. Die Anmeldung durch Bevollmächtigte der zur Anmeldung befugten Personen ist ebenfalls zulässig, sofern die Vollmacht diesen Inhalt hat und in der Form des § 12 HGB nachgewiesen wird[741].

b) Rechtsfolgen bei Verstößen

Die Geschäftsführung ist verpflichtet, die Anmeldung vorzunehmen. Es steht nicht mehr im freien Ermessen der Geschäftsführung, von der Anmeldung abzusehen und damit den Vertrag nicht wirksam werden zu lassen. Zwar kann das Registergericht die Anmeldung nicht nach § 14 HGB erzwingen (§ 407 Abs. 2 AktG bzw. vorliegend § 79 Abs. 2 GmbHG). Die Verpflichtung folgt aber aus dem organschaftlichen Verhältnis der Geschäftsführer zu der Gesell-

---

[740] S. dazu bereits A.V.2.e).

[741] S. dazu bereits B.I.8.b) Anm. 2.a); dies gilt auch auf Basis der h. M., statt aller: Baumbach/Hueck/Haas, § 78 Rn. 3 f.; Lutter/Hommelhoff/Kleindieck, § 78 Rn. 2.

schaft. Kommt die Geschäftsführung dieser Pflicht nicht nach, kann sich die Geschäftsführung gemäß § 43 Abs. 2 GmbHG schadensersatzpflichtig machen[742].

3. Inhalt der Anmeldung

Anzumelden ist wie bei der Aktiengesellschaft das Bestehen des Betriebsführungsvertrags einschließlich der Angabe des Datums des Vertragsschlusses. Anzumelden ist der Betriebsführungsvertrag als solcher mit dem Zusatz „Betriebsüberlassungsvertrag". Anzumelden ist ferner der Name des Betriebsführers ggf. unter Hinzufügung des Sitzes bzw. Wohnorts (§ 294 Abs. 1 Satz 1 AktG)[743].

Entsprechendes gilt unter Zugrundelegung der h. M., welche den Abschluss eines Unternehmensvertrags als Satzungsänderung gemäß § 53 GmbHG erachtet, die nach § 54 GmbHG zur Eintragung in das Handelsregister anzumelden ist[744]. Allerdings ist neben dem Vertragsabschluss auch der Zustimmungsbeschluss einschließlich des Beschlussdatums zur Eintragung in das Handelsregister anzumelden[745]. Zur Vermeidung von Beanstandungen seitens des Registergerichts sollte daher auch der Zustimmungsbeschluss zur Eintragung angemeldet werden.

4. Beizufügende Unterlagen

Da der Betriebsführungsvertrag nicht der Zustimmung des anderen Vertragsteils bedarf, ist nach § 294 Abs. 1 Satz 2 AktG nur der Betriebsführungsvertrag der Anmeldung beizufügen. Entsprechendes gilt unter Zugrundelegung der h. M. Allerdings ist nach der h. M. auch der Zustimmungsbeschluss der Gesellschafterversammlung beizufügen[746]. Daher sollte zur Vermeidung von Beanstandungen seitens des Registergericht entsprechend verfahren werden. Nach dem hier vertretenen Standpunkt liegt dem Registergericht im Regelfall der Zustimmungsbeschluss bereits vor (§ 130 Abs. 5 AktG analog).

5. Zeitpunkt der Anmeldung

Die Anmeldung des Bestehens des Vertrags hat unverzüglich (§ 121 Abs. 1 Satz 1 BGB) zu erfolgen[747].

6. Form

Die Anmeldung hat nach den allgemeinen Regeln für Handelsregisteranmeldungen zu erfolgen, also elektronisch in öffentlich beglaubigter Form (§§ 12 Abs. 1 HGB i. V. m. § 39a BeurkG).

---

[742] Vgl. Baumbach/Hueck/Zöllner/Noack, § 54 Rn. 16; Scholz/Priester, § 54 Rn. 24.

[743] S. dazu bereits B.I.8.b) Anm. 3.a).

[744] So für die Verträge des § 291 AktG: BGH Z 105, 324, 337, 342.

[745] So für die Verträge des § 291 AktG: BGH Z 105, 324, 337, 342.

[746] So für die Verträge des § 291 AktG: BGH Z 105, 324, 343.

[747] S. dazu bereits B.I.8.b) Anm. 5.a); dies gilt auch auf Basis der h. M., statt aller: Scholz/Priester, § 54 Rn. 24; Baumbach/Hueck/Zöllner/Noack, § 54 Rn. 17.

7. Registerverfahren

Das Registergericht prüft wie bei einem mit einer Aktiengesellschaft als Eigentümer geschlossenen Betriebsführungsvertrag die formellen und materiellen Voraussetzungen für eine Eintragung[748].

8. Inhalt der Eintragung und Bekanntmachung

Auf der Grundlage der h. M. werden neben dem Bestehen und der Art des Unternehmensvertrags sowie dem Namen des anderen Vertragsteils auch das Abschlussdatum des Unternehmensvertrags und das Datum des Zustimmungsbeschlusses als Individualisierungsmerkmale in entsprechender Anwendung des § 10 Abs. 1 Satz 1 GmbHG eingetragen[749]. Das Datum der Eintragung ist im Handelsregister zu vermerken (§ 382 Abs. 2 HS 1 FamFG). Das Gericht hat die Eintragung nach § 10 HGB bekannt zu machen.

9. Rechtsfolgen der Eintragung

Die Handelsregistereintragung hat konstitutive Wirkung. Der Betriebsführungsvertrag wird erst mit seiner Eintragung in das Handelsregister der Eigentümergesellschaft wirksam. Dies folgt aus § 294 Abs. 2 AktG analog bzw. – vom Standpunkt der h. M. aus – aus § 54 Abs. 3 GmbHG.

10. Kosten

Die Vorschriften und Grundsätze zu den Gebühren des Notars und des Registergerichts bei einem Zustimmungsbeschluss zu einem Betriebsführungsvertrag und seinem anschließenden handelsregisterlichen Vollzug bei der AG gelten gleichermaßen für die GmbH[750].

---

[748] S. dazu bereits B.I.8.b) Anm. 7; dies gilt auch auf Basis der h. M., statt aller: Lutter/Hommelhoff/Bayer, § 54 Rn. 8 ff.; Baumbach/Hueck/Zöllner/Noack, § 54 Rn. 19 ff.
[749] So für die Verträge des § 291 AktG: BGH Z 105, 324, 346.
[750] S. dazu bereits B.I.8.b) Anm. 10.

III. Teilbetriebsführungsvertrag (ausführliches Formular)

1. Betriebsführungsvertrag

a) Formulartext

Betriebsführungsvertrag

Zwischen der

... GmbH

...

...

vertreten durch den Geschäftsführer ...

- nachfolgend Auftraggeberin -

und der

... GmbH & Co. KG

...

...

vertreten durch die ... GmbH, diese vertreten durch die Geschäftsführer ...

- nachfolgend Auftragnehmerin -

wird folgender Vertrag geschlossen:

Vorbemerkung

Die Auftraggeberin betreibt ein Unternehmen, dessen Gegenstand ... ist. Zum Unternehmen der Auftraggeberin gehört die Sparte ... Die Auftragnehmerin verfügt über Erfahrung in der Führung von Betrieben in dieser Sparte. Daher beabsichtigt die Auftraggeberin die Auftragnehmerin mit der Führung von Betrieben und Anlagen dieser Sparte zu beauftragen.

§ 1
Gegenstand der Betriebsführung

(1)   Die Auftragnehmerin wird mit der Führung von Betrieben und Anlagen der Sparte ... der Auftraggeberin beauftragt.

(2)   In der **Anlage 1** sind die Betriebe und Anlagen aufgeführt, auf die sich die Betriebsführung der Auftragnehmerin zum Zeitpunkt des Vertragsbeginns erstreckt.

(3)   Die Auftraggeberin ist berechtigt, die Auftragnehmerin mit einer Ankündigungsfrist von ... Monaten zum Quartalsbeginn (Zugangsstichtag) mit der Führung weiterer Betriebe und Anlagen der Sparte ... der Auftraggeberin zu beauftragen. Die Beauftragung bedarf der Zustimmung der Auftragnehmerin. Die Zustimmung darf nur aus wichtigem Grund versagt werden. Die Zustimmung gilt als erteilt, sofern die Auftragnehmerin die Zustimmung nicht unter Angabe des wichtigen Grundes innerhalb einer Frist von ... Monaten vor Eintritt des Zugangsstichtags versagt. Soweit die Auftragnehmerin der Be-

auftragung zustimmt, sind die betroffenen Betriebe und Anlagen mit Wirkung auf den Beginn des Zugangsstichtags Gegenstand der Betriebsführung.

(4) Die Auftraggeberin ist berechtigt, mit einer Ankündigungsfrist von … Monaten zum Quartalsende (Abgangsstichtag) – auch mit dem Ziel der Veräußerung oder Stilllegung – die Führung von Betrieben und Anlagen wieder selbst zu übernehmen oder Dritte mit der Betriebsführung zu beauftragen. Mit Wirkung auf das Ende des Abgangsstichtags sind die betroffenen Betriebe und Anlagen nicht mehr Gegenstand der Betriebsführung.

§ 2
Inhalt und Umfang der Betriebsführung

(1) Die Betriebsführung umfasst sämtliche Geschäfte und Maßnahmen, welche den Betrieben und Anlagen gemäß § 1 dienen. Ausgenommen sind die Geschäfte und Maßnahmen in **Anlage 2**, die der Bestimmung der Gesellschafter der Auftraggeberin unterliegen.

(2) Die Rechte und Pflichten der Parteien nach diesem Vertrag beziehen sich ausschließlich auf die Betriebe und Anlagen gemäß § 1.

(3) Die Entscheidungen der Auftragnehmerin über die Betriebsführung sind am Interesse der Auftraggeberin auszurichten.

(4) Die Betriebsführung erfolgt im Namen und für Rechnung der Auftraggeberin.

§ 3
Vertretung und Vollmacht

(1) Die Auftraggeberin erteilt der Auftragnehmerin eine zur Vertretung des Geschäftsführers der Auftraggeberin berechtigende Generalhandlungsvollmacht zu allen Geschäften und Rechtshandlungen, die der Betrieb eines derartigen Handelsgewerbes, wie es die Auftraggeberin betreibt, gewöhnlich mit sich bringt. Die Auftragnehmerin ist nicht berechtigt, Untervollmacht zu erteilen.

(2) Die Auftragnehmerin erhält über die Generalhandlungsvollmacht gemäß Abs. 1 eine gesonderte Vollmachtsurkunde, die in **Anlage 3** enthalten ist.

(3) Die Auftragnehmerin darf im Innenverhältnis von dieser Generalhandlungsvollmacht nur für die Zwecke der Betriebsführung gemäß § 2 und vorbehaltlich § 4 Abs. 2 Gebrauch machen.

(4) Die Generalhandlungsvollmacht ist jederzeit widerruflich und erlischt mit der Beendigung dieses Vertrags. Nach dem Erlöschen der Generalhandlungsvollmacht hat die Auftragnehmerin die Vollmachtsurkunde (Anlage 3) der Auftraggeberin zurückzugeben; ein Zurückbehaltungsrecht steht der Auftragnehmerin insofern nicht zu.

§ 4
Weisungs- und Informationsrechte der Auftraggeberin

(1) Für die Betriebsführung enthält **Anlage 4** verbindliche Richtlinien. Die Auftraggeberin kann der Auftragnehmerin darüber hinaus jederzeit Weisungen erteilen. Dies gilt nicht für Einzelweisungen im Bereich des laufenden Tagesgeschäfts.

(2) Geschäfte und Maßnahmen, die in **Anlage 5** aufgeführt sind, bedürfen vor ihrer Vornahme der Zustimmung der Auftraggeberin. Die Auftraggeberin kann weitere Geschäfte und Maßnahmen festlegen, welche ihrer vorherigen Zustimmung bedürfen. Die Zustimmung gemäß Satz 1 gilt als erteilt, sofern das Geschäft oder die Maßnahme in dem von der Auftraggeberin gebilligten Wirtschaftsplan gemäß § 6 Abs. 1 enthalten ist.

(3) Die Auftragnehmerin hat der Auftraggeberin binnen eines Monats nach Ablauf eines Quartals einen Bericht über die Betriebsführung zuzuleiten und auf Verlangen der Auftraggeberin zu erläutern; die Vorgaben zur Berichterstattung sind in **Anlage 6** enthalten. Darüber hinaus hat die Auftragnehmerin die Auftraggeberin unverzüglich über Geschäftsvorfälle zu informieren, die über den Rahmen der laufenden Geschäfte der Auftraggeberin hinausgehen.

(4) Die Auftragnehmerin ist verpflichtet, der Auftraggeberin fortlaufend alle für die Buchführung der Auftraggeberin erforderlichen Informationen und Unterlagen zu übermitteln. Die für die Aufstellung von Jahresabschluss und Lagebericht der Auftraggeberin erforderlichen Informationen und Unterlagen hat die Auftragnehmerin der Auftraggeberin innerhalb von vier Wochen nach dem Schluss des Geschäftsjahres der Auftraggeberin zu übermitteln. Vorgaben zu den Informationen und Unterlagen sowie ihrer Übermittlung gemäß den Sätzen 1 und 2 sind in **Anlage 7** enthalten.

(5) Die Auftraggeberin ist berechtigt, von der Auftragnehmerin in allen Belangen der Betriebsführung Auskunft zu verlangen. Sie hat das Recht, Einblick in die Geschäftsunterlagen über die Betriebsführung zu nehmen. Auf Verlangen sind ihr elektronisch gespeicherte Daten über die Betriebsführung zugänglich zu machen.

§ 5
Pflichten der Auftraggeberin

(1) Die Auftragnehmerin hat das Recht, für die Dauer dieses Vertrages und im Umfang des jeweils aktuellen Bestands das den Betrieben und Anlagen gemäß § 1 zuzuordnende Anlage-, Umlauf- und der Auftraggeberin nicht gehörende Vermögen zu nutzen. Das den Betrieben und Anlagen gemäß Anlage 1 zuzuordnende Anlage-, Umlauf- und der Auftraggeberin nicht gehörende Vermögen ist in **Anlage 8** aufgelistet. Die Auftraggeberin wird diese Auflistung fortschreiben und der Auftragnehmerin die fortgeschriebene Auflistung zum Vertragsbeginn übergeben. Soweit für die Nutzung von der Auftraggeberin nicht gehörenden Vermögen eine Zustimmung Dritter erforderlich ist, wird die Auftraggeberin nach ihrer Wahl die Zustimmung einholen oder gleichwertigen Ersatz beschaffen. Die für die Nutzung der Gegenstände erforderlichen Daten, Unterlagen und Schlüssel wird die Auftraggeberin der Auftragnehmerin zum Vertragsbeginn übergeben.

(2) In **Anlage 9** sind Gegenstände aufgeführt, welche die Auftraggeberin bis spätestens zum Vertragsbeginn erwerben wird. Abs. 1 Sätze 1 und 5 gelten entsprechend.

(3) Die Auftraggeberin stellt sicher, dass alle für die Betriebe und Anlagen gemäß § 1 erforderlichen öffentlich-rechtlichen Genehmigungen zum Vertragsbeginn vorliegen und für die Dauer des Vertrags bestehen bleiben. Die den Betrieben und Anlagen gemäß Anlage 1 zuzuordnenden öffentlich-rechtlichen Genehmigungen sind in **Anlage 10** enthalten; Abs. 1 Satz 3 gilt entsprechend.

(4) In der **Anlage 11** sind die wesentlichen wirtschaftlichen und rechtlichen Verhältnisse für die Betriebe und Anlagen gemäß Anlage 1 dieses Vertrages aufgelistet; Abs. 1 Satz 3 gilt entsprechend.

(5) Während der Laufzeit dieses Vertrages wird die Auftraggeberin der Auftragnehmerin alle für die Betriebsführung erforderlichen Informationen und Dokumente zur Verfügung stellen.

(6) Überträgt die Auftraggeberin der Auftragnehmerin die Führung von weiteren Betrieben und Anlagen nach § 1 Abs. 3 gelten die Abs. 1 und 3 bis 5 mit der Maßgabe, dass die Auftraggeberin Anlage 8, 10 und 11 entsprechende Listen für die weiteren Betriebe und Anlagen mit der Ankündigung der Übertragung nach § 1 Abs. 3 Satz 1 und die fortgeschriebenen Listen zum Zugangsstichtag übergibt und die Übergabe gemäß Abs. 1 Satz 5 am Zugangsstichtag erfolgt.

§ 6
Pflichten der Auftragnehmerin

(1) Drei Monate vor Beginn eines jeden Geschäftsjahres hat die Auftragnehmerin einen Wirtschaftsplan – bestehend aus Erfolgs-, Finanz-, Investitions- und Stellenplan – für das Geschäftsjahr der Auftraggeberin nach Maßgabe der Vorgaben in **Anlage 12** aufzustellen und der Auftraggeberin zur Zustimmung zuzuleiten. Bei einer Änderung des Gegenstands der Betriebsführung gemäß § 1 Abs. 3 oder 4 im laufenden Geschäftsjahr hat die Auftragnehmerin den Wirtschaftsplan unverzüglich anzupassen und der Auftraggeberin den angepassten Wirtschaftsplan zur Zustimmung vorzulegen.

(2) Die Auftragnehmerin ist verpflichtet, für die Dauer dieses Vertrages ausreichend eigenes Personal zur Erfüllung der Pflichten aus diesem Vertrag vorzuhalten. Die Mindestanforderungen an Anzahl, Qualifikation und Berufserfahrung des Personals sind in **Anlage 13** enthalten. Die Auftraggeberin ist berechtigt, die Auswechselung von Personal der Auftragnehmerin zu verlangen, sofern die Auftraggeberin, würde es sich um eigenes Personal handeln, das Arbeits- oder Dienstverhältnis mit dem Betroffenen durch Anfechtung oder durch verhaltensbedingte oder fristlose Kündigung aus wichtigem Grund beenden könnte.

(3) Für die Dauer dieses Vertrages geht die Verkehrssicherungspflicht für die Betriebe und Anlagen gemäß § 1 auf die Auftragnehmerin über.

(4) Die Auftragnehmerin stellt eine Dokumentation ihrer Tätigkeiten nach Maßgabe der Vorgaben in **Anlage 14** sicher und bewahrt der Betriebsführung zuzuordnende Unterlagen, soweit sie diese nicht nach § 4 Abs. 4 der Auftraggeberin zugeleitet hat, mindes-

tens so lange auf, wie gesetzliche Aufbewahrungs- und Nachweispflichten die Auftraggeberin treffen.

§ 7
Vergütung

(1) Die Auftragnehmerin erhält für ihre Tätigkeit eine kalenderjährliche Vergütung (Festvergütung) in Höhe von ... €.

(2) Erhöht oder vermindert sich künftig der vom Statistischen Bundesamt amtlich festgestellte Verbraucherpreisindex für Deutschland (auf der Basis 2010 = 100) gegenüber dem für den Monat des Vertragsschlusses veröffentlichten Index um mindestens zehn Prozent, können beide Parteien Verhandlungen über eine Anpassung der Festvergütung gemäß Abs. 1 mit Wirkung zum 01.01. des auf die Indexänderung folgenden Jahres verlangen. Sobald sich der Index gegenüber dem Stand im Zeitpunkt der vorgenommenen Anpassung erneut um mindestens zehn Prozent erhöht oder vermindert, ist Satz 1 erneut anzuwenden.

(3) Bei einer Änderung des Gegenstands der Betriebsführung gemäß § 1 Abs. 3 oder 4 gilt Abs. 2 mit der Maßgabe entsprechend, dass die Anpassung mit Wirkung auf den Zeitpunkt der Änderung des Gegenstands der Betriebsführung erfolgt.

(4) Die angepasste Festvergütung gemäß Abs. 3 darf den Betrag in Höhe von ... € (Mindestvergütung) nicht unterschreiten. Abs. 2 gilt für die Mindestvergütung entsprechend.

(5) Erzielen die Parteien keine Einigung über die Anpassung der Vergütung gemäß Abs. 2 bis 4, wird diese auf Verlangen einer Partei durch einen Wirtschaftsprüfer als Schiedsgutachter nach billigem Ermessen bindend festgesetzt. Die Einleitung eines Streitverfahrens (§ 20 Abs. 3) ist erst nach Vorliegen des Schiedsgutachtens zulässig. Können sich die Parteien auf die Person des Schiedsgutachters nicht einigen, wird diese auf Antrag einer Partei von der Institut für Wirtschaftsprüfer in Deutschland e. V., Tersteegenstraße 14, 40474 Düsseldorf, benannt. Der Schiedsgutachter soll von beiden Parteien gemeinsam und kann von einer Partei allein beauftragt werden. Der Schiedsgutachter hat beiden Parteien mindestens ein Mal Gelegenheit zur Stellungnahme zu geben und auf Verlangen einer Partei eine Anhörung zur mündlichen Erörterung der Streitfrage durchzuführen. Er hat sein Schiedsgutachten schriftlich zu verfassen, das die Erwägungen, auf denen die Entscheidung beruht, enthalten muss. Im Übrigen legt der Schiedsgutachter nach eigenem Ermessen das Verfahren und die Art und Weise der Erstellung des Schiedsgutachtes fest. Eine gerichtliche Kontrolle der Entscheidung findet im gesetzlichen Umfang (§ 319 Abs. 1 BGB) statt. Die Kosten des Schiedsgutachters tragen die Parteien jeweils zur Hälfte.

(6) Die Festvergütung ist in 12 gleichen Raten zum 01. eines jeden Monats zahlbar. Bei einer Anpassung der Festvergütung gemäß Abs. 3 im laufenden Kalenderjahr erfolgt eine gleichmäßige Anpassung der für das Jahr noch ausstehenden Raten.

(7) Über die Festvergütung gemäß Abs. 1 hinaus erhält die Auftragnehmerin eine erfolgsabhängige Vergütung. Diese beträgt ... % des den Betrieben und Anlagen gemäß § 1 zuzuordnenden und nach handelsrechtlichen Vorschriften zu ermittelten Jahresüberschusses der Auftraggeberin vor Abzug der erfolgsabhängigen Vergütung und der er-

tragsabhängigen Steuern (Bemessungsgrundlage). Verlustvorträge aus Vorjahren mindern die Bemessungsgrundlage nicht. Einzelheiten zu der Ermittlung der Bemessungsgrundlage sowie Berechnungsbeispiele sind in **Anlage 15** enthalten.

(8) Die erfolgsabhängige Vergütung ist binnen ... Wochen nach Feststellung des Jahresabschlusses der Auftraggeberin für das vorangegangene Geschäftsjahr zu zahlen.

(9) Nachträgliche Änderungen der Handelsbilanz der Auftraggeberin, etwa auf Grund einer steuerlichen Außenprüfung, führen zu einer Korrektur der erfolgsabhängigen Vergütung. Zu viel gezahlte Beträge hat die Auftragnehmerin zu erstatten, zu wenig gezahlte die Auftraggeberin nachzuzahlen.

(10) Wird dieser Vertrag durch die Auftraggeberin aus wichtigem Grund gekündigt, entfällt für das Geschäftsjahr der Auftraggeberin, in das die Kündigungserklärung fällt, die erfolgsabhängige Vergütung. In anderen Fällen der Beendigung dieses Vertrags im laufenden Geschäftsjahr der Auftraggeberin erhält die Auftragnehmerin die erfolgsabhängige Vergütung zeitanteilig. Entsprechendes gilt bei einer Änderung des Betriebsführungsgegenstands gemäß § 1 Abs. 3 oder 4.

(11) Auf die Festvergütung und erfolgsabhängige Vergütung kommt die gesetzliche Umsatzsteuer in der jeweils geltenden Höhe hinzu.

§ 8
Aufwendungsersatz

(1) Die in **Anlage 16** abschließend aufgeführten Aufwendungen sind mit der Vergütung gemäß § 7 abgegolten. Im Übrigen ersetzt die Auftraggeberin der Auftragnehmerin alle Aufwendungen, die ihr durch die Betriebsführung entstehen und die sie den Umständen nach für erforderlich halten darf.

(2) Die Auftraggeberin ist verpflichtet, auf einem gesonderten Betriebskonto ein Mindestguthaben in Höhe von ... € zu unterhalten, von dem aus die Auftragnehmerin ihre Aufwendungen entnehmen kann. Bei einer Anpassung der Festvergütung gemäß § 7 Abs. 2 bis 4 ist das Mindestguthaben zum Zeitpunkt Wirksamkeit der Anpassung der Festvergütung in dem Verhältnis anzupassen, in dem die Festvergütung nach § 7 Abs. 3 bis 4 angepasst wird.

§ 9
Aufrechnung und Leistungsverweigerungsrechte

(1) Die Auftraggeberin ist nicht berechtigt, gegen Ansprüche der Auftragnehmerin auf Zahlung der Festvergütung (§ 7 Abs. 1) aufzurechnen. Dies gilt nicht, soweit die Gegenforderung der Auftraggeberin zwischen den Parteien unstreitig, rechtskräftig festgestellt oder entscheidungsreif ist.

(2) Die Auftraggeberin darf gegenüber Ansprüchen der Auftragnehmerin auf Zahlung der Festvergütung (§ 7 Abs. 1) keine Leistungsverweigerungsrechte geltend machen. Abs. 1 Satz 2 gilt entsprechend.

§ 10
Abtretung und Betriebsführung durch Dritte

(1) Die Abtretung von Ansprüchen aus diesem Vertrag ist ausgeschlossen; § 354a HGB bleibt unberührt.

(2) Die Übernahme dieses Vertrags durch einen Dritten auf Seiten der Auftragnehmerin bedarf der Zustimmung der Auftraggeberin. Die Zustimmung der Auftraggeberin gilt als erteilt, wenn es sich bei dem Dritten um ein mit der Auftragnehmerin i. S. d. § 15 AktG verbundenes Unternehmen handelt. Die Auftragnehmerin garantiert der Auftraggeberin im Wege eines selbständigen Garantieversprechens (§ 311 Abs. 1 BGB) ohne Rücksicht auf Verschulden, dass bei einer Vertragsübernahme gemäß Satz 2 der Dritte den Pflichten aus diesem Vertrag nachkommt; im Garantiefall ist die Auftragnehmerin der Auftraggeberin zum Schadensersatz verpflichtet.

(3) Abs. 2 gilt entsprechend für eine ganze oder teilweise Übertragung der Ausführung des Auftrags zur Betriebsführung.

(4) Die Auftragnehmerin ist berechtigt, für die Erfüllung ihrer Leistungen Gehilfen einzusetzen.

§ 11
Versicherungen

(1) Die Parteien verpflichten sich, die nach Art und Umfang im Einzelnen in **Anlage 17** aufgeführten Versicherungen jeweils auf eigene Kosten mit Wirkung auf den Zeitpunkt des Vertragsbeginns (§ 13 Abs. 1) abzuschließen und für die Dauer dieses Vertrags aufrecht zu erhalten. Bei einer Änderung des Gegenstands der Betriebsführung gemäß § 1 Abs. 3 oder 4 sind die Versicherungen entsprechend der in der Anlage 17 enthaltenen Vorgaben erforderlichenfalls anzupassen.

(2) Auf Verlangen einer Partei hat die andere Partei den Bestand der Versicherungen gemäß Abs. 1 durch Vorlage von Versicherungsbestätigungen nachzuweisen. Soweit eine Partei ihren Pflichten gemäß Abs. 1 nicht nachkommt, ist die andere Partei berechtigt, auf deren Kosten die Versicherungen selbst abzuschießen, aufrecht zu erhalten und erforderlichenfalls anzupassen.

§ 12
Haftung der Auftragnehmerin

(1) Die Auftragnehmerin wird bei der Führung der Betriebe und Anlagen gemäß § 1 die Sorgfalt eines ordentlichen Kaufmanns anwenden.

(2) Haftet die Auftragnehmerin gegenüber der Auftraggeberin, ist ihre Ersatzpflicht im Einzelfall auf … % der zum Zeitpunkt der Schadensverursachung geltenden Festvergütung gemäß § 7 Abs. 1 und insgesamt für alle in einem Kalenderjahr verursachten Schäden auf … % der in dem betroffenen Kalenderjahr geltenden Festvergütung gemäß § 7 Abs. 1 beschränkt.

(3) Haftet die Auftragnehmerin gegenüber Dritten, ist die Auftraggeberin verpflichtet, die Auftragnehmerin von allen Ansprüchen Dritter freizustellen. Die Auftragnehmerin haftet bei einer Freistellung für die von ihr bei Dritten verursachten Schäden gegenüber der Auftraggeberin nach Maßgabe des Abs. 2.

(4) Abs. 2 und 3 finden keine Anwendung

    a)   bei einer Haftung in den Fällen gemäß §§ 10 Abs. 2 Satz 3, 14 Abs. 6 und 15 Abs. 5;

    b)   soweit ein Versicherer einer Versicherung gemäß § 11 den Schaden ersetzt und Ersatzansprüche gegen die Auftragnehmerin nicht auf den Versicherer übergehen;

    c)   für außerhalb der Ausführung des Auftrags zur Betriebsführung zugefügte Schäden und

    d)   bei einer Haftung wegen Vorsatzes.

(5) Der Auftragnehmerin gemäß Abs. 2 bis 4 gleichgestellt sind ihre persönlich haftende Gesellschafterin und deren Vertreter sowie ihre Erfüllungsgehilfen und deren Hilfspersonen.

§ 13
Vertragsdauer

(1) Der Vertrag beginnt am 01. Januar ... (Vertragsbeginn) und wird bis zum 31. Dezember ... fest geschlossen (Festlaufzeit).

(2) Die Auftragnehmerin räumt der Auftraggeberin ein ...maliges Optionsrecht auf Verlängerung des Vertrags um jeweils ... Jahre (Optionszeitraum) ein. Die Erklärung der Auftraggeberin auf Ausübung des Optionsrechts hat spätestens ... Monate vor Ablauf der Festlaufzeit bzw. des jeweiligen Optionszeitraums zu erfolgen.

(3) Das Recht zur fristlosen Kündigung aus wichtigem Grund (§ 626 BGB) bleibt unberührt. Besteht der wichtige Grund in der Verletzung einer Pflicht aus diesem Vertrag, gilt § 314 Abs. 2 BGB entsprechend.

§ 14
Arbeitsverhältnisse

(1) Die zum Vertragsbeginn bestehenden Arbeitsverträge zwischen der Auftraggeberin und den in ihrem Unternehmen beschäftigten Arbeitnehmern werden durch diesen Vertrag nicht berührt.

(2) Nach Vertragsbeginn werden Arbeitsverträge für in den Betrieben und Anlagen gemäß § 1 tätige Arbeitnehmer durch die Auftragnehmerin im Namen und für Rechnung der Auftraggeberin begründet. Handelt es sich um eine zusätzliche Stelle, bedarf die Einstellung der vorherigen Zustimmung der Auftraggeberin. Die Zustimmung gilt als erteilt, sofern die Stelle in dem Stellenplan (§ 6 Abs. 1) enthalten ist.

(3) Die Ausübung von Arbeitgeberfunktionen gegenüber den im Unternehmen der Auftraggeberin beschäftigten und in den Betrieben und Anlagen gemäß § 1 tätigen Arbeitnehmern, insbesondere die Ausübung des Weisungsrechts, erfolgt durch die Auftragnehmerin im Namen der Auftraggeberin.

(4) Für die Beendigung eines Arbeitsvertrags mit den in **Anlage 18** aufgeführten Arbeitnehmern ist die vorherige Zustimmung der Auftraggeberin einzuholen.

(5) Die Parteien sind sich darüber einig, dass durch diesen Vertrag kein Vertragsverhältnis, insbesondere Arbeitsverhältnis, zwischen den Arbeitnehmern einer Partei und der anderen Partei begründet wird. Sollten Arbeitnehmer einer Partei den Bestand eines Vertragsverhältnisses mit der anderen Partei oder Ansprüche aus einem solchen Vertragsverhältnis geltend machen, stellt die eine Partei die andere Partei von solchen Ansprüchen frei. Dies gilt nicht in den Fällen des Abs. 6.

(6) Die Parteien sind verpflichtet während der Dauer dieses Vertrags und bis zum Ablauf von zwei Jahren nach seiner Beendigung keine Arbeitnehmer der anderen Partei selbst oder über Dritte für sich selbst oder für mit ihr i. S. d. § 15 AktG verbundene Unternehmen abzuwerben. Für jeden Fall der Zuwiderhandlung gegen das Abwerbeverbot gemäß Satz 1 zahlt die verstoßende Partei an die andere Partei unter Verzicht auf die Einrede des Fortsetzungszusammenhangs eine Vertragsstrafe in Höhe von einem Bruttojahresgehalt des betreffenden Arbeitnehmers, welches der betroffene Arbeitnehmer im Jahr vor der Verwirkung der Vertragsstrafe beanspruchen konnte. Bei einer erfolgreichen Abwerbung verdoppelt sich die Vertragsstrafe.

§ 15
Geheimhaltung

(1) Die Parteien sind verpflichtet auch nach Beendigung dieses Vertrags Betriebs- und Geschäftsgeheimnisse der anderen Partei, die ihr durch die andere Partei mitgeteilt werden oder von denen sie sonst wie Kenntnis erlangt, geheim zu halten und nicht an Dritte weiterzugeben (Geheimhaltungsverpflichtung).

(2) Die Geheimhaltungsverpflichtung gilt nicht für Betriebs- und Geschäftsgeheimnisse der anderen Partei, von denen die Partei nachweisen kann, dass

a) diese ihr bereits vor der Mitteilung durch die andere Partei oder anderweitigen Kenntniserlangung bekannt waren oder

b) sie diese von einem Dritten erhält, der keiner Geheimhaltungspflicht unterliegt oder

c) diese bereits vor der Mitteilung durch die andere Partei oder anderweitigen Kenntniserlangung der Öffentlichkeit bereits bekannt oder allgemein zugänglich waren oder danach ohne Verschulden der Partei werden oder

d) die andere Partei ihrer Weitergabe an Dritte zuvor zugestimmt hat.

(3) Die Parteien verpflichten sich ihre Mitarbeiter, die Zugang zu Betriebs- und Geschäftsgeheimnissen der anderen Partei haben, für die Dauer ihrer Anstellungsverhältnisse und im Übrigen entsprechend Abs. 1 und 2 zur Geheimhaltung zu verpflichten.

(4) Die Parteien sind verpflichtet Betriebs- und Geschäftsgeheimnisse der anderen Partei, die der Geheimhaltungsverpflichtung unterliegen, während der Dauer dieses Vertrags und bis zum Ablauf von zwei Jahren nach seiner Beendigung nur für die Zwecke dieses Vertrags verwenden.

(5) Für jeden Fall der Zuwiderhandlung gegen die Geheimhaltungsverpflichtung oder gegen die Pflichten gemäß Abs. 3 oder 4 zahlt die verstoßende Partei an die andere Partei unter Verzicht auf die Einrede des Fortsetzungszusammenhangs eine Vertragsstrafe, deren Höhe von der anderen Partei nach billigem Ermessen festgesetzt wird und im Streitfall von dem zuständigen Gericht auf seine Billigkeit hin überprüft werden kann. Steht der Partei wegen der Zuwiderhandlung ein Schadensersatzanspruch gegen die andere Partei zu, wird die Vertragsstrafe auf diesen Schaden nicht angerechnet.

§ 16
Beendigung des Vertrags

(1) Endet dieser Vertrag, ist die Auftragnehmerin verpflichtet sämtliche für eine Übernahme der Betriebsführung durch die Auftraggeberin erforderlichen Auskünfte zu erteilen, Erklärungen abzugeben und Handlungen vorzunehmen. Insbesondere hat die Auftragnehmerin der Auftraggeberin alles, was sie zur Ausführung des Auftrags zur Betriebsführung erhalten und aus der Betriebsführung erlangt hat, an die Auftraggeberin herauszugeben.

(2) Auf Verlangen hat die Auftragnehmerin die Auftraggeberin in einer Übergangszeit, längstens jedoch für die Dauer von ... Monaten seit dem Ende dieses Vertrages, bei der Ausübung der Betriebsführung zu unterstützen. Dieses Verlangen hat die Auftraggeberin unter Angabe der Dauer der Übergangszeit spätestens ... Monate vor dem Ende dieses Vertrags auszuüben.

(3) Beauftragt die Auftraggeberin anstelle der Auftragnehmerin einen Dritten mit der Betriebsführung im Anschluss an das Ende dieses Vertrags, gelten Abs. 1 und 2 mit der Maßgabe entsprechend, dass an die Stelle der Auftraggeberin der Dritte tritt.

(4) In der Übergangszeit zur Unterstützung der Auftraggeberin oder eines Dritten bei der Ausübung der Betriebsführung erhält die Auftragnehmerin zeitanteilig ... % der Festvergütung gemäß § 7 Abs. 1.

(5) Bei einer Verkleinerung des Gegenstands der Betriebsführung gemäß § 1 Abs. 4 gelten die Abs. 1 bis 4 – bezogen auf die betroffenen Betriebe und Anlagen – entsprechend.

§ 17
Wirksamkeit

Dieser Vertrag steht unter der aufschiebenden Bedingung, dass die Gesellschafterversammlung der Auftragnehmerin dem Abschluss dieses Vertrages bis zum ... zustimmt.

§ 18
Schriftformklausel

(1) Änderungen oder Ergänzungen dieses Vertrages bedürfen zu ihrer Rechtswirksamkeit der Schriftform, soweit nicht kraft Gesetzes notarielle Form vorgeschrieben ist. Dies gilt auch für einen etwaigen Verzicht auf das vorgenannte Erfordernis. Nebenabreden außerhalb dieses Vertrages wurden nicht getroffen.

(2) Alle nach diesem Vertrag abzugebenden Erklärungen der Parteien bedürfen der Schriftform. Zur Wahrung der Schriftform genügt die telekommunikative Übermittlung. Dies gilt nicht für Erklärungen gemäß § 1 Abs. 3 und 4 und § 13 Abs. 2 und 3.

§ 19
Salvatorische Klausel

Sollten einzelne oder mehrere Bestimmungen dieses Vertrages ganz oder teilweise unwirksam sein oder werden, wird hierdurch die Gültigkeit der übrigen Bestimmungen dieses Vertrages nicht berührt. Anstelle der unwirksamen Bestimmung gilt eine wirksame Bestimmung als vereinbart, die dem Sinn und Zweck der unwirksamen Bestimmung wirtschaftlich am nächsten kommt.

§ 20
Schlussbestimmungen

(1) Alle Anlagen zu diesem Vertrag sind Bestandteil des Vertrags. Bei Widersprüchen zwischen Bestimmungen dieses Vertrags und einer Anlage zu diesem Vertrag haben die Bestimmungen dieses Vertrags Vorrang.

(2) Auf diesen Vertrag findet deutsches Recht Anwendung.

(3) Alle Streitigkeiten, die sich im Zusammenhang mit diesem Vertrag oder seiner Gültigkeit ergeben, werden nach der Schiedsgerichtsordnung der Deutschen Institution für Schiedsgerichtsbarkeit e. V. (DIS) unter Ausschluss des ordentlichen Rechtswegs endgültig entschieden.

..., den ...

_____   _____
Auftraggeberin   Auftragnehmerin

b) Formularkommentare

Vertragseingang

Inhalt

1. Allgemeines

Das Formular sieht vor, dass eine Gesellschaft mit beschränkter Haftung als Eigentümer eine Personengesellschaft in der Rechtsform einer GmbH & Co. KG als Betriebsführer damit beauftragt, die Führung von Betrieben und Anlagen einer Unternehmenssparte des Eigentümers zu übernehmen. Konzipiert ist das Formular für einen Betriebsführungsvertrag zwischen zwei nicht gemäß § 15 AktG verbundenen Unternehmen.

Es handelt sich um ein ausführliches Formular, welches die Rechte und Pflichten der Parteien eingehend regelt. Ein Rückgriff auf die gesetzlichen Bestimmungen ist daher vielfach nicht erforderlich. Um den Vertragstext nicht mit Details zu überfrachten wird in dem Formular auf insgesamt 18 Anlagen verwiesen.

Dem Formular und dem nachfolgenden Zustimmungsbeschluss liegt der Sachverhalt zugrunde, dass sich das Unternehmen des Eigentümers aus Betrieben und Anlagen unterschiedlicher Sparten zusammensetzt. Die Delegation der Betriebsführung bezüglich der Betriebe und Anlagen einer Sparte kann beispielsweise darauf beruhen, dass es der Geschäftsführung des Eigentümers an dem erforderlichen know-how zur (erfolgreichen) Führung der Betriebe und Anlagen dieser Sparte mangelt. Als weiterer Grund kommt in Betracht, dass sich die Geschäftsführung des Eigentümers auf ein Kerngeschäft des Unternehmens (das in Betrieben und Anlagen anderer Sparten liegt) konzentrieren möchte.

Der Betriebsführungsvertrag ist gegenständlich auf die Betriebe und Anlagen einer Unternehmenssparte des Eigentümers beschränkt. Handelt es sich bei dem Eigentümer um eine Aktiengesellschaft oder Kommanditgesellschaft auf Aktien und erfasst der Betriebsführungsvertrag nicht sämtliche Betriebe des Eigentümers, findet § 292 Abs. 1 Nr. 3 AktG nach h. M. keine Anwendung, sofern nicht ohne sachlichen Grund einzelne Betriebe oder Betriebsteile nicht erfasst werden[751]. Entsprechendes gilt, wenn eine GmbH Eigentümer ist[752]. Daher finden die §§ 293 ff. AktG keine Anwendung[753].

2. Zuständigkeit für den Vertragsabschluss

a) Eigentümer

Zuständig für die Entscheidung über den Vertragsschluss ist auf Seiten des Eigentümers grundsätzlich der Geschäftsführer, der in Zweifelsfällen die Entscheidung über den Vertragsschluss der Gesellschafterversammlung vorlegen sollte (da vorliegend die Gesellschafterver-

---

[751] S. dazu bereits A.II.2.a)bb)(1).

[752] MünchHdbGmbH/Decher/Kiefner, § 70 Rn. 51; im Ergebnis auch: Köhn, Der Konzern 2011, 530, 542.

[753] Hinsichtlich der im Übrigen geltenden gesetzlichen Bestimmungen und deren Rangfolge s. bereits B.I.1.b) Vertragseingang Anm. 1.

sammlung dem Vertrag nicht entsprechend § 293 Abs. 1 Satz 1 AktG zustimmen muss). Verletzt der Geschäftsführer im Rahmen der Entscheidung über den Vertragsschluss seine Sorgfaltspflicht, kommt eine Haftung gemäß § 43 Abs. 2 GmbHG in Betracht. Vertreten wird der Eigentümer bei dem Vertragsschluss ebenfalls durch den Geschäftsführer[754].

b) Betriebsführer

Soweit nicht durch den Gesellschaftsvertrag abweichend geregelt (§§ 161 Abs. 2, 109 HGB) ist die persönlich haftende Gesellschafterin des Betriebsführers für die Entscheidung über den Vertragsschluss als Geschäftsführungsmaßnahme zuständig (§§ 161 Abs. 2, 114 ff. HGB); für diese handeln ihre Geschäftsführer. Es liegt eine Alleinzuständigkeit der Komplementärin vor, da die Kommanditisten von der Geschäftsführung ausgeschlossen sind (§ 164 Satz 1 HS 1 HGB).

Nach h. M. stellt die Übernahme der Betriebsführung durch eine Personenhandelsgesellschaft aber eine (zustimmungspflichtige) außergewöhnliche Geschäftsführungsmaßnahme i. S. d. § 116 Abs. 2 bzw. § 164 Satz 1 HS 2 HGB dar[755]. Dabei ist es unerheblich, ob sich die Betriebsführung auf den gesamten Betrieb des Eigentümers erstreckt oder ob nur ein Teilbetriebsführungsvertrag vorliegt.

Verletzen die Geschäftsführer (bei der Entscheidung über den Abschluss des Betriebsführungsvertrags) ihre Sorgfaltspflicht, kommt eine unmittelbare Haftung der Geschäftsführer gegenüber der betriebsführenden Kommanditgesellschaft unter dem Gesichtspunkt drittschützender Wirkung in Betracht, wobei die Haftungsgrundlage und der maßgebende Sorgfaltsmaßstab (§ 43 Abs. 1 GmbHG oder § 708 BGB) im Einzelnen kontrovers diskutiert werden[756].

Für den Vertragsschluss selbst ist ebenfalls die Komplementärin zuständig (§§ 162 Abs. 2, 125 ff. HGB), die Kommanditisten sind von der (organschaftlichen) Vertretung ausgeschlossen (§ 170 HGB). Die Komplementärin wird ihrerseits gemäß § 35 Abs. 1 Satz 1 GmbHG durch ihre Geschäftsführer vertreten.

3. Abschlusswirkungen

Sofern nicht anders vereinbart wird der Vertrag mit seinem Abschluss wirksam. Das Zustimmungserfordernis auf Seiten des Betriebsführers hat keine Außenwirkung, d. h. eine fehlende Zustimmung berührt nicht die Vertretungsmacht[757].

---

[754] S. dazu bereits B.I.1.b) Vertragseingang Anm. 2.b) und B.II.1.b) Vertragseingang Anm. 2.

[755] MünchKommHGB/Mülbert, KonzernR Rn. 83; Staub/Schäfer, § 116 Rn. 12; Köhn, Der Konzern 2011, 530, 546; für den Betriebspachtvertrag auch: Nelißen, DB 2007, 786, 788; abweichend (keine Zustimmung erforderlich): Schlegelberger/Martens, Anh. § 105 Rn. 19.

[756] S. dazu: Baumbach/Hueck/Zöllner/Noack, § 43 Rn. 66; Baumbach/Hopt/Roth, Anh § 177a Rn. 28; Scholz/Koppensteiner/Gruber, § 43 Rn. 63 ff.

[757] BGH WM 2008, 2252, 2252 f.; Baumbach/Hopt/Roth, § 164 Rn. 2; § 116 Rn. 7; Ebenroth/Boujong/Joost/Strohn/Weipert, § 164 Rn. 9; Ebenroth/Boujong/Joost/Strohn/Drescher, § 116 Rn. 17.

Vorbemerkung

In der Vorbemerkung zu einem Vertrag können die Parteien den Vertragszweck oder die Beweggründe für den Vertragsschluss niederlegen. Der Inhalt der Vorbemerkung hat in diesem Fall keinen regelnden Charakter, kann aber zur Auslegung der nachfolgenden Vertragsbestimmungen herangezogen werden.

§ 1 Gegenstand der Betriebsführung

Die Betriebsführung ist gemäß § 1 Abs. 1 des Formulars gegenständlich auf Betriebe und Anlagen einer Unternehmenssparte des Eigentümers beschränkt. Es ist bei einem Teilbetriebsführungsvertrag erforderlich, den Gegenstand der Betriebsführung vertraglich zu definieren, da erst durch diese Definition die Leistung des Betriebsführers (in gegenständlicher Hinsicht) festgelegt wird[758].

Die Zuordnung der Betriebe und Anlagen, auf die sich die Betriebsführung zum Zeitpunkt des Vertragsbeginns erstreckt, erfolgt in einer Anlage zum Vertrag (§ 1 Abs. 2 des Formulars). Die Betriebe und Anlagen sollten in der Anlage 1 zum Vertrag so genau wie möglich bezeichnet werden, um Meinungsverschiedenheiten über die gegenständliche Reichweite des Betriebsführungsvertrags vorzubeugen. Kompetenzstreitigkeiten zwischen den Leitungsorganen der Vertragsparteien infolge einer unzureichenden Abgrenzung können dazu führen, dass die durch den Betriebsführungsvertrag beabsichtigte Effizienzsteigerung minimiert oder aufgehoben wird[759].

Befindet sich nur ein zu führender Betrieb oder eine Anlage auf einem Grundstück, genügt für die Bezeichnung des Betriebs bzw. der Anlage die Angabe des Flurstücks (Grundbuch und Nr. des Flurstücks) oder die postalische Anschrift (Ort, Straße, Hausnummer). Befinden sich mehrere Betriebe oder Anlagen auf einem Grundstück, sollte der zu führende Betrieb bzw. die dem Betriebsführungsvertrag unterliegende Anlage textlich näher bezeichnet oder ein Lageplan beigefügt werden, in dem der Betrieb bzw. die Anlage grafisch gekennzeichnet wird.

§ 1 Abs. 3 und 4 des Formulars eröffnen dem Eigentümer die Möglichkeit, den Betriebsführungsgegenstand zu ändern: Nach § 1 Abs. 3 Satz 1 des Formulars ist der Eigentümer berechtigt, den Betriebsführer mit der Führung weiterer Betriebe und Anlagen zu beauftragen. Gemäß § 1 Abs. 4 des Formulars ist der Eigentümer ebenfalls berechtigt, die Betriebsführung einzelner Betriebe und Anlagen wieder selbst zu übernehmen oder Dritte mit der Betriebsführung zu beauftragen.

Eine solche vertragliche Gestaltung soll im Hinblick auf §§ 138, 242 BGB rechtlichen Bedenken unterliegen, da eine sinnvolle, strategische Führung des Betriebs unmöglich gemacht werde und der Betriebsführer damit rechnen müsse, dass der Eigentümer ihm seine wirtschaftliche Basis entziehe[760]. Der Eigentümer, der dem Betriebsführer nur Teile seines Unternehmens überlässt, verfolgt jedoch eigene strategische Unternehmensziele. Für deren Umsetzung kann es von Nutzen sein, den Betriebsführer mit der Betriebsführung weiterer Betriebe und Anlagen zu beauftragen (insbesondere bei einem Erwerb von weiteren Betrieben und Anlagen) oder die Betriebsführung wieder selbst zu übernehmen (und sei es nur zu dem

---

[758] S. dazu bereits B.I.1.b) § 1 Anm. 1.
[759] Weißmüller, BB 2000, 1949, 1950.
[760] Weißmüller, BB 2000, 1949, 1950 unter Bezug auf eine auch in der aktuellen Auflage unveränderte Vertragsmusterklausel in MünchVertrHdb/Hoffmann-Becking, Form X.11, § 1 Abs 3.

Zweck, Betriebe oder Anlagen zu veräußern oder unrentable Anlagen still zu legen bzw. unrentable Betriebe zu schließen) oder sie (beispielsweise im Rahmen einer Kooperation) in die Hände eines Dritten zu legen. Rechtliche Bedenken gegen eine individualvertragliche Regelung, die dieses berechtigte Interesse zum Inhalt des Vertrags macht, sind daher nicht angezeigt.

Allerdings bedarf eine solche Regelung im Sinne einer ausgewogenen Berücksichtigung der beiderseitigen Interessen der Vertragsparteien einiger Modifikationen: Zum einen sieht das Formular jeweils eine Ankündigungsfrist vor, damit sich der Betriebsführer auf die Veränderung einstellen und insbesondere die von ihm angestellten mittelfristigen Planungsüberlegungen sowie seine wirtschaftlichen Dispositionen entsprechend anpassen kann. Zum anderen bedarf die Beauftragung mit der Führung weiterer Betriebe und Anlagen gemäß § 1 Abs. 3 Satz 2 des Formulars der Zustimmung des Betriebsführers, die dieser – allerdings nur aus wichtigem Grund – versagen darf (§ 1 Abs. 3 Satz 3 des Formulars).

Eine solche Zustimmung sieht § 1 Abs. 4 des Formulars demgegenüber für eine Wiederübernahme der Führung von Betrieben und Anlagen durch den Eigentümer oder eine Beauftragung Dritter mit der Betriebsführung nicht vor. Um dem Interesse des Betriebsführers Rechnung zu tragen, nicht Gefahr zu laufen, dass ihm der Eigentümer die wirtschaftliche Basis (über die Regelung gemäß § 1 Abs. 4 des Formulars) entzieht, bestimmt § 7 Abs. 4 des Formulars, dass der Betriebsführer (ungeachtet der Anzahl der von ihm geführten Anlagen und Betriebe) eine Mindestvergütung erhält.

Gemäß § 1 Abs. 1 des Formulars übernimmt der Betriebsführer die Betriebsführung nur für Betriebe und Anlagen einer bestimmten Unternehmenssparte. Findet die Regelung unter § 1 Abs. 3 des Formulars Eingang in einen Betriebsführungsvertrag, der sich nicht auf Betriebe einer Unternehmenssparte beschränkt, ist darauf zu achten, ob die Ausübung des Rechts dazu führt, dass der Betriebsführer die Betriebsführung für (nahezu) alle Betriebe übernimmt. In diesem Fall wird der Anwendungsbereich des § 292 Abs. 1 Nr. 3 AktG eröffnet, mithin müssen dann die gesellschaftsrechtlichen Regularien für den Abschluss eines Unternehmensvertrags i. S. d. § 292 Abs. 1 Nr. 3 AktG eingehalten werden.

§ 2 Inhalt und Umfang der Betriebsführung

Inhalt

1. Grenze der Aufgabendelegation
2. Umfang der Betriebsführung
3. Wahrnehmung fremden Interesses

4. Handeln im Namen des Eigentümers
5. Handeln für Rechnung des Eigentümers

1. Grenze der Aufgabendelegation

Bei einem Betriebsführungsvertrag mit einer Aktiengesellschaft als Eigentümer, der nicht sämtliche Betriebe des Eigentümers erfasst, wird unterschiedlich beurteilt, ob unter dem Aspekt einer unzulässigen Verkürzung der Leitungsverantwortung des Vorstands ein Verstoß gegen § 76 Abs. 1 AktG in Betracht kommt. Einer Ansicht nach steht bei einem solchen Betriebsführungsvertrag ein Verstoß gegen die organisationsrechtliche Zulässigkeit des Vertrags nicht in Frage[761]. Nach anderer Auffassung ist es dem Vorstand auch bei einem Teilbetriebs-

---

[761] GroßkommAktG/Mülbert, § 292 Rn. 152; vgl. auch Köhn, Der Konzern 2011, 530, 536.

führungsvertrag verboten, Leitungsentscheidungen auf den Betriebsführer zu delegieren[762]. Da sich insofern noch keine überwiegende Rechtsauffassung herausgebildet hat, empfiehlt es sich, ebenso wie nach h. M. bei einem Betriebsführungsvertrag der sämtliche Betriebe des Eigentümers erfasst, dem Betriebsführer nur die Aufgabe der laufenden Geschäftsführung zu übertragen. Entsprechendes gilt bei einer GmbH als Eigentümergesellschaft[763]. Das Formular sieht eine vertragliche Gestaltung vor, nach der zum einen Geschäfte und Maßnahmen von der Betriebsführung ausgenommen sind, die im Zuständigkeitsbereich der Gesellschafter liegen (§ 2 Abs. 1 Satz 2 des Formulars) und die im Einzelnen in Anlage 2 zum Betriebsführungsvertrag aufgeführt sind[764]. Zum anderen enthält das Formular im Folgenden Einfluss-, Mitwirkungs- und Informationsrechte, durch die sicher gestellt wird, dass die unternehmerischen Leitungsentscheidungen (soweit diese nicht in dem Zuständigkeitsbereich der Gesellschafter liegen) beim Geschäftsführer des Eigentümers verbleiben (bzw. es dem Geschäftsführer ermöglichen, die für solche Entscheidungen gegebenenfalls erforderliche Zustimmung der Gesellschafterversammlung einzuholen)[765].

2. Umfang der Betriebsführung

Da sich der Gegenstand der Betriebsführung nur auf bestimmte Betriebe und Anlagen einer Unternehmenssparte der Auftraggeberin erstreckt (§ 1 des Formulars), ist der Umfang der Betriebsführung gegenständlich entsprechend beschränkt. Dies stellt § 2 Abs. 2 des Formulars klar.

3. Wahrnehmung fremden Interesses

Nach allgemeiner Meinung sind Inhalt und Umfang der Betriebsführung am Interesse des Eigentümers auszurichten. Dies wird durch § 2 Abs. 3 des Formulars verdeutlicht[766].

4. Handeln im Namen des Eigentümers

Gemäß § 2 Abs. 4 Mod. 1 des Formulars erfolgt die Betriebsführung im Namen der Auftraggeberin bzw. des Eigentümers. Durch diese Regelung wird die Weichenstellung zu Gunsten eines echten Betriebsführungsvertrags getroffen[767].

5. Handeln für Rechnung des Eigentümers

Durch § 2 Abs. 4 Mod. 2 des Formulars wird klargestellt, dass die wirtschaftlichen Folgen aus der Betriebsführung allein den Eigentümer treffen sollen[768].

---

[762] KölnerKommAktG/Mertens/Cahn, § 76 Rn. 57 (mit Rn. 45); Veil. S. 290.

[763] Vgl. in diesem Zusammenhang auch MHLS/Servatius, Syst. Darst. 4 Rn. 377, wonach es hinsichtlich der Einordnung des Teilbetriebsführungsvertrags als Unternehmensvertrag bei einer GmbH als Eigentümer bei einer im Einzelfall konkretisierungsbedürftigen wertenden Betrachtung darauf ankomme, inwieweit die schuldrechtliche Abrede den autonomen innergesellschaftlichen Willensbildungsprozess bei der GmbH beeinträchtige.

[764] S. dazu – und damit zum Inhalt der Anlage 2 – bereits A.IV.2.

[765] S. dazu bereits B.I.1.b) § 1 Anm. 2 und B.II.1.b) § 2 Anm. 2.

[766] S. dazu bereits B.I.1.b) § 1 Anm. 3.

[767] S. dazu bereits B.I.1.b) § 1 Anm. 4.

[768] S. dazu bereits B.I.1.b) § 1 Anm. 5.

§ 3 Vertretung und Vollmacht

Inhalt

1. Inhalt und Umfang der Vollmacht

Um mit Wirkung für und gegen den Eigentümer handeln zu können, benötigt der Betriebsführer eine umfassende Vollmacht. Vom Umfang her erachtet die Rechtsprechung eine inhaltlich durch § 54 HGB bestimmte Generalvollmacht (Generalhandlungsvollmacht), bei welcher der Bevollmächtigte die Kapitalgesellschaft nicht unmittelbar vertritt, sondern als Unterbevollmächtigter des Organs handelt, als zulässig[769]. Eine solche Vollmacht sieht das Formular in § 3 Abs. 1 Satz 1 des Formulars vor.

Ist vertraglich nicht geregelt, ob der Bevollmächtigte zur Erteilung einer Untervollmacht berechtigt ist, sind die vertraglichen Vereinbarungen auszulegen; maßgebend für die Auslegung ist, ob der Vertretene erkennbar ein Interesse an der persönlichen Wahrnehmung der Vertretungsmacht durch den Bevollmächtigten hat[770]. Um Meinungsverschiedenheiten über die Zulässigkeit der Erteilung einer Untervollmacht vorzubeugen ist daher eine ausdrückliche Vereinbarung empfehlenswert. § 3 Abs. 1 Satz 2 des Formulars bestimmt, dass der Betriebsführer nicht berechtigt ist, Untervollmacht zu erteilen.

2. Vollmachtsurkunde

Wird dem Betriebsführer die Vollmacht nicht in einer gesonderten Urkunde erteilt, muss der Betriebsführer zum Nachweis seiner Vertretungsmacht den Betriebsführungsvertrag vorlegen[771]. Von praktischer Bedeutung ist ein solcher Nachweis insbesondere im Zusammenhang mit § 174 Satz 1 BGB: Danach ist ein einseitiges Rechtsgeschäft, dass ein Bevollmächtigter einem anderen gegenüber vornimmt, unwirksam, wenn der Bevollmächtigte eine Vollmachtsurkunde nicht vorlegt und der andere das Rechtsgeschäft aus diesem Grund unverzüglich zurückweist. Die Vorlage des Betriebsführungsvertrags zum Nachweis der Vertretungsmacht hätte zur Folge, dass damit sämtliche Vereinbarungen des Betriebsführungsvertrags offen gelegt würden, was regelmäßig nicht dem Interesse beider Parteien des Betriebsführungsvertrags entspricht. § 3 Abs. 2 des Formulars bestimmt daher, dass der Betriebsführer über die Generalhandlungsvollmacht eine gesonderte Vollmachtsurkunde erhält, welche sich in der Anlage 3 zum Betriebsführungsvertrag befindet.

3. Beschränkung der Vollmacht

Im Außenverhältnis ist die Generalhandlungsvollmacht gegenständlich und inhaltlich unbeschränkt. Dies erleichtert dem Betriebsführer im Rechtsverkehr den Nachweis seiner Vertretungsmacht. Im Innenverhältnis darf der Betriebsführer von der Vollmacht nur für die Zwecke der Betriebsführung gemäß § 2 Formulars (und den dort enthaltenen Grenzen) sowie vorbe-

---

[769] S. dazu bereits B.I.1.b) § 3.

[770] BGH BB 1959, 319; OLG München WM 1984, 834, 835; Palandt/Ellenberger, § 167 Rn. 12; Erman/Maier-Reimer, § 167 Rn. 64.

[771] Weißmüller, BB 2000, 1949, 1952; s. auch: Fenzl, Rn. 142.

haltlich einer etwa nach § 4 Abs. 2 des Formulars erforderlichen Zustimmung Gebrauch machen (§ 3 Abs. 3 des Formulars). Überschreitet der Betriebsführer diese Grenzen und liegt kein Fall des Missbrauchs der Vertretungsmacht vor[772], berührt dies die Wirksamkeit der Vertretung nicht. Der Betriebsführer kann sich in diesem Fall aber gemäß § 280 Abs. 1 BGB schadensersatzpflichtig machen.

4. Erlöschen der Vollmacht

Gemäß § 3 Abs. 4 Satz 1 des Formulars ist die Vollmacht jederzeit widerruflich[773] und erlischt mit der Beendigung des Betriebsführungsvertrags. Dies entspricht der gesetzlichen Regelung (§ 168 Sätze 1 und 2 BGB). Nach dem Erlöschen der Vollmacht hat der Betriebsführer die Vollmachtsurkunde dem Eigentümer zurückzugeben; ein Zurückbehaltungsrecht steht dem Betriebsführer nicht zu (§ 3 Abs. 4 Satz 2 des Formulars). Auch dies entspricht der gesetzlichen Regelung (§ 175 BGB).

§ 4 Weisungs- und Informationsrechte der Auftraggeberin

Inhalt

1. Richtlinien und Weisungen
   a) Richtlinien
   b) Weisungsrecht
2. Zustimmungsvorbehalt

3. Berichts- und Informationspflichten
4. Buchführung
5. Auskunfts- und Einblicksrecht

1. Richtlinien und Weisung

a) Richtlinien

Gemäß § 4 Abs. 1 Satz 1 des Formulars werden dem Betriebsführer für die Betriebsführung Richtlinien[774] vorgegeben. Um klarzustellen, dass es sich bei diesen Richtlinien nicht um bloße Empfehlungen handelt[775], werden diese ausdrücklich als verbindlich qualifiziert.

Im Grundsatz unterscheiden sich solche Richtlinien von Weisungen dadurch, dass Richtlinien für eine Vielzahl von Geschäftsvorfällen konzipiert sind, wohingegen Weisungen jeweils eine konkrete Einzelfallentscheidung betreffen. Die Grenzziehung zwischen Richtlinien und Weisungen ist jedoch fließend und hat keine praktischen Auswirkungen. Der Betriebsführer ist gleichermaßen an Richtlinien und Weisungen (nach Maßgabe des § 665 BGB soweit keine abweichenden Vereinbarungen bestehen) gebunden[776].

Die Richtlinien sind (als Anlage 4) Bestandteil des Betriebsführungsvertrags. Richtlinien und Weisungen können einer Auffassung nach sowohl Bestandteil der vertraglichen Vereinbarungen sein als auch nach Vertragsschluss durch den Eigentümer einseitig vorgegeben werden[777]. Die h. M. unterscheidet demgegenüber insofern zwischen Vertragserklärungen bzw. vertragli-

---

[772] Statt aller: BGH NJW 1994, 2082, 2083; Palandt/Ellenberger, § 164 Rn. 13 f.; Erman/Maier-Reimer, § 167 Rn. 70.

[773] Zu diesem Erfordernis s. bereits B.I.1.b) § 3.

[774] S. dazu auch Fenzl, Rn. 448 ff.; Böhm, S. 27, die den Begriff „Vorgaben" verwenden.

[775] Vgl. dazu: Erman/Berger, § 665 Rn. 2; MünchKommBGB/Schäfer, § 665 Rn. 7 m. w. N.

[776] Vgl. Böhm, S. 101.

[777] Staudinger/Martinek/Omlor, § 665 Rn. 6.

chen Vereinbarungen einerseits und Weisungen i. S. d. § 665 BGB andererseits[778]. Der Streitstand hat ebenfalls keine praktische Bedeutung, da der Betriebsführer ebenso an Vertragsvereinbarungen wie an Weisungen gebunden ist.

Richtlinien für die Betriebsführung, die nach dem Formular in einer Anlage 4 zum Betriebsführungsvertrag aufgeführt sind, können ganz unterschiedliche Inhalte haben. Denkbar sind beispielsweise „einfache" Vorgaben für den geschäftlichen Verkehr, etwa die Einhaltung des Vier-Augen-Prinzips oder die Einholung einer bestimmten Anzahl von Vergleichsangeboten vor Abschluss eines Vertrags. Möglich sind auch unternehmenspolitische Vorgaben (insbesondere als ein Baustein zur Wahrung der Leitungsverantwortung des Geschäftsführers[779]), wobei zu beachten ist, dass mit zunehmenden Programmcharakter solcher Vorgaben eine abnehmende Justitiabilität verbunden ist. Im internationalen Bereich kann der Betriebsführer beispielsweise verpflichtet werden, nach Möglichkeit lokale Bezugsquellen zu verwenden[780].

b) Weisungsrecht

Der Eigentümer kann dem Betriebsführer gemäß § 4 Abs. 1 Satz 2 des Formulars jederzeit Weisungen erteilen[781]. Dies gilt nach § 4 Abs. 1 Satz 3 des Formulars nicht für Einzelweisungen im Bereich des laufenden Tagesgeschäfts. § 4 Abs. 1 Satz 3 hat lediglich klarstellende Bedeutung, da sich nach h. M. bereits aus dem Sinn und Zweck des Betriebsführungsvertrags, die Führung des Betriebs in grundsätzlich eigener Regie, gewisse Einschränkungen des Weisungsrechts im Hinblick auf Einzelweisungen des Eigentümers zur Abwicklung des Tagesgeschäftes ergeben[782].

2. Zustimmungsvorbehalt

Nach § 4 Abs. 2 Satz 1 des Formulars unterliegt die Vornahme bestimmter Geschäfte und Maßnahmen einem Zustimmungsvorbehalt des Eigentümers. Durch diesen Zustimmungsvorbehalt wird die Vertretungsmacht des Betriebsführers im Innenverhältnis beschränkt[783].

Der Zustimmungsvorbehalt stellt einen weiteren Baustein zur erforderlichen Wahrung der Leitungsverantwortung des Geschäftsführers[784] dar[785]. Als schwächere Form der Kontrolle könnte an sich auch vereinbart werden, dass der Betriebsführer (lediglich) verpflichtet ist, den Eigentümer vor der Vornahme bestimmter Geschäfte und Maßnahmen zu konsultieren[786]. Indes würde ein solcher Konsultationsvorbehalt nicht oder jedenfalls nicht allein der erforderlichen Sicherstellung der Leitungsverantwortung des Geschäftsführers genügen. Der Konsultationsvorbehalt würde nur die Pflicht des Betriebsführers begründen, den Eigentümer vor der

---

[778] Erman/Berger, § 665 Rn. 2; MünchKommBGB/Schäfer, § 665 Rn. 7.

[779] Zu diesem Erfordernis s. bereits B.III.1.b) § 2 Anm. 1.

[780] Joachim, DZWiR 1992, 397, 400.

[781] S. dazu bereits B.I.1.b) § 2 Anm. 1.

[782] GroßkommAktG/Mülbert, § 292 Rn. 147; MünchKommAktG/Altmeppen, § 292 Rn. 147; MünchHdbAG-Krieger, § 73 Rn. 54; Huber, ZHR 152 (1988), 1, 31; Joachim, DZWiR 1992, 397, 398; abweichend: Weißmüller, BB 2000, 1949, 1951, wonach dem Betriebsführer für das laufende Geschäft (ausdrücklich) das Recht eingeräumt werden sollte, die Geschäfte des Unternehmens unter eigener Verantwortung zu leiten.

[783] S. dazu bereits B.III.1.b) § 3 Anm. 3.

[784] Zu diesem Erfordernis s. bereits B.III.1.b) § 2 Anm. 1.

[785] Zum Instrument eines Zustimmungsvorbehaltskatalogs als Mittel der Gestaltung der Unternehmenspolitik s. Fenzl, Rn. 139.

[786] S. dazu: Schlüter, S. 54 f.

Durchführung der Maßnahme zu informieren und mit diesem die beabsichtigte Maßnahme zu erörtern. Die Letztentscheidung über die Durchführung würde aber beim Betriebsführer liegen.

Für den Geschäftsführer einer GmbH sehen Satzung und/oder Geschäftsführeranstellungsvertrag in der Praxis regelmäßig einen Katalog von Geschäften und Maßnahmen vor, deren Vornahme der Zustimmung der Gesellschafter bedarf. Hinsichtlich der zustimmungsbedürftigen Geschäfte und Maßnahmen gemäß § 4 Abs. 2 Satz 1 des Formulars bzw. des Inhalts der Anlage 5 ist eine Orientierung an einem solchen Standardkatalog empfehlenswert. Enthält die Satzung des Eigentümers und/oder der Anstellungsvertrag des Geschäftsführers des Eigentümers tatsächlich einen solchen Katalog, ist darauf zu achten, dass der Inhalt der Anlage 5 diesem Katalog entspricht oder höhere Anforderungen enthält. Sind die Anforderungen niedriger, besteht das Risiko, dass der Betriebsführer (pflichtgemäß) ein Geschäft ohne die Zustimmung des (durch den Geschäftsführer vertretenen) Eigentümers vornimmt und sich diese Vornahme im Verhältnis zwischen dem Geschäftsführer und den Gesellschaftern des Eigentümers (mangels Einholung der Zustimmung der Gesellschafter) als pflichtwidrig erweist, was einen Schadensersatzanspruch des Eigentümers gegen den Geschäftsführer nach § 43 Abs. 2 GmbHG begründen kann.

§ 4 Abs. 2 Satz 2 des Formulars legt fest, dass der Eigentümer über die in Anlage 5 enthaltenen Geschäfte und Maßnahmen weitere Geschäfte und Maßnahmen festlegen kann, welche ihrer vorherigen Zustimmung bedürfen.

Gemäß § 4 Abs. 2 Satz 3 des Formulars gilt die Zustimmung gemäß § 4 Abs. 2 Satz 1 des Formulars als erteilt, sofern das Geschäft oder die Maßnahme in dem von der Auftraggeberin gebilligten Wirtschaftsplan gemäß § 6 Abs. 1 des Formulars enthalten ist. Mit der Billigung des Wirtschaftsplans, in dem das Geschäft oder die Maßnahme enthalten ist, hat der Eigentümer gleichsam seine Zustimmung zur Vornahme des Geschäfts oder der Maßnahme erteilt, so dass es keiner gesonderten Zustimmung bedarf.

3. Berichts- und Informationspflichten

Durch § 4 Abs. 3 des Formulars wird die in § 666 Mod. 1 BGB gesetzlich geregelte Benachrichtigungsflicht modifiziert[787]. In der Praxis sehen Betriebsführungsverträge regelmäßig umfangreiche Berichtspflichten des Betriebsführers vor, die inhaltlich über die Angaben in einem Jahresabschluss hinausgehen und in kürzeren Zeiträumen als einem Geschäftsjahr zu erstatten sind[788]. In diesem Sinne bestimmt § 4 Abs. 3 Satz 1 HS 1 des Formulars, dass der Betriebsführer dem Eigentümer binnen eines Monats nach Ablauf eines Quartals einen Bericht über die Betriebsführung zuzuleiten und auf Verlangen des Eigentümers zu erläutern hat.

Die Vorgaben zur Berichterstattung gemäß § 4 Abs. 3 Satz 1 HS 2 des Formulars bzw. Anlage 6 können zum einen formeller Natur sein. So kann beispielsweise festgelegt werden, ob der Betriebsführer bei einem Verlangen des Eigentümers nach Erläuterung den Bericht mündlich, fernmündlich, in Textform oder schriftlich zu erläutern hat oder ob die Form der Erläuterung im Belieben einer der Parteien steht. Zum anderen können inhaltliche Vorgaben vereinbart werden, etwa was die Gegenstände oder Intensität der Berichterstattung anlangt.

---

[787] S. dazu bereits B.I.1.b) § 2 Anm. 2.a).

[788] S. dazu Abschnitt 5 des Mangementvertrags der „Holiday Inn"-Entscheidung des Bundesgerichtshofs: BGH WM 1982, 394, 395 (insoweit nicht abgedruckt in: NJW 1982, 1817 f.); zur Ausgestaltung der Berichtspflichten s. auch: Schlüter, S. 76; Zeiger, S. 41 f.; Joachim, DZWiR 1992, 397, 400.

§ 4 Abs. 3 Satz 2 des Formulars bestimmt, dass der Betriebsführer über seine regelmäßige Berichterstattung hinaus den Eigentümer unverzüglich (§ 121 Abs. 1 Satz 1 BGB) über Geschäftsvorfälle zu informieren hat, die über den Rahmen der laufenden Geschäfte des Eigentümers hinausgehen. Es handelt sich im Hinblick auf den Zweck der Informationspflicht um eine klarstellende Regelung[789].

4. Buchführung

Gemäß § 41 GmbHG sind die Geschäftsführer verpflichtet, für die ordnungsgemäße Buchführung zu sorgen. Die Pflicht umfasst neben der Buchführung als solcher (§§ 238 f. HGB) die Errichtung von Inventaren (§§ 240 ff. HGB), die Aufstellung der Eröffnungsbilanz, von Jahresabschlüssen und Lageberichten (§§ 242, 264 ff. HGB), aber auch die Aufbewahrung und Vorlage gemäß §§ 257 ff. HGB[790].

Die Buchführungspflicht als solche lässt sich nicht in der Weise delegieren, dass die Verantwortung auf Dritte übergeht. Zulässig ist aber der Einsatz von Hilfspersonen. Dabei muss es sich nicht um Personal des eigenen Unternehmens handeln. Vielmehr kann auch ein externer Dienstleister mit der Buchführung beauftragt werden (sog. Fernbuchführung). Die fortdauernde Verpflichtung der Geschäftsführer zur Buchführung ändert sich in diesem Fall in der Weise, dass es die Aufgabe der Geschäftsführer ist, einen geeigneten Dienstleister auszusuchen und diesen fortlaufend zu überwachen[791]. Entsprechendes gilt für die Erstellung von Jahresabschluss und Lagebericht[792]. Es bestehen daher keine rechtlichen Bedenken dagegen, den Betriebsführer mit der Buchführung in den vorgenannten Grenzen zu betrauen.

Gleichwohl sieht das Formular keine Fernbuchführung vor: Die Pflichten gemäß §§ 41 GmbHG, 238 HGB beziehen sich auf das Unternehmen insgesamt. Demgegenüber beschränkt sich die Betriebsführung nach dem vorliegenden Formular auf Betriebe und Anlagen einer bestimmten Unternehmenssparte des Eigentümers. Um eine in sich konsistente Buchführung zu gewährleisten, sollte diese Aufgabe in einer Hand liegen. Nach dem Formular verbleibt die Aufgabe daher beim Eigentümer.

Damit der Eigentümer die für die Buchführung erforderlichen Informationen und Unterlagen erhält, bestimmt § 4 Abs. 4 Satz 1 des Formulars, dass der Betriebsführer verpflichtet ist, dem Eigentümer diese Informationen und Unterlagen fortlaufend zu übermitteln. Entsprechendes gilt für die Informationen und Unterlagen für die Erstellung von Jahresabschluss und Lagebericht, die der Betriebsführer dem Eigentümer innerhalb von vier Wochen nach dem Schluss des Geschäftsjahrs des Eigentümers zu übermitteln hat (§ 4 Abs. 4 Satz 2 des Formulars).

Einzelheiten zu der Übermittlung der Informationen und Unterlagen und damit sowohl zu den Inhalten als auch zu der Art und Weise der Übermittlung sind in einer Anlage 7 zum Betriebsführungsvertrag geregelt.

Dass sich die Pflichten des § 4 Abs. 4 des Formulars nicht auf das gesamte Unternehmen des Eigentümers beziehen, sondern nur auf die Betriebe und Anlagen, auf die sich die Betriebsführung erstreckt, folgt aus § 2 Abs. 2 des Formulars.

---

[789] S. dazu bereits B.I.1.b) § 2 Anm. 2.a).

[790] Baumbach/Hueck/Haas, § 41 Rn. 9; MHLS/Sigloch/Weber, § 41 Rn. 3.

[791] GroßkommHGB/Pöschke, § 238 Rn. 20; Baumbach/Hopt/Merkt, § 238 Rn. 10; Baumbach/Hueck/Haas, § 41 Rn. 4.

[792] Statt aller: Baumbach/Hopt/Merkt, § 264 Rn. 8.

5. Auskunfts- und Einblicksrecht

§ 4 Abs. 5 Satz 1 des Formulars entspricht § 666 Mod. 2 BGB. Danach ist der Beauftragte verpflichtet, dem Auftraggeber auf Verlangen über den Stand des Geschäfts Auskunft zu erteilen[793]. Bei der Auskunftserteilung nach der gesetzlichen Prägung hat der Geschäftsherr keinen Anspruch auf Überprüfung der gegebenen Auskünfte. Einen solchen Anspruch räumt § 4 Abs. 5 Satz 2 des Formulars ein, der den Eigentümer berechtigt, Einblick in die Geschäftsunterlagen über die Betriebsführung zu nehmen. Da der geschäftliche Verkehr zunehmend ausschließlich über elektronische Medien abgewickelt wird, bestimmt § 4 Abs. 5 Satz 3 des Formulars flankierend, dass dem Eigentümer auf Verlangen auch die elektronisch gespeicherten Daten über die Betriebsführung zugänglich zu machen sind.

§ 5 Pflichten der Auftraggeberin

Inhalt

1. Nutzung des Betriebsvermögens
2. Investitionen
3. Öffentlich-rechtliche Genehmigungen
4. Wesentliche Verhältnisse
5. Informationspflicht
6. Erweiterung Betriebsführungsgegenstand

1. Nutzung des Betriebsvermögens

Teilweise wird vertreten, dass durch den Betriebsführungsvertrag nicht das Recht des Betriebsführers begründet wird, die Betriebs- und Geschäftsausstattung des Betriebsinhabers zu nutzen. Daher bestimmt § 5 Abs. 1 Satz 1 des Formulars, dass der Betriebsführer das Recht hat, für die Dauer des Vertrages und im Umfang des jeweils aktuellen Bestands das den Betrieben und Anlagen gemäß § 1 des Formulars zuzuordnende Anlage-, Umlauf- und dem Eigentümer nicht gehörende Vermögen zu nutzen[794]. Damit sich der Betriebsführer einen Überblick über diese Vermögensgegenstände verschaffen kann, ist der Bestand zum Zeitpunkt des Vertragsschlusses in der Anlage 8 zum Betriebsführungsvertrag aufgelistet (§ 5 Abs. 1 Satz 2 des Formulars). Eine fortgeschriebene Auflistung wird der Eigentümer dem Betriebsführer zum Vertragsbeginn übergeben (§ 5 Abs. 1 Satz 3 des Formulars).

Das Formular unterstellt, dass den Betrieben und Anlagen Vermögensgegenstände zuzuordnen sind, die dem Eigentümer nicht gehören und die er zwar nutzen, an denen er aber ohne die Zustimmung des Rechtsinhabers dem Betriebsführer kein Nutzungsrecht einräumen darf (beispielsweise für den Fall, dass der Eigentümer eine Sache gemietet hat, vgl. § 540 BGB). Damit der Betriebsführer auch solche Gegenstände nutzen darf, verpflichtet § 5 Abs. 1 Satz 4 des Formulars den Eigentümer, die für eine Nutzung durch den Betriebsführer erforderlichen Zustimmungserklärungen einzuholen oder gleichwertigen Ersatz zu beschaffen. § 5 Abs. 1 Satz 4 des Formulars stellt eine Wahlschuld i. S. d. §§ 262 ff. BGB dar.

§ 5 Abs. 1 Satz 5 des Formulars bestimmt, dass der Eigentümer verpflichtet ist, die tatsächlichen Voraussetzungen für die Nutzung der Gegenstände durch den Betriebsführer zum Vertragsbeginn herzustellen – die Übergabe der für die Nutzung der Gegenstände erforderlichen Daten (beispielsweise PIN-Codes und Passwörter), Unterlagen und Schlüssel.

---

[793] S. dazu bereits B.I.1.b) § 2 Anm. 2.b).
[794] S. dazu bereits B.II.1.b) § 4 Anm. 2.

2. Investitionen

Der Eigentümer hat eigene Vorstellungen darüber, welche Betriebsmittel für die zu führenden Betriebe und Anlagen erforderlich sind. Diese Vorstellungen müssen sich nicht notwendigerweise mit denen des Betriebsführers decken. Der wirtschaftliche Erfolg des Betriebsführers kann (auch) darauf beruhen, dass dieser bestimmte Betriebsmittel einsetzt. Das kann etwa der Einsatz bestimmter Maschinen oder Software sein. Gerade wenn der Betriebsführungsvertrag ganz oder teilweise eine erfolgsabhängige Vergütung des Betriebsführers vorsieht (so § 7 Abs. 7 des Formulars), hat der Betriebsführer ein wirtschaftliches Interesse an der Anschaffung solcher Betriebsmittel. Daher bestimmt § 5 Abs. 2 des Formulars, dass der Eigentümer verpflichtet ist, bestimmte, in Anlage 9 aufgeführte, Gegenstände bis spätestens zum Vertragsbeginn zu erwerben und diese dem Betriebsführer zur Nutzung zu überlassen.

§ 5 Abs. 2 des Formulars beschränkt sich darauf festzulegen, welche Gegenstände der Eigentümer bis zum Vertragsbeginn zu erwerben hat. Auch während der Dauer des Vertrags ist über Investitionen bzw. Neu- oder Ersatzanschaffungen zu entscheiden. Insofern kann es zu Meinungsverschiedenheiten zwischen Eigentümer und Betriebsführer kommen. Um diese zu vermeiden, könnte an sich auch für die Zukunft festgelegt werden, welche Betriebsmittel der Eigentümer dem Betriebsführer im Einzelnen zur Verfügung zu stellen hat. Allerdings lässt sich gerade die Entwicklung der wirtschaftlichen Rahmenbedingungen nicht hinreichend genau vorhersagen, um daraus den konkreten Investitionsbedarf abzuleiten. Eine konkrete Festlegung für die Zukunft ist daher wenig zielführend. Als eine Gestaltungsmöglichkeit zur Lösung der Problematik kommt in Betracht, zumindest dem Grunde nach festzulegen, welche Betriebsmittel der Eigentümer dem Betriebsführer zu überlassen hat. Um keine Meinungsverschiedenheiten über die Erforderlichkeit und die Qualität solcher Gegenstände aufkommen zu lassen, sollte in diesem Fall festgelegt werden, wem die Entscheidungskompetenz bezüglich der Anschaffung solcher Gegenstände zusteht[795]. In dem Formular ist eine andere Gestaltung vorgesehen. Gemäß der nachstehenden Regelung des § 6 Abs. 1 Satz 1 des Formulars hat der Betriebsführer jährlich einen Wirtschaftsplan aufzustellen und diesen dem Eigentümer zur Zustimmung vorzulegen. Dieser Wirtschaftsplan besteht unter anderem aus einem Investitionsplan. Im Ergebnis sieht das Formular also vor, dass dem Betriebsführer die Aufgabe der Auswahl der anzuschaffenden Betriebsmittel zukommt, die Letztentscheidung über deren Erwerb aber beim Eigentümer liegt. Dieser wird sich bei einer erfolgreichen Führung seiner Betriebe den Anschaffungsvorschlägen des Betriebsführers nicht verschließen.

3. Öffentlich-rechtliche Genehmigungen

Neben der notwendigen Betriebsausstattung hat der Eigentümer dafür Sorge zu tragen, dass sämtliche für die Betriebsführung erforderlichen öffentlich-rechtlichen Genehmigungen vorliegen[796]. Damit der Betriebsführer in der Lage ist, die öffentlich-rechtlichen Genehmigungen zu beachten, sollten ihm diese zugänglich gemacht werden[797]. Dem trägt § 5 Abs. 3 des Formulars Rechnung. Die öffentlich-rechtlichen Genehmigungen sind in der Anlage 10 enthalten. Bei personengebundenen Genehmigungen ist zu prüfen, ob eine Neubeantragung durch den Betriebsführer erforderlich ist.

---

[795] Schlüter, S. 86; Zeiger, S. 44.
[796] Zeiger, S. 43; Schlüter, S. 87.
[797] Fenzl, Rn. 128.

4. Wesentliche Verhältnisse

Übernimmt der Betriebsführer die Führung eines Betriebs, sollte er die Möglichkeit erhalten, sich vor Vertragsbeginn ein umfassendes Bild von den wirtschaftlichen und rechtlichen Verhältnissen des Betriebs machen zu können. Ansonsten besteht das Risiko, dass der Betriebsführer aus Unkenntnis dieser Verhältnisse gerade zu Beginn seiner Tätigkeit Fehler begeht, die nach den allgemeinen Regeln eine Haftung des Betriebsführers auslösen. Daher sieht § 5 Abs. 4 des Formulars eine Anlage 11 zum Betriebsführungsvertrag vor, in der diese Verhältnisse dargestellt sind. Es empfiehlt sich, wesentliche Unterlagen, die diesen Verhältnissen zugrunde liegen (z. B. bedeutsame Verträge), der Anlage 11 beizufügen.

5. Informationspflicht

Die wesentliche Informationen und Dokumente, die der Betriebsführer zum Beginn der Betriebsführung benötigt, sind in den Anlagen 8, 10 und 11 zum Betriebsführungsvertrag enthalten. Gewissermaßen als Auffangtatbestand und darüber hinaus für die Zeit nach Beginn der Betriebsführung bestimmt § 5 Abs. 5 des Formulars, dass der Eigentümer verpflichtet ist, dem Betriebsführer alle für die Betriebsführung erforderlichen Informationen und Unterlagen zur Verfügung zu stellen. Auch ohne eine ausdrückliche vertragliche Vereinbarung besteht eine entsprechende Nebenpflicht des Eigentümers[798].

6. Erweiterung Betriebsführungsgegenstand

§ 5 Abs. 6 des Formulars stellt klar, dass bei einer Erweiterung des Betriebsführungsgegenstands gemäß § 1 Abs. 3 des Formulars der Eigentümer dem Betriebsführer Listen über das Vermögen, die öffentlich-rechtlichen Genehmigungen und die wirtschaftlichen und rechtlichen Verhältnisse der hinzukommenden Betriebe bzw. Anlagen zu übergeben hat, damit der Betriebsführer auch insoweit in die Lage versetzt wird, sich ein umfassendes Bild über die wirtschaftlichen und rechtlichen Verhältnissen zu verschaffen.

§ 6 Pflichten der Auftragnehmerin

Inhalt

1. Wirtschaftsplan	3. Verkehrssicherungspflicht
2. Personal der Auftragnehmerin	4. Dokumentation und Aufbewahrungspflicht

1. Wirtschaftsplan

Mit einem Wirtschaftsplan wird im Allgemeinen der Zweck verfolgt, im Voraus für einen bestimmten Zeitraum die beabsichtigte wirtschaftliche Tätigkeit in einem Unternehmen wiederzugeben. Er bildet die Grundlage für die wirtschaftlichen Entscheidungen innerhalb des erfassten Zeitraums. § 6 Abs. 1 Satz 1 des Formulars verpflichtet den Betriebsführer, einen solchen Plan drei Monate vor dem Beginn des Geschäftsjahrs des Eigentümers aufzustellen und dem Eigentümer zur Zustimmung zuzuleiten. Das Zustimmungserfordernis bildet den Kernbaustein zur Sicherstellung der Leitungsverantwortung der Geschäftsführung des Eigen-

---

[798] Zeiger, S. 45; Schlüter, S. 87.

tümers. Nach verbreiteter Auffassung soll allein dieses Zustimmungserfordernis für die Wahrung der Leitungsverantwortung ausreichen[799].

Die Inhaltsanforderungen an den Wirtschaftsplan, der nach 6 Abs. 1 Satz 1 des Formulars aus einem Erfolgs-, Finanz-, Investitions-[800] und Stellenplan besteht, ergeben sich aus der Anlage 12 zum Betriebsführungsvertrag. Für den Fall, dass sich der Gegenstand der Betriebsführung unterjährig ändert, sieht § 6 Abs. 1 Satz 2 des Formulars vor, dass der Betriebsführer verpflichtet ist, den Wirtschaftsplan unverzüglich (§ 121 Abs. 1 Satz 1 BGB) anzupassen und dem Eigentümer den angepassten Wirtschaftsplan zur Zustimmung vorzulegen.

2. Personal der Auftragnehmerin

Das Formular unterstellt, dass im Unternehmen des Eigentümers lediglich eine Managementebene installiert wird, welche die Betriebe und Anlagen des Eigentümers wie eigene führt. Im Übrigen erfolgt die Betriebsführung durch eigenes Personal des Eigentümers. Für die Aufgabe der Betriebsführung hat der Betriebsführer ausreichendes eigenes Personal vorzuhalten. Eine entsprechende Pflicht sieht § 6 Abs. 2 Satz 1 des Formulars vor.

Diese allgemein gehaltene Pflicht kann zu Streitigkeiten über Art und Umfang des geschuldeten Personaleinsatzes führen. Um den geschuldeten Personaleinsatz näher zu definieren, bieten sich mehrere Alternativen an: Eine Möglichkeit besteht darin, die Personen namentlich zu benennen, die der Betriebsführer für die Führung des Betriebs des Eigentümers abzustellen hat. Alternativ kann der Betriebsführungsvertrag vorsehen, dass der Betriebsführer – abstrakt beschriebene – Positionen (z. B. Leiter Finanzen) mit eigenem Personal zu besetzen hat. Als weitere Möglichkeit kann der Betriebsführungsvertrag bestimmte Felder (z. B. Forschung und Entwicklung) angeben, auf denen Personal des Betriebsführers tätig werden soll, ohne insoweit qualitativ und quantitativ bestimmte Vorgaben festzulegen[801]. § 6 Abs. 1 Satz 2 des Formulars sieht vor, dass der Betriebsführer nach Maßgabe der Anlage 13 zum Betriebsführungsvertrag eine bestimmte Anzahl an Mitarbeitern vorhalten muss, die über eine bestimmte Qualifikation und eine bestimmte berufliche Erfahrung verfügen müssen.

Der Eigentümer ist nach § 6 Abs. 2 Satz 3 des Formulars berechtigt, vom Betriebsführer die Auswechselung von Personal zu verlangen. Dafür muss in der Person eines Mitarbeiters ein Grund liegen, welcher den Eigentümer, würde es sich um eigenes Personal handeln, berechtigen würde, ein Dienst- oder Arbeitsverhältnis mit dem Betroffenen durch Anfechtung oder verhaltensbedingte oder fristlose Kündigung aus wichtigem Grund zu beenden.

3. Verkehrssicherungspflicht

Die Übertragung der Verkehrssicherungspflicht auf einen Dritten durch Vertrag ist nach allgemeiner Meinung grundsätzlich zulässig. Voraussetzung des Übergangs der Verkehrssicherungspflicht ist, dass die Übertragung in der Weise klar und eindeutig vereinbart ist, dass die Ausschaltung von Gefahren sicher gestellt ist[802]. Eine solche – nach Gegenstand und Dauer –

---

[799] S. dazu bereits B.I.1.b) § 1 Anm. 2.
[800] Zur Vereinbarung eines Instandhaltungs- und Investitionsplans zum Zwecke der Sicherstellung der Werthaltigkeit des Betriebs s. Fenzl, Der Konzern 2006, 18, 25.
[801] Schlüter, S. 66 f.
[802] BGH NJW 2008, 1440, 1441; 1996, 2646; OLG Hamm NJW-RR 2016, 400; OLG Celle NJW-RR 2011, 106, 107; Palandt/Sprau, § 823 Rn. 50.

klare und eindeutige Vereinbarung sieht § 6 Abs. 3 des Formulars vor. Eine Aufschlüsselung der einzelnen Aufgaben, deren Vornahme es für die Ausschaltung der Gefahren bedarf, ist nicht erforderlich. Bei dem Betriebsführer handelt es sich um ein gewerbliches Unternehmen, das gerade wegen seiner Sachkunde beauftragt wird und von dem der Eigentümer als eigentlich Verkehrssicherungspflichtiger erwarten darf, dass diesem Unternehmen selbst bekannt ist, welche Vorkehrungen zum Schutz Dritter die Verkehrssicherungspflicht beinhaltet[803]. Mit der wirksamen Übertragung der Verkehrssicherungspflicht wird der Betriebsführer als Übernehmender selbst eigenständig deliktsrechtlich verantwortlich für den Schutz Dritter vor Gefahren, die von den gefahrdrohenden Betrieben und Anlagen ausgehen[804]. Die Verkehrssicherungspflicht des ursprünglich verantwortlichen Eigentümers verkürzt sich auf Hinweis-, Kontroll- und Überwachungspflichten[805].

4. Dokumentation und Aufbewahrungspflicht

Die Pflicht des Betriebsführers nach § 6 Abs. 4 Mod. 1 des Formulars, eine ausreichende Dokumentation seiner Tätigkeiten nach Maßgabe der Anlage 14 sicher zu stellen, soll gewährleisten, dass der Eigentümer sein Einblicksrecht (§ 4 Abs. 5 Satz 2 des Formulars) sinnvoll ausüben kann.

Die Pflicht gemäß § 6 Abs. 4 Mod. 2 des Formulars zur Aufbewahrung von Unterlagen knüpft an § 257 HGB an, die jeden Kaufmann verpflichtet, die in § 257 Abs. 1 HGB genannten Unterlagen aufzubewahren. Die Aufbewahrungspflicht kann auf Dritte delegiert werden, da bei den Aufgaben der Buchführung der Einsatz von Hilfspersonen zulässig ist[806].

§ 7 Vergütung

Inhalt

1. Feste und erfolgsabhängige Vergütung

An Stelle der Vereinbarung einer festen Vergütung kommt die Abrede einer am Erfolg des Unternehmens orientierten variablen Vergütung oder einer Kombination aus fester und vari-

---

[803] Vgl. OLG Celle NJW-RR 2011, 106, 108.
[804] Vgl. BGH NJW 2008, 1440, 1441; Palandt/Sprau, § 823 Rn. 50; MünchKommBGB/Wagner, § 823 Rn. 467.
[805] Vgl. BGH NJW VersR 2014, 78, 79; 2008, 1440, 1441; OLG Hamm NJW-RR 2016, 400; Palandt/Sprau, § 823 Rn. 50, 52; MünchKommBGB/Wagner, § 823 Rn. 468.
[806] S. dazu bereits B.III.1.b) § 4 Anm. 4.

abler Vergütung in Betracht[807]. Die Festvergütung hat den Vorteil, dass sie beiden Vertragsparteien Planungssicherheit verschafft, aber für den Betriebsführer keinen finanziellen Anreiz bietet, das Eigentümerunternehmen erfolgsorientiert zu führen. Die variable Vergütung schafft einen solchen Anreiz, hat aber zur Folge, dass die Vergütungshöhe für beide Parteien nicht mit hinreichender Sicherheit kalkulierbar ist. Es bietet sich daher eine Kombination aus fester und variabler Vergütung an, um die Vor- und Nachteile von fester und variabler Vergütung angemessen auszubalancieren[808]. Das Formular sieht in § 7 eine Kombination aus fester und variabler Vergütung vor.

2. Festvergütung

a) Höhe

Die Festvergütung wird in § 7 Abs. 1 des Formulars festgelegt. Deren Höhe ist grundsätzlich frei vereinbar[809].

b) Wertsicherungsklausel

Der inflationsbedingten Wertminderung der festen Betriebsführungsvergütung sollte vertraglich durch die Aufnahme einer Wertsicherungsklausel in den Betriebsführungsvertrag Rechnung getragen werden. Die Zulässigkeit einer Wertsicherungsklausel richtet sich nach den gesetzlichen Bestimmungen des Preisklauselgesetzes (PrKlG). § 1 Abs. 1 PrKlG statuiert ein grundsätzliches Preisklauselverbot. Danach darf der Betrag von Geldschulden nicht unmittelbar und selbsttätig durch den Preis oder Wert von anderen Gütern oder Leistungen bestimmt werden, die mit den vereinbarten Gütern oder Leistungen nicht vergleichbar sind. Das Preisklauselverbot gilt nicht für die in § 1 Abs. 2 Nr. 1 bis 3 PrKlG legaldefinierten Leistungsvorbehaltsklauseln, Spannungsklauseln und Kostenelementeklauseln und auch nicht für Klauseln, die lediglich zu einer Ermäßigung der Geldschuld führen können (§ 1 Abs. 2 Nr. 4 PrKlG). Weitere Ausnahmen vom Preisklauselverbot sind in §§ 3 bis 7 PrKlG enthalten.

§ 7 Abs. 2 Satz 1 des Formulars enthält eine sogenannte Leistungsvorbehaltsklausel. Bei einer solchen handelt es sich um eine vertraglich vereinbarte Regelung, nach der die Höhe der Geldschuld bei Eintritt bestimmter Voraussetzungen durch die Parteien oder einen Dritten neu festgesetzt werden soll. Im Gegensatz zu den durch § 1 Abs. 1 PrKlG erfassten Klauseln ist hier für die Parteien oder den Dritten ein (begrenzter) Ermessensspielraum gegeben[810]. § 7 Abs. 2 Satz 1 des Formulars knüpft an den allgemeinen Verbraucherpreisindex an. Ändert sich dieser gegenüber dem für den Monat des Vertragsschlusses veröffentlichten Index um mindestens zehn Prozent, können beide Vertragsparteien Verhandlungen über die Anpassung

---

[807] Fenzl, Rn. 117; Zeiger, S. 55; Fenzl, Der Konzern 2006, 18, 24; Weißmüller, BB 2000, 1949, 1952. Nach den Angaben von Joachim, DZWiR 1992, 397, 402, variiert im Hotelgewerbe die feste Vergütung zwischen 2,5 bis 3,5 % vom Brutto-Umsatz und die variable Vergütung zwischen 10 bis 15 % bzw. nach anderen Angaben zwischen 8 bis 12 % vom Brutto-Betriebsgewinn. Nach der Auffassung von Weißmüller, BB 2000, 1949, 1952 mit Fn. 38 soll der Verzicht auf die Vereinbarung einer Vergütung für die Betriebsführung auch bei Kapitalgesellschaften als Betriebsführer möglich sein, sofern die Synergieeffekte die Kosten für die Betriebsführung übertreffen.

[808] Staudinger/Martinek/Omlor, § 675 Rn. B 154; Fenzl, Rn. 119, 58; Böhm, S. 23; Weißmüller, BB 2000, 1949, 1952; eingehend: Schlüter, S. 79 ff.

[809] Zur Höhe der Vergütung s. bereits B.I.1.b) § 4 Anm. 1.

[810] BGH NJW 2012, 2187; Z 63, 132, 136; OLG Hamm NJW-RR 1996, 268, 269; Palandt/Grüneberg, Anh zu § 245 (PrKlG), § 1 PrKlG Rn. 3.

der Festvergütung verlangen. Die Anpassung erfolgt zum 01. Januar des auf die Indexänderung folgenden Jahres. Ändert sich nach dem Zeitpunkt einer Anpassung der Index erneut um mindestens zehn Prozent, kann jeweils von einer Partei erneut eine Anpassung der Festvergütung verlangt werden (§ 7 Abs. 2 Satz 2 des Formulars).

Für die Anpassung der Festvergütung enthält § 7 Abs. 2 des Formulars keine Vorgaben. Solche können allerdings vereinbart werden, ohne dass die Wertsicherungsklausel dadurch gegen § 1 Abs. 1 PrKlG verstößt. Zulässig ist beispielsweise die Vereinbarung von Berechnungsfaktoren. Entsprechendes gilt für die Festlegung von Grenzwerten, welche die Anpassung nicht über- und/oder unterschreiten darf[811].

c) Änderung Betriebsführungsgegenstand

§ 7 Abs. 3 des Formulars stellt das Seitenstück zu dem Recht des Eigentümers dar, den Gegenstand der Betriebsführung gemäß § 1 Abs. 3 oder 4 des Formulars zu ändern. Für den Fall einer solchen Änderung erklärt § 7 Abs. 3 des Formulars § 7 Abs. 2 des Formulars mit der Maßgabe für entsprechend anwendbar, dass die Anpassung der Vergütung mit Wirkung auf den Zeitpunkt der Änderung des Umfangs der Betriebsführung erfolgt. Dementsprechend kann jede Partei Verhandlungen über die Anpassung der Festvergütung im Hinblick auf die Änderung des Gegenstands der Betriebsführung verlangen.

d) Mindestvergütung

Zum Schutz des Betriebsführers vor einer übermäßigen Verringerung der Vergütung bei einer Verringerung des Gegenstands der Betriebsführung sieht § 7 Abs. 4 des Formulars vor, dass die Festvergütung einen bestimmten Betrag (Mindestvergütung) nicht unterschreiten darf (§ 7 Abs. 4 Satz 1 des Formulars). Die Mindestvergütung ihrerseits unterliegt gemäß § 7 Abs. 4 Satz 2 des Formulars der Leistungsvorbehaltsklausel gemäß § 7 Abs. 2 des Formulars, sie ist also ebenfalls inflationsgeschützt.

e) Schiedsgutachterklausel

aa) Art des Schiedsgutachtens

Erzielen die Vertragsparteien keine Einigung über die Anpassung der Vergütung gemäß § 7 Abs. 2 bis 4 des Formulars, wird diese nach § 7 Abs. 5 Satz 1 des Formulars auf Verlangen einer Vertragspartei durch einen Wirtschaftsprüfer als Schiedsgutachter nach billigem Ermessen bindend festgesetzt. Der Schiedsgutachter soll unmittelbar die Anpassung der Vergütung und damit die Bestimmung der Leistung i. S. d. § 317 BGB vornehmen, ist also nicht auf die Feststellung von Tatsachen beschränkt, die nur mittelbar der Bestimmung der Leistung dienen. Es handelt sich daher um ein Schiedsgutachten im weiteren Sinne[812]. Auf ein Schiedsgutachten im weiteren Sinne sind die §§ 317 - 319 BGB unmittelbar anwendbar[813].

---

[811] Palandt/Grüneberg, Anh zu § 245 (PrKlG), § 1 PrKlG Rn. 3.

[812] Zur Abgrenzung zwischen Schiedsgutachten im weiteren und im engeren Sinne: BGH NJW-RR 2014, 492, 493; NJW 1991, 2761; MünchKommBGB/Würdinger, § 317 Rn. 29 ff.; Palandt/Grüneberg, § 317 Rn. 5 f.

[813] BGH NJW-RR 2014, 492, 493; MünchKommBGB/Würdinger, § 317 Rn. 29; Palandt/Grüneberg, § 319 Rn. 3.

Die Maßstäbe der Entscheidungsfindung des Schiedsgutachters richten sich nach den Vereinbarungen der Parteien. Sie können die Bestimmung in das freie Ermessen oder Belieben (vgl. § 319 Abs. 2 BGB) des Schiedsgutachters stellen[814]. Ebenso können die Parteien Entscheidungsmaßstäbe bzw. Anpassungskriterien festlegen und damit das Ermessen des Schiedsgutachters beschränken[815]. § 7 Abs. 5 Satz 1 des Formulars belässt es dabei, was nach der Auslegungsregel des § 317 Abs. 1 BGB gilt. Danach ist die Bestimmung der Leistung nach billigem Ermessen zu treffen[816].

bb) Prozesshindernde Einrede

Die Vereinbarung einer Schiedsgutachtenklausel als solche begründet keine prozesshindernde Einrede. § 1032 ZPO findet auf die Schiedsgutachtenklausel keine entsprechende Anwendung. Dementsprechend führt bei einem Rechtsstreit die Rüge einer Partei nicht zum Ausschluss des ordentlichen Rechtswegs[817]. Eine prozesshindernde Einrede kann aber durch eine entsprechende vertragliche Vereinbarung (Prozessvereinbarung) begründet werden. Eine solche Vereinbarung sieht das Formular unter § 7 Abs. 5 Satz 2 vor. Wird trotzdem Klage erhoben, führt dieses bei einredeweiser Geltendmachung zur Unzulässigkeit der Klage[818].

cc) Person des Schiedsgutachters

§ 7 Abs. 5 Satz 1 des Formulars unterstellt zunächst, dass sich die Vertragsparteien auf die Person des Schiedsgutachters, der Wirtschaftsprüfer sein muss, einigen. Für den Fall, dass sich die Parteien auch über die Person des Schiedsgutachters nicht einigen können, trifft § 7 Abs. 5 Satz 3 des Formulars Vorsorge. Danach wird der Schiedsgutachter auf Antrag einer Partei von der Institut für Wirtschaftsprüfer in Deutschland e. V. (IDW) benannt. Bei dem IDW bestehen „Grundsätze für die Benennung von Gutachtern durch das IDW" (Stand: 07.06.2010)[819]. In diesen Grundsätzen sind unter Ziffer 4.5 Regelungen in Bezug auf die Auswahl der Person des Schiedsgutachters (unter anderem Unabhängigkeit des Schiedsgutachters und Sachkunde) enthalten. Die Vereinbarung von ansonsten empfehlenswerten Regelungen zur Person des Schiedsgutachters insbesondere in puncto fachliche Qualifikation und Unabhängigkeit[820] ist daher nicht erforderlich.

Gemäß Ziffer 5 Satz 1 der Grundsätze für die Benennung von Gutachtern durch das IDW beansprucht das IDW keine Vergütung für die Benennung eines Sacherständigen zum Schiedsgutachter. Daher bedarf es insoweit auch keiner Regelung über die Kostentragung der Parteien.

---

[814] Palandt/Grüneberg, § 317 Rn. 1; MünchKommBGB/Würdinger, § 317 Rn. 3.

[815] BGH NJW 1996, 452, 454; Palandt/Grüneberg, § 317 Rn. 5; Erman/Hager, § 317 Rn. 9.

[816] Zum Maßstab des billigen Ermessens statt aller: MünchKommBGB/Würdinger, § 315 Rn. 28 ff.; Palandt/Grüneberg, § 315 Rn. 10.

[817] BGH NJW 1982, 1878, 1879; allerdings bleibt in diesem Fall die beweisverpflichtete Partei beweisfällig, wenn sie entscheidungserhebliche Tatsachen, die durch den Schiedsgutachter festzustellen sind, nicht durch Vorlage des Schiedsgutachtens nachweisen kann (BGH NJW-RR 1988, 1405).

[818] S. dazu statt aller: GroßkommZPO/Assmann, Vor § 253 Rn. 149 ff.

[819] https://www.idw.de/blob/26372/cde41b02924a289396cd00da5fd5dba2/down-benennung-gutachter-data.pdf (zuletzt aufgerufen am 28.01.2018).

[820] § 1036 ZPO, der die Ablehnung eines Schiedsrichters wegen Zweifel an seiner Unparteilichkeit oder Unabhängigkeit regelt, ist auf den Schiedsgutachter nicht entsprechend anwendbar (OLG München BB 1976, 1047; Palandt/Grüneberg, § 317 Rn. 7; Erman/Hager, § 317 Rn. 11; abweichend: MünchKommBGB/Würdinger, § 317 Rn. 44). Ein Ablehnungsrecht kann allerdings vertraglich begründet werden (BGH NJW 1972, 827; Palandt/Grüneberg, § 317 Rn. 7; Erman/Hager, § 317 Rn. 11).

dd) Schiedsgutachtenvertrag

Vertragliche Grundlage der Tätigkeit des Schiedsgutachters ist ein mit diesem zu schließender Schiedsgutachtervertrag. Es handelt sich dabei um einen dem Schiedsrichtervertrag ähnlichen Vertragstyp sui generis[821]. § 7 Abs. 5 Satz 4 des Formulars bestimmt, dass die Beauftragung des Schiedsrichters durch beide Parteien gemeinsam erfolgen soll, lässt aber die Möglichkeit offen, dass auch jede Vertragspartei den Schiedsgutachter allein beauftragen kann, weil ansonsten die andere Partei versucht sein könnte, die Durchführung des Schiedsgutachtenverfahrens durch eine unterlassene Mitwirkung bei der Beauftragung des Schiedsgutachters zu vereiteln. Auch wenn der Abschluss des Schiedsgutachtenvertrags formfrei möglich ist, empfiehlt sich aus Klarstellungs- und Beweisgründen ein schriftlicher Vertragsabschluss.

ee) Verfahren und Gutachtengestaltung

Bei einem Schiedsgutachtenverfahren kann der Schiedsgutachter das Verfahren grundsätzlich frei gestalten[822]. Der Schiedsgutachter ist nach std. Rechtsprechung des BGH noch nicht einmal verpflichtet, den Parteien rechtliches Gehör zu gewähren[823]. Die §§ 1025 ff. ZPO finden auf das Schiedsgutachterverfahren nach ganz h. M. keine Anwendung[824]. Die Aufnahme von Regelungen zur Verfahrens- und Gutachtengestaltung ist daher empfehlenswert. Solche sind in § 7 Abs. 5 Sätze 5 und 6 enthalten:

Gemäß § 7 Abs. 5 Satz 5 des Formulars hat der Schiedsrichter den Parteien mindestens einmal Gelegenheit zur Stellungnahme zu geben und auf Verlangen einer Partei eine Anhörung zur mündlichen Erörterung der Streitfrage durchzuführen. Gewährt der Schiedsgutachter den Parteien entgegen einer ausdrücklichen vertraglichen Regelung kein rechtliches Gehör, ist das Gutachten offenbar unbillig i. S. d. § 319 Abs. 1 Satz 1 BGB und dementsprechend unverbindlich[825].

Nach § 7 Abs. 5 Satz 6 HS 1 des Formulars hat der Schiedsgutachter sein Gutachten schriftlich zu verfassen und das Gutachten muss gemäß § 7 Abs. 5 Satz 6 HS 2 des Formulars die Erwägungen, auf denen die Entscheidung des Schiedsrichters beruht, enthalten. Hinzuweisen ist im Zusammenhang mit der letztgenannten Regelung darauf, dass Schiedsgutachten bei schwerwiegenden Begründungsmängeln unabhängig vom Ergebnis als offenbar unrichtig und zugleich als offenbar unbillig i. S. d. § 319 Abs. 1 Satz 1 BGB eingeordnet werden[826].

Klarstellend bestimmt das Formular in § 7 Abs. 5 Satz 7, dass der Schiedsgutachter im Übrigen nach eigenem Ermessen das Verfahren und die Art und Weise der Erstellung seines Gutachtens (selbst) festlegt.

---

[821] Palandt/Sprau, § 675 Rn. 25; MünchKommBGB/Würdinger, § 317 Rn. 51; abweichend (regelmäßig Geschäftsbesorgungsvertrag): Erman/Hager, § 317 Rn. 14.

[822] Palandt/Grüneberg, § 317 Rn. 7; Erman/Hager, § 317 Rn. 11.

[823] BGH NJW 1955, 665; WM 1968, 617, 618 m. w. N.

[824] RG Z 152, 201, 204; Palandt/Grüneberg, § 317 Rn. 7; Erman/Hager, § 317 Rn. 11 m. w. N. auch zu einzelnen Gegenansichten.

[825] OLG Schleswig NZM 2000, 338, 339; Palandt/Grüneberg, § 319 Rn. 5a; offen gelassen in: BGH WM 1968, 617, 618.

[826] BGH NJW-RR 1988, 506; OLG Koblenz VIZ 2002, 651, 653; Palandt/Grüneberg, § 319 Rn. 5a; Erman/Hager, § 319 Rn. 8.

ff) Gerichtliche Kontrolle

Soll der Schiedsgutachter, wie nach dem Formular vorgesehen, die Leistung nach billigem Ermessen bestimmen, unterliegt seine Entscheidung gemäß § 319 Abs. 1 BGB der gerichtlichen Nachprüfung. Die Entscheidung des Schiedsgutachters ist für die Parteien nicht verbindlich, wenn die getroffene Bestimmung offenbar unbillig ist (§ 319 Abs. 1 Satz 1 BGB). Nach gefestigter Rechtsprechung liegt eine offenbare Unbilligkeit vor, wenn die Bestimmung in grober Weise gegen Treu und Glauben verstößt und sich die Unbilligkeit, wenn auch nicht für jedermann, so doch einem sachkundigen unbefangenen Beobachter sofort aufdrängt[827].

Bei § 319 BGB handelt es sich um nachgiebiges Recht. Die Vertragsparteien können daher entweder den Prüfungsmaßstab des Gerichts bis hin zu einer vollständigen Überprüfung der Entscheidung des Schiedsgutachters erweitern. Ebenso zulässig ist es, (durch Individualvereinbarung) die gerichtliche Nachprüfung bis hin zu ihrem vollständigen Ausschluss zu beschränken[828]. § 7 Abs. 5 Satz 8 des Formulars bestimmt deklaratorisch, dass eine gerichtliche Überprüfung im gesetzlichen Umfang (§ 319 Abs. 1 BGB) stattfindet, weicht also nicht von der gesetzlichen Regelung ab.

gg) Kosten

§ 7 Abs. 5 Satz 9 des Formulars sieht vor, dass die Parteien die Kosten des Schiedsgutachters jeweils zur Hälfte tragen. Auch ohne eine entsprechende vertragliche Vereinbarung würde dies regelmäßig das Ergebnis einer ergänzenden Vertragsauslegung sein[829]. Alternativ zu dieser vertraglichen Gestaltung kann vereinbart werden, dass der Schiedsgutachter über die Kostentragung nach dem Verhältnis des Obsiegens/Unterliegens entscheidet. Anzumerken ist, dass die Kosten des Schiedsrichters grundsätzlich nicht zu den nach § 91 Abs. 1 Satz 1 ZPO zu erstattenden Kosten eines (anschließenden) Rechtsstreits gehören[830].

f) Fälligkeit

Die Fälligkeit der Festvergütung ist in § 7 Abs. 6 Satz 1 des Formulars geregelt[831]. Danach ist die Festvergütung in 12 gleichen Raten zum 01. eines jeden Monats zu zahlen.

§ 7 Abs. 6 Satz 2 des Formulars ist im Zusammenhang mit § 7 Abs. 3 Satz 2 des Formulars zu sehen. Bei einer unterjährigen Änderung des Gegenstands der Betriebsführung erfolgt eine gleichmäßige Anpassung der für das Jahr noch ausstehenden Raten.

3. Variable Vergütung

a) Bemessungsgrundlage

Bei der Vereinbarung einer variablen Vergütung bzw. eines variablen Vergütungsanteils empfiehlt es sich, als Bemessungsgrundlage das Betriebsergebnis zu vereinbaren, um den Be-

---

[827] BGH NJW-RR 2004, 760, 761; NJW 1991, 2761; Palandt/Grüneberg, § 319 Rn. 3.
[828] Palandt/Grüneberg, § 319 Rn. 10; MünchKommBGB/Würdinger, § 319 Rn. 3.
[829] S. LG Hamburg MDR 1975, 143; MünchKommBGB/Würdinger, § 317 Rn. 51.
[830] BGH NJW-RR 2006, 212, 213; MünchKommBGB/Würdinger, § 317 Rn. 51.
[831] S. zur Fälligkeit der Vergütung bereits B.I.1.b) § 4 Anm. 2.

triebsführer anzuhalten, das Eigentümerunternehmen gewinnorientiert zu führen[832]. Insofern kann entweder an das Ergebnis des letzten Geschäftsjahrs, in dem der Eigentümer das Unternehmen selbst geführt hat, angeknüpft werden oder an das gemittelte Ergebnis mehrerer Geschäftsjahre[833].

Als alternative Gestaltung kann im Betriebsführungsvertrag ein bestimmter Betriebserfolg definiert und die Zahlung von fester und/oder variabler Betriebsführungsvergütung an das Erreichen dieses Betriebserfolges geknüpft werden[834].

Abgesehen werden sollte davon, die variable Vergütung an den Umsatz des Eigentümers zu koppeln, da der Umsatz allein kein geeigneter Indikator für eine erfolgreiche Betriebsführung durch den Betriebsführer ist. Auch das Stammkapital bildet keinen geeigneten Anhaltspunkt für die Vergütungsbemessung und hat zudem den Nachteil, dass der Eigentümer durch eine Kapitalherabsetzung einseitig die Vergütung vermindern oder trotz einer erfolgreichen Arbeit des Betriebsführers – durch das Absehen von einer Kapitalerhöhung aus nicht sachgerechten Gründen – nicht erhöhen könnte[835].

§ 7 Abs. 7 des Formulars legt als Bemessungsgrundlage für die Berechnung der erfolgsabhängigen Vergütung das positive Betriebsergebnis (Jahresüberschuss) fest. Die Bemessungsgrundlage für die erfolgsabhängige Vergütung muss klar und eindeutig festgelegt sein. Da bei einem Teilbetriebsführungsvertrag der Betriebsführer nur insoweit am Betriebserfolg partizipieren soll, als dieser auf seine Tätigkeit zurückzuführen ist, muss daher genau fixiert werden, nach welchen Berechnungskriterien zu ermitteln ist, inwieweit der Jahresüberschuss den vom Betriebsführer geführten Betrieben und Anlagen zuzuordnen ist. Insbesondere muss festgelegt werden, nach welchen Verteilungsschlüsseln die Gemeinkosten (z. B. Buchhaltungskosten) aufgeteilt werden; dabei sollten auch die Grundlagen für die Ermittlung der Verteilungsschlüssel angegeben werden, da diese bei einer Änderung des Betriebsführungsgegenstands angepasst werden müssen. Diese Festlegung erfolgt in der Anlage 15 zum Betriebsführungsvertrag. Ferner muss bei einem Anknüpfen an den Jahresüberschuss vereinbart werden, ob der Jahresüberschuss der Handels- oder der Steuerbilanz gemeint ist. § 7 Abs. 7 Satz 2 des Formulars bestimmt, dass die Bemessungsgrundlage bzw. der Jahresüberschuss nach handelsrechtlichen Vorschriften zu ermitteln, also ersteres gewollt ist.

Um die Berechnung zu vereinfachen bestimmt § 7 Abs. 7 Satz 2 des Formulars außerdem, dass die (zu ermittelnde) erfolgsabhängige Vergütung ebenso wie die Ertragssteuern (Gewerbesteuer, Körperschaftsteuer, Solidaritätszuschlag) bei der Berechnung nicht in Ansatz zu bringen sind.

§ 7 Abs. 7 Satz 3 des Formulars sieht vor, dass Verlustvorträge aus Vorjahren die Bemessungsgrundlage nicht mindern. Gegenteiliges sollte vereinbart werden, sofern es sich bei dem Betriebsführer um einen Gesellschafter des Eigentümers handelt: Nach der Rechtsprechung wird die Nichtberücksichtigung von Verlustvorträgen bei an den Jahresüberschuss anknüpfenden Tantiemeregelungen in Geschäftsführeranstellungsverträgen mit Gesellschafter-Geschäftsführern als eine verdeckte Gewinnausschüttung gewertet, sofern der Geschäftsführer für den Verlust zumindest mitverantwortlich ist[836]. Entsprechend könnte die Rechtslage bewertet werden, wenn bei einem Gesellschafter-Betriebsführer die Ermittlung der an den

---

[832] Joachim, DZWiR 1992, 397, 402.
[833] Weißmüller, BB 2000, 1949, 1952.
[834] Joachim, DZWiR 1992, 397, 402.
[835] Böhm, S. 23; Weißmüller, BB 2000, 1949, 1952.
[836] BFH BStBl. II 2004, 524, 524 f. m. w. N.

Jahresüberschuss anknüpfenden erfolgsabhängigen Vergütung ohne Berücksichtigung von Verlustvorträgen erfolgt.

Zur Vermeidung von Meinungsverschiedenheiten über die Berechnung der erfolgsabhängigen Vergütung bietet es sich an, erläuternd Berechnungsbeispiele mit in den Betriebsführungsvertrag aufzunehmen. Solche sind für die Anlage 15 vorgesehen.

b) Fälligkeit

Rechtliche Vorgaben für die Fälligkeit der erfolgsabhängigen Vergütung bestehen nicht. Treffen die Parteien keine Vereinbarung über die Fälligkeit einer am Jahresüberschuss orientierten erfolgsabhängigen Vergütung, ist die erfolgsabhängige Vergütung im Zeitpunkt der Feststellung des Jahresabschlusses fällig[837]. § 7 Abs. 8 des Formulars bestimmt, dass die erfolgsabhängige Vergütung binnen einer bestimmten Anzahl von Wochen nach der Feststellung des Jahresabschlusses der Auftraggeberin für das vorangegangene Geschäftsjahr zu zahlen ist.

c) Korrektur

Auch ohne ausdrückliche Vereinbarung sind nachträgliche Korrekturen der Bemessungsgrundlage nach der Rechtsprechung des BFH zu berücksichtigen[838]. Da die Instanzengerichte dieses teilweise anders bewerten[839], sollte eine ausdrückliche Vereinbarung getroffen werden. Eine solche sieht § 7 Abs. 9 des Formulars vor.

d) Entfall und zeitanteilige Zahlung

§ 7 Abs. 10 Satz 2 des Formulars bestimmt, dass der Betriebsführer bei einer Beendigung des Betriebsführungsvertrags im laufenden Geschäftsjahr der Eigentümerin die erfolgsabhängige Vergütung pro rata temporis erhält. Entsprechendes gilt bei einer Änderung des Betriebsführungsgegenstands nach § 1 Abs. 3 oder 4 (§ 7 Abs. 10 Satz 3 des Formulars). Dies gilt nicht nach § 7 Abs. 10 Satz 1 des Formular für den Fall der Kündigung des Vertrags durch den Eigentümer aus wichtigem Grund; insofern ist ein Anspruch des Betriebsführers auf eine (zeitanteilige) erfolgsabhängige Vergütung für das laufende Geschäftsjahr des Eigentümers ausgeschlossen.

4. Umsatzsteuer

Eine klarstellende Regelung zur Zahlung der Umsatzsteuer enthält § 7 Abs. 11 des Formulars[840].

---

[837] So, für die Tantieme des Alleingesellschafter-Geschäftsführers: BFH GmbHR 2011, 599, 600; Baumbach/Hueck/Zöllner/Noack, § 35 Rn. 188.
[838] BFH BStBl. II 1971, 600.
[839] FG Niedersachsen EFG 2000, 807, 807 f.
[840] S. dazu bereits B.I.1.b) § 4 Anm. 3.

§ 8 Aufwendungsersatz

Inhalt

1. Aufwendungsersatz   2. Betriebskonto mit Mindestguthaben

1. Aufwendungsersatz

Gegenstand von Meinungsverschiedenheiten zwischen den Parteien eines Betriebsführungs-vertrags ist in der Praxis des Öfteren der Umfang des Aufwendungsersatzanspruchs[841] des Betriebsführers[842]. Das ist regelmäßig darauf zurückzuführen, dass zwischen den Parteien ausgehandelte Regelungen Unklarheiten bzw. Lücken aufweisen. Bei der vertraglichen Aus-gestaltung des Aufwendungsersatzanspruchs ist daher besonderes Augenmerk auf die Klarheit und Vollständigkeit der Regelung zu achten.

Diese lässt sich dadurch erreichen, dass entweder vereinbart wird, dass alle Aufwendungen des Betriebsführers mit der Vergütung abgegolten sind oder festgelegt wird, dass der Be-triebsführer Anspruch auf Ersatz aller Aufwendungen hat. Die erste Gestaltung wird regelmä-ßig den Interessen des Betriebsführers zuwiderlaufen, da der Betriebsführer jedenfalls vor der Aufnahme der Betriebsführung den Kostenaufwand nicht hinreichend sicher abschätzen kann und daher für ihn das Risiko eines im ungünstigsten Falle defizitären Geschäfts besteht. Die letzte Gestaltung ist für den Eigentümer riskant, da er dem Betriebsführer auch solche Auf-wendungen ersetzen muss, die (objektiv) nicht notwendig sind und die der Betriebsführer (subjektiv) auch nicht für erforderlich halten durfte.

Sinnvoll ist es, bei der Ausgestaltung der vertraglichen Regelung eine Positiv- oder Negativ-liste zu erstellen und ergänzend dazu zu vereinbaren, dass andere als die in der Liste genann-ten Aufwendungen nicht ersetzt (Positivliste) bzw. ersetzt (Negativliste) werden. § 8 Abs. 1 Satz 1 des Formulars sieht die Erstellung einer Negativliste (Anlage 16) vor, in der alle Auf-wendungen aufzuführen sind, welche mit der Vergütung abgegolten sind. Soweit Aufwen-dungen in dieser abschließenden Liste nicht aufgeführt sind, erhält der Betriebsführer Auf-wendungsersatz nach der Regelung in § 8 Abs. 1 Satz 2 des Formulars, welche der gesetzli-chen Regelung (§ 670 BGB) entspricht.

2. Betriebskonto mit Mindestguthaben

Der Eigentümer kann verpflichtet werden, auf einem Betriebskonto ein bestimmtes Mindest-guthaben zu unterhalten, von dem aus der Betriebsführer seine Aufwendungen entnehmen kann[843]. Eine solche Verpflichtung sieht § 8 Abs. 2 Satz 1 des Formulars vor. Der Zweck der Pflicht zur Unterhaltung eines Mindestguthabens besteht darin sicher zu stellen, dass der Ei-gentümer für den Betriebsführer die erforderlichen Zahlungsmittel ständig vorhält, soweit die Einnahmen des Betriebs (aus denen der Betriebsführer ansonsten seine Aufwendungen be-streiten würde) nicht ausreichen[844]. Nach § 8 Abs. 2 Satz 2 des Formulars ist das Mindestgut-haben bei einer Anpassung der Festvergütung entsprechend anzupassen.

---

[841] S. zum Aufwendungsersatzanspruch bereits: B.I.1.b) § 4 Anm. 4.

[842] So auch Böhm, S. 166 f., der befürwortet, Konflikten durch die Vereinbarung einer Kostendeckelung oder einer Kostenpauschale vorzubeugen.

[843] BGH WM 1982, 394, 398 - „Holiday Inn" (insoweit nicht abgedruckt in: NJW 1982, 1817 f.); Huber, ZHR 152 (1988), 1, 5; Joachim, DZWiR 1992, 397, 398.

[844] Huber, ZHR 152 (1988), 1, 5.

§ 9 Aufrechnung und Leistungsverweigerungsrechte

Inhalt

1. Aufrechnung   2. Leistungsverweigerungsrechte

1. Aufrechnung

In der Praxis sehen Betriebsführungsverträge häufig Beschränkungen der Aufrechnungsmöglichkeit vor[845]. Vertraglich vereinbarte Aufrechnungsbeschränkungen oder -verbote sind zulässig, soweit keine gesetzlichen Vorschriften entgegenstehen[846]. § 9 Abs. 1 Satz 1 des Formulars verbietet lediglich dem Eigentümer gegen Ansprüche des Betriebsführers auf Zahlung der Festvergütung aufzurechnen. Im Übrigen bleibt für beide Parteien die Möglichkeit der Aufrechnung nach Maßgabe der gesetzlichen Bestimmungen unberührt. Der Zweck des § 9 Abs. 1 Satz 1 des Formulars besteht darin, die wirtschaftliche Grundlage des Betriebsführers sicherzustellen.

In Allgemeinen Geschäftsbedingungen ist gemäß § 309 Nr. 3 BGB eine Bestimmung unwirksam, durch die dem Vertragspartner des Verwenders die Befugnis genommen wird, mit einer unbestrittenen oder rechtskräftig festgestellten Forderung aufzurechnen. Zwar ist das Formular als eine Individualvereinbarung konzipiert. Allerdings kann sich bei einer solchen das Berufen auf ein Aufrechnungsverbot bei unbestrittenen, rechtskräftig festgestellten oder entscheidungsreifen Forderungen als treuwidrig darstellen[847]. Daher bestimmt § 9 Abs. 1 Satz 2 des Formulars eine entsprechende Ausnahme.

2. Leistungsverweigerungsrechte

Die vorstehenden Ausführungen zur Aufrechnung gelten für die Leistungsverweigerungsrechte gemäß §§ 320, 273 BGB, 369 HGB entsprechend. Auch die §§ 320, 273 BGB, § 369 HGB sind durch Individualvereinbarung ohne weiteres abdingbar[848], durch Allgemeine Geschäftsbedingungen nur in den Grenzen des § 309 Nr. 2 BGB. Aus dem gleichen Grund wie bei dem vorstehend geregelten Aufrechnungsausschluss bestimmt § 9 Abs. 2 Satz 1 des Formulars, dass der Eigentümer gegenüber Ansprüchen des Betriebsführers auf Zahlung der Festvergütung keine Leistungsverweigerungsrechte geltend machen darf. Ausgenommen sind Leistungsverweigerungsrechte, die auf Gegenansprüche des Eigentümers gestützt werden, die unbestrittenen, rechtskräftig oder entscheidungsreif sind (§ 9 Abs. 2 Satz 2 des Formulars).

---

[845] Vgl. Joachim, DZWiR 1992, 397, 404.

[846] Palandt/Grüneberg, § 387 Rn. 14; MünchKommBGB/Schlüter, § 387 Rn. 58.

[847] Palandt/Grüneberg, § 387 Rn. 17; Erman/Wagner, § 387 Rn. 40.

[848] Für §§ 320, 273 BGB: Palandt/Grüneberg, § 320 Rn. 3; § 273 Rn. 13; MünchKommBGB/Krüger, § 273 Rn. 44; MünchKommBGB/Emmerich, § 320 Rn. 43; für § 369 HGB: Ebenroth/Boujong/Joost/Strohn/Lettl, § 369 Rn. 37; Oetker/Maultzsch, § 369 Rn. 58; für § 369 HGB s. auch: OLG Hamburg NJW-RR 1998, 586 (587).

§ 10 Abtretung und Betriebsführung durch Dritte

Inhalt

1. Abtretung

Betriebsführungsverträge bestimmen in der Praxis regelmäßig, dass die Abtretung von Ansprüchen aus dem Betriebsführungsvertrag ausgeschlossen ist oder der Zustimmung des anderen Vertragsteils bedarf[849]. Einen Abtretungsausschluss sieht § 10 Abs. 1 Satz 1 des Formulars vor. Grundsätzliche Bedenken gegen die Abrede eines Abtretungsausschlusses bestehen nicht, die Zulässigkeit der Vereinbarung ergibt sich aus § 399 Alt. 2 BGB. Erfolgt eine Abtretung entgegen dem vereinbarten Abtretungsverbot, ist die Abtretung unwirksam[850].

Allerdings stellt der Betriebsführungsvertrag ein beiderseitiges Handelsgeschäft i. S. d. § 343 HGB dar[851]. Daher ist bei der Vereinbarung eines Abtretungsverbots § 354a HGB zu beachten, der nach § 10 Abs. 1 Satz 2 des Formulars unberührt bleibt. Nach § 354a Abs. 1 Satz 1 HGB ist die Abtretung von Geldforderungen aus einem beiderseitigen Handelsgeschäft, soweit es sich nicht um die Darlehensforderung eines Kreditinstitutes handelt (§ 354a Abs. 2 HGB), trotz eines vereinbarten Abtretungsverbots wirksam. § 354a Abs. 1 HGB findet auch Anwendung auf Abreden, nach denen die Abtretung von der Zustimmung des Gläubigers abhängig gemacht wird[852]. Im Anwendungsbereich des § 354a HGB kann der vereinbarte Abtretungsausschluss also nicht die Wirksamkeit einer Abtretung verhindern, abweichende Vereinbarungen sind nach § 354a Abs. 1 Satz 3 HGB unwirksam. Trotz des vereinbarten Abtretungsausschlusses kann daher insbesondere der Betriebsführer seine Ansprüche auf die Betriebsführungsvergütung an Dritte wirksam abtreten.

Im Anwendungsbereich des § 354a HGB bleibt der vereinbarte Abtretungsausschluss aber nicht folgenlos. § 354a Abs. 1 Satz 2 HGB bestimmt, dass der Schuldner an den bisherigen Gläubiger mit befreiender Wirkung leisten kann. Der Leistung gleich stehen leistungsersetzende Handlungen (Aufrechnung, Verrechnung)[853], sofern diese nicht (wie in § 9 Abs. 1 des Formulars vorgesehen) durch Vereinbarung ausgeschlossen sind.

2. Betriebsführung durch Dritte

Für den Einsatz von Dritten auf Seiten des Betriebsführers kommen drei Gestaltungsvarianten in Betracht, die Vertragsübernahme, die Substitution und der Einsatz von Erfüllungsgehilfen. Während die Vertragsübernahme gesetzlich nicht geregelt ist, enthält § 664 BGB Regelungen zur Substitution und zu dem Einsatz von Erfüllungsgehilfen. § 664 BGB ist zwar von der

---

[849] Vgl. Zeiger, S. 63.

[850] BGH NJW 1978, 813, 814; 1988, 1210, 1211; ZIP 2010, 890, 891; Palandt/Grüneberg, § 399 Rn. 12; MünchKommBGB/Roth/Kieninger, § 399 Rn. 33.

[851] S. dazu bereits A.II.1.b).

[852] BGH NJW 2009, 438, 439; Palandt/Grüneberg, § 399 Rn. 9; MünchKommBGB/Roth/Kieninger, § 399 Rn. 46.

[853] BGH NJW 2009, 438, 439 f.; Palandt/Grüneberg, § 399 Rn. 9; MünchKommBGB/Roth/Kieninger, § 399 Rn. 47.

Verweisung in § 675 Abs. 1 BGB ausgenommen. Gleichwohl findet § 664 BGB nach heute h. M. auf Geschäftsbesorgungsverträge Anwendung[854].

a) Vertragsübernahme

Bei der Vertragsübernahme tritt ein Dritter an Stelle des Betriebsführers in den Betriebsführungsvertrag ein. Sofern die Vertragsübernahme nicht als „dreiseitiger Vertrag" abgeschlossen wird, sondern als Vertrag zwischen der ausscheidenden und der eintretenden Partei, bedarf sie zu ihrer Wirksamkeit der Zustimmung des anderen Teils[855], also des Eigentümers. Dementsprechend bestimmt § 10 Abs. 2 Satz 1 des Formulars, dass die Übernahme des Vertrags durch einen Dritten der Zustimmung des Eigentümers bedarf.

Betriebsführungsverträge sehen in der Praxis teilweise die Zulässigkeit einer Vertragsübernahme auf Seiten des Betriebsführers durch ein mit dem Betriebsführer verbundenes Unternehmen vor, so auch § 10 Abs. 2 Satz 2 des Formulars, nach dem die Zustimmung zur Vertragsübernahme als erteilt gilt, wenn es sich bei dem Dritten um ein mit dem Betriebsführer verbundenes Unternehmen i. S. d. § 15 AktG handelt.

Macht der Betriebsführer von dieser Regelung Gebrauch, besteht für den Eigentümer das Risiko, dass das verbundene Unternehmen keine vergleichbaren Leistungen wie der Betriebsführer erbringt. Dieser Gefahr wird bisweilen dadurch begegnet, dass sich der (bisherige) Betriebsführer für die Vertragserfüllung verantwortlich erklärt[856]. In diesem Sinne bestimmt § 10 Abs. 2 Satz 3 HS 1 des Formulars, dass im Fall der Vertragsübernahme durch ein mit dem Betriebsführer verbundenes Unternehmen der Betriebsführer im Wege eines selbständigen Garantieversprechens garantiert, dass der Dritte den Pflichten aus dem Betriebsführungsvertrag nachkommt. Im Garantiefall ist der Betriebsführer gegenüber dem Eigentümer zum Schadensersatz (§§ 249 ff. BGB) verpflichtet (§ 10 Abs. 2 Satz 3 HS 2 des Formulars), ohne dass es insofern auf ein Verschulden des Betriebsführers ankommt.

b) Substitution

Eine Substitution bzw. Übertragung der Ausführung des Auftrags zur Betriebsführung i. S. d. § 664 Abs. 1 Sätze 1 und 2 BGB liegt vor, wenn der Betriebsführer als Beauftragter die Besorgung des ihm übertragenen Geschäfts vollständig oder teilweise einem Dritten zur selbständigen Ausführung in dessen eigener Verantwortung überlässt. Sie setzt nicht voraus, dass der Beauftragte aus dem Vertragsverhältnis ausscheidet und der Dritte völlig an seine Stelle tritt[857]. Nach der Auslegungsregel des § 664 Abs. 1 Satz 1 BGB ist dem Beauftragten die Übertragung der Ausführung des Auftrags verboten.

§ 10 Abs. 3 des Formulars bestimmt über einen Verweis auf § 10 Abs. 2 des Formulars, dass die Substitution grundsätzlich der Zustimmung des Eigentümers bedarf (§ 10 Abs. 2 Satz 1

[854] Für Dienstverträge, die eine Geschäftsbesorgung zum Gegenstand haben: BGH NJW 1952, 257; RG Z 78, 310, 313; ebenso, soweit es auf ein persönliches Vertrauensverhältnis ankommt: Palandt/Grüneberg, § 664 Rn. 1; Erman/Berger, § 664 Rn. 1; einschränkend bezüglich des Haftungsprivilegs: Kümpel, WM 1996, 1893, 1896; abweichend (keine Anwendung des § 664 auf Geschäftsbesorgungsverträge) noch etwa: RG Z 161, 68, 70 (unter ausdrücklicher Aufgabe seines Standpunkts in RG Z 78, 310, 313); RGRK/Steffen, § 664 Rn. 12.

[855] BGH NJW-RR 2005, 958, 959; 2010, 1095; MünchKommBGB/Roth/Kieninger, § 398 Rn. 184; Palandt/Grüneberg, § 398 Rn. 42.

[856] Vgl. Zeiger, S. 63.

[857] BGH NJW 1993, 1704, 1706; Palandt/Sprau, § 664 Rn. 2.

des Formulars). Aufgrund des vollständigen Verweises auf § 10 Abs. 2 gilt Abweichendes für eine Übertragung auf ein mit dem Betriebsführer verbundenes Unternehmen (§ 10 Abs. 2 Satz 2 des Formulars).

Bei der gestatteten Übertragung hat der Beauftragte nach § 664 Abs. 1 Satz 2 BGB nur ein ihm bei der Übertragung zur Last fallendes Verschulden zu vertreten, er haftet also nicht für das Verschulden des Substituten. Nach dem Formular haftet der Betriebsführer allerdings über § 664 Abs. 1 Satz 2 BGB hinaus bei Eintritt des Garantiefalls (§ 10 Abs. 2 Satz 3 des Formulars).

c) Erfüllungsgehilfen

Im Gegensatz zum Substituten unterstützt der Gehilfe den Beauftragten lediglich in allen oder einzelnen Verrichtungen, der Beauftragte bleibt aber selbst verantwortlich[858]. Aus § 664 Abs. 1 Satz 3 BGB folgt, dass die Hinzuziehung von Gehilfen zulässig ist, soweit sich nicht aus dem Vertrag ausdrücklich oder bei interessengerechter Auslegung das Gegenteil ergibt[859]. Um Auslegungszweifeln vorzubeugen gestattet § 10 Abs. 4 des Formulars dem Betriebsführer ausdrücklich, zur Erfüllung seiner Leistungen Gehilfen einzusetzen.

§ 11 Versicherungen

Inhalt

1. Versicherungsschutz	b) Mitversicherung des Betriebsführers
a) Art und Umfang	2. Nachweispflicht und Selbstvornahmerecht

1. Versicherungsschutz

Gemäß § 11 Abs. 1 Satz 1 des Formulars sind die Parteien zum Abschluss von Versicherungen mit Wirkung auf den Zeitpunkt des Vertragsbeginns und deren Aufrechterhaltung während der Vertragsdauer verpflichtet. Hinsichtlich der Art und des Umfangs der Versicherungen verweist das Formular auf Anlage 17. Insofern ist zwischen Eigentümer und Betriebsführer ein am konkreten Bedarf orientierter Versicherungsschutz abzustimmen.

a) Art und Umfang

Der Art des versicherten Risikos nach kommt beispielsweise der Abschluss einer Betriebshaftpflicht-, Umwelthaftpflicht-, Produkthaftpflicht-, Vermögensschadenhaftpflicht-, Maschinen-, Betriebsunterbrechungs-, Elektronik-, Kfz-, und/oder Kreditversicherung in Betracht. Vom Umfang her ist auf angemessene Deckungssummen zu achten.

b) Mitversicherung des Betriebsführers

Hinsichtlich der seitens des Eigentümers abgeschlossenen Versicherungen ist zu berücksichtigen, dass der Betriebsführer Dritter i. S. d. § 86 Abs. 1 Satz 1 VVG ist, sofern der Betriebs-

---

[858] Palandt/Sprau, § 664 Rn. 2, 6; Erman/Berger, § 664 Rn. 8.
[859] Palandt/Sprau, § 664 Rn. 6; MünchKommBGB/Schäfer, § 664 Rn. 21 f.; Erman/Berger, § 664 Rn. 8.

führer nicht als mitversicherte Person in den Versicherungsschutz einbezogen wird[860]. Das bedeutet, dass wenn dem Eigentümer in einem versicherten Schadensfall ein Ersatzanspruch gegen den Betriebsführer zusteht und der Betriebsführer nicht mitversichert ist, dieser Ersatzanspruch kraft Gesetzes auf den Versicherer übergeht, soweit dieser den Schaden ersetzt. Der Versicherer kann also den Betriebsführer in Regress nehmen. Entsprechendes gilt für die für den Betriebsführer handelnden Personen. Nach Möglichkeit sollte daher in der Anlage 17 geregelt werden, dass der Betriebsführer und die für ihn handelnden Personen bei den von dem Eigentümer abzuschließenden Versicherungen mitversichert werden. Erfolgt keine Mitversicherung ist es nach dem Konzept des Formulars jedenfalls erforderlich, eine Regelung in den jeweiligen Versicherungsvertrag aufzunehmen, nach welcher der Regressanspruch des Versicherers nur in Höhe der Haftungsbeschränkungen gemäß § 12 Abs. 2 des Formulars auf den Versicherer übergeht. Ansonsten stellt sich die Haftungsbeschränkung nach § 12 Abs. 2 des Formulars als Obliegenheitsverletzung des Eigentümers dar, infolgedessen der Versicherer insoweit von seiner Leistung frei wird (§ 86 Abs. 2 Satz 2 VVG).

2. Nachweispflicht und Selbstvornahmerecht

Der Versicherungsschutz steht in einem engen Zusammenhang mit den Haftungsbeschränkungen des nachfolgenden § 12 des Formulars (s. § 12 Abs. 4 Buchst. b) des Formulars). Der Bestand der Versicherungen ist von wesentlicher Bedeutung für das haftungsrechtliche Risiko beider Vertragsparteien. Aus diesem Grund sieht § 11 Abs. 2 des Formulars über eine Nachweispflicht auf Verlangen (alternativ dazu kann eine wiederkehrende automatische Vorlagepflicht vereinbart werden) hinaus vor, dass wenn eine Partei ihrer Pflicht zum Abschluss, zur Aufrechterhaltung und erforderlichenfalls zur Anpassung der Versicherungen nicht nachkommt, die andere Partei i. S. e. Selbstvornahmerechts berechtigt ist, auf deren Kosten diese Versicherungen selbst abzuschließen, aufrecht zu erhalten und erforderlichenfalls anzupassen.

§ 12 Haftung der Auftragnehmerin

Inhalt

1. Grundlagen der Betriebsführerhaftung	c) Haftungshöchstgrenzen
2. Verlagerung der Risikoverteilung	d) Haftung gegenüber Dritten
3. Haftungsbeschränkungen	e) Ausnahmen
a) Vereinbarungen in der Praxis	f) Persönliche Erweiterung
b) Abmilderung des Sorgfaltsmaßstabs	

1. Grundlagen der Betriebsführerhaftung

Der Betriebsführer haftet dem Eigentümer wie jedem Dritten gegenüber nach Maßgabe der allgemeinen haftungsrechtlichen Bestimmungen. Ferner haftet der Betriebsführer dem Eigentümer gegenüber unbeschränkt für jede fahrlässige Verletzung seiner vertraglichen Pflichten (§ 280 Abs. 1 BGB).

Da es sich bei dem Betriebsführungsvertrag auf der Seite des Betriebsführers um ein Handelsgeschäft i. S. d. § 343 HGB handelt, hat der Betriebsführer bei einer Haftung gegenü-

---

[860] Allgemein werden Mitversicherte nicht als Dritte i. S. d. § 86 VVG angesehen, s. BGH Z 117, 151, 158; 175, 374, 377; im Ergebnis auch: GroßkommVVG/Voit, § 86 Rn. 70, nach dem der Anspruch zwar auf den Versicherer übergehe, der Anspruch aber wegen des von Versicherer gewährten Versicherungsschutzes nicht durchgesetzt werden könne.

dem Eigentümer nach den gegenüber § 276 Abs. 2 BGB erhöhten Sorgfaltsanforderungen des § 347 Abs. 1 HGB für die Sorgfalt eines ordentlichen Kaufmanns einzustehen. Dieser Sorgfaltsmaßstab gilt auch bei einem Verschulden seiner Leitungsorgane (bei einem kapitalgesellschaftlich organisierten Betriebsführer), seiner Mitarbeiter und seiner sonstigen Erfüllungsgehilfen, welches ihm nach § 31 BGB (Leitungsorgane) bzw. § 278 BGB (Mitarbeiter und sonstige Erfüllungsgehilfen) zugerechnet wird[861].

Die im Verhältnis zwischen dem kapitalgesellschaftlich organisierten Eigentümer und seinen Leitungsorganen (Vorstand, Geschäftsführer) geltenden Regelungen über die organschaftliche Haftung (§§ 93 AktG, 43 GmbHG) und die dazu entwickelten Grundsätze sind im Verhältnis zwischen dem Eigentümer einerseits und dem Betriebsführer und dessen Leitung andererseits jedenfalls dann nicht entsprechend anwendbar, sofern der Eigentümer dem Betriebsführer entsprechend der nach h. M. bestehenden organisationsrechtlichen Schranke keine Aufgaben der Unternehmenspolitik bzw. Leitungsentscheidungen überträgt. In diesem Fall üben der Betriebsführer und dessen Organe im Unternehmen des Eigentümers keine Funktionen aus, die eine analoge Anwendung der Vorschriften über die organschaftliche Haftung rechtfertigen[862].

2. Verlagerung der Risikoverteilung

Aus der Unanwendbarkeit der §§ 93 AktG, 43 GmbHG folgt bei einem Vergleich zwischen einem Handeln eines Leitungsorgans des Eigentümers und dem Handeln eines Leitungsorgans des Betriebsführers (für den Eigentümer) eine Verschiebung der haftungsrechtlichen Risikoverteilung. Der Betriebsführer haftet dem Eigentümer gegenüber für jede Pflichtverletzung seines Leitungsorgans. Anders ist dies beim Leitungsorgan des Eigentümers. Handelt es sich bei dem Eigentümer um eine Aktiengesellschaft liegt nach § 93 Abs. 1 Satz 2 AktG keine Pflichtverletzung des Vorstandsmitglieds vor, wenn es bei einer unternehmerischen Entscheidung vernünftigerweise annehmen durfte, auf der Grundlage angemessener Information zum Wohle der Gesellschaft zu handeln. Entsprechendes gilt, wenn es sich bei dem Eigentümer um eine GmbH handelt: Auch insofern ist anerkannt, dass dem Geschäftsführer bei der Leitung der Geschäfte des Unternehmens ein weiter Handlungsspielraum zugebilligt werden muss, ohne den eine unternehmerische Tätigkeit schlechterdings nicht denkbar ist. Dieser ist erst dann überschritten, wenn ein von Verantwortungsbewusstsein getragenes, ausschließlich

---

[861] BGH Z 31, 358, 367; NJW 1964, 2058; Ebenroth/Boujong/Joost/Strohn/Joost, § 347 Rn. 5; Baumbach/Hopt/Hopt, § 347 Rn. 3.

[862] Bei einer Aktiengesellschaft als Eigentümer eine analoge Anwendung des § 93 AktG auf den Betriebsführer ablehnend: Geßler, FS Hefermehl, S. 263, 280 (nach dem die Entscheidung über die Unternehmenspolitik und damit auch die Organhaftung für diese beim Vorstand verbleibe und, soweit § 93 AktG gegenüber dem allgemeinen Haftungsrecht zwingendes Recht enthalte, dem bei der Gestaltung des Betriebsführungsvertrags Rechnung getragen werden könne, so z. B. dass Verzichte nur im Rahmen des § 93 Abs. 4 Satz 3 AktG erfolgen dürften); Damm, BB 1976, 294, 296 (mit der kritischen Bewertung, dass § 93 AktG durch die Funktionsverlagerung auf den Betriebsführer ausgehöhlt und durch dessen lediglich schuldrechtliche Haftung nicht angemessen ersetzt werde); grundsätzlich auch: Böhm, S. 107 ff.; 202 f. (der allerdings die Grundsätze der Business Judgement Rule auf wirtschaftliche Ermessensentscheidungen bei der Auslegung der Sorgfaltspflichten übertragen will und der eine Minderung der Haftung entsprechend § 254 Abs. 1 BGB befürwortet); abweichend und damit eine analoge Anwendung des § 93 AktG befürwortend zwar: Spindler/Stilz/Veil, § 292 Rn. 55; Veil, S. 287 ff., 291, nach dessen Auffassung der Eigentümer dem Betriebsführer entgegen der h. M. aber auch Leitungsentscheidungen übertragen könne und der daraus konsequenter Weise eine organschaftliche Verantwortlichkeit des Betriebsführers ableitet; ebenfalls abweichend und neben dem Betriebsführer selbst auch eine analoge Anwendung des § 93 AktG auf die die aktive Unternehmensleitung ausübenden Personen befürwortend: Veelken, S. 236, aber nur für den Fall der aus Sicht von Veelken unzulässigen Leitungsübertragung.

am Unternehmenswohl orientiertes, auf sorgfältige Ermittlung der Entscheidungsgrundlagen beruhendes unternehmerisches Handeln fehlt, wenn die Bereitschaft, unternehmerische Risiken einzugehen, in unverantwortlicher Weise überspannt worden ist oder wenn das Verhalten des Geschäftsführers aus anderen Gründen als pflichtwidrig gelten muss[863]. Von wesentlicher praktischer Tragweite ist die aufgezeigte Haftungsverlagerung nicht, wenn und weil dem Betriebsführer keine Leitungsentscheidungen übertragen werden. Bei den risikoträchtigen Geschäften wird es sich regelmäßig um solche handeln, die einer Leitungsentscheidung der Geschäftsleitung des Eigentümers bedürfen. Diese Aufgabe wird dem Betriebsführer aber infolge der nach h. M. bestehenden organisationsrechtlichen Schranke gerade nicht übertragen. Im Übrigen wird der pflichtgemäß und im eigenen Interesse handelnde Betriebsführer dem Eigentümer die erforderlichen Nachrichten geben (§ 666 Alt. 1 BGB), damit der Eigentümer seine Rechte wahrnehmen und sachgerechte Entscheidungen treffen kann.

Von größerer praktischer Relevanz ist die Verlagerung der haftungsrechtlichen Risikoverteilung bei einem Vergleich der Schadensverursachung durch einen Arbeitnehmer des Eigentümers zu einer Schadensverursachung durch einen Arbeitnehmer des Betriebsführers. Bei einer Schadensverursachung durch den Arbeitnehmer des Betriebsführers haftet der Betriebsführer dem Eigentümer gegenüber bei jedem Verschuldensgrad seines Arbeitnehmers unbeschränkt (§ 278 Satz 1 BGB). Anders ist dies bei einer Schadensverursachung durch einen Arbeitnehmer des Eigentümers. Nach dem sogenannten Arbeitnehmerhaftungsprivileg haftet der Arbeitnehmer seinem Arbeitgeber (Eigentümer) gegenüber bei einer betrieblich veranlassten Tätigkeit unbeschränkt nur im Fall des Vorsatzes und grundsätzlich auch im Fall der groben Fahrlässigkeit. Bei normaler Fahrlässigkeit hat der Arbeitnehmer den Schaden nur anteilig zu tragen, bei leichtester Fahrlässigkeit haftet der Arbeitnehmer gar nicht[864].

Die Verschiebung der haftungsrechtlichen Risikoverteilung erscheint nicht interessengerecht, so dass eine vertragliche Haftungsbeschränkung zugunsten des Betriebsführers angezeigt ist[865].

3. Haftungsbeschränkungen

a) Vereinbarungen in der Praxis

Regelungen, die Haftungsbeschränkungen zum Gegenstand haben, können in vielfacher Weise vereinbart werden. In der Praxis sind häufig Regelungen anzutreffen, nach denen der Eigentümer auf Schadensersatzansprüche bezüglich Personen- und Sachschäden verzichtet, falls dem Betriebsführer nicht Vorsatz oder grobe Fahrlässigkeit nachzuweisen ist, nach denen der Betriebsführer grundsätzlich von der Haftung für Folgeschäden freigestellt wird oder nach denen Haftungshöchstbeträge festgeschrieben werden, die bisweilen an korrespondierende Versicherungsleistungen geknüpft sind[866].

---

[863] OLG Oldenburg BB 2007, 66, 67; LG Düsseldorf GmbHR 2005, 1298, 1299; eingehend etwa: Baumbach/Hueck/Zöllner/Noack, § 43 Rn. 22 ff.; Lutter/Hommelhoff/Kleindiek, § 43 Rn. 23 ff.

[864] Vgl. Weißmüller, BB 2000, 1949, 1954; eingehend zum Arbeitnehmerhaftungsprivileg statt aller: Palandt/Weidenkaff, § 611 Rn. 156 ff.; Erman/Edenfeld § 611 Rn. 339 ff.

[865] Im Ergebnis auch: Weißmüller, BB 2000, 1949, 1954, der sich für eine Beibehaltung des haftungsrechtlichen „Status quo" ausspricht.

[866] Joachim, DZWiR 1992, 397, 403 f.; Zeiger, S. 57 f.; eingehend dazu: Schlüter, S. 174 ff.; s. auch: Weißmüller, BB 2000, 1049, 1955.

b) Abmilderung des Sorgfaltsmaßstabs

Eine Haftungsbeschränkung kann zunächst dadurch erfolgen, dass die Parteien den gesetzlich geltenden Sorgfaltsmaßstab abmildern[867], etwa bei Geltung des § 347 Abs. 1 HGB, den Sorgfaltsmaßstab des § 276 Abs. 2 oder den des § 277 BGB vereinbaren. Vor dem Hintergrund, dass in Teilen der Rechtslehre die Einordnung von Unternehmensverträgen als Handelsgeschäfte abgelehnt wird[868], ist eine ausdrückliche Regelung zum Sorgfaltsmaßstab empfehlenswert. § 12 Abs. 1 des Formulars sieht (entsprechend § 347 Abs. 1 HGB) vor, dass der Betriebsführer die Sorgfalt eines ordentlichen Kaufmanns anzuwenden hat. Es folgt also keine Abmilderung des Sorgfaltsmaßstabs.

c) Haftungshöchstgrenzen

In § 12 Abs. 2 des Formulars wird von der Möglichkeit Gebrauch gemacht, die Haftung des Betriebsführers gegenüber dem Eigentümer auf Haftungshöchstgrenzen zu beschränken. § 12 Abs. 2 des Formulars sieht eine erste Haftungshöchstgrenze für die Haftung im Einzelfall und eine zweite Haftungshöchstgrenze für die Gesamthaftung in einem Kalenderjahr vor. An Stelle der Festlegung eines festen Betrags erscheint es, wie im Formular vorgesehen, sachgerechter, die Haftungshöchstgrenzen an die Höhe der (festen) Betriebsführungsvergütung zu koppeln. Entsprechend der Höhe der Betriebsführungsvergütung werden danach auch die Haftungshöchstbeträge in den Fällen angepasst, in denen sich der Verbraucherindex und/oder der Gegenstand der Betriebsführung ändern.

Da auf die jeweils geltende Festvergütung (und bei der zweiten Haftungshöchstgrenze auf das Kalenderjahr) abgestellt wird, ist es erforderlich genau festzulegen, auf welchen Zeitpunkt im Haftungsfall angeknüpft wird. Denkbar ist die Anknüpfung an den Zeitpunkt der Rechts- bzw. Pflichtverletzung (also den Zeitpunkt der Schadensverursachung), den Zeitpunkt der den Schaden auslösenden Tatsache, den Zeitpunkt der Schädigung bzw. des Schadenseintritts oder den Zeitpunkt der Anspruchsgeltendmachung. Gemäß § 12 Abs. 2 des Formulars ist Bezugspunkt der Zeitpunkt der Schadensverursachung. Erfolgt also die Rechts- bzw. Pflichtverletzung in einem Jahr, ist die für dieses Jahr geltende Festvergütung als Bezugsgröße für die Haftungsgrenzen maßgebend, selbst wenn der Schaden oder ein weitergehender Schaden erst in den Folgejahren auftritt.

d) Haftung gegenüber Dritten

Korrespondierend zu den betragsmäßigen Haftungsbeschränkungen gegenüber dem Eigentümer sieht § 12 Abs. 3 des Formulars im Ergebnis vor, dass auch bei einer Haftung des Betriebsführers gegenüber Dritten diese betragsmäßigen Haftungsbeschränkungen eingreifen.

Eine § 12 Abs. 2 des Formulars entsprechende Regelung gegenüber Dritten wäre als unzulässiger Vertrag zu Lasten Dritter unwirksam. Rechtlich problematisch wäre auch eine Regelung, nach der sich der Eigentümer (lediglich) verpflichtet, den Betriebsführer in den Haftungshöchstgrenzen des § 12 Abs. 2 des Formulars freizustellen. Übersteigt nämlich der Schaden einen der Haftungshöchstbeträge, würde der Betriebsführer im Innenverhältnis (wie auch der Eigentümer) entsprechend der vertraglichen Vereinbarung nur eine Teilleistung an den geschädigten Dritten erbringen müssen, wozu er nach § 266 BGB nicht berechtigt ist.

---

[867] Zur Zulässigkeit statt aller: RG Z 119, 397, 399; Palandt/Grüneberg, § 276 Rn. 15.
[868] S. dazu bereits A.II.1.b).

Die Haftungsbeschränkung erfolgt daher in der Weise, dass der Eigentümer verpflichtet ist, den Betriebsführer von allen Ansprüchen Dritter freizustellen (§ 12 Abs. 3 Satz 1 des Formulars) und bei dem Betriebsführer bei einer Freistellung (nur) nach Maßgabe des § 12 Abs. 2 des Formulars Rückgriff nehmen kann (§ 12 Abs. 3 Satz 2 des Formulars).

Die Freistellungsverpflichtung des Eigentümers knüpft an die Haftung des Betriebsführers an, setzt diese mit anderen Worten voraus. Entsprechendes gilt für den Rückgriffanspruch, da dieser eine Freistellung voraussetzt. Kommt es zu Meinungsverschiedenheiten hinsichtlich der Berechtigung von Haftungsansprüchen eines Dritten gegen den Betriebsführer nach Grund oder Höhe, müssen diese erforderlichenfalls gerichtlich geklärt werden. Es wird davon abgesehen, in dem Formular Konfliktlösungsregelungen für den Fall solcher Meinungsverschiedenheiten aufzunehmen, etwa mit dem Inhalt, dass der Betriebsführer auf Verlangen des Eigentümers verpflichtet ist, auf dessen Kosten Maßnahmen der Rechtsverteidigung zu ergreifen. Vielmehr überlässt das Formular den Parteien zu entscheiden bzw. sich darüber zu verständigen, ob und auf wessen Kosten Maßnahmen der Rechtsverteidigung ergriffen werden sollen oder ob eine vergleichsweise Beilegung der Meinungsverschiedenheiten erfolgen soll.

e) Ausnahmen

§ 12 Abs. 4 des Formulars sieht vier Ausnahmen für die Haftungsbeschränkung vor:

Keine Haftungsbeschränkung des Betriebsführers besteht gemäß § 12 Abs. 4 Buchst. a) des Formulars bei einer Haftung gemäß § 10 Abs. 2 Satz 3 des Formulars. Diese Ausnahme rechtfertigt sich dadurch, dass es der Betriebsführer bei einer Vertragsübernahme durch ein mit ihm verbundenes Unternehmen in der Hand hat, dafür Sorge zu tragen, dass das den Betriebsführungsvertrag übernehmende Unternehmen den Pflichten aus dem Betriebsführungsvertrag nachkommt. Ferner besteht gemäß § 12 Abs. 4 Buchst. a) des Formulars keine Haftungsbeschränkung bei Verletzung des Abwerbeverbots (§ 14 Abs. 6 des Formulars) und bei Verletzung der Geheimhaltungsverpflichtung (§ 15 Abs. 5 des Formulars).

Von wesentlicher praktischer Bedeutung ist die Ausnahme gemäß § 12 Abs. 4 Buchst. b) des Formulars. Die Haftungsregelung des § 12 des Formulars ist insgesamt darauf zugeschnitten, dass die Parteien des Betriebsführungsvertrags für einen umfänglichen Versicherungsschutz gemäß § 11 des Formulars sorgen. Der Ausschlusstatbestand greift nur dann ein, wenn ein Anspruchsübergang des Versicherers gemäß § 86 Abs. 1 Satz 1 VVG ausgeschlossen ist[869] (ist der Anspruchsübergang nicht ausgeschlossen, geht dieses nach § 12 Abs. 3 Satz 1 des Formulars zu Lasten des Eigentümers). Hinzuweisen ist darauf, dass die Haftungsbeschränkung des Betriebsführers (nur) insoweit entfällt, soweit ein Versicherer den Schaden ersetzt. Sieht eine Versicherung also eine Selbstbeteiligung vor, haftet der Betriebsführer (in den Grenzen des § 12 Abs. 2 des Formulars) in Höhe dieses Betrags.

Ebenfalls von wesentlicher praktischer Bedeutung ist der Ausnahmetatbestand gemäß § 12 Abs. 4 Buchst. c) des Formulars, dessen Formulierung § 831 Abs. 1 Satz 1 BGB entlehnt ist. Danach greift die Haftungsbeschränkung nicht für außerhalb der Ausführung des Auftrags zur Betriebsführung zugefügte Schäden ein. Erforderlich ist danach, dass ein unmittelbarer inne-

---

[869] S. dazu bereits B.III.1.b) § 11 Anm. 1.b).

rer Zusammenhang zwischen der beauftragten Betriebsführungstätigkeit und der schädigenden Handlung besteht[870].

Keine Haftungsbeschränkung greift ferner bei einer Haftung wegen Vorsatzes ein (§ 12 Abs. 4 Buchst. d) des Formulars). Die Haftung des Betriebsführers wegen Vorsatzes könnte diesem ohnehin nicht im Voraus wirksam erlassen werden (§ 276 Abs. 3 BGB). Auch summenmäßige Haftungsbeschränkungen sind insoweit unwirksam[871].

f) Persönliche Erweiterung

§ 12 Abs. 5 des Formulars erweitert den persönlichen Anwendungsbereich der Haftungsbeschränkung auf die Komplementärin des Betriebsführers und deren Vertreter sowie auf die Erfüllungsgehilfen des Betriebsführers (wozu auch die Arbeitnehmer des Betriebsführers zählen) und deren Hilfspersonen.

Mit der Formulierung „gleichgestellt" wird zum Ausdruck gebracht, dass die Haftungsgrenzen einheitlich für den Betriebsführer und die in § 12 Abs. 5 aufgeführten Personen gelten. Haften also beispielsweise ein Mitarbeiter des Betriebsführers und (infolge Zurechnung) der Betriebsführer selbst dem Eigentümer gesamtschuldnerisch ohne dass ein Ausnahmetatbestand nach § 12 Abs. 4 des Formulars vorliegt, kann der Eigentümer den ihm entstandenen Schaden nur (einmal) bis zur Höhe der Haftungshöchstsumme im Einzelfall ersetzt verlangen. Die Haftung mehrerer für denselben Schaden hat also keine Vervielfältigung des Haftungshöchstbetrags zur Folge.

§ 13 Vertragsdauer

Inhalt

1. Festlaufzeit   3. Fristlose Kündigung aus wichtigem Grund
2. Verlängerungsoption   4. Fristlose Kündigung bei Vertrauensstellung

1. Festlaufzeit

§ 13 Abs. 1 des Formulars sieht eine Festlaufzeit vor. Deren Dauer kann grundsätzlich frei vereinbart werden. Mit ihrem Ablauf endet der Betriebsführungsvertrag automatisch, ohne dass es einer Kündigung bedarf[872], sofern nicht der Eigentümer von seinem Optionsrecht (§ 13 Abs. 2 des Formulars) Gebrauch macht.

2. Verlängerungsoption

§ 13 Abs. 2 des Formulars sieht zu Gunsten des Eigentümers ein mehrfaches Optionsrecht auf Vertragsverlängerung vor. Es handelt sich um ein fristgebundenes Gestaltungsrecht.

---

[870] BGH NJW 1971, 31, 32; NJW-RR 1989, 723, 725; Palandt/Sprau, § 831 Rn. 9; Erman/Schiemann, § 831 Rn. 11.
[871] Palandt/Grüneberg, § 276 Rn. 35.
[872] S. dazu bereits B.I.1.b) § 6 Anm. 2.a).

Bei der Festlegung der Anzahl der Optionsrechte und des Optionszeitraums (§ 13 Abs. 2 Satz 1 des Formulars) sollte darauf geachtet werden, dass die mögliche Gesamtlaufzeit des Betriebsführungsvertrags (Summe aus Festlaufzeit und Optionszeiträumen) nicht 20 Jahre überschreitet, da eine längere Gesamtlaufzeit als 20 Jahre als sittenwidrig i. S. d. § 138 BGB beurteilt werden kann[873].

Die Erklärungsfrist in § 13 Abs. 2 Satz 2 des Formulars sollte so bemessen sein, dass der Betriebsführer ausreichend Zeit hat, erforderlichenfalls anderweitig wirtschaftlich zu disponieren.

3. Fristlose Kündigung aus wichtigem Grund

Der Betriebsführungsvertrag nach dem Formular unterliegt als Teilbetriebsführungsvertrag nicht den Vorschriften der §§ 293 ff. AktG. Daher findet § 297 AktG keine Anwendung. Das Recht zur fristlosen Kündigung aus wichtigem Grund richtet sich vielmehr nach § 626 BGB.

Ebenso wie im Rahmen des Anwendungsbereichs des § 297 AktG ist es (außerhalb von Arbeitsverhältnissen) in den Grenzen der §§ 138, 242 BGB zulässig, die Möglichkeit einer fristlosen Kündigung auch aus Gründen einzuräumen, die nicht wichtig i. S. d. § 626 Abs. 1 BGB sind[874]. Davon sieht das Formular ab.

§ 13 Abs. 3 Satz 2 des Formulars sieht für den Fall, dass der wichtige Grund in der Verletzung einer Pflicht aus dem Betriebsführungsvertrag besteht, vor, dass § 314 Abs. 2 BGB entsprechend gilt[875]. Erforderlich ist danach grundsätzlich (Ausnahmen: § 314 Abs. 2 Sätze 2 und 3 BGB) der erfolglose Ablauf einer zur Abhilfe bestimmten Frist oder eine erfolglose Abmahnung (§ 314 Abs. 2 Satz 1 BGB).

Die Einhaltung der Schriftform ist außerhalb des Anwendungsbereichs des § 297 Abs. 3 AktG nicht erforderlich, aber empfehlenswert, weshalb § 18 Abs. 2 Satz 2 des Formulars die Einhaltung des Schriftformerfordernisses nach § 126 BGB vorschreibt.

4. Fristlose Kündigung bei Vertrauensstellung

Nach dem unterstellten Sachverhalt liegen die Voraussetzungen „ohne in einem dauernden Dienstverhältnis mit festen Bezügen zu stehen" i. S. d. § 627 Abs. 1 BGB unzweifelhaft vor[876]. Einer Regelung zum (nicht bestehenden) Recht der fristlosen Kündigung bei Vertrauensstellung nach §§ 675, 627 Abs. 1 BGB bedarf es daher nicht.

---

[873] S. dazu bereits B.I.1.b) § 6 Anm. 2.b).
[874] Palandt/Weidenkaff, § 626 Rn. 2; Erman/Belling/Riesenhuber, § 626 Rn. 20.
[875] S. dazu bereits B.I.1.b) § 6 Anm. 3.a)ee)(4).
[876] S. dazu bereits § 6 Anm. 3.a)ee)(3)(a).

§ 14 Arbeitsverhältnisse

Inhalt

1. Bestand bestehender Arbeitsverträge

Nach h. M. löst der Abschluss eines echten Betriebsführungsvertrags keinen Betriebsübergang gemäß § 613a BGB aus[877]. Dieser Befund wird durch § 14 Abs. 1 des Formulars deklaratorisch festgehalten.

2. Abschluss neuer Arbeitsverträge

Korrespondierend zum Bestand bestehender Arbeitsverträge werden neue Arbeitnehmer durch den Betriebsführer im Namen und für Rechnung des Eigentümers eingestellt[878]. Dieses wird in § 14 Abs. 2 Satz 1 des Formulars geregelt.

Die Aufstockung des Personals des Eigentümers ist mit Kosten verbunden. Zur Kostenkontrolle und damit als einen weiteren Baustein zur Wahrung der Leitungsverantwortung des Geschäftsführers des Eigentümers bestimmt § 14 Abs. 2 Satz 2 des Formulars, dass wenn es sich um eine zusätzliche Stelle handelt (also nicht um die Wiederbesetzung einer vakanten Stelle), die Einstellung der Einwilligung des Eigentümers bedarf, sofern die Stelle nicht in dem Stellenplan gemäß § 6 Abs. 1 des Formulars enthalten ist (§ 14 Abs. 2 Satz 3 des Formulars). Anstatt einer ausdrücklichen Regelung in § 14 des Formulars kann die Einstellung zusätzlicher Mitarbeiter auch als zustimmungsbedürftiges Geschäft in die Anlage 5 aufgenommen werden.

Keine gesonderte Regelung sieht das Formular für die Änderung von Arbeitsverträgen, namentlich die Anpassung der Vergütung, vor. Auch diese Aufgabe ist von dem Betriebsführer wahrzunehmen. Ebenso wie bei der Aufstockung des Personals kann die Änderung von Arbeitsverträgen als zustimmungsbedürftiges Geschäft Eingang in den Katalog der Anlage 5 finden.

3. Ausübung der Arbeitgeberfunktionen

Bei einem echten Betriebsführungsvertrag behält der Eigentümer seine Eigenschaft als Arbeitgeber, der sich lediglich des Betriebsführers zur Ausübung seiner Arbeitgeberbefugnisse bedient[879]. Der Betriebsführer ist und bleibt nach Abschluss des Betriebsführungsvertrags lediglich insoweit Arbeitgeber, als er eigene Arbeitskräfte für die Betriebsführungsaufgaben einsetzt[880], wozu der Betriebsführer in § 6 Abs. 2 des Formulars verpflichtet wird. Durch § 14

---

[877] S. dazu bereits B.I.1.b) § 1 Anm. 4.
[878] Rieble, NZA 2010, 1145, 1147.
[879] GroßkommAktG/Mülbert, § 292 Rn. 151; MünchHdbAG/Krieger, § 73 Rn. 76; Joachim, DZWiR 1992, 397, 401 f.; Fenzl, Rn. 488; Wagenhals, S. 36; Rieble, NZA 2010, 1145, 1147; Zöllner, ZfA 1983, 93, 94 ff.; abweichend: Fabricius, 49 ff.; zweifelnd auch: Birk ZGR 1984, 23, 48 f.; differenzierend: Schlüter, S. 28.
[880] GroßkommAktG/Mülbert, § 292 Rn. 151; MünchKommAktG/Altmeppen, § 292 Rn. 145.

Abs. 3 des Formulars wird dem Betriebsführer die Aufgabe der Ausübung der Arbeitgeberbefugnisse übertragen.

4. Beendigung von Arbeitsverträgen

Als weiteres Kontrollrecht des Eigentümers bestimmt § 14 Abs. 4 des Formulars, dass die Beendigung von Arbeitsverträgen mit bestimmten Arbeitnehmern der Einwilligung des Eigentümers bedarf. Insofern bietet es sich insbesondere an, Arbeitnehmer in Schlüsselpositionen, die ihrerseits eine (faktische) Kontrollfunktion gegenüber dem Betriebsführer haben, in die Anlage 17 aufzunehmen.

5. Freistellung von Arbeitnehmeransprüchen

Der Abschluss eines unechten Betriebsführungsvertrags hat deshalb einen Betriebsübergang nach § 613a BGB zur Folge, weil der in eigenem Namen handelnde Betriebsführer Betriebsinhaber wird und damit die Leitungsmacht ausübt, auf die es nach § 613a BGB ankommt[881]. Nach dem Formular führt der Abschluss des Betriebsführungsvertrags für die Dauer seines Bestandes dazu, dass Mitarbeiter des Betriebsführers (vgl. § 6 Abs. 2 des Formulars) und Mitarbeiter des Eigentümers in dem Unternehmen des Eigentümers tätig sind. Übt der Betriebsführer Arbeitgeberbefugnisse aus, muss er jeweils deutlich machen, ob er eigene Befugnisse gegenüber den bei ihm angestellten Arbeitnehmern ausübt oder Befugnisse gegenüber den Arbeitnehmern des Eigentümers. Im ersteren Fall muss er in eigenem Namen handeln, im letzten Fall im Namen des Eigentümers. Es besteht daher das Risiko, dass der Betriebsführer, gerade wenn er regelmäßig mehrere Arbeitnehmer adressiert und damit eigene und die des Eigentümers, gegenüber den Arbeitnehmern des Eigentümers im eigenen Namen handelt und damit einen Betriebsübergang nach § 613a BGB auslöst[882]. Umgekehrt verhält es sich so, dass wenn der Betriebsführer gegenüber seinem eigenen Personal im Namen des Eigentümers handelt, dieses bezüglich seiner Arbeitnehmer als Betriebsübergang (auf den Eigentümer) gewertet werden kann. Daher sollte der Betriebsführungsvertrag eine Regelung enthalten, nach der sich die Parteien wechselseitig von Ansprüchen aus Arbeitsverhältnissen freistellen, die ein Arbeitnehmer einer Partei gegenüber der anderen Partei hat. Eine solche Regelung enthält § 14 Abs. 5 Satz 2 des Formulars. Eine Freistellung soll freilich nicht Platz greifen, sofern eine Partei einen Arbeitnehmer der anderen Partei abwirbt (vgl. § 15 Abs. 6 des Formulars) und damit willentlich solche Ansprüche begründet, die an sich von der Freistellungsverpflichtung nach § 14 Abs. 5 Satz 2 des Formulars erfasst wären. Dies wird durch § 14 Abs. 5 Satz 3 des Formulars festgelegt.

6. Abwerbung

Während § 14 Abs. 5 des Formulars Sachverhalte regelt, in denen ein Arbeitnehmer einer Partei Ansprüche aus einem Vertragsverhältnis mit der anderen Partei geltend macht, dessen möglichem Zustandekommen nicht dem Willen der anderen Partei entspricht, verhält es sich bei den Sachverhalten, die in § 14 Abs. 6 des Formulars behandelt werden, genau anders herum. In diesen Fällen geht es um die Abwerbung von Arbeitnehmern der anderen Partei. Unter einer Abwerbung von Arbeitnehmern wird das Einwirken auf einen arbeitsvertraglich gebundenen Arbeitnehmer mit dem Ziel, diesen zum Arbeitsplatzwechsel zu bewegen, verstan-

---

[881] MünchKommAktG/Altmeppen, § 292 Rn. 145; Fenzl, Rn. 489; Rieble, NZA 2010, 1145, 1147.
[882] Abweichend: Rieble, NZA 2010, 1145, 1147.

den[883]. Es entspricht dem Interesse jeder Partei, eine solche Abwerbung zu unterbinden. Aus diesem Grund sieht § 14 Abs. 6 Satz 1 des Formulars ein Abwerbeverbot vor, das nach § 14 Abs. 6 Satz 2 vertragsstrafenbewehrt ist.

Das Abwerbeverbot und die darauf aufbauende Vertragsstrafenabrede sind an § 75f HGB (bzw. § 110 Satz 2 GewO) zu messen. Nach § 75f HGB findet aus einer Vereinbarung, durch die sich ein Prinzipal einem anderen Prinzipal gegenüber verpflichtet, einen Handlungsgehilfen, der bei diesem im Dienst ist oder gewesen ist, nicht oder nur unter bestimmten Voraussetzungen anzustellen, keine Klage statt. Die fehlende gerichtliche Durchsetzbarkeit erfasst auch eine Vertragsstrafenabrede, welche eine § 75f HGB unterliegende Vereinbarung sichern soll[884].

Ob auch Abwerbeverbote § 75f HGB unterliegen, wird unterschiedlich beurteilt. Einer Ansicht nach ist § 75f HGB auf Abwerbeverbote, die nur die gezielte Abwerbung auf Initiative des Arbeitgebers verbieten, nicht anwendbar[885]. Nach der Gegenauffassung unterliegen nicht nur Einstellungs- sondern auch Abwerbeverbote dem Anwendungsbereich des § 75f HGB[886]. Einer vermittelnden Auffassung nach sind vertragsstrafenbewehrte Abwerbeverbote dann gerichtlich durchsetzbar, wenn die Vereinbarung entweder Sachverhalte betrifft, in denen ein Verstoß gegen Vorschriften des UWG (namentlich § 4 Nr. 10 UWG a. F., jetzt § 4 Nr. 4 UWG) vorliegt oder zwischen den Beteiligten Unternehmen ein besonderes Vertrauensverhältnis besteht[887].

Der BGH hat im Hinblick auf den Wortlaut des § 75f HGB, seiner Entstehungsgeschichte und dem Sinn und Zweck des § 75f HGB entschieden, dass auch zwischen Unternehmen vereinbarte Abwerbeverbote im Grundsatz in den Anwendungsbereich des § 75f HGB fallen. In bestimmten Ausnahmefällen, so der BGH weiter, sind Abwerbeverbote von dem nach dem Wortlaut weiten Anwendungsbereich des § 75f HGB aber auszunehmen und als einklagbar zu betrachten. Insofern ist § 75f HGB verfassungskonform einschränkend auszulegen. Dies gilt zum einen für alle die Fälle, in denen das Unterlassen der Abwerbung nach den Vorschriften des UWG verlangt werden kann. Zum anderen fallen solche Vereinbarungen nicht in den Anwendungsbereich des § 75f HGB, „bei denen das Abwerbeverbot nicht Hauptzweck ist, sondern bei denen es nur eine Nebenbestimmung darstellt, die einem besonderen Vertrauensverhältnis der Parteien oder einer besonderen Schutzbedürftigkeit einer der beiden vertragschließenden Seiten Rechnung trägt. Dient ein Abwerbeverbot dem Schutz vor illoyaler Ausnutzung von Erkenntnissen, die im Rahmen solcher Vertragsverhältnisse und ihrer Abwicklung gewonnen worden sind, besteht kein Grund, die gerichtliche Durchsetzbarkeit zu versagen. Zu dieser Fallgruppe gehören etwa Abwerbeverbote, die bei Risikoprüfungen vor dem Kauf von Unternehmen oder Unternehmensbeteiligungen vereinbart werden (sog. Due-Diligence-Prüfungen) und die vom Anwendungsbereich des § 75f HGB auszunehmen sind. Eine vergleichbare Situation kann bei einer Abspaltung von Unternehmensteilen oder Konzerngesellschaften oder bei Vertriebsvereinbarungen zwischen selbständigen Unternehmen bestehen. Auch in diesen Fallkonstellationen kann die gerichtliche Durchsetzbarkeit von Abwerbeverboten für eine reibungslose Vertragsabwicklung notwendig und eine einschränkende Auslegung des § 75f HGB geboten sein"[888].

[883] BGH ZIP 2014, 1934, 1935; Schloßer, BB 2003, 1382, 1383.
[884] BGH ZIP 2014, 1934, 1934 f.; NJW 1974, 1282, 1283; Baumbach/Hopt/Roth, § 75f Rn. 2.
[885] Statt aller: Ebenroth/Boujong/Joost/Strohn/Boecken, § 75f Rn. 9; MünchKommHGB/von Hoyningen-Huene, § 75f Rn. 5; Wolf, NZG 2004, 366, 367 f.; von Werder/Kost, BB 2010, 2903, 2910.
[886] Statt aller: Köhler/Bornkamm/Köhler, § 4 UWG Rn. 4.103; Rieble, Rn. 1041; Schloßer, BB 2003, 1382, 1383.
[887] Weiland, BB 1976, 1179, 1180; Röhricht/Graf von Westphalen/Wagner, § 75f Rn. 7.
[888] BGH ZIP 2014, 1934, 1936 f.

Zwischen den Parteien eines Betriebsführungsvertrags besteht ebenso ein besonderes Vertrauensverhältnis[889] wie auch eine Schutzbedürftigkeit beider Parteien, welche eine Herausnahme aus dem Anwendungsbereich des § 75f HGB rechtfertigen: Mitarbeiter beider Parteien, die aufgrund der engen Zusammenarbeit der jeweils anderen Partei im Regelfall namentlich bekannt sind, verfügen über Informationen, von denen es für beide Parteien von Interesse ist, dass deren wirtschaftliche Verwertung ausschließlich dem eigenen Unternehmen zugute kommt. Bei dem Eigentümer sind dieses beispielsweise die Daten der Kalkulation, bei dem Betriebsführer das Know-how der Betriebsführung. Diesem Interesse würde eine Abwerbung von Mitarbeitern des jeweils anderen Teils zuwiderlaufen. Daher ist § 75f HGB einschränkend dahingehend auszulegen, dass ein Abwerbeverbot zwischen den Parteien eines Betriebsführungsvertrags nicht dem Anwendungsbereich der Norm unterliegt.

In zeitlicher Hinsicht ist das Abwerbeverbot jedoch nicht grenzenlos zulässig. Der BGH erachtet das Abwerbeverbot für eine Dauer von zwei Jahren nach Vertragsende als wirksam und lässt offen, ob in Ausnahmefällen ein schutzwürdiges Interesse eines Unternehmers an einem länger als zwei Jahre andauernden Abwerbeverbot bestehen kann[890]. Vor diesem Hintergrund bestimmt § 14 Abs. 6 Satz 1 des Formulars, dass das Abwerbeverbot in zeitlicher Hinsicht auf zwei Jahre nach der Beendigung des Betriebsführungsvertrags begrenzt ist.

Unter Abwerbung könnten nur solche Vorgänge zu verstehen sein, in denen der abwerbende (zukünftige) Arbeitgeber selbst versucht, den Arbeitnehmer des anderen Unternehmens zu veranlassen, sein Arbeitsverhältnis zu beenden und ein neues mit ihm zu schließen[891]. Damit Umgehungen von dem Abwerbeverbot vermieden werden, bestimmt § 14 Abs. 6 Satz 1 des Formulars, dass auch solche Fälle als Abwerbung gewertet werden, in denen ein Dritter eingeschaltet wird oder der Arbeitnehmer der anderen Partei veranlasst wird, einen Arbeitsvertrag mit einem verbundenen Unternehmen der Partei zu schließen.

§ 14 Abs. 6 Satz 2 des Formulars sieht für die erfolglose Abwerbung eine Vertragsstrafe von einem Bruttojahresgehalt vor. Bei einer erfolgreichen Abwerbung beträgt die Vertragsstrafe nach § 14 Abs. 6 Satz 3 des Formulars zwei Bruttojahresgehälter, was als angemessen i. S. d. § 343 BGB anzusehen ist[892].

Der vereinbarte Verzicht auf die Einrede des Fortsetzungszusammenhangs führt dazu, dass bei einem fortgesetzten Versuch der Abwerbung ein und desselben Mitarbeiters die Vertragsstrafe bei jedem Versuch der Abwerbung verwirkt wird[893]. Hat die Addition eine unverhältnismäßig hohe Vertragsstrafe zur Folge, kann diese gegebenenfalls je nach Lage des Einzelfalls gemäß § 242 BGB, § 315 BGB oder wegen Wegfalls der Geschäftsgrundlage (§ 343 BGB ist auf Kaufleute nicht anwendbar, § 348 HGB) herabgesetzt werden[894].

---

[889] S. dazu bereits B.I.1.b) § 6 Anm. 3.a)ee)(3)(a).

[890] BGH ZIP 2014, 1934, 1937.

[891] Vgl. BGH ZIP 2014, 1934, 1935.

[892] Vgl. BGH ZIP 2014, 1934, 1934, wonach das Berufungsgericht die Beklagte bis auf einen Teil der Zinsforderung antragsgemäß verurteilt hatte.

[893] Vgl. BGH GRUR 1984, 72, 74.

[894] Erman/Schaub, § 343 Rn. 8; Palandt/Grüneberg, § 343 Rn. 8 m. w. N.

§ 15 Geheimhaltung

Inhalt

1. Geheimhaltungsverpflichtung

Gerade bei Verträgen, welche durch besondere Treuepflichten zwischen den Parteien gekennzeichnet sind, stellt die Geheimhaltung eine vertragliche Nebenpflicht dar[895], deren Verletzung nach § 280 Abs. 1 BGB zum Schadensersatz verpflichtet. Auch beim Betriebsführungsvertrag besteht aufgrund seines Geschäftsbesorgungscharakters (ohne eine vertragliche Regelung) eine vertragliche Nebenpflicht zur Geheimhaltung[896]. Es empfiehlt sich aber, in den Betriebsführungsvertrag eine Geheimhaltungsbestimmung aufzunehmen, in der die Voraussetzungen für einen Verstoß und deren Rechtsfolgen geregelt werden[897].

a) Pflichtenträger

Die Geheimhaltungsverpflichtung gemäß § 15 Abs. 1 des Formulars richtet sich an die Parteien selbst. Sofern das Erfordernis besteht, dass verbundene Unternehmen einer Partei oder sonstige Dritte in ihrer Sphäre, die keine Arbeitnehmer sind, Kenntnis von den Geschäfts- und Betriebsgeheimnissen der anderen Partei erhalten, empfiehlt es sich, die betroffene Partei zu verpflichten, die Geheimhaltungsvereinbarung auch ihren verbundenen Unternehmen oder sonstigen Dritten aufzuerlegen. Rechtliche Bedenken dagegen bestehen nicht. Das Formular beschränkt sich insoweit darauf festzulegen, dass die Weitergabe der Geschäfts- und Betriebsgeheimnisse an Dritte (und damit auch an verbundene Unternehmen) der vorherigen Zustimmung der anderen Partei bedarf (§ 15 Abs. 2 Buchst. d) des Formulars).

In der Praxis sind regelmäßig vertragliche Gestaltungen anzutreffen, in denen die Parteien zudem verpflichtet sind, auch ihre Arbeitnehmer entsprechend der getroffenen Geheimhaltungsvereinbarung zur Geheimhaltung zu verpflichten. Hinsichtlich der Geheimhaltungspflichten der Arbeitnehmer ist zwischen Geschäfts- und Betriebsgeheimnissen des Arbeitgebers und solchen von Drittunternehmen, zwischen vertraglichen und nachvertraglichen Geheimhaltungspflichten sowie zwischen vertraglichen Nebenpflichten und darüber hinausgehenden Geheimhaltungsvereinbarungen zu differenzieren:

Während des Bestehens eines Arbeitsverhältnisses ist ein Arbeitnehmer bezüglich der geschäftlichen und persönlichen Belange seines Arbeitgebers auch ohne besondere Vereinbarung aufgrund der ihn treffenden Treuepflicht umfassend zur Verschwiegenheit verpflichtet. Insbesondere hat der Arbeitnehmer Geschäfts- und Betriebsgeheimnisse vertraulich zu behandeln und darf diese weder für sich noch für Dritte verwenden[898]. Der Verrat von Betriebs- und Geschäftsgeheimnissen des Arbeitgebers ist gemäß § 17 UWG strafbar.

---

[895] Statt aller: Palandt/Grüneberg, § 280 Rn. 28b; MünchKommBGB/Ernst, § 280 Rn. 104.

[896] So auch Böhm, S. 137, 213, nach dem sich die Verschwiegenheitspflicht inhaltlich an § 93 Abs. 1 Satz 3 AktG anlehnen lasse.

[897] S. dazu: Schlüter, S. 184 ff.

[898] Statt aller: Palandt/Weidenkaff, § 611 Rn. 41; Salger/Breitfeld, BB 2005, 154, 155 f.

Endet das Arbeitsverhältnis, wird unterschiedlich beurteilt, ob der Arbeitnehmer weiterhin die ihm (während des Arbeitsverhältnisses) zur Kenntnis gelangten Geschäfts- und Betriebsgeheimnisse des Arbeitgebers zu wahren hat. Nach einer insbesondere vom BGH vertretenen Auffassung ist ein Arbeitnehmer nach dem Ausscheiden aus dem Beschäftigungsverhältnis in der Weitergabe und Verwertung der dort redlich erlangten Betriebs- und Geschäftsgeheimnisse grundsätzlich frei. Nur unter besonderen Umständen kann eine solche Weitergabe und Verwertung gegen § 1 UWG verstoßen[899]. Demgegenüber vertritt namentlich das BAG die Auffassung, dass der Arbeitnehmer aufgrund der nachwirkenden Treuepflicht auch nach Beendigung des Arbeitsverhältnisses zur Verschwiegenheit über Geschäfts- und Betriebsgeheimnisse seines vormaligen Arbeitgebers verpflichtet und ihm nur die Verwertung des beruflich erworbenen Erfahrungswissens gestattet ist[900].

Treffen Arbeitgeber und Arbeitnehmer eine (ggf. auch nachvertragliche) Vereinbarung über die Pflicht des Arbeitnehmers über seine Geheimhaltung, sind das Verhältnismäßigkeitsprinzip und die Grenzen der §§ 134, 138, 242, 307 ff. BGB zu beachten[901]. Insbesondere die Gestaltung nachvertraglicher Geheimhaltungsklauseln ist diffizil und das Ergebnis einer gerichtlichen Kontrolle nicht vorhersagbar[902]. Dies liegt darin begründet, dass dem Interesse des Arbeitgebers an einer Geheimhaltung das Interesse des Arbeitnehmers an einem unbehinderten beruflichen Fortkommen entgegensteht und diese Interessenkollision über den Verhältnismäßigkeitsgrundsatz bzw. eine Interessenabwägung aufzulösen ist[903]. Es erfolgt also keine schematische Bewertung anhand bestimmter Kriterien. Wirkt die nachvertragliche Geheimhaltungsvereinbarung im Ergebnis wie ein nachvertragliches Wettbewerbsverbot, ist sie nur wirksam, wenn sie die Vorgaben der §§ 74 ff. HGB einhält[904]. Die Grenze zum Wettbewerbsverbot ist beispielsweise überschritten, wenn sich die Geheimhaltungsvereinbarung nicht auf konkret genannte Betriebs- und Geschäftsgeheimnisse beschränkt, sondern auf sämtliche erstreckt[905]. Ebenso wie die inhaltlichen Grenzen einer nachvertraglichen Geheimhaltungsvereinbarung ist deren zulässige zeitliche Reichweite noch nicht rechtssicher geklärt. Eine gerichtliche Entscheidung zu dieser Fragestellung steht, soweit ersichtlich, bislang aus. In der Literatur wird teilweise eine unbegrenzte Dauer befürwortet, nach anderen Auffassungen besteht eine zeitliche Grenze von zwei bzw. fünf Jahren[906].

Der Arbeitnehmer ist während des Bestehens eines Arbeitsverhältnisses nicht gegenüber seinem Arbeitgeber verpflichtet, die Betriebs- und Geschäftsgeheimnisse dritter Unternehmen zu wahren[907]. Der Verrat solcher Geheimnisse ist grundsätzlich auch nicht nach § 17 UWG strafbar. § 17 UWG setzt voraus, dass das Geheimnis dem Unternehmensinhaber zustehen muss, es muss ihm also entweder selbst „gehören" oder ihm muss das Nutzungsrecht an dem Geheimnis vertraglich eingeräumt worden sein. Das bloße Interesse des Unternehmensinhabers an der Wahrung fremder Betriebsgeheimnisse macht es noch nicht zu seinem eigenen Geheimnis[908].

---

[899] BGH GRUR 2002, 91, 92; 1955, 402, 403; 1964, 215, 216; 1983, 179, 181; Z 38, 391, 396; LG Karlsruhe, Urteil vom 05.08.2011, Az. 14 O 42/10 KfH III.
[900] BAG NJW 1983, 134, 135; 1988, 1686, 1687.
[901] Eingehend statt aller: Bartenbach, Rn. 2624 ff.; Salger/Breitfeld, BB 2005, 154, 156 ff.
[902] Preis/Rolfs, II V 20 Rn. 55, 57.
[903] Preis/Rolfs, II V 20 Rn. 55.
[904] BAG ZIP 1999, 295, 296; 1994, 642, 644 f.; Preis/Rolfs, II V 20 Rn. 56.
[905] Preis/Rolfs, II V 20 Rn. 58; Salger/Breitfeld, BB 2005, 154, 158.
[906] Preis/Rolfs, II V 20 Rn. 63.
[907] Vgl. Preis/Rolfs, II V 20 Rn. 42; Bartenbach, Rn. 2624.
[908] Köhler/Bornkamm/Köhler, § 17 UWG Rn. 13.

Arbeitsvertraglich kann der Arbeitnehmer grundsätzlich nicht verpflichtet werden, Betriebs- und Geschäftsgeheimnisse eines Dritten, mit dem der Arbeitgeber rechtliche Beziehungen unterhält, zu wahren. Es fehlt an einem schutzwürdigen betrieblichen Interesse des Arbeitgebers an der Geheimhaltung auch solcher Geheimnisse. Allenfalls denkbar ist es, bestimmte Tatsachen zu schützen, an denen der Arbeitgeber ein eigenes schutzwürdiges Interesse hat. Ein anderes gilt, wenn es sich bei dem Dritten um ein mit dem Arbeitgeber konzernrechtlich verbundenes Unternehmen handelt[909]. Einerseits führt der Abschluss eines Betriebsführungsvertrags nicht zu einer konzernrechtlichen Verbindung zwischen Eigentümer und Betriebsführer. Andererseits vermittelt der Betriebsführungsvertrag einen sehr viel engeren Kontakt zwischen den Parteien als dies etwa bei einem Bezugs- oder Liefervertrag der Fall ist. In der vorliegenden Konstellation, in der Mitarbeiter des Betriebsführers in dem Unternehmen des Eigentümers arbeiten und dementsprechend die wechselseitige Möglichkeit der Kenntnisnahme von Betriebs- und Geschäftsgeheimnisse der anderen Partei nicht nur evident, sondern zumindest teilweise für die Vertragsdurchführung erforderlich ist, entspricht es einem schutzwürgen betrieblichen Interesse beider Parteien, dass die Mitarbeiter beider Parteien Stillschweigen über die Betriebs- und Geschäftsgeheimnisse der jeweils anderen Partei wahren und dieses auch zulässigerweise zum Gegenstand arbeitsvertraglicher Vereinbarungen gemacht werden kann.

Aus den vorgenannten Gründen bestimmt § 15 Abs. 3 des Formulars, dass die Parteien verpflichtet sind, ihre Mitarbeiter ebenfalls zur Geheimhaltung zu verpflichten. Diese Pflicht beschränkt sich auf Mitarbeiter, die Zugang zu Betriebs- und Geschäftsgeheimnissen der anderen Partei haben. Im Hinblick auf die vorgenannten Einschränkungen bei nachvertraglichen Geheimhaltungsvereinbarungen wird davon abgesehen, den Mitarbeitern über die Dauer ihres Anstellungsverhältnisses hinaus die Geheimhaltungspflicht aufzuerlegen.

b) Betriebs- und Geschäftsgeheimnisse

Gemäß § 15 Abs. 1 des Formulars besteht eine (nachvertraglich unbegrenzte) Geheimhaltungsverpflichtung im Hinblick auf Betriebs- und Geschäftsgeheimnisse der anderen Partei. Der Begriff „Betriebs- und Geschäftsgeheimnisse" wird in zahlreichen Gesetzen verwendet (z. B. § 17 UWG, § 204 StGB), es besteht indes keine Legaldefinition. Gemeinhin wird unter dem Begriff jede im Zusammenhang mit dem Geschäftsbetrieb stehende nicht offenkundige, sondern nur einem begrenzten Personenkreis bekannte Tatsache, an deren Geheimhaltung der Unternehmensinhaber ein berechtigtes wirtschaftliches Interesse hat und die nach seinem bekundeten oder erkennbaren Willen auch geheim bleiben soll, verstanden[910].

Teilweise wird der Begriff Know-how[911] synonym zum Begriff des Betriebsgeheimnisses verwendet[912]. Ferner wird teilweise zwischen Geschäfts- und Betriebsgeheimnissen in der Weise differenziert, dass sich Geschäftsgeheimnisse auf den kaufmännischen Geschäftsverkehr und Betriebsgeheimnisse auf den technischen Betriebsablauf beziehen. Die Terminologie wird uneinheitlich gehandhabt, die Begriffsbildung ist jedoch rechtlich ohne Bedeutung[913] und damit für die Praxis ohne Relevanz.

---

[909] Preis/Rolfs, II V 20 Rn. 42; Bartenbach, Rn. 2624 unter Hinweis in Fn. 6 darauf, dass Kather, VVP Rundbrief Nr. 3/2005, 108, 115 wohl eine andere Auffassung vertritt.

[910] BVerfG MMR 2006, 375, 376; BGH GRUR 2009, 603, 604; 2003, 356, 358; Köhler/Bornkamm/Köhler, § 17 UWG Rn. 4; MünchKommUWG/Brammsen, § 17 Rn. 9; Salger/Breitfeld, BB 2005, 154, 154.

[911] Zum Begriff s. statt aller: Bartenbach, Rn. 2245 ff.

[912] MünchKommUWG/Brammsen, § 17 Rn. 8; vgl. auch Köhler/Bornkamm/Köhler, § 17 UWG Rn. 4b, wonach jedes Know-how zwar ein Geschäfts- bzw. Betriebsgeheimnis sei, aber nicht umgekehrt.

[913] Für das Lauterkeitsrecht: Köhler/Bornkamm/Köhler, § 17 Rn. 4a.

Gegenstand von Betriebs- und Geschäftsgeheimnisse sind beispielsweise Absatzgebiete, Adressenverzeichnisse, Angebotsunterlagen, Ausschreibungsunterlagen, Bezugsquellen, Bilanzen und Buchführungsunterlagen, Herstellungsverfahren, Kalkulationen, Konstruktionsdaten, Kundendaten und -listen, Lieferantenlisten, Lohn- und Gehaltsdaten, Marktuntersuchungen und -strategien, Modelle und Muster, Preisberechnungen und -listen, Prototypen, Umsatzzahlen, Vertragsverhandlungen, Zahlungsbedingungen und Zeichnungen[914].

In erster Linie erhält der Betriebsführer die vorgenannten Informationen vom Eigentümer. Regelmäßig übermittelt aber auch der Betriebsführer zahlreiche solcher Informationen an den Eigentümer. Daher sieht das Formular eine beiderseitige Geheimhaltungsvereinbarung vor. Da der Betriebsführer bzw. dessen Mitarbeiter nach dem Formular im Unternehmen des Eigentümers tätig sind und auch Kenntnis von solchen Daten ohne eine Übermittlung des Eigentümers erhalten, bestimmt § 15 Abs. 1 des Formulars, dass der Geheimhaltung auch solche Betriebs- und Geschäftsgeheimnisse unterliegen, von denen eine Partei sonst wie Kenntnis erlangt.

c) Pflichteninhalte

Die Geheimhaltungsverpflichtung hat zwei Pflichteninhalte. Zum einen hat jede Partei die zur Kenntnis gelangten Informationen der anderen Partei geheim zu halten. Das bedeutet, dass jede Partei die geheimen Informationen der anderen Partei gegen Kenntnisnahme schützen muss. Dieser Schutz kann beispielsweise bei Dokumenten durch Aufbewahrung in einem verschlossenen Behältnis erfolgen, elektronische Daten können mit einem Passwortschutz versehen werden. Zum anderen sind die Parteien einander verpflichtet, die Betriebs- und Geschäftsgeheimnisse nicht an Dritte weiterzugeben, sie also nicht Dritten zur Kenntnis zu bringen.

d) Dauer und Ausnahmen

Die Geheimhaltungsverpflichtung ist nachvertraglich zeitlich unbegrenzt. Auch ohne eine ausdrückliche Vereinbarung besteht die Geheimhaltungsverpflichtung über die Vertragsdauer hinaus. Sofern eine Geheimhaltungsverpflichtung sich auf Betriebs- und Geschäftsgeheimnisse beschränkt, also nicht allumfassend ausgestaltet ist, ist dies kartellrechtlich unbedenklich[915]. Das gilt jedoch nur, soweit die Betriebs- und Geschäftsgeheimnisse noch nicht offenkundig geworden sind. Die Pflicht endet mit der Offenkundigkeit, eine gleichwohl bestehende Pflicht ist kartellrechtlich unwirksam[916]. Daher bestimmt § 15 Abs. 2 des Formulars, dass die Geheimhaltungsverpflichtung nicht gilt, wenn die Information der Partei bereits bekannt war, wenn sie die Information von einem Dritten ohne Verstoß gegen eine Geheimhaltungsverpflichtung erhält oder die Information der Öffentlichkeit bekannt oder allgemein zugänglich war oder später – ohne Verschulden der Partei – wird. Die Beweislast für diese Ausnahmeregelung wird (abweichend von der sonst geltenden Beweislast) der die Informationen erhaltenden Partei auferlegt.

---

[914] Einen umfassenden Überblick über die Judikatur bietet MünchKommUWG/Brammsen, § 17 Rn. 30.
[915] Salger/Breitfeld, BB 2005, 154, 155.
[916] Vgl. BGH GRUR 1960, 554, 555; Bartenbach, Rn. 2245, 2248.

2. Verwertungsverbot

Gemäß § 15 Abs. 4 des Formulars dürfen die Parteien auch nachvertraglich für die Dauer von zwei Jahren die Betriebs- und Geschäftsgeheimnisse der anderen Partei nur für die Zwecke des Betriebsführungsvertrags verwenden. Es ist ihnen also nicht erlaubt, die Geheimnisse einer anderweitigen Verwertung zuzuführen. Nutzungsbeschränkungen, häufig auch nachvertraglich unbeschränkt, finden sich regelmäßig in Geheimhaltungsabreden. Soweit ersichtlich, ist die rechtliche Wirksamkeit solcher Klauseln bislang noch nicht untersucht worden.

Die Klausel hat wettbewerbseinschränkenden Charakter, da sie beiden Parteien die wirtschaftliche Verwertung von Betriebs- und Geschäftsgeheimnisse der anderen Partei untersagt. Die Regelung ist daher an § 1 GWB und § 138 BGB zu messen[917].

Nach ständiger Rechtsprechung des BGH sind Wettbewerbsverbote in Austauschverträgen mit § 1 GWB vereinbar, wenn sie als dessen notwendige Nebenabrede erforderlich sind, um den Hauptzweck des als solchen kartellrechtsneutralen Vertrags zu verwirklichen. Dabei ist entscheidend, ob das Wettbewerbsverbot sachlich erforderlich und zeitlich, räumlich und gegenständlich darauf beschränkt ist, den mit dem Austauschvertrag verfolgten Zweck zu erreichen[918]. Nach ebenfalls ständiger Rechtsprechung des BGH sind Wettbewerbsverbote mit Rücksicht auf die grundgesetzlich geschützte Berufsausübungsfreiheit nur dann gerechtfertigt und nicht nach § 138 BGB sittenwidrig, wenn und soweit sie notwendig sind, um einen Vertragspartner vor einer illoyalen Verwertung der Erfolge seiner Arbeit durch den anderen Vertragspartner zu schützen. Sie sind nur wirksam, wenn sie in räumlicher, gegenständlicher und zeitlicher Hinsicht das notwendige Maß nicht überschreiten[919]. Die Beurteilungskriterien nach § 138 BGB entsprechen denen nach § 1 GWB, wobei es allerdings bei § 138 BGB keiner Spürbarkeit der Wettbewerbsbeschränkung bedarf[920].

Unter Zugrundelegung der vorgenannten Kriterien sprechen gute Gründe dafür, dass § 15 Abs. 4 des Formulars einer Rechtmäßigkeitskontrolle Stand hält. Der Zweck des Betriebsführungsvertrags nach dem Formular besteht darin, die Erfahrung des Betriebsführers in der Führung von Betrieben einer bestimmten Unternehmenssparte des Eigentümers zu nutzen. Zur Zweckerfüllung ist der Betriebsführer unter anderem verpflichtet, eigenes Personal einzusetzen (§ 6 Abs. 2 des Formulars). Dafür erhält der Betriebsführer die Vergütung vom Eigentümer (§ 7 des Formulars). Dieser Leistungsaustausch kann empfindlich gestört werden, wenn eine Partei des Betriebsführungsvertrags die Betriebs- und Geschäftsgeheimnisse der anderen Partei für andere Zwecke als den Betriebsführungsvertrag nutzt, insbesondere um der anderen Partei Konkurrenz zu machen. Gerade wenn zur Ausführung eines Vertrages Betriebsgeheimnisse offenbart werden müssen, kann ein weitgehendes Wettbewerbsverbot angezeigt sein[921]. Das Verbot der Verwertung von Betriebs- und Geschäftsgeheimnissen der anderen Partei stellt keine unangemessene Beschränkung der Handlungsfreiheit der Parteien dar. Sie bleiben insbesondere berechtigt, zueinander in Konkurrenz zu treten und zwar sogar in demselben Geschäftsbereich und dem Tätigkeitsgebiet der anderen Partei. Ihnen wird durch § 15 Abs. 4 des Formulars lediglich untersagt, für eine solche Konkurrenztätigkeit die Geheimnisse der anderen Partei zu verwerten. Die Schutzfrist bzw. die nachvertragliche Geltung darf in der

---

[917] Eingehend zur Zulässigkeit von Wettbewerbsverboten in Betriebsführungsverträgen: Böhm, S. 140 ff., 213 ff.
[918] BGH NJW 2009, 1751, 1752; NJW-RR 1998, 1508, 1509.
[919] BGH NJW 2009, 1751; 1753; 2005, 3061, 3062; WM 2003, 2334; 2000, 1496, 1498; NJW-RR 1998, 1508, 1509.
[920] BGH GRUR-RR 2012, 495, 496; NJW 2009, 1751, 1753.
[921] BGH NJW 2009, 1751, 1753.

Regel zwei Jahre nicht überschreiten[922], was der vertraglichen Regelung im Formular entspricht.

3. Vertragsstrafe

Der Verstoß gegen die Geheimhaltungsverpflichtung wird gemäß § 15 Abs. 5 des Formulars durch eine Vertragsstrafe sanktioniert. Entsprechendes gilt, wenn eine Partei nicht der Pflicht nachkommt, auch seinen Mitarbeitern die Geheimhaltungsverpflichtung aufzuerlegen oder die der Geheimhaltungsvereinbarung unterliegenden Betriebs- und Geschäftsgeheimnisse der anderen Partei für eigene Zwecke nutzt. Bereits aus der Verschiedenheit der unterschiedlichen Pflichten folgt die Unzweckmäßigkeit, eine einheitliche feste Höhe der Vertragsstrafe ungeachtet des konkreten Pflichtenverstoßes festzulegen. Aus diesem Grund sieht das Formular eine Festsetzung der Höhe der Vertragsstrafe durch die verletzte Partei nach billigem Ermessen i. S. d. § 315 Abs. 1 BGB vor. Im Streitfall wird die Billigkeit durch das zuständige Gericht (s. § 20 Abs. 5 des Formulars) überprüft[923]. Abweichend von § 340 Abs. 2 BGB bestimmt § 15 Abs. 5 Satz 2 des Formulars, dass die Vertragsstrafe im Schadensfall nicht auf den Schaden angerechnet wird.

§ 16 Beendigung des Vertrags

Inhalt

1. Rückgabe der zu führenden Betriebe   2. Übergangszeit

1. Rückgabe der zu führenden Betriebe

Endet der Betriebsführungsvertrag, geht die Aufgabe zur Betriebsführung wieder auf den Eigentümer über. Der Betriebsführer hat die geführten Betriebe an den Eigentümer „zurückzugeben"[924]. Der Eigentümer muss in die Lage versetzt werden, die Betriebsführung eigenständig wahrzunehmen. Die damit korrespondierenden Pflichten des Betriebsführers folgen bereits aus den gesetzlichen Bestimmungen, bzw. lassen sich aus diesen ableiten (§§ 242, 666, 667 BGB)[925]. § 16 Abs. 1 Satz 1 des Formulars bestimmt gleichwohl ausdrücklich, dass der Betriebsführer alle für eine Übernahme der Betriebsführung durch den Eigentümer erforderlichen Auskünfte zu erteilen, Erklärungen abzugeben und Handlungen vorzunehmen hat. § 16 Abs. 1 Satz 2 des Formulars gibt deklaratorisch den Inhalt des § 667 BGB (Herausgabepflicht) wieder.

2. Übergangszeit

Bei einer hohen Komplexität der geführten Betriebe kann die vollständige Wiedereinarbeitung der Leitungsorgane des Eigentümers in die Betriebsabläufe eine gewisse Zeit in Anspruch nehmen. Entsprechendes gilt, wenn sich die Leitungsorgane des Eigentümers während

---

[922] BGH NJW 2015, 1012, 1013; 2004, 66; 1994, 384, 385; NJW-RR 1990, 226, 227; 1996, 741, 742; Palandt/Ellenberger, § 138 Rn. 104.

[923] Zur Zulässigkeit dieser Gestaltung („Hamburger Brauch"): BGH NJW-RR 2010, 1127; GRUR 1994, 146, 146 f.

[924] S. dazu: Böhm, S. 211 ff.

[925] Zu der Frage, ob dem Betriebsführer entsprechend § 89b HGB ein Ausgleichsanspruch zusteht: Böhm, S. 217 ff.

der Dauer des Betriebsführungsvertrags im Wesentlichen aus dem operativen Geschäft zurückgezogen haben. Bei dem Eigentümer kann daher in einer Übergangszeit der Bedarf nach einer Unterstützung bei der Führung der Betriebe seitens des Betriebsführers bestehen. Dem trägt § 16 Abs. 2 Satz 1 des Formulars Rechnung. Damit der Betriebsführer entsprechend disponieren kann, bestimmt § 16 Abs. 2 Satz 2 des Formulars, dass der Eigentümer das Verlangen nach einer Unterstützung innerhalb einer bestimmten Frist vor dem Ende des Betriebsführungsvertrags ausüben und im Rahmen dieser Erklärung auch die Dauer dieser Übergangszeit angeben muss.

Gibt der Eigentümer die Betriebsführung in andere Hände, etwa weil er sich mit dem Betriebsführer nicht über die Konditionen zur Fortsetzung des Vertragsverhältnisses einigen konnte, besteht ebenfalls Bedarf an einer Unterstützung bei der Führung der Betriebe seitens des Betriebsführers. In diesem Fall soll der bisherige Betriebsführer den neuen Betriebsführer einarbeiten, dem er aufgrund der Verweisung in § 16 Abs. 3 des Formulars auch auf § 16 Abs. 1 des Formulars die geführten Betriebe und Anlagen übergibt.

Für die Unterstützung des Eigentümers bzw. des neuen Betriebsführers erhält der bisherige Betriebsführer gemäß § 16 Abs. 4 des Formulars einen Anteil der Festvergütung. Alternativ kann auch eine Vergütung auf Stundenbasis vereinbart werden.

Bei einer Verkleinerung des Gegenstands der Betriebsführung gemäß § 1 Abs. 4 des Formulars besteht ein gleichartiger Regelungsbedarf wie bei einem Ende des Betriebsführungsvertrags insgesamt. Daher erklärt § 16 Abs. 5 des Formulars die vorgenannten Abs. in diesem Fall für entsprechend anwendbar.

§ 17 Wirksamkeit

Bei dem Abschluss des Betriebsführungsvertrags handelt es sich für den Betriebsführer um eine außergewöhnliche Geschäftsführungsmaßnahme i. S. d. § 164 Satz 1 HS 2 HGB[926]. Daher bedarf es eines Beschlusses der Gesellschafterversammlung des Betriebsführers.

Dieser Beschluss ist zwar keine Wirksamkeitsvoraussetzung, da das Fehlen des Beschlusses nicht die Vertretungsmacht des persönlich haftenden Gesellschafters berührt[927]. Holt der persönlich haftende Gesellschafter (bzw. seine Geschäftsführer) die Zustimmung jedoch nicht ein, verhält er sich pflichtwidrig und haftet im Schadensfall. Daher stellt § 17 des Formulars die Wirksamkeit des Vertrags unter die aufschiebende Bedingung der Zustimmung der Gesellschafterversammlung des Betriebsführers.

Bis zur Erteilung oder Versagung der Zustimmung herrscht ein Schwebezustand. Es ist im Interesse beider Parteien, diesen zeitlich zu beschränken. Daher sieht § 17 des Formulars vor, dass die Zustimmung bis zu einem bestimmten Datum vorliegen muss. Wird dieses Datum ohne Vorliegen einer Zustimmung überschritten, ist die Bedingung ausgefallen, der Betriebsführungsvertrag wird also endgültig wirkungslos.

---

[926] S. dazu bereits B.III.1.b) Vertragseingang Anm. 2.b).
[927] S. dazu bereits B.III.1.b) Vertragseingang Anm. 3.

§ 18 Schriftformklausel

Inhalt

1. Vertragsänderungen und -ergänzungen

Die Vertragsparteien können den Betriebsführungsvertrag jederzeit einvernehmlich ändern oder ergänzen, etwa um diesen an veränderte Umstände anzupassen. Zu beachten ist, dass der Betriebsführungsvertrag nach diesem Formular nicht den aktienrechtlichen Bestimmungen der §§ 292 ff. AktG unterliegt. Unterliegt der Betriebsführungsvertrag den Regelungen der §§ 292 ff. AktG, ist bei Vertragsänderungen und -ergänzungen die Vorschrift § 295 AktG zu beachten. Danach kann ein Unternehmensvertrag nur mit Zustimmung der Hauptversammlung geändert werden (§ 295 Abs. 1 Satz 1 AktG). Für die Änderung gelten nach § 295 Abs. 1 Satz 2 AktG die §§ 293 bis 294 AktG sinngemäß. Ein Sonderbeschluss außenstehender Aktionäre nach § 295 Abs. 2 AktG ist nicht erforderlich (weil bei einem Betriebsführungsvertrag nicht die Leistung eines Ausgleichs zugesagt werden muss); etwas anderes gilt bei einer freiwilligen Zusage[928]. Auch wenn eine Vertragsänderung vorliegend keinem aktienrechtlichen Zustimmungsvorbehalt unterliegt, ist zu beachten, dass eine wesentliche Vertragsänderung für den Betriebsführer ein gemäß § 164 Satz 1 HS 2 HGB (im Innenverhältnis) zustimmungspflichtiges außergewöhnliches Geschäft darstellen kann.

2. Schriftformklausel

Der Abschluss des Betriebsführungsvertrags bedarf kraft Gesetzes der Schriftform (§ 293 Abs. 3 AktG). Entsprechendes gilt für Änderungen des Betriebsführungsvertrags (§ 295 Abs. 1 Satz 2 i. V. m. § 293 Abs. 3 AktG). Das Schriftformerfordernis gilt aber nur bei Betriebsführungsverträgen, die entsprechend § 292 Abs. 1 Nr. 3 AktG als Unternehmensvertrag einzuordnen sind. Bei Betriebsführungsverträgen außerhalb des Anwendungsbereichs der §§ 293 ff. AktG sind weder der Abschluss noch die Änderung des Vertrags formbedürftig.

Aus Gründen der Beweisfunktion empfiehlt sich auch beim Abschluss eines Betriebsführungsvertrags, der nicht den aktienrechtlichen Regularien unterliegt, die Wahrung der Schriftform. Entsprechendes gilt für Vertragsänderungen und -ergänzungen. Dementsprechend sieht § 19 Abs. 1 Sätze 1 und 2 des Formulars eine Schriftformklausel vor, wobei hinsichtlich der Einhaltung des Formerfordernisses § 127 Abs. 2 BGB zu beachten ist.

Bei der im Formular verwendeten Regelung handelt es sich um eine sog. „doppelte" Schriftformklausel. Danach bedarf nicht nur die Vertragsänderung bzw. -ergänzung, sondern auch der Verzicht auf das Schriftformerfordernis selbst der Schriftform. Eine solche doppelte Schriftformklausel kann nach h. M., jedenfalls wenn sie zwischen Kaufleuten (§ 6 Abs. 1 HGB) in einem Individualvertrag vereinbart worden ist, nicht durch eine Vereinbarung abbedungen werden, welche die Schriftform nicht wahrt[929].

---

[928] MünchHdbAG/Krieger, § 73 Rn. 73; MünchKommAktG/Altmeppen, § 295 Rn. 29; Hüffer/Koch, § 295 Rn. 10; KölnerKommAktG/Koppensteiner, § 295 Rn. 30.

[929] BGH AfP 2010, 147, 149; Z 66, 378, 381 f.; BAG NJW 2003, 3725, 3727; Palandt/Ellenberger, § 125 Rn. 19; Erman/Arnold, § 125 Rn. 26; abweichend noch: Erman/Palm, 12. Aufl., § 125 Rn. 9.

3. Vollständigkeitsklausel

Die Urkunde, in dem die Parteien den Betriebsführungsvertrag niedergelegt haben, hat die tatsächliche Vermutung der Vollständigkeit und Richtigkeit für sich. Die Vermutung ist widerlegbar. In diesem Fall muss diejenige Partei, die sich auf eine Nebenabrede beruft, deren Vorliegen zu beweisen[930].

Gemäß § 18 Abs. 1 Satz 3 des Formulars wird vereinbart, dass Nebenabreden nicht getroffen worden sind. Welche Wirkung eine solche Regelung hat, ist umstritten. In der Literatur wird angenommen, dass mit einer solchen Abrede lediglich die Vermutung der Vollständigkeit verstärkt wird[931]. Demgegenüber steht das OLG Karlsruhe auf dem Standpunkt, dass die Regelung dazu führt, dass der Beweisantritt über die Nebenabrede ausgeschlossen ist[932].

4. Schriftform für Erklärungen der Parteien

Eine gewillkürte Schriftform gilt nach § 18 Abs. 2 Satz 1 des Formulars auch für alle nach dem Betriebsführungsvertrag abzugebenden Erklärungen. Zur Wahrung der vereinbarten Schriftform genügt gemäß § 127 Abs. 2 Satz 1 Alt. 1 BGB, soweit nicht ein anderer Wille anzunehmen ist, die kommunikative Übermittlung. Gemäß § 18 Abs. 2 Satz 2 des Formulars genügt grundsätzlich die kommunikative Übermittlung. Ausgenommen sind Erklärungen im Zusammenhang mit einer Veränderung des Umfangs der Betriebsführung und Kündigungserklärungen betreffend den Betriebsführungsvertrag (§ 18 Abs. 2 Satz 3 des Formulars). Diese Erklärungen müssen den Anforderungen des § 126 Abs. 1 BGB genügen.

§ 19 Salvatorische Klausel

Inhalt

1. Erhaltungsklausel   2. Ersetzungsklausel

§ 19 des Formulars enthält eine sog. salvatorische Klausel[933], die aus einer Erhaltungs- und Ersetzungsklausel besteht.

1. Erhaltungsklausel

Nach der Erhaltungsklausel gemäß § 19 Satz 1 des Formulars soll die Unwirksamkeit einer vertraglichen Bestimmung nicht zur Gesamtnichtigkeit des Vertrags führen. Vielmehr soll die Unwirksamkeit die Gültigkeit der übrigen Bestimmungen des Vertrages nicht berühren. Damit weicht die Regelung von § 139 BGB ab, wonach bei einer teilweisen Nichtigkeit des Rechtsgeschäfts das ganze Rechtsgeschäft nichtig ist, sofern nicht anzunehmen ist, dass es auch ohne den nichtigen Teil vorgenommen sein würde. Die Erhaltungsklausel bewirkt nach ständiger Rechtsprechung des BGH freilich nicht, dass die vom Nichtigkeitsgrund nicht unmittelbar erfassten Teile des Geschäfts unter allen Umständen als wirksam behandelt werden sollen. Vielmehr führt sie zu einer Umkehrung der Vermutung des § 139 BGB in ihr Gegen-

---

[930] Statt aller: BGH NJW 1999, 1702, 1703; Palandt/Ellenberger, § 125 Rn. 21; Erman/Arnold, § 125 Rn. 29.

[931] Flume, Rechtsgeschäft, § 15 III 2; Baumbach/Hopt/Hopt, Einl v § 343 Rn. 9.

[932] OLG Karlsruhe BB 1972, 198, 198 f.

[933] Eingehend dazu statt aller: Baur, FS Vieregge S. 31 ff.

teil. Die Darlegungs- und Beweislast dafür, dass die Parteien das teilnichtige Geschäft als Ganzes verworfen hätten, trifft aufgrund der Vereinbarung der Klausel denjenigen, der entgegen der Erhaltensklausel den Vertrag als Ganzes für unwirksam hält. Ist die Aufrechterhaltung des Restgeschäfts aber im Einzelfall mit dem durch Vertragsauslegung zu ermittelnden Parteiwillen unvereinbar, tritt trotz der salvatorischen Klausel Nichtigkeit des gesamten Vertrages ein. Dieses ist insbesondere der Fall, sofern eine wesentliche Vertragsbestimmung unwirksam ist und durch die Teilnichtigkeit der Gesamtcharakter des Vertrags verändert würde[934].

2. Ersetzungsklausel

Nach der Ersetzungsklausel gemäß § 19 Satz 2 des Formulars soll anstelle der unwirksamen Bestimmung des Vertrags eine wirksame Bestimmung gelten, die, dem Sinn und Zweck der unwirksamen Bestimmung wirtschaftlich am nächsten kommt. Die Klausel bezweckt, dass die Parteien verpflichtet sind, den Vertrag so durchzuführen, als wäre die unwirksame Bestimmung durch eine ihr sinngemäß am besten entsprechende, gültige ersetzt worden. Der Sinn und Zweck der Ersetzungsklausel besteht also darin, die durch die Nichtigkeit einzelner vertraglicher Regelungen entstandenen Lücken zu schließen[935].

§ 20 Schlussbestimmungen

Inhalt

1. Vertragsanlagen
2. Rechtswahlklausel

3. Schiedsgerichtsklausel

1. Vertragsanlagen

§ 20 Abs. 1 Satz 1 des Formulars erklärt die Vertragsanlagen zu einem Bestandteil des Vertrags. Die in ihnen enthaltenen Regelungen sind dementsprechend ebenso verbindlich wie die Bestimmungen des Betriebsführungsvertrags selbst.

Gerade bei umfangreichen Vertragsanlagen besteht die Gefahr von Widersprüchen zwischen den Inhalten des Vertrags und denen der Anlagen. Solche Widersprüche sind ohne eine Vorrangregelung über eine Vertragsauslegung (§§ 133, 157 BGB) aufzulösen. § 20 Abs. 1 Satz 2 des Formulars bestimmt den Willen der Parteien dahingehend, dass die Bestimmungen des Vertrags Vorrang haben.

2. Rechtswahlklausel

Bei Betriebsführungsverträgen mit Auslandsbezug sollte eine Vereinbarung über das anwendbare Recht getroffen werden[936]. Denkbar ist eine Vereinbarung, wonach das Recht des Staates Anwendung findet, in dem der Eigentümer oder Betriebsführer seinen Sitz hat. Können sich die Parteien nicht auf eine bestimmte nationale Rechtsordnung einigen, kommt eine

---

[934] BGHZ 196, 254, 268; NJW 2010, 1660, 1661; 1996, 773, 774; Palandt/Ellenberger, § 139 Rn. 17; Erman/Arnold, § 139 Rn. 10.
[935] BGH NJW 2007, 3202, 3203.
[936] Eingehend dazu: Zeiger, S. 76 ff.

Vereinbarung über allgemeine Rechtsgrundsätze oder das transnationale Wirtschaftrecht (lex mercatoria) in Betracht[937]. Die Vereinbarung einer Rechtswahlklausel ist allerdings nur dann aktienrechtlich unbedenklich, wenn der Betriebsführungsvertrag nicht als Unternehmensvertrag i. S. d. § 292 Abs. 1 Nr. 3 AktG einzuordnen ist. Eine Rechtswahl ist bei den Verträgen des § 292 AktG ausgeschlossen[938]. § 20 Abs. 2 des Formulars bestimmt, dass deutsches Recht Anwendung findet.

3. Schiedsgerichtsklausel

Bei Betriebsführungsverträgen bietet sich die Vereinbarung eines Gerichtsstandes an. In Betracht kommt, dieses ist in der Praxis häufiger der Fall[939], die Vereinbarung eines Schiedsgerichtes. Die Vereinbarung eines Schiedsgerichts bietet den Vorteil, dass die Parteien Schiedsrichter mit entsprechender Sachkunde wählen können. Zudem sind Schiedsverfahren schneller und flexibler gegenüber Verfahren vor einem staatlichen Gericht und finden grundsätzlich unter Ausschluss der Öffentlichkeit statt[940]. § 20 Abs. 3 des Formulars sieht vor, dass alle Streitigkeiten nach der Schiedsgerichtsordnung der Deutschen Institution für Schiedsgerichtsbarkeit e. V. (DIS)[941] unter Ausschluss des ordentlichen Rechtswegs endgültig entschieden werden.

---

[937] Joachim, DZWiR 1992, 397, 404; eingehend: Zeiger, S. 80 ff., 97; gegen die Vereinbarung des transnationalen Wirtschaftsrechts spricht sich Schlüter, S. 214, aus.
[938] Spindler/Stilz/Veil, Vor § 291 Rn. 52; Staudinger/Großfeld, IntGesR Rn. 579.
[939] Zeiger, S. 64; Joachim, Schlüter, S. 195; DZWiR 1992, 397, 404.
[940] Zeiger, S. 64 f.; Schlüter, 195 f.
[941] Die Schiedsgerichtsordnung der DIS kann unter folgender Adresse abgerufen werden: http://www.dis-arb.de/de/16/regeln/dis-schiedsgerichtsordnung-98-id2 (zuletzt aufgerufen am 28.01.2018).

2. Zustimmungsbeschluss der Betriebsführerin

a) Formulartext

**Beschluss über die Zustimmung
zu einem Betriebsführungsvertrag mit der ... GmbH**

Die Gesellschafter der ... GmbH & Co. KG halten hiermit unter Verzicht auf die Einhaltung aller durch den Gesellschaftsvertrag vorgeschriebenen Formen und Fristen der Einberufung, Ankündigung und Abhaltung einer Gesellschafterversammlung eine

außerordentliche Gesellschafterversammlung

ab und beschließen:

Dem Abschluss des in der Anlage zu diesem Beschluss beigefügten Betriebsführungsvertrags zwischen der ... GmbH und der Gesellschaft vom ..., mit dem die Gesellschaft die Betriebsführung von Betrieben und Anlagen der Unternehmenssparte ... der ... GmbH übernimmt, wird zugestimmt.

..., den ...

_____   _____
... und ... für die GmbH   ...

b) Formularkommentare

Inhalt

1. Gesellschafterversammlung

Das Gesetz enthält keine Vorgaben über das Zustandekommen von Gesellschafterbeschlüssen bei der Kommanditgesellschaft. Insbesondere können Gesellschafterbeschlüsse auch ohne Abhaltung einer Gesellschafterversammlung gefasst werden. In der Praxis sehen die Gesellschaftsverträge von Kommanditgesellschaften allerdings regelmäßig vor, dass die Beschlussfassungen in Gesellschafterversammlungen erfolgen. Daher erfolgt die Beschlussfassung gemäß dem Formular in einer solchen Versammlung, in welcher die Gesellschafter auf die Einhaltung der (gesellschaftsvertraglich vereinbarten) Formen und Fristen der Einberufung, Ankündigung und Abhaltung einer Gesellschafterversammlung verzichten.

2. Beschlussfassung

a) Zuständigkeit

Zuständig für die Beschlussfassung sind alle auch nicht geschäftsführungsberechtigten Gesellschafter, also auch die Kommanditisten[942].

b) Zeitpunkt

Nach dem Sinn und Zweck des § 164 Satz 1 HS 2 HGB ist der Zustimmungsbeschluss vor dem Abschluss des Betriebsführungsvertrags einzuholen. Es bestehen aber auch keine Bedenken dagegen, den Betriebsführungsvertrag unter der aufschiebenden Bedingung der Zustimmung zu schließen und den entsprechenden Zustimmungsbeschluss anschließend einzuholen.

c) Mehrheitserfordernis

Der Zustimmungsbeschluss hat wie jeder Beschluss der Gesellschafter einer Kommanditgesellschaft einstimmig zu erfolgen, sofern nicht der Gesellschaftsvertrag einen rechtlich wirksamen Mehrheitsbeschluss[943] zulässt.

---

[942] RG Z 158, 302, 307; OLG Stuttgart ZIP 2010, 474, 476; Baumbach/Hopt/Roth, § 164 Rn. 2.
[943] Eingehend dazu: Böhm, S. 331 ff.; s. allgemein zu Mehrheitsbeschlüssen auch: Baumbach/Hopt/Roth, § 119 Rn. 33 ff.; Ebenroth/Boujong/Joost/Strohn/Freitag, § 119 Rn. 65 ff.

IV. Teilbetriebsführungsvertrag (AGB-festes Formular)

1. Betriebsführungsvertrag

a) Formulartext

Betriebsführungsvertrag
über die technische Betriebsführung von Windenergieanlagen

Zwischen der
... GmbH & Co. KG
...
...
vertreten durch die ... GmbH, diese vertreten durch den Geschäftsführer ...

- nachfolgend Auftraggeberin -

und
... e. K.
...
...

- nachfolgend Auftragnehmer -

wird folgender Vertrag geschlossen:

Vorbemerkung

Der Auftragnehmer betreibt ein international tätiges Unternehmen in der Branche der erneuerbaren Energien. Er ist auf die technische Betriebsführung von Anlagen zur Erzeugung von Strom aus Erneuerbaren Energien spezialisiert. Das durch langjährige Erfahrung in der Betriebsführung erworbene Know-how, kurze Reaktionszeiten und ein hoch motiviertes und qualifiziertes Technikerteam tragen zu einem wirtschaftlich erfolgreichen Anlagenbetrieb bei.

Der Zweck dieses Vertrags besteht darin, dass der Auftragnehmer die technische Betriebsführung für ... Windenergieanlagen („Anlagen") vom Typ ... übernehmen soll, die am Standort ... errichtet werden sollen.

Für Anlagenerrichtung und -betrieb hat die Auftraggeberin am ... eine Genehmigung zur Errichtung und zum Betrieb der Anlagen nach dem Bundesimmissionsschutzgesetz („BImSchG-Genehmigung") erwirkt. Ferner hat sie am ... einen Vertrag über die schlüsselfertige Errichtung der Anlagen („Anlagenbauvertrag") und einen Vertrag über die Wartung der Anlagen („Wartungsvertrag") mit ... („Anlagenhersteller") geschlossen. Mit Verträgen vom ... über eine Betriebshaftpflicht-, Maschinenbruch- und Betriebsunterbrechungsversicherung hat die Auftraggeberin die Anlagen unter Versicherungsschutz gebracht.

Dieses vorausgeschickt vereinbaren die Parteien diesen Betriebsführungsvertrag über die technische Betriebsführung der Anlagen mit folgenden Bestimmungen:

§ 1
Gegenstand und Inhalt der Betriebsführung

(1) Der Auftragnehmer wird mit der technischen Betriebsführung der in der Vorbemerkung genannten Anlagen beauftragt. Der Gegenstand der Betriebsführung erstreckt sich räumlich-gegenständlich auf die Anlagen und alle diesen zuzuordnenden Gegenstände, Flächen und Leitungen bis zur Eigentumsgrenze zwischen der Auftraggeberin und dem Netzbetreiber am Netzanschlusspunkt; ausgenommen sind die Flächen der Ausgleichsmaßnahmen gemäß der BImSchG-Genehmigung.

(2) Der Auftragnehmer ist zur Wahrnehmung der Interessen der Auftraggeberin verpflichtet. Bei Anlagenstörungen hat der Auftragnehmer die Reaktionszeit gemäß § 3 Abs. 2 einzuhalten. Der Auftragnehmer schuldet weder eine Mindestzeit der Betriebsbereitschaft noch einen Mindestertrag der Anlagen.

(3) Die technische Betriebsführung erfolgt im Namen und für Rechnung der Auftraggeberin.

§ 2
Umfang der Betriebsführung

(1) Die technische Betriebsführung umfasst folgende durch den Auftragnehmer vorzunehmende Maßnahmen und Geschäfte:

a) Anlagenfernüberwachung 24 h/365 Tage im Jahr bei Übertragung oder Holung sowie Auswertung der Betriebsdaten und Kontrolle der Anlagenkommunikation ... Mal täglich; Betriebsdaten sind alle Messwerte und Statusanzeigen aus den Fernüberwachungssystemen der Anlagen;

b) Anlagenbegehung mit Sichtkontrolle der Anlagen von innen, Dokumentation der Anlagenbegehung in Text- und Bildform und erforderlichenfalls Beauftragung und Kontrolle weitergehender Untersuchungs- und/oder Instandsetzungsmaßnahmen, insbesondere bei festgestellten Auffälligkeiten (Risse, Verformungen, Abplatzungen, Korrosion, übermäßiger Verschleiß, ungewöhnliche Geräusche oder Gerüche, u. ä.) ... Mal im Jahr;

c) Beauftragung und Kontrolle der Überprüfung von Steigsystemen, Befahranlagen, Seilwinden und allen sicherheitsrelevanten Einrichtungen in den Anlagen unter Beachtung der vorgegebenen Prüfungsintervalle;

d) Standortbegehung mit Sichtkontrolle der Anlagen von außen, der Zuwegungen und der Kranstellflächen, Dokumentation der Standortbegehung in Text- und Bildform und erforderlichenfalls Beauftragung und Kontrolle von Maßnahmen zur Wiederherstellung des Sollzustands (Ausbesserung von Zuwegungen oder Kranstellflächen, Erneuerung notwendiger Beschilderung, Reparatur von Umzäunungen, Maht von Grünflächen, Beseitigung von Vandalismusschäden und Müllablagen, u. ä.) ... Mal im Jahr;

e) Organisation und Überwachung von Wartungsarbeiten unter Beachtung der Wartungsintervalle sowie Auswertung der Wartungsprotokolle;

f) Analyse von Anlagenstörungen und -schäden und – soweit ihre Behebung durch den Auftragnehmer per Fernwirktechnik nicht möglich ist – Veranlassung ihrer Behebung durch Beauftragung und Kontrolle von Entstörungs- und Instandsetzungsarbeiten;

g) Übernahme der Anlagenverantwortung gemäß DIN VDE 0105-100:2015-10 durch einen Mitarbeiter des Auftragnehmers sowie Koordination und Durchführung aller erforderlichen Schalthandlungen vor Ort durch Elektrofachkräfte mit Schaltbefähigung;

h) Überwachung der Einhaltung der durch Gesetz, die BImSchG-Genehmigung, zwischen der Auftraggeberin und Dritten geschlossene Verträge und den jeweiligen Stand der Technik vorgegebenen technischen Vorschriften sowie erforderlichenfalls Beauftragung von Arbeiten zur Herstellung eines vorschriftenkonformen Betriebs;

i) Beauftragung von gesetzlich oder behördlich vorgeschriebenen oder zwischen der Auftraggeberin und Dritten vertraglich vereinbarten technischen Prüfungen und Sachverständigengutachten unter Beachtung der vorgeschriebenen bzw. vereinbarten Prüfungstermine bzw. -intervalle;

j) Veranlassung und Kontrolle von Mängel- und Schadensbeseitigung im Rahmen von Mängelhaftungsansprüchen aus Anlagenbauvertrag, Wartungsvertrag und Verträgen über Entstörungs- und Instandsetzungsarbeiten unter Beachtung von Verjährungsfristen;

k) Weitergabe von Informationen an Dritte auf gesetzlicher oder vertraglicher Grundlage, insbesondere Mitteilung von Produktionsprognosen, -störungen und -einschränkungen an den Direktvermarkter;

l) Veranlassung und Überwachung des Anlagenrückbaus nach einer Beendigung des Anlagenbetriebs;

m) Berichts- und Dokumentationspflichten (§§ 5 Abs. 2, 3 und 4).

(2) Bei der Vornahme folgender Maßnahmen und Geschäfte hat der Auftragnehmer die Auftraggeberin technisch zu beraten und unterstützen:

a) Kommunikation und Verhandlungen der kaufmännischen Betriebsführung der Auftraggeberin mit Behörden, Verpächtern, Direktvermarktern, Energieversorgungsunternehmen, finanzierenden Kreditinstituten, Versicherern, dem Anlagenhersteller und sonstigen Vertragspartnern der Auftraggeberin im Zusammenhang mit dem Anlagenbetrieb;

b) Prüfung von Rechnungen gemäß Wartungsvertrag, über Entstörungs- und Instandsetzungsarbeiten, über Energieeinspeisung und -bezug sowie Entschädigungen aufgrund Einspeisemanagement und Abregelung durch den Direktvermarkter;

c) Prüfung von Gutschriften des Anlagenherstellers wegen Verletzung von garantierten Eigenschaften (technische Verfügbarkeit, Leistungskennlinie, Schallleistungspegel und elektrischen Eigenschaften);

d) Meldung und Abwicklung von Versicherungsfällen zur Betriebshaftpflicht-, Maschinenbruch- und Betriebsunterbrechungsversicherung der Auftraggeberin, insbesondere durch Dokumentation des Schadensereignisses einschließlich seiner Ursachen in Text- und Bildform, Einholung von Angeboten über Instandsetzungsarbeiten und Berechnung des Ertragsausfallschadens;

e) Teilnahme an Gesellschafterversammlungen der Auftraggeberin und Berichterstattung über den Betriebsverlauf;

f) Begleitung von die Anlagen betreffenden außergerichtlichen und gerichtlichen Streitigkeiten, insbesondere bei Mängelhaftungsansprüchen aus Anlagenbauvertrag, Wartungsvertrag und Verträgen über Entstörungs- und Instandsetzungsarbeiten.

(3) Der Auftragnehmer ist verpflichtet, alle Leistungen der technischen Betriebsführung gemäß Abs. 1 vorzunehmen bzw. die Auftraggeberin bei der Vornahme von Maßnahmen und Geschäften gemäß Abs. 2 technisch zu beraten und zu unterstützen, selbst wenn eine Leistung nicht ausdrücklich in Abs. 1 und 2 aufgeführt sein sollte.

§ 3
Geschäftszeit, Reaktionszeit und Verzug

(1) Der Auftragnehmer erbringt seine Leistungen während der gewöhnlichen Geschäftszeit. Gewöhnliche Geschäftszeit sind Werktage außer Sonnabends zwischen 08:00 bis 17:00 Uhr. Außerhalb der gewöhnlichen Geschäftszeit können Leistungen des Auftragnehmers nicht bewirkt und gefordert werden; Abs. 2 bleibt unberührt.

(2) Bei einer zum Stillstand oder zur Drosselung führenden Anlagenstörung hat der Auftragnehmer spätestens innerhalb folgender Reaktionszeit ab Kenntnis von der Anlagenstörung (Eingang der Störmeldung oder anderweitiger Kenntniserlangung) mit Leistungen der in § 2 Abs. 1 Buchst. f) genannten Art zu beginnen:

a) innerhalb der gewöhnlichen Geschäftszeit innerhalb von 60 Minuten;

b) außerhalb der gewöhnlichen Geschäftszeit innerhalb von 120 Minuten;

c) außerhalb der gewöhnlichen Geschäftszeit zwischen 22:00 Uhr eines Tages bis 07:00 Uhr des darauffolgenden Tages bis 09:00 Uhr des darauffolgenden Tages.

(3) Der Auftragnehmer kommt außer bei Vorliegen der gesetzlichen Voraussetzungen auch dann in Verzug, wenn er eine Reaktionszeit gemäß Abs. 2 überschreitet, solange nicht das Einhalten der Reaktionszeit infolge eines Umstands unterbleibt, den der Auftragnehmer nicht zu vertreten hat.

§ 4
Vertretung, Vollmacht und Zustimmungsvorbehalt

(1)   Die Auftraggeberin erteilt dem Auftragnehmer eine zur Vertretung des Geschäftsführers der persönlich haftenden Gesellschafterin der Auftraggeberin berechtigende Vollmacht zu allen Geschäften und Rechtshandlungen im Rahmen des Umfangs der technischen Betriebsführung gemäß § 2.

(2)   Der Auftragnehmer ist berechtigt, den an seinem Geschäftssitz tätigen Arbeitnehmern ... und ... Untervollmacht zu erteilen.

(3)   Vor der Vornahme folgender Rechtsgeschäfte hat der Auftragnehmer die vorherige Zustimmung der Auftraggeberin einzuholen:

a)   Eingehen von Verbindlichkeiten von mehr als ... € im Einzelfall und

b)   Abschluss, Änderung und Beendigung von Dauerschuldverhältnissen von mehr als ... Jahren Festlaufzeit oder einer Gesamtverpflichtung von mehr als ... €.

§ 5
Weisungen, Informationsrechte und Dokumentation

(1)   Die Auftraggeberin kann dem Auftragnehmer in allen Belangen der technischen Betriebsführung Weisungen erteilen. Der Auftragnehmer ist berechtigt von den Weisungen abzuweichen, wenn er den Umständen nach annehmen darf, dass die Auftraggeberin bei Kenntnis der Sachlage die Abweichung billigen würde; der Auftragnehmer hat vor der Abweichung der Auftraggeberin Anzeige zu machen und deren Entschließung abzuwarten, wenn nicht mit dem Aufschub Gefahr verbunden ist.

(2)   Der Auftragnehmer hat die Auftraggeberin monatlich über den Betriebsverlauf der Anlagen und seine erbrachten Leistungen nach diesem Vertrag informieren (Monatsbericht). Der Monatsbericht ist in Textform zu erstellen und der Auftraggeberin bis zum ... Werktag des Folgemonats per Post oder per E-Mail zu übermitteln. Der Monatsbericht hat folgenden Inhalt:

a)   Anlagenertrag und -verbrauch (Produktions- bzw. Verbrauchseinheiten in kWh);

b)   Kosten (geplante und entstandene) im Zusammenhang mit dem technischen Anlagenbetrieb;

c)   Betriebsbereitschaft und technische Verfügbarkeit der Anlagen in Stunden;

d)   Auswertung der Betriebsdaten (Wiedergabe der Ist-Daten, Vergleich mit den Soll-Daten, Analyse von Datenabweichungen und Ableitung von Maßnahmen der Anlagenoptimierung);

e)   Anlagenstörungen und außergewöhnliche Vorkommnisse;

f)   Anlagen- und Standortbegehungen;

g)   Wartungen, Entstörungs- und Instandsetzungsarbeiten, Arbeiten zur Herstellung eines vorschriftenkonformen Betriebs, Prüfungen und Sachverständigengutachten, Mangel- und Schadensbeseitigung;

h)   Empfehlungen und Hinweise zum Anlagenbetrieb;

i)   Erbrachte Leistungen des Auftragnehmers nach diesem Vertrag.

(3)   Über den Monatsbericht hinaus hat der Auftragnehmer der Auftraggeberin die erforderlichen Nachrichten zu geben.

(4)   Die Auftraggeberin kann sich jederzeit über das Internet in einem datenbankgestützten Windparkverwaltungssystem über den Anlagenbetrieb informieren. Der Auftragnehmer erteilt der Auftraggeberin eine für den Internetzugang erforderliche Zugangsberechtigung (Nutzername und Kennwort).

(5)   Auf Verlangen ist der Auftragnehmer verpflichtet, der Auftraggeberin über den Stand der technischen Betriebsführung der Anlagen Auskunft zu erteilen und über die Ausführung des Auftrags zur technischen Betriebsführung Rechenschaft abzulegen.

(6)   Der Auftragnehmer führt über jede Anlage für die Dauer dieses Vertrags eine fortzuschreibende Lebenslaufakte in Textform. Diese enthält jeweils folgende Informationen und Unterlagen:

a)   Allgemeine Anlagendaten (Anlagentyp, -leistung, -nummer und -standort sowie Zeitpunkte der Errichtung, Inbetriebnahme, Abnahme und des Produktionsbeginns);

b)   Betriebsdaten aus dem Fernüberwachungssystem (§ 2 Abs. 1 Buchst. a) in Form von 10-Minuten-Mittelwerten;

c)   Zeiten von Anlagenbegehung mit Sichtkontrolle nebst Dokumentation (§ 2 Abs. 1 Buchst. b);

d)   Dokumentation der Durchführung von Überprüfungen von Steigsystemen, Befahranlagen, Seilwinden und allen sicherheitsrelevanten Einrichtungen in den Anlagen (§ 2 Abs. 1 Buchst. c);

e)   Zeiten von Standortbegehung mit Sichtkontrolle nebst Dokumentation (§ 2 Abs. 1 Buchst. d);

f)   Zeiten von Wartungsarbeiten nebst Wartungsprotokoll des Anlagenherstellers und Auswertung des Wartungsprotokolls (§ 2 Abs. 1 Buchst. e);

g)   Beschreibung und Zeiten von Entstörungs- und Instandsetzungsarbeiten (§ 2 Abs. 1 Buchst. f);

h)   Beschreibung und Zeiten von Arbeiten zur Herstellung eines vorschriftenkonformen Betriebs (§ 2 Abs. 1 Buchst. h);

i)   Zeiten von Prüfungen und Begutachtungen gemäß nebst Prüf- und Begutachtungsprotokollen Dritter (§ 2 Abs. 1 Buchst. i);

j)   Beschreibung und Zeiten von Mangel- und Schadensbeseitigung (§ 2 Abs. 1 Buchst. j);

k)   Dokumentation bei Versicherungsfällen (§ 2 Abs. 2 Buchst. c);

l)   Monatsberichte gemäß Abs. 2;

m)   Informationen gemäß Abs. 3.

§ 6
Pflichten der Auftraggeberin

(1)   Die Auftraggeberin hat für die Dauer dieses Vertrags einen Wartungsvertrag und Versicherungsverträge zu unterhalten, die nach Art und Umfang mindestens den in der Vorbemerkung genannten Verträgen entsprechen.

(2)   Die Auftraggeberin hat dem Auftragnehmer für die Dauer dieses Vertrags

a)   alle für die Erfüllung seiner Leistungen nach § 2 erforderlichen Informationen und Unterlagen – insbesondere die in der Vorbemerkung genannte Genehmigung und aufgeführten Verträge – zu übermitteln,

b)   zwei Schlüssel für die Turmtüren der Anlagen zu überlassen und dem Auftragnehmer und seinen Erfüllungsgehilfen jederzeit freien Zugang zu den Anlagen zu gewähren und

c)   die Fernüberwachungssysteme der Anlagen (Kommunikationsanbindung, Modem, Fernüberwachungsrechner und -software sowie Zugangs-PIN) zur Nutzung zur Verfügung zu stellen.

§ 7
Vergütung, Umsatzsteuer und Aufwendungsersatz

(1)   Für die technische Betriebsführung der Anlagen erhält der Auftragnehmer eine Festvergütung in Höhe von ... € je Anlage und Kalenderjahr (insgesamt ... € p. a.), die in vier gleichen Raten zum ... eines jeden Kalenderquartals im Voraus fällig ist. Im Kalenderjahr der Inbetriebnahme der Anlagen erhält der Auftragnehmer die Festvergütung zeitanteilig auf der Grundlage der Inbetriebnahmezeitpunkte der Anlagen; die jeweils anteilige Rate für das Kalenderquartal der Inbetriebnahme einer Anlage ist nachträglich mit der nächstfälligen Rate nach Satz 1 zu zahlen.

(2)   Ab dem auf das Kalenderjahr der Inbetriebnahme folgenden Kalenderjahr erhöht sich die Festvergütung des Vorjahres jährlich um ...%.

(3)   Für jede Anlage, deren technische Verfügbarkeit über ... % im Kalenderjahr (Mindestverfügbarkeit) liegt, erhält der Auftragnehmer für jeden vollen 1/10 Prozentpunkt über

der Mindestverfügbarkeit eine erfolgsabhängige Vergütung in Höhe von ... €, die binnen ... Wochen nach Ablauf des Kalenderjahrs zu zahlen ist. Im Kalenderjahr der Inbetriebnahme der Anlage ist eine zeitanteilige Berechnung auf der Grundlage des Inbetriebnahmezeitpunktes der Anlage vorzunehmen. Die Berechnung der technischen Verfügbarkeit der Anlage wird nach folgender Formel vorgenommen:

$$\text{Technische Verfügbarkeit (\%)} = \frac{(\text{Betriebsbereitschaft im Kalenderjahr (h)} + \text{Ausnahmetatbestände im Kalenderjahr (h)}) \times 100}{\text{Kalenderjahr (h)}}$$

a) Das Berechnungsergebnis und die Berechnungsgrößen der vorgenannten Formel werden wie folgt definiert:

    aa) Technische Verfügbarkeit (%)
    Technische Verfügbarkeit in Prozent. Die technische Verfügbarkeit ist das Berechnungsergebnis der Formel, mit der die technische Verfügbarkeit der Anlage berechnet wird. Überschreitet die technische Verfügbarkeit die Mindestverfügbarkeit, hat der Auftragnehmer einen Anspruch auf erfolgsabhängige Vergütung unter den in Abs. 2 Satz 1 bzw. Satz 2 genannten Voraussetzungen.

    bb) Betriebsbereitschaft im Kalenderjahr (h)
    Betriebsbereitschaft im Kalenderjahr in Stunden. Eine Betriebsbereitschaft liegt vor, wenn die Anlage entsprechend ihrer Zweckbestimmung betrieben werden kann; maßgebend für die Betriebsbereitschaft sind, wenn keine Partei widerspricht, die Statusanzeigen aus dem Fernüberwachungssystem der Anlage.

    cc) Ausnahmetatbestände im Kalenderjahr (h)
    Ausnahmetatbestände im Kalenderjahr in Stunden. Ein Ausnahmetatbestand liegt vor, wenn die Anlage infolge eines der nachstehend aufgeführten Gründe nicht entsprechend ihrer Zweckbestimmung verwendet werden kann:

        ➢ Höhere Gewalt im Sinne eines von außen kommenden und keinen betrieblichen Zusammenhang aufweisenden, nicht voraussehbaren und auch durch äußerste vernünftigerweise zu erwartende Sorgfalt nicht abwendbaren Ereignisses, insbesondere Naturkatastrophen, Krieg, innere Unruhe, Bürgerkrieg, Revolution, Terrorismus, Sabotage;

        ➢ Diebstahl, Sachbeschädigung oder Brand aus Gründen, die der Auftragnehmer nicht zu vertreten hat;

        ➢ Blitzschlag, bei nicht ordnungsgemäßer Funktion des Blitzschutzsystems nur aus Gründen, die der Auftragnehmer nicht zu vertreten hat;

        ➢ Aktivität von Abschaltungsmodulen (Schall, Schattenwurf, Fledermäuse, etc.);

        ➢ Eisansatz an den Rotorblättern;

> ➢ Fehlender oder unsicherer Anlagenzugang oder Nichtverfügbarkeit oder Instabilität des Fernüberwachungssystems aus Gründen, die der Auftragnehmer nicht zu vertreten hat.

> ➢ Überschreitung äußerer Betriebsbedingungen (Windgeschwindigkeit, Temperatur) gemäß Anlagenspezifikation nach Anlagenbauvertrag;

> ➢ Netzfehler, Nichtverfügbarkeit des Netzanschlusses, Unterbrechung der Stromzufuhr oder Maßnahmen des Netzbetreibers aus Gründen, die der Auftragnehmer nicht zu vertreten hat;

> ➢ Außerbetriebnahme durch oder auf Veranlassung der Auftraggeberin oder aufgrund behördlich angeordneter Betriebsverbote oder durch Dritte aufgrund Gesetzes aus Gründen, die der Auftragnehmer nicht zu vertreten hat;

> ➢ Pflichtverletzungen der Auftraggeberin;

> ➢ Anlagenbegehung und Sichtkontrolle (§ 2 Abs. 1 Buchst. b) bis maximal ... Stunden im Kalenderjahr;

> ➢ Wartung gemäß Wartungsvertrag (§ 2 Abs. 1 Buchst. e);

> ➢ Arbeiten zur Herstellung eines vorschriftskonformen Betriebs (§ 2 Abs. 1 Buchst. h);

> ➢ Prüfungen und Begutachtungen gemäß § 2 Abs. 1 Buchst. i;

> ➢ Mängel- und Schadensbeseitigung gemäß § 2 Abs. 1 Buchst. j;

> einschließlich erforderlicher Zeiten im Anschluss an den Wegfall eines Ausnahmetatbestandes bis zur Wiederherstellung der Betriebsbereitschaft der Anlage.

dd) Kalenderjahr (h)
Kalenderjahr in Stunden (Anzahl der Kalendertage x 24).

b) Der Auftragnehmer berechnet die technische Verfügbarkeit und übermittelt die Berechnung der Auftraggeberin binnen ... Wochen nach Ablauf des Kalenderjahrs in Textform. Die Auftraggeberin ist berechtigt, binnen ... Wochen nach Zugang (Prüffrist) die Berechnung zu prüfen und dem Auftragnehmer das Ergebnis der Prüfung mitzuteilen. Teilt die Auftraggeberin dem Auftragnehmer nicht innerhalb der Prüffrist das Ergebnis der Prüfung mit, gilt dies als Verzicht auf Einwendungen gegen die Berechnung, wenn der Auftragnehmer in der Berechnung auf diese Folge besonders hinweist.

c) Beanstandet die Auftraggeberin die Berechnung und können sich die Parteien nicht auf eine Berechnung einigen, wird die Berechnung auf Verlangen einer Partei durch einen öffentlich bestellten und vereidigten Sachverständigen als Schiedsgutachter nach billigem Ermessen bindend festgesetzt. Die Einleitung eines Streitverfahrens ist erst nach Vorliegen des Schiedsgutachtens zulässig. Können sich die Parteien auf die Person des Schiedsgutachters nicht einigen, wird diese auf Antrag einer Partei von der für den Standort der Anlagen zuständigen Industrie- und Handelskammer (IHK) benannt. Der Schiedsgutachter soll von beiden Parteien gemeinsam und kann von einer Partei allein beauftragt werden. Der Schiedsgutachter hat beiden Parteien mindestens ein Mal Gelegenheit zur Stellungnahme zu geben und auf Verlangen einer Partei eine Anhörung zur mündlichen Erörterung der Streitfrage durchzuführen. Er hat sein Schiedsgutachten schriftlich zu verfassen, das die Erwägungen, auf denen die Entscheidung beruht, enthalten muss. Im Übrigen legt der Schiedsgutachter nach eigenem Ermessen das Verfahren und die Art und Weise der Erstellung des Schiedsgutachtes fest. Eine gerichtliche Kontrolle der Entscheidung findet im gesetzlichen Umfang (§ 319 Abs. 1 BGB) statt. Die Kosten des Schiedsgutachters und eventuelle Kosten für seine Benennung durch die IHK tragen die Parteien jeweils zur Hälfte.

(4) Auf die Vergütung gemäß Abs. 1 und 3 kommt die gesetzliche Umsatzsteuer in der jeweils geltenden Höhe hinzu.

(5) Die Auftraggeberin ersetzt dem Auftragnehmer alle Aufwendungen, die er zum Zwecke der Ausführung dieses Vertrags macht und die er den Umständen nach für erforderlich halten darf. Ausgenommen sind die Aufwendungen für ..., die vom Auftragnehmer getragen werden.

§ 8
Zurückbehaltung, Leistungsverweigerung, Aufrechnung und Abtretung

(1) Von dem Auftragnehmer bestrittene, nicht entscheidungsreife oder nicht rechtskräftig festgestellte Gegenforderungen berechtigen die Auftraggeberin weder zur Zurückbehaltung (§§ 273 BGB, 369 HGB) noch zur Leistungsverweigerung (§ 320 BGB).

(2) Von dem Auftragnehmer bestrittene, nicht entscheidungsreife oder nicht rechtskräftig festgestellte Gegenforderungen, die nicht auf diesem Vertrag beruhen, berechtigen die Auftraggeberin nicht zur Aufrechnung (§ 387 BGB).

(3) Ansprüche der Auftraggeberin gegen den Auftragnehmer sind nur mit vorheriger schriftlicher Zustimmung des Auftragnehmers abtretbar; § 354a HGB bleibt unberührt. Die Zustimmung ist zu erteilen bei Sicherungsabtretungen an die die Anlagen finanzierenden Kreditinstitute.

§ 9
Erfüllungsgehilfen

Der Auftragnehmer ist berechtigt, für die Erfüllung seiner Leistungen Gehilfen einzusetzen.

§ 10
Haftung

(1) Der Auftragnehmer verpflichtet sich, die von ihm übernommenen Aufgaben mit der Sorgfalt eines ordentlichen technischen Betriebsführers zu erfüllen.

(2) Erteilt der Auftragnehmer oder einer seiner Erfüllungsgehilfen der Auftraggeberin eine Auskunft, einen Rat oder eine Empfehlung und ist die Auskunft, der Rat oder die Empfehlung nicht vertraglich geschuldet, geschieht dies unter Ausschluss jeglicher vertraglichen Haftung. Die Haftung kraft Gesetzes, insbesondere aus unerlaubter Handlung, bleibt unberührt.

(3) Bei in sonstiger Weise verursachten Schäden haftet der Auftragnehmer bei Vorsatz und grober Fahrlässigkeit, auch seiner Erfüllungsgehilfen, nach den gesetzlichen Bestimmungen. Das gleiche gilt bei fahrlässig verursachten Schäden aus der Verletzung des Lebens, des Körpers oder der Gesundheit. Bei fahrlässig verursachten Sach- und Vermögensschäden haften der Auftragnehmer und seine Erfüllungsgehilfen nur bei der Verletzung einer wesentlichen Vertragspflicht, jedoch der Höhe nach beschränkt auf die bei Vertragsschluss vorhersehbaren und vertragstypischen Schäden.

§ 11
Vertragsbeginn, Vertragsdauer und Vertragsbeendigung

(1) Dieser Vertrag beginnt mit der Inbetriebnahme der zuerst in Betrieb genommenen Anlage und wird bis zum 31. Dezember ... geschlossen ("Festlaufzeit"). Nach Ablauf der Festlaufzeit verlängert sich der Vertrag um jeweils ..., sofern er nicht spätestens mit einer Frist von ... Monaten vor seinem Ablauf gekündigt wird.

(2) Das Recht zur fristlosen Kündigung aus wichtigem Grund bleibt unberührt.

(3) Die Kündigung bedarf der Schriftform.

(4) Bei einer Beendigung des Vertrags hat der Aufragnehmer der Auftraggeberin alles, was er zur Ausführung des Auftrags der technischen Betriebsführung erhalten und was er aus der Geschäftsbesorgung erlangt hat, herauszugeben.

§ 12
Schlussbestimmungen

(1) Mündliche Nebenabreden bestehen nicht.

(2) Sollten einzelne vertragliche Bestimmungen rechtsunwirksam sein oder werden, wird hiervon die Wirksamkeit der übrigen vertraglichen Bestimmungen nicht berührt.

(3) Ausschließlicher Gerichtsstand für alle sich aus dem Vertragsverhältnis unmittelbar oder mittelbar ergebenden Streitigkeiten ist der Geschäftssitz des Auftragnehmers.

..., den ...

_____   _____
Auftraggeberin   Auftragnehmer

b) Formularkommentare

Vertragseingang

Inhalt

1. Allgemeines
2. Zuständigkeit für den Vertragsabschluss
3. Form des Betriebsführungsvertrags
4. Abschlusswirkungen

1. Allgemeines

Das Formular bestimmt, dass eine Personenhandelsgesellschaft als Eigentümer einen Einzelkaufmann damit beauftragt, die technische Betriebsführung für technische Anlagen in dem Betrieb des Eigentümers zu übernehmen. Der Vertrag erfasst daher keinen (Teil-)Betrieb als Organisationseinheit, sondern beschränkt sich auf (technische) Anlageneinheiten. Konzipiert ist das Formular für einen Betriebsführungsvertrag zwischen zwei nicht gemäß § 15 AktG verbundenen Unternehmen.

Dem Formular und dem nachfolgenden Zustimmungsbeschluss liegt der Sachverhalt zugrunde, dass der Eigentümer technische Anlagen betreibt und zwar über eine kaufmännische Verwaltung verfügt, ihm jedoch das technische Know-how für den Betrieb der Anlagen fehlt und der Umfang der technischen Betriebsführung so gering ist, dass sich eine externe technische Betriebsführung gegenüber dem Aufbau und der Unterhaltung einer eigenen technischen Organisation als wirtschaftlicher darstellt. In der Praxis ist diese Konstellation häufig bei Unternehmen anzutreffen, die Anlagen zur Erzeugung von Strom aus Erneuerbaren Energien betreiben. Für eine solche Sachlage ist das Formular verfasst. Zugeschnitten ist das Formular auf eine Betriebsführung von Windenergieanlagen, es kann aber auch – mit verhältnismäßig geringfügigen Modifikationen – für die Betriebsführung von anderen Anlagen zur Erzeugung von Strom aus Erneuerbaren Energien verwendet werden.

Der Betriebsführer soll für den Eigentümer erst ab Inbetriebnahme (§ 3 Nr. 30 EEG 2017) der Anlagen die Betriebsführung übernehmen. Im Bereich des Betriebs von Anlagen zur Erzeugung von Strom aus Erneuerbaren Energien ist diese Vertragsgestaltung typisch. Regelmäßig ist der Betriebsführer zwar bereits in der Planungs-, Genehmigungs- und Errichtungsphase des Anlagenparks tätig. Diese Tätigkeit erfolgt jedoch wirtschaftlich auf eigene Rechnung des Betriebsführers. Zumeist gründet der Betriebsführer für diese Phase eigens für den Anlagenpark eine Tochtergesellschaft, um später seine Tätigkeit über eine Veräußerung der Anteile an der Tochtergesellschaft zu versilbern und (da der Erwerber der Anteile nicht über das technische Know-how für den Anlagenbetrieb verfügt) die (technische) Betriebsführung für die vormalige Tochtergesellschaft zu übernehmen. In anderen Branchen ist es durchaus üblich, den Betriebsführer nicht erst zu einem Zeitpunkt zu beauftragen, in dem die betrieblichen Anlagen bereits fertig gestellt und in Betrieb genommen worden sind, sondern schon in der Vorbereitungsphase[944].

Hinsichtlich der Rechtsnatur des Vertrags gelten keine Besonderheiten. Auch der Vertrag über die technische Betriebsführung ist als ein Geschäftsbesorgungsvertrag gemäß § 675 BGB mit Dienstvertragscharakter zu qualifizieren[945].

---

[944] S. dazu: Schlüter, S. 59 f.; Zeiger, S. 42 f.; Böhm, S. 98 ff.
[945] RG LZ 16, 235; RGRK/Gelhaar, Vor § 535 Rn. 232.

Es wird unterstellt, dass der Betriebsführungsvertrag die Voraussetzungen des § 305 Abs. 1 BGB erfüllt, wobei der Betriebsführer als Verwender i. S. d. § 305 Abs. 1 Satz 1 BGB auftritt. Voraussetzung ist danach, dass es sich bei den Regelungen des Betriebsführungsvertrags um für eine Vielzahl von Verträgen vorformulierte Vertragsbedingungen handelt, die der Betriebsführer dem Eigentümer bei Abschluss des Betriebsführungsvertrags stellt (§ 305 Abs. 1 Satz 1 BGB), die nicht zwischen den Vertragsparteien im Einzelnen ausgehandelt sind (§ 305 Abs. 1 Satz 3 BGB)[946] und bezüglich derer zwischen den Parteien Einvernehmen besteht, dass diese zum Vertragsinhalt geworden sind[947].

Das Formular ist so konzipiert, dass die Regelungen des Betriebsführungsvertrags einer AGB-Klauselkontrolle Stand halten[948]. Nach dem unterstellten Sachverhalt handelt es sich bei dem Eigentümer um einen Unternehmer i. S. d. § 14 Abs. 1 BGB. Demgemäß ist der AGB-Schutz nach Maßgabe des § 310 Abs. 1 Sätze 1 und 2 BGB beschränkt. Trotz des beschränkten AGB-Schutzes ist der Gestaltungsspielraum bei einem der AGB-Klauselkontrolle unterliegenden Vertrag gegenüber einem individuell ausgehandelten Vertrag auch im unternehmerischen Verkehr erheblich eingeschränkt.

Das Formular zielt nicht durchweg darauf ab, zu Gunsten des Betriebsführers bis an die durch die §§ 305 ff. BGB vorgegebenen Grenzen des (gerade noch) rechtlich Zulässigen zu gehen. Der Betriebsführer von Windenergieanlagen ist Marktteilnehmer und steht verstärkt im Wettbewerb zu anderen Betriebsführern. Daher enthält das Formular nicht nur direkte und indirekte werbende Regelungen, sondern weicht zum Teil zu Gunsten des Eigentümers von der ansonsten gesetzlich geltenden bzw. zum Nachteil des Eigentümers durch Allgemeine Geschäftsbedingungen gestaltbaren Rechtslage ab.

2. Zuständigkeit für den Vertragsabschluss

Auf Seiten des Eigentümers ist die persönlich haftende Gesellschafterin für die Entscheidung über den Vertragsschluss und für die Vertretung des Eigentümers bei dem Vertragsschluss zuständig[949], auf Seiten des Betriebsführers der Einzelkaufmann selbst.

Vorliegend ist zweifelhaft, ob und gegebenenfalls welchen gesellschaftsrechtlichen Wirksamkeitsvoraussetzungen der Betriebsführungsvertrag auf Seiten des Eigentümers unterliegt und damit insbesondere die Frage nach einer Beteiligung seiner Gesellschafter zu beantworten. Der Betriebsführungsvertrag ist einerseits gegenständlich auf bestimmte technische Anlagen des Eigentümers und andererseits inhaltlich auf die technische Betriebsführung beschränkt. Die gesellschaftsrechtliche Behandlung eines Teilbetriebsführungsvertrags mit einer Personengesellschaft als Eigentümer ist, soweit ersichtlich, bislang nur an zwei Stellen in der Literatur ausdrücklich thematisiert worden:

Danach komme es nicht darauf an, ob der Betriebsführungsvertrag (gegenständlich oder inhaltlich) beschränkt sei. Entscheidend sei vielmehr, ob der (mit dem Grundsatz der Selbstorg-

---

[946] Zu den im unternehmerischen Verkehr weniger strengen Anforderungen an ein „Aushandeln" i. S. d. § 305 Abs. 1 Satz 3 BGB s. statt aller: Palandt/Grüneberg, § 305 Rn. 22; Wolf/Lindacher/Pfeiffer/Pfeiffer, § 305 Rn. 39.

[947] § 305 Abs. 2 BGB findet bei einer Verwendung von AGB gegenüber einem Unternehmer keine Anwendung (§ 310 Abs. 1 Satz 1 BGB), gleichwohl bedarf es aber auch insoweit einer rechtsgeschäftlichen Einbeziehung, s. statt aller: Palandt/Grüneberg, § 305 Rn. 49 ff.; Wolf/Lindacher/Pfeiffer/Pfeiffer, § 305 Rn. 124 ff.

[948] Zur Anwendbarkeit der §§ 305 ff. BGB auf den Betriebsführungsvertrag s. bereits A.II.1.c).

[949] S. dazu bereits – einschließlich der Haftung der Geschäftsführer der persönlich haftenden Gesellschafterin – B.III.1.b) Vertragseingang Anm. 2.b).

anschaft vereinbare) Betriebsführungsvertrag bestimme, dass der Betriebsführer lediglich für das laufende Tagesgeschäft oder auch für die unternehmerischen Leitungsentscheidungen zuständig sei. Im ersten Fall liege ein im Innenverhältnis zustimmungspflichtiges außergewöhnliches Geschäft nach §§ 116 Abs. 2, 164 Satz 1 HS 2 HGB vor, im letzten Fall ein zustimmungspflichtiges Grundlagengeschäft, auf das die allgemeinen Regeln über Grundlagengeschäfte, aber nicht die aktienrechtlichen Regularien über Unternehmensverträge (§§ 293 ff. AktG) Anwendung finden[950]. Nach dem Formular wird der Betriebsführer lediglich mit der laufenden technischen Betriebsführung betraut, so dass es nach dieser Auffassung lediglich eines Zustimmungsbeschlusses der Gesellschafter im Innenverhältnis bedarf.

Andere Ansichten differenzieren zwar nicht zwischen Betriebsführungsverträgen und Teilbetriebsführungsverträgen, sondern ordnen unterschiedslos jeden Betriebsführungsvertrag mit einer Personengesellschaft als Eigentümer als Grundlagengeschäft ein bzw. befürworten eine (teilweise) doppelt analoge Anwendung der §§ 293a ff. AktG[951]. Aufgrund der gegenständlichen und inhaltlichen Beschränkung der Betriebsführung in Verbindung mit der Verpflichtung des Betriebsführers auf das Interesse des Eigentümers und umfangreichen Informations,- Mitwirkungs-, Kontroll- und Weisungsrechten des Eigentümers dürfte aber auch nach diesen Ansichten die Annahme eines Grundlagengeschäfts bzw. eine Anwendung der aktienrechtlichen Vorschriften über Unternehmensverträge eher fernliegend sein.

Bei einem Betriebsführungsvertrag mit einer Personengesellschaft als Eigentümer, mit welchem der Eigentümer dem Betriebsführer (nur) Rechte zur laufenden Geschäftsführung überträgt, hat der BGH in der Holiday-Inn-Entscheidung offen gelassen, ob ein solcher Vertrag (überhaupt) der Zustimmung der Gesellschafter des Eigentümers bedarf[952]. Nach dem Formular überträgt der Eigentümer dem Betriebsführer nur solche Rechte und das auch nur bezogen auf einen Ausschnitt aus der Betriebsführung (und nicht, wie der Betriebsführungsvertrag, welcher der Holiday-Inn-Entscheidung zugrunde lag, auf die Unternehmensleitung insgesamt). Auch danach scheiden die Annahme eines Grundlagengeschäfts und die Anwendung der §§ 293a ff. AktG aus.

Allenfalls bedarf es danach (im Innenverhältnis) eines zustimmenden Beschlusses der Gesellschafter des Eigentümers[953].

3. Form des Betriebsführungsvertrags

Der Betriebsführungsvertrag der vorliegenden Art ist, wie vorstehend ausgeführt, nicht als Unternehmensvertrag zu qualifizieren. Der Vertrag bedarf daher nicht entsprechend § 293 Abs. 3 AktG der Schriftform. Entsprechend dem Grundsatz der Formfreiheit von Rechtsgeschäften ist sein Abschluss also formfrei möglich. Zu empfehlen ist jedoch ein schriftlicher Abschluss zum Zwecke des Beweises des Abschlusses des Vertrags mit einem bestimmten Inhalt.

---

[950] Böhm, S. 339; Köhn, Der Konzern 2011, 530, 545 ff.
[951] Zum Meinungsstand der gesellschaftsrechtlichen Behandlung eines Betriebsführungsvertrags mit einer Personengesellschaft als Eigentümer s. bereits A.V.3.
[952] BGH NJW 1982, 1817, 1818.
[953] S. dazu das nachfolgende Formular B.IV.2.

4. Abschlusswirkungen

Sofern nicht anders vereinbart wird der Vertrag mit seinem Abschluss wirksam (§ 294 Abs. 2 AktG ist nicht entsprechend anwendbar). Das Zustimmungserfordernis auf Seiten des Eigentümers hat keine Außenwirkung, d. h. eine fehlende Zustimmung berührt nicht die Vertretungsmacht[954].

Vorbemerkung

Inhalt

In der Vorbemerkung des Formulars[955] werden der Betriebsführer vorgestellt, der Vertragszweck beschrieben sowie die für Anlagenerrichtung und -betrieb erforderliche BImSchG-Genehmigung, Anlagenbau- und Wartungsvertrag und geschlossene Versicherungsverträge näher bezeichnet. Die Regelungen unterliegen nicht der AGB-Klauselkontrolle:

1. Werbende Beschreibung des AGB-Verwenders

Die Ausführungen unter Abs. 1 der Vorbemerkung des Formulars beschreiben das Unternehmen des Betriebsführers und haben werbenden Charakter. Es handelt sich nicht um Vertragsbedingungen i. S. d. § 305 Abs. 1 Satz 1 BGB. Vertragsbedingungen sind nur Regelungen, die den Vertragsinhalt (verbindlich) gestalten sollen. Bloße (unverbindliche) Bitten, Hinweise oder Werbeaussagen sind daher keine AGB[956].

2. Festlegung des Vertragszwecks

In Abs. 2 der Vorbemerkung des Formulars wird der Zweck des Vertrags festgelegt. Dieser besteht darin, dass der Betriebsführer die technische Betriebsführung für bestimmte Erzeugungsanlagen übernehmen soll. Dass die Vereinbarung des Vertragszwecks nicht der AGB-Klauselkontrolle unterliegt, folgt aus § 307 Abs. 2 Nr. 2 BGB. Danach unterliegt die „Gefährdung" des Vertragszwecks der Kontrolle. Aus dieser Formulierung folgt, dass der Vertragszweck selbst kontrollfrei ist[957].

Der Anlagentyp und der Anlagenstandstandort sollten genau bekannt sein und exakt beschrieben werden, da diese Angaben Einfluss auf den Betriebsführungsaufwand und damit auch auf die Höhe der Betriebsführungsvergütung haben. Erforderlichenfalls sind bei einem Anlagentyp mit mehreren Varianten (z. B. in puncto Leistung, Nabenhöhe und Turmkonstruktion) die entsprechenden Merkmale aufzuführen. Bei dem Standort ist darauf zu achten, dass dieser geographisch eindeutig zugeordnet werden kann (beispielsweise durch Nennung von Gemarkung, Gemeinde und Landkreis oder durch Angabe der geographischen Koordinaten).

---

[954] S. dazu bereits A.III.1.b) Vertragseingang Anm. 3.
[955] S. dazu bereits A.III.1.b) Vorbemerkung.
[956] BGH NJW 2014, 2269, 2270 f.; 2009, 1337, 1338; Palandt/Grüneberg, § 305 Rn. 4.
[957] Wolf/Lindacher/Pfeiffer/Pfeiffer, § 307 Rn. 290.

3. Beschreibung tatsächlicher Umstände

Nach Abs. 3 der Vorbemerkung des Formulars hat der Eigentümer für Anlagenerrichtung und -betrieb unter anderem eine Genehmigung nach dem Bundesimmissionsschutzgesetz erwirkt sowie Verträge über die Anlagenerrichtung und -wartung und über eine Betriebshaftpflicht-, Maschinenbruch- und Betriebsunterbrechungsversicherung geschlossen. Es erfolgt eine Aufnahme dieser Angaben in der Vorbemerkung, weil auf diese im späteren Verlauf des Vertrags Bezug genommen wird. Bei den Angaben handelt es sich um tatsächliche Umstände. Die Beschreibung tatsächlicher Umstände ist (grundsätzlich) nicht kontrollfähig, weil und soweit sie keinen rechtlichen Regelungsgehalt aufweisen. Etwas anderes gilt nur, wenn durch sie eine Geschäftsgrundlage geschaffen werden soll, die mit den wirklichen Verhältnissen nicht übereinstimmt. In diesem Fall unterliegen solche Klauseln der Kontrolle gemäß § 307 BGB, da sie von den gesetzlichen Beweislastregelungen abweichen (können)[958]. Das Verbot von Beweislastklauseln (§ 309 Nr. 12b BGB) ist nach §§ 307, 310 Abs. 1 BGB grundsätzlich auch auf Verträge zwischen Unternehmern anzuwenden[959]. Es wird unterstellt, dass der Betriebsführer die Angaben bei dem Eigentümer abgefragt hat (oder selbst die Genehmigung erwirkt und die in der Vorbemerkung genannten Verträge geschlossen hat[960]) und diese den in Abs. 3 der Vorbemerkung des Formulars entsprechen. AGB-rechtliche Bedenken gegen den Inhalt des Abs. 3 der Vorbemerkung bestehen daher nicht.

§ 1 Gegenstand und Inhalt der Betriebsführung

Inhalt

1. Betriebsführungsgegenstand und -inhalt   3. Handeln im Namen des Eigentümers
2. Wahrnehmung fremden Interesses   4. Handeln für Rechnung des Eigentümers

1. Betriebsführungsgegenstand und -inhalt

Beschränkt sich der Betriebsführungsvertrag räumlich-gegenständlich auf bestimmte Betriebe des Eigentümers, ist es erforderlich, diese vertraglich genau festzulegen[961]. Entsprechendes gilt, wenn sich der Betriebsführungsvertag lediglich auf Ausschnitte der Betriebsführung erstreckt[962] oder auf bestimmte Gegenstände innerhalb eines Betriebs des Eigentümers. Daher bestimmt § 1 Abs. 1 Satz 1 des Formulars, dass der Betriebsführer mit der technischen Betriebsführung beauftragt wird und sich diese auf die in der Vorbemerkung genannten technischen Anlagen bezieht.

§ 1 Abs. 1 Satz 1 des Formulars stellt eine Leistungsbeschreibung dar. Bei Leistungsbeschreibungen ist zu differenzieren: Leistungsbeschreibungen (auch negative, durch die eine bestimmte Leistung abgelehnt wird[963]), die Gegenstand, Art und Umfang der Hauptleistung unmittelbar festlegen, sind nach § 307 Abs. 3 Satz 1 BGB grundsätzlich einer Klauselkontrolle entzogen. Ausgenommen sind Verstöße gegen das Transparenzgebot (§ 307 Abs. 3 Satz 2 BGB) und auch bei solchen Klauseln bleibt es beim Schutz der §§ 305 Abs. 2 (bei Verwendung der AGB gegenüber einem Verbraucher), 305b und 305c Abs. 1 BGB. Demgegenüber

---

[958] BGH NJW 1985, 623, 624 f.; Wolf/Lindacher/Pfeiffer/Pfeiffer, § 307 Rn. 329 f.

[959] BGH NJW-RR 2014, 456, 457; NJW 2006, 47, 49; OLG Düsseldorf NJW-RR 2006, 1074, 1075; Palandt/Grüneberg, § 309 Rn. 110; Wolf/Lindacher/Pfeiffer/Dammann, § 309 Nr. 12 Rn. 90.

[960] S. dazu bereits B.IV.1.b) Vertragseingang Anm. 1.

[961] S. dazu bereits B.I.1.b) § 1 Anm. 1.

[962] Zeiger, S. 38.

[963] S. dazu: BGH NJW 1990, 761; OLG Nürnberg, NJW 1997, 2186.

sind Klauseln, die das Hauptleistungsversprechen einschränken, verändern oder ausgestalten, inhaltlich zu kontrollieren. Der für die Überprüfung (grundsätzlich) entzogene Bereich der Leistungsbeschreibung beschränkt sich dementsprechend auf den engen Bereich der Leistungsbezeichnung, ohne deren Vorliegen mangels Bestimmtheit oder Bestimmbarkeit des wesentlichen Vertragsinhalts ein wirksamer Vertrag nicht mehr angenommen werden kann[964]. § 1 Abs. 1 Satz 1 des Formulars legt den Gegenstand der Hauptleistung unmittelbar fest. Die Regelung ist nach Maßgabe des § 307 Abs. 3 BGB kontrollfrei und danach unbedenklich.

Die räumlich-gegenständlichen Grenzen des Vertragsgegenstands werden in § 1 Abs. 1 Satz 2 des Formulars definiert. Handelt sich bei den Anlagen um solche zur Erzeugung von Strom aus Erneuerbaren Energien, ist zu entscheiden und festzulegen, ob sich der Vertrag lediglich auf die Erzeugungsanlagen im Sinne der Gesamtheit aller betriebsnotwendigen Anlagenteile erstreckt oder ob er auch – bei einem Park von Windenergieanlagen – nicht betriebsnotwendige Anlagenteile (z. B. sicherheitsrelevante Einrichtungen wie Notabseilvorrichtungen, Feuerlöscher und Verbandskästen) sowie die Innerparkverkabelung, externe Trafo- und Übergabestationen, die Leitung zum Netzanschlusspunkt, Umzäunungen, Zuwegungen und Ausgleichsmaßnahmen betrifft. Diese Grenzen können, wie im Formular geschehen, ausformuliert werden. Alternativ können dem Vertrag eine Skizze oder ein Plan beigefügt und die Grenzen graphisch gekennzeichnet werden. Werden die Grenzen zwischen den Parteien im Hinblick auf die konkreten Anlagen ausgehandelt, ist die Regelung keiner Klauselkontrolle zugänglich (§ 305 Abs. 1 Satz 3 BGB). Sind die Grenzen durch den Verwender vorformuliert, unterliegt die Regelung aufgrund der Gestaltung des Formulars der Klauselkontrolle, da sie den in § 1 Abs. 1 Satz 1 des Formulars festgelegten Vertragsgegenstand einschränken kann. Maßstab für die Klauselkontrolle ist der nach §§ 133, 157 BGB zu ermittelnde Vertragsinhalt, der sich ohne die Klausel ergeben würde[965]. Nach § 307 Abs. 2 Nr. 2 BGB unwirksam wäre beispielsweise eine Klausel, die betriebsnotwendige Anlagenteile von dem Vertragsgegenstand ausnimmt (weil nach § 1 Abs. 1 Satz 1 des Formulars die Anlagen ohne Einschränkungen Gegenstand der Betriebsführung sind).

Anders liegen die Dinge, wenn sich der Vertrag von vornherein lediglich auf bestimmte betriebsnotwendige Anlagenteile beziehen (und ggf. aus Gründen der Klarstellung andere Anlagenteile ausschließen) würde, da in diesem Fall eine nach Maßgabe des § 307 Abs. 3 BGB kontrollfreie Leistungsbeschreibung vorläge. In der Praxis ist eine solche Gestaltung aber unüblich.

2. Wahrnehmung fremden Interesses

Die Wahrnehmung fremden Interesses ist Wesensmerkmal des Betriebsführungsvertrags. Den Betriebsführer trifft als vertragliche Hauptpflicht eine spezifische Treuepflicht zur Wahrnehmung der Interessen des Geschäftsherrn[966]. Dieses gibt § 1 Abs. 2 Satz 1 des Formulars wieder. Eine die Treuepflicht ausschließende oder einschränkende Klausel würde gegen § 307 Abs. 2 Nr. 1 BGB verstoßen.

§ 1 Abs. 2 Satz 1 des Formulars, der sich auf eine Wiedergabe der Rechtslage beschränkt, unterliegt (grundsätzlich) nicht der Klauselkontrolle. Es handelt sich um eine rechtsdeklaratorische Klausel. Die Kontrollfreiheit solcher Klauseln, die lediglich das wiedergeben, was von

---

[964] BGH NJW 2014, 1658, 1660; 2269, 2272 f.; 2001, 2014, 2016; 2635, 3636; Palandt/Grüneberg, § 307 Rn. 41 ff.; MünchKommBGB/Wurmnest, § 307 Rn. 12.
[965] Wolf/Lindacher/Pfeiffer/Pfeiffer, § 307 Rn. 298.
[966] S. dazu bereits B.I.1.b) § 1 Anm. 3.

Rechts wegen ohnehin für die betreffende Thematik gilt, ergibt sich aus dem Wortlaut § 307 Abs. 3 Satz 1 BGB[967]. Danach gelten die Abs. 1 und 2 des § 307 BGB (sowie die §§ 308 und 309 BGB) nur für Bestimmungen in AGB, durch die von Rechtsvorschriften abweichende oder diese ergänzende Regelungen vereinbart werden. Eine Inhaltskontrolle liefe denn auch leer, weil an die Stelle der unwirksamen Klausel gemäß § 306 Abs. 2 BGB die inhaltsgleichen gesetzlichen Vorschriften treten würden[968].

Der Begriff der Rechtsvorschriften nach § 307 Abs. 3 Satz 1 BGB beschränkt sich nicht auf Gesetze im materiellen Sinne. Der Begriff umfasst auch ungeschriebene Regeln und allgemeine Grundsätze, die sich als Bestandteil der Rechtsordnung begreifen lassen, die Richterrecht darstellen oder als Gewohnheitsrecht eingestuft werden können[969]. Nach std. Rechtsprechung des BGH und h. L. sind auch Rechte und Pflichten der Parteien, die sich aus einer ergänzenden Vertragsauslegung oder aus der Natur des jeweiligen Schuldverhältnisses ergeben, als Rechtsvorschriften einzuordnen[970]. Letzteres trifft auf die vorliegende Klausel zu.

Die von dem Betriebsführer wahrzunehmenden Interessen des Eigentümers beinhalten insbesondere, für einen möglichst störungsfreien Betrieb der Anlagen Sorge zu tragen. Damit einher geht es, Zeiten von Anlagenstörungen so gering wie möglich zu halten. Daher bestimmt § 1 Abs. 2 Satz 2 des Formulars, dass der Betriebsführer bei Anlagenstörungen die Reaktionszeiten nach § 3 des Formulars einzuhalten hat[971], um Maßnahmen der Analyse und Veranlassung der Behebung von Anlagenstörungen, einzuleiten. § 1 Abs. 2 Satz 2 des Formulars unterliegt keiner (eigenständigen) Klauselkontrolle, da die Regelung keinen vertragsgestaltenden Charakter hat, sondern lediglich auf eine vertragsgestaltende Klausel verweist.

§ 1 Abs. 2 Satz 3 des Formulars bestimmt, dass der Betriebsführer weder eine Mindestzeit der Betriebsbereitschaft noch einen Mindestertrag der Anlagen schuldet. Die Klausel ist AGB-rechtlich unbedenklich. Der Betriebsführungsvertrag über die technische Betriebsführung hat dienstvertraglichen Charakter[972]. Geschuldet ist also eine Tätigkeit und nicht die Herbeiführung eines bestimmten gegenständlich fassbaren Arbeitsergebnisses bzw. -erfolgs. § 1 Abs. 2 Satz 3 des Formulars kommt daher als Bestätigung eines ungeschriebenen Grundsatzes nur deklaratorische Funktion zu und ist damit nach Maßgabe des § 307 Abs. 3 BGB kontrollfrei. Die Unbedenklichkeit der Klausel wird durch folgende Kontrollüberlegung bestätigt: Auch ohne die Klausel würde der Betriebsführer weder eine Mindestzeit der Betriebsbereitschaft noch einen Mindestertrag der Anlagen schulden (können). Die Zeiten der Betriebsbereitschaft und die Höhe des Ertrags hängen von zahlreichen vom Betriebsführer nicht beeinflussbaren Faktoren ab, insbesondere von den Witterungsverhältnissen. Eine den Betriebsführer verpflichtende Rechtsvorschrift i. w. S., gäbe es sie, würde den Betriebsführer daher von vornherein zu einer unmöglichen Leistung verpflichten.

[967] BGH NJW-RR 2015, 114, 115; NJW 2005, 2919, 2920; 1993, 1061, 1063; 1991, 1750, 1754; Palandt/Grüneberg, § 307 Rn. 50; eingehend: Staudinger/Coester, § 307 Rn. 289 f.
[968] Palandt/Grüneberg, § 307 Rn. 50; Wolf/Lindacher/Pfeiffer/Pfeifer, § 307 Rn. 331.
[969] Palandt/Grüneberg, § 307 Rn. 51; Staudinger/Coester, § 307 Rn. 294; Wolf/Lindacher/Pfeiffer/Pfeiffer, § 307 Rn. 282.
[970] BGH NJW 2002, 1950, 1951; 1998, 383; 1997, 2752; 1985, 3013, 3015; Wolf/Lindacher/Pfeiffer/Pfeiffer, § 307 Rn. 282; abweichend etwa: Staudinger/Coester, § 307 Rn. 295.
[971] Zur Begründung der für den Betriebsführer nachteiligen Klausel s. nachfolgend B.IV.1.b), § 3 Anm. 2.
[972] S. dazu bereits B.VI.1.b) Vertragseingang Anm. 1

3. Handeln im Namen des Eigentümers

Gemäß § 1 Abs. 3 Mod. 1 des Formulars erfolgt die Betriebsführung im Namen der Auftraggeberin bzw. des Eigentümers. Durch diese Regelung wird die Weichenstellung zu Gunsten eines echten Betriebsführungsvertrags getroffen[973]. Die Regelung ist nach § 307 Abs. 3 Satz 1 BGB kontrollfrei, da sie lediglich die Art der Erbringung der Hauptleistungspflichten festlegt.

4. Handeln für Rechnung des Eigentümers

Durch § 1 Abs. 3 Mod. 2 des Formulars wird klargestellt, dass die wirtschaftlichen Folgen aus der Betriebsführung allein den Eigentümer treffen sollen[974]. Bei dieser Regelung handelt es sich ebenfalls um eine kontrollfreie rechtsdeklaratorische Klausel.

§ 2 Umfang der Betriebsführung

Inhalt

1. Umfang der Betriebsführung   2. Vollständigkeitsklausel

1. Umfang der Betriebsführung

§ 2 Abs. 1 und 2 des Formulars knüpfen inhaltlich an § 1 Abs. 1 Satz 1 des Formulars an und legen Art und Umfang der im Rahmen der technischen Betriebsführung zu erbringenden Leistungen näher fest. Eine Festlegung des Umfangs der Betriebsführung ist empfehlenswert, da keine Rechtsnorm existiert, der sich der Leistungsumfang entnehmen ließe.

Sollen, anders als in dem Fomular vorgesehen, die Leistungen des Betriebsführers in einer standardisierten Struktur mit einer vereinheitlichten Terminologie festgelegt werden, kann dieses auf der Grundlage der DIN SPEC 91310 (Klassifikation von Dienstleistungen für die technische Betriebsführung von Erneuerbare-Energie-Anlagen) geschehen.

Einige Maßnahmen und Geschäfte der Betriebsführung sind ausschließlich oder jedenfalls überwiegend technisch geprägt. Die damit korrespondierenden Leistungspflichten werden in § 2 Abs. 1 des Formulars aufgeführt. Beschränkt sich der Gegenstand der Betriebsführung nach § 1 Abs. 1 Satz 2 des Formulars nicht auf die Anlagen selbst, sollten die nicht die Anlagen betreffenden Aufgaben ebenfalls genau bezeichnet werden.

Andere Maßnahmen und Geschäfte sind kaufmännischer oder rechtlicher Natur, bedürfen zu ihrer zweckmäßigen Umsetzung aber des Einsatzes technischen Know-hows. In § 2 Abs. 2 des Formulars sind demgemäß Maßnahmen aufgelistet, bei deren Vornahme der Betriebsführer den Eigentümer technisch zu beraten und zu unterstützen hat.

Eine Aufteilung der Maßnahmen im vorgenannten Sinne ist in der Praxis zwar unüblich. Gleichwohl erscheint sie als empfehlenswert, da mit den in Abs. 2 aufgeführten Maßnahmen gleichsam die Schnittstellen zwischen technischer und kaufmännischer Betriebsführung beschrieben und effizienzmindernde Kompetenzstreitigkeiten vermieden werden[975].

---

[973] S. dazu bereits B.I.1.b) § 1 Anm. 4.
[974] S. dazu bereits B.I.1.b) § 1 Anm. 5.
[975] S. zu letzterem bereits: B.III.1.b) § 1 Anm.

§ 2 Abs. 1 und 2 des Formulars unterliegen der Klauselkontrolle, da sie aufgrund der Gestaltung des Formulars die in § 1 Abs. 1 Satz 1 des Formulars vertragliche vereinbarte Hauptleistungspflicht der (vollständigen) technischen Betriebsführung einschränken können. Nach § 307 Abs. 2 Nr. 2 BGB unwirksam wäre eine Klausel, welche in einem Leistungskatalog eine im Rahmen der technischen Betriebsführung typischerweise zu erwartende Leistung[976] nicht aufführt und bestimmt, dass der Leistungskatalog abschließend ist. Anders würde es sich verhalten, wenn sich der Vertrag von vornherein lediglich auf bestimmte Maßnahmen der Betriebsführung beziehen würde, da in diesem Fall eine nach Maßgabe des § 307 Abs. 3 BGB kontrollfreie Leistungsbeschreibung vorläge. In diesem Sinne sind in der Praxis auch vertragliche Gestaltungen anzutreffen, die bestimmte Leistungspflichten zu Gruppen (auch Pakete o. ä. genannt) zusammenfassen, die jeweils gesondert zu beauftragen (und zu vergüten) sind.

2. Vollständigkeitsklausel

Dass die Leistungskataloge in § 2 Abs. 1 und 2 des Formulars nicht abschließend (und daher AGB-rechtlich unbedenklich) sind, folgt aus der Vollständigkeitsklausel nach § 2 Abs. 3 des Formulars. AGB-rechtliche Bedenken gegen die Klausel bestehen nicht, da sie lediglich das wiedergibt, was ohnehin rechtlich gelten würde.

Werden nicht alle Aufgaben der Betriebsführung von dem Betriebsführungsvertrag erfasst oder kommt die Beauftragung des Betriebsführers mit über die Betriebsführung hinausgehenden Leistungen in Betracht, bietet es sich an, die für diese gesondert zu beauftragenden Leistungen zu zahlende Vergütung der Höhe nach bereits vorab im Betriebsführungsvertrag festzulegen, entweder aufgabenbezogen in einer Tabelle mit Festpreisen oder aufwandsbezogen nach (ggf. gestaffelten) Stundensätzen.

§ 3 Geschäftszeit, Reaktionszeit und Verzug

Inhalt

1. Geschäftszeit   3. Verzug
2. Reaktionszeit

1. Geschäftszeit

§ 3 Abs. 1 Satz 1 des Formulars bestimmt, dass der Betriebsführer seine Leistungen während der gewöhnlichen Geschäftszeit erbringt. Außerhalb der gewöhnlichen Geschäftszeit können Leistungen des Betriebsführers nicht bewirkt und gefordert werden (§ 3 Abs. 1 Satz 3 HS 1 des Formulars). Es handelt sich um Klauseln, die inhaltlich § 358 HGB wiedergeben und dementsprechend (aufgrund ihres rechtsdeklaratorischen Charakters) keinen AGB-rechtlichen Bedenken unterliegen.

Die Festlegung der gewöhnlichen Geschäftszeit in § 3 Abs. 1 Satz 2 des Formulars (an Werktagen außer Sonnabends entsprechend der gesetzlichen Auslegungsregel des § 193 BGB) ist nach Maßgabe des § 307 Abs. 3 BGB kontrollfrei. Nach h. M. handelt es sich bei § 358 HGB

---

[976] Zu den Leistungen einer technischen Betriebsführung s. den Leitfaden des Betriebsführerbeirats im Bundesverband WindEnergie über Inhalte von Verträgen zur technischen und kaufmännischen Betriebsführung, abrufbar unter https://www.wind-energie.de/sites/default/files/attachments/page/betriebsfuehrerbeirat/20140711-bf-beirat-leitfaden-vertragsinhalte.pdf (zuletzt aufgerufen am 28.01.2018).

um eine Auslegungsregel[977]. Unter Zugrundelegung dieses Verständnisses ist in der anderweitigen vertraglichen Regelung keine Abweichung i. S. d. § 307 Abs. 3 Satz 1 BGB zu erblicken[978]. Im Belieben des Betriebsführers als Klauselverwender steht die Festlegung der gewöhnlichen Geschäftszeit damit nicht. Ungewöhnlich kurze Geschäftszeiten (im Vergleich zu den Geschäftszeiten, die am Leistungsort im betreffenden Geschäftszweig üblich sind[979]) sind an § 305c Abs. 1 BGB zu messen. Die Festlegung auf die Zeit zwischen 08:00 bis 17:00 Uhr ist insofern unkritisch.

2. Reaktionszeit

In Betriebsführungsverträgen über die technische Betriebsführung von Anlagen zur Erzeugung von Strom aus erneuerbaren Energien ist die Festlegung einer Reaktionszeit zur Einleitung von Maßnahmen zur Störungsbehebung üblich. Vielfach werben Betriebsführungsunternehmen mit einer kurzen Reaktionszeit. Daher erfolgt die Aufnahme einer entsprechenden Klausel unter § 3 Abs. 2 des Formulars, auch wenn deren Inhalt – in Verbindung mit § 3 Abs. 3 des Formulars – für den Betriebsführer von Nachteil ist, da er bei einem Überscheiten der Reaktionszeit in Verzug geraten kann, ohne dass es dafür einer Mahnung bedarf.

Da § 3 Abs. 2 des Formulars eine Leistungsfrist enthält, ist die Klausel an § 307 BGB zu messen. Das Verbot unangemessen langer oder nicht hinreichend bestimmter Annahme- und Leistungsfristen (§ 308 Nr. 1 BGB) ist nach §§ 307, 310 Abs. 1 BGB grundsätzlich auch auf Verträge zwischen Unternehmern anzuwenden[980]. Bedenken gegen die Wirksamkeit der Klausel bestehen nicht. Nach der klaren Formulierung hat der Betriebsführer „spätestens" innerhalb der Reaktionszeit mit Maßnahmen der in § 2 Abs. 1 Buchst. f des Formulars genannten Art (Analyse von Anlagenstörungen und -schäden und – soweit ihre Behebung durch den Auftragnehmer per Fernwirktechnik nicht möglich ist – Veranlassung ihrer Behebung durch Beauftragung und Kontrolle von Entstörungs- und Instandsetzungsarbeiten) zu beginnen. Es handelt sich also um eine Höchstfrist zu Lasten des Betriebsführers und nicht um eine den Zeitpunkt der Fälligkeit der Leistung (§ 271 Abs. 1 BGB) hinausschiebende Mindestfrist zu Lasten des Eigentümers.

3. Verzug

Rechtlich unbedenklich ist § 3 Abs. 3 des Formulars, da durch diese Klausel ausschließlich zu Lasten des Betriebsführers neben den in § 286 Abs. 2 BGB genannten Tatbeständen ein weiterer Tatbestand geschaffen wird, bei dessen Verwirklichung Verzug eintritt, ohne dass es einer Mahnung bedarf[981].

---

[977] RGZ 91, 60, 67; Schlegelberger/Hefermehl, § 358 Rn. 4; GroßkommHGB/Canaris, § 358 Rn. 1; abweichend (dispositive Regelung): MünchKommHGB/Welter, § 358 Rn. 12; Oetker/Maultzsch, § 358 Rn. 2.

[978] MünchKommHGB/Welter, § 358 Rn. 12 (mit Fn. 34); Oetker/Maultzsch, § 358 Rn. 2.

[979] Danach bestimmt sich die gewöhnliche Geschäftszeit i. S. d. § 358 HGB, s. statt aller: MünchKommHGB/Welter, § 358 Rn. 15; Oetker/Maultzsch, § 358 Rn. 5.

[980] BGH NJW 2016, 2173, 2176; 2008, 1148, 1149; Palandt/Grüneberg, § 308 Rn. 10; Staudinger/Coester-Waltjen, § 308 Nr. 1 Rn. 21; eine Indizwirkung des § 308 Nr. 1 BGB im unternehmerischen Verkehr (im Rahmen der Klauselkontrolle nach § 307 BGB) ablehnend etwa: Wolf/Lindacher/Pfeiffer/Dammann, § 308 Nr. 1 Rn. 63; Ulmer/Brandner/Hensen/Schmidt, § 308 Nr. 1 Rn. 30.

[981] Die Inhaltskontrolle von Formularklauseln dient ausschließlich dem Schutz des Vertragspartners des Verwenders. Der Verwender kann sich dementsprechend nicht auf die Unwirksamkeit einer von ihm erstellten Allgemeinen Geschäftsbedingung berufen (BGH NJW 2016, 2878, 2883; BauR 2006, 1012, 1013; Wolf/Lindacher/Pfeiffer/Pfeiffer, § 307 Rn. 95).

§ 4 Vertretung, Vollmacht und Zustimmungsvorbehalt

Inhalt

1. Vollmachtserteilung   3. Zustimmungsvorbehalt
2. Untervollmacht

1. Vollmachtserteilung

Um mit Wirkung für und gegen den Eigentümer handeln zu können, benötigt der Betriebsführer eine Vollmacht[982]. Eine entsprechende Vollmachtserteilung sieht § 4 Abs. 1 des Formulars vor. Vollmachtsklauseln unterliegen der Klauselkontrolle. Den Prüfungsmaßstab bildet (neben § 305c BGB) § 307 BGB. Vollmachtsklauseln sind im Zweifel als unangemessen einzustufen[983]. Sie sind ausnahmsweise als wirksam zu bewerten, wenn an der Erteilung der Vollmacht ein überwiegendes Interesse des Verwenders besteht und wenn die Vollmacht ihrem persönlichen, zeitlichen und gegenständlichen Umfang nach strikt auf das Erforderliche beschränkt ist[984]. Allgemein anerkannt ist die Wirksamkeit einer dem Baubetreuer erteilten Vollmacht, Bauverträge im Namen des Bauherrn zu vergeben, da der Baubetreuer beim Baubetreuungsvertrag typischerweise im Namen und für Rechnung des Bauherrn handelt und dementsprechend eine solche Vollmacht dem Vertragstyp entspricht[985]. Aus denselben Erwägungen ist eine dem Betriebsführer erteilte (auf Maßnahmen der Betriebsführung beschränkte) Vollmacht nicht zu beanstanden. Anders zu beurteilen wäre eine entsprechende Vollmachtsklausel in einem unechten Betriebsführungsvertrag, da bei einer solchen Vertragsgestaltung der Betriebsführer typischerweise im eigenen Namen handelt.

2. Untervollmacht

§ 4 Abs. 2 des Formulars bestimmt, dass der Betriebsführer berechtigt ist, zwei an seinem Geschäftssitz tätigen und namentlich bezeichneten Arbeitnehmern Untervollmacht zu erteilen. Soweit ersichtlich haben sich Rechtsprechung und Literatur zu der Frage der Zulässigkeit von Untervollmachten noch nicht geäußert. Ebenso wie die Vollmacht selbst ist im Zweifel auch die Befugnis zur Erteilung von Untervollmachten als unangemessen zu bewerten. Eine Ausnahme von diesem Grundsatz lässt sich auf dem Wege des Größenschlusses aus § 309 Nr. 10 a) BGB ableiten. Danach ist die Erteilung einer Untervollmacht jedenfalls dann zulässig, sofern der Unterbevollmächtigte namentlich bezeichnet wird.

3. Zustimmungsvorbehalt

Üblicherweise enthalten Betriebsführungsverträge über die technische Betriebsführung einen Zustimmungsvorbehalt zum Schutz des Eigentümers vor übermäßigen Belastungen. Eine entsprechende Regelung sieht § 4 Abs. 3 des Formulars vor. AGB-mäßige Bedenken dagegen bestehen nicht, weil sich der Betriebsführer auch eine zustimmungsvorbehaltslose Vollmacht ausbedingen könnte[986].

---

[982] S. dazu bereits B.I.1.b) § 3.
[983] Wolf/Lindacher/Pfeiffer/Dammann, Klauseln Rn. V 475; weniger streng (kritische Prüfung): Staudinger/Coester, § 307 Rn. 681.
[984] Wolf/Lindacher/Pfeiffer/Dammann, Klauseln Rn. V 475, 483.
[985] OLG München NJW 1984, 63, 64; Palandt/Grüneberg, § 307 Rn. 146; Wolf/Lindacher/Pfeiffer/Dammann, Klauseln Rn. V 475; Staudinger/Coester, § 307 Rn. 684.
[986] Vgl. OLG München NJW 1984, 63, 64.

§ 5 Weisungen, Informationsrechte und Dokumentation

Inhalt

1. Weisungen

Das in § 5 Abs. 1 Satz 1 des Formulars geregelte Weisungsrecht wird von §§ 675 Abs. 1, 665 BGB vorausgesetzt[987]. Bei dem nachfolgenden § 5 Abs. 1 Satz 2 handelt es sich um eine unbedenkliche rechtsdeklaratorische Wiedergabe des § 665 BGB. Das Weisungsrecht ist zwar dispositiv und kann daher durch Individualvereinbarung modifiziert werden. Die Pflicht zur Beachtung von Weisungen gehört aber zu den Kardinalpflichten des Geschäftsbesorgers. AGB-Klauseln, die das Weisungsrecht aufheben oder wesentlich von § 665 BGB abweichen, sind nach § 307 Abs. 2 Nr. 1 BGB unwirksam[988].

2. Informationspflichten

Beschränkt sich der Betriebsführungsvertrag auf einen Ausschnitt aus der Betriebsführung, ist eine fortlaufende und ausführliche Information des Eigentümers über den Stand der Betriebsführung erforderlich, damit der Eigentümer – insbesondere über das Weisungsrecht – für erforderliche Maßnahmen der Koordinierung sorgen und sachgerechte Entscheidungen treffen kann. Daher sieht § 5 Abs. 2 des Formulars eine fortlaufende monatliche Pflicht des Betriebsführers zu einer umfangreichen Berichterstattung vor.

Ein Ausschluss der in § 666 BGB aufgeführten drei Informationspflichten[989] wäre nach § 307 Abs. 2 Nr. 1 BGB unwirksam[990]. Aus diesem Grund bestimmt § 5 Abs. 3 des Formulars, dass der Auftragnehmer über den nach Zeitpunkt und Inhalten eingeschränkten Monatsbericht (§ 5 Abs. 2 des Formulars) hinaus dem Eigentümer die erforderlichen Nachrichten zu geben hat (§ 666 Mod. 1 BGB). § 5 Abs. 5 des Formulars gibt die Pflichten zur Auskunftserteilung und Rechenschaft (§ 666 Mod. 1 und 2 BGB) deklaratorisch wieder.

Die technische Betriebsführung im Bereich von Windenergieanlagen arbeitet durchweg mit anlagenherstellerunabhängigen datenbankgestützten Windparkverwaltungssystemen, in der die Betriebsdaten der Windenergieanlagen aufbereitet und ausgewertet werden. Es ist durchaus üblich, dem Eigentümer aus Gründen der Transparenz Einblick in dieses Arbeitsmittel der technischen Betriebsführung zu gewähren. § 5 Abs. 4 des Formulars sieht ein entsprechendes Informationsrecht vor. AGB-rechtliche Bedenken dagegen bestehen nicht, weil und sofern das Recht auf Einblick neben die Informationspflichten nach § 666 BGB tritt. Zur Vermeidung von Rechtsnachteilen sollte der Betriebsführer darauf achten, dass er nach den eigenen vertraglichen Vereinbarungen mit dem Anbieter des Verwaltungssystems berechtigt ist, dem Eigentümer die Nutzung zu erlauben.

---

[987] S. dazu bereits B.I.1.b) § 2 Anm. 1.
[988] Wolf/Lindacher/Pfeiffer/Dammann, Klauseln Rn. G 203.
[989] S. dazu bereits B.I.1.b) § 2 Anm. 2.
[990] MünchKommBGB/Schäfer, § 666 Rn. 2; Böhm, S. 136.

3. Dokumentation

In der Praxis der technischen Betriebsführung von Anlagen zur Erzeugung von Strom aus erneuerbaren Energien ist es üblich, dass der Betriebsführer Lebenslaufakten über die Anlagen führt. Eine entsprechende Pflicht sieht § 5 Abs. 6 des Formulars vor. AGB-rechtliche Bedenken gegen eine entsprechende Verpflichtung des Betriebsführers bestehen nicht, da die Regelung ausschließlich den Betriebsführer als Verwender der AGB verpflichtet[991].

Der Aufbau und die Inhalte der Lebenslaufakte werden nach dem Formular von dem Betriebsführer vorgegeben. Soll die Lebenslaufakte eine einheitliche Struktur mit standardisierten Begrifflichkeiten aufweisen, insbesondere als Grundlage für eine IT-gestützte Lebenslaufakte, kann vereinbart werden, dass die Lebenslaufakte den Anforderungen der DIN SPEC 91303 (Bestandteile und Struktur einer Lebenslaufakte für Erneuerbare-Energie-Anlagen) entsprechen muss.

§ 6 Pflichten der Auftraggeberin

Inhalt

1. Unterhaltung von Verträgen   2. Mitwirkungspflichten

1. Unterhaltung von Verträgen

Die in § 6 Abs. 1 des Formulars vorgesehene Verpflichtung zur Unterhaltung bestimmter geschlossener Verträge unterliegt der Klauselkontrolle. Den Prüfungsmaßstab bilden § 305c und § 307 Abs. 1 Satz 1 BGB.

Das Erfordernis von Wartungsarbeiten ist durch den Anlagenbetrieb bedingt. Bei dem Betrieb einer Windenergieanlage sind zwingend regelmäßige Kontrollmaßnahmen und der Austausch von Verschleißteilen (z. B. Getriebeölkontrolle und Ölwechsel, Schleifringübertragerkontrolle und Auswechseln der Kohlebürsten, Kontrolle und Schmierung von Lagern und Zahnkränzen, etc.) erforderlich, um einen weitestgehend störungsfreien Betrieb der Anlage zu gewährleisten. Das Unterhalten eines entsprechenden Wartungsvertrags durch den Anlagenbetreiber ist daher allgemeine Übung und praktisch lückenlos verbreitet. Eine Klausel, die den Anlagenbetreiber zur Unterhaltung eines (dem Inhalt nach üblichen) Wartungsvertrags verpflichtet, kann daher nicht als ungewöhnlich i. S. d. § 305c Abs. 1 BGB angesehen werden. Die Klausel benachteiligt den Eigentümer auch nicht entgegen den Geboten von Treu und Glauben unangemessen i. S. d. § 307 Abs. 1 Satz 1 BGB. Das Unterhalten eines Wartungsvertrags liegt zwar auch im Interesse des Betriebsführers, da der Arbeitsaufwand ohne das Bestehen eines Wartungsvertrags (aufgrund der erhöhten Störanfälligkeit) ungleich größer wäre. In erster Linie liegt das Bestehen des Wartungsvertrags aber im wohlverstandenen Interesse des Eigentümers, da mit Anlagenstörungen Ertragseinbußen einhergehen und unterbleibende regelmäßige Wartungen zu erheblichen Anlagenschäden führen können.

Entsprechendes gilt für die Unterhaltung von Verträgen über eine Betriebshaftpflicht-, Maschinenbruch- und Betriebsunterbrechungsversicherung. Auch diese Verträge sind nahezu

---

[991] Im Hinblick auf die nachgenannte DIN-Nom ist anzumerken, dass DIN-Normen keine Rechtsvorschriften sind, sondern private technische Regelungen mit Empfehlungscharakter (statt aller: BGH NJW 1998, 2814, 2815). Von DIN-Normen abweichende AGB-Klauseln unterliegen daher nicht der Inhaltskontrolle (s. § 307 Abs. 3 Satz 1 BGB).

lückenlos verbreitet und ihr Bestand liegt in erster Linie im Interesse des Eigentümers. Bei dem Abschluss der Verträge ist darauf zu achten, dass der Betriebsführer möglichst als mitversicherte Person in den Versicherungsschutz einbezogen wird[992].

2. Mitwirkungspflichten

Bei den in § 6 Abs. 2 des Formulars aufgeführten Pflichten des Eigentümers handelt es sich um typische Nebenpflichten eines technischen Betriebsführungsvertrags in Form der Aufklärung und Leistungstreue[993]. Es handelt sich danach um eine unbedenkliche (grundsätzlich) kontrollfreie rechtsdeklaratorische Klausel.

§ 7 Vergütung, Umsatzsteuer und Aufwendungsersatz

Inhalt

1. Vergütung

a) Festvergütung

§ 7 Abs. 1 Satz 1 des Formulars bestimmt, dass der Betriebsführer eine Festvergütung erhält. Deren Höhe ist grundsätzlich frei vereinbar[994]. Bei der technischen Betriebsführung von Windenergieanlagen hängt die Höhe der Vergütung (insgesamt) von einer ganzen Reihe von Faktoren, insbesondere von Art und Anzahl der betreuten Anlagen sowie vom Umfang der übernommenen Aufgaben, ab. Der Größenordnung nach entspricht die Vergütung in der Praxis um die zwei Prozent der Vergütung für den eingespeisten Strom.

Ebenso wie Leistungsbeschreibungen unterliegen Preisvereinbarungen i. S. v. Vereinbarungen über den Preis der Hauptleistung (grundsätzlich) nicht der Inhaltskontrolle, soweit sie Art und Umfang der Vergütung unmittelbar regeln[995]. Dies gilt sowohl für die Höhe des Preises als isolierter Größe[996] als auch für das Äquivalenzverhältnis i. S. d. Angemessenheit des Preis-Leistungs-Verhältnisses[997]. Insoweit ist § 7 Abs. 1 Satz 1 des Formulars grundsätzlich kontrollfrei und nach seinem Inhalt rechtlich unbedenklich.

Anders verhält es sich mit den Zahlungszeitpunkten der Festvergütung bzw. ihrer Fälligkeit. Die Vergütung ist nach § 7 Abs. 1 Satz 1 des Formulars nach Kalenderjahren und demgemäß nach Zeitabschnitten bemessen. Ist die Vergütung nach Zeitabschnitten bemessen, so ist sie nach § 614 Satz 2 BGB nach dem Ablauf der einzelnen Zeitabschnitte zu entrichten. § 614

---

[992] S. dazu bereits B.III.1.b) § 11 Anm. 1.b).

[993] S. allgemein dazu: Palandt/Grüneberg, § 242 Rn. 23 ff.; Erman/Böttcher, § 242 Rn. 64 ff.; zur Einräumung des Nutzungsrechts s. bereits B.II.1.b) § 4 Anm. 2.

[994] Zur Höhe des Betriebsführungsentgelts s. bereits B.I.1.b) § 4 Anm. 1.

[995] BGH NJW-RR 2015, 181, 182; NJW 2010, 150, 152; 2789, 2790; NJW-RR 1993, 375, 376; Palandt/Grüneberg, § 307 Rn. 46.

[996] Wolf/Lindacher/Pfeiffer/Pfeiffer, § 307 Rn. 306, 308.

[997] BGH NJW-RR 1993, 375, 376; Wolf/Lindacher/Pfeiffer/Pfeiffer, § 307 Rn. 308.

Satz 2 BGB sieht also eine Vorleistungspflicht des Dienstverpflichteten vor. § 7 Abs. 1 Satz 1 des Formulars weicht von § 614 Satz 2 BGB ab, da die Klausel bestimmt, dass die Vergütung in vier gleichen Raten im Voraus zu einem bestimmten Tag des Kalenderquartals zu zahlen ist. Durch die Klausel wird also eine Vorleistungspflicht des Eigentümers begründet. Klauseln, die Vorleistungspflichten des anderen Teils begründen, sind an § 307 BGB zu messen. Danach ist eine Klausel, die den Kunden abweichend von der gesetzlichen Regelung zur Vorleistung verpflichtet, nur dann zulässig, wenn für sie ein sachlich rechtfertigender Grund gegeben ist und den berechtigten Interessen des Kunden hinreichend Rechnung getragen wird, insbesondere keine überwiegenden Belange des Kunden entgegenstehen. Das gilt nicht nur bei einer Verwendung der Klausel gegenüber einem Verbraucher, sondern auch wenn sie gegenüber einem Unternehmer verwendet wird, wobei den Besonderheiten des unternehmerischen Verkehrs im Rahmen der vorzunehmenden umfassenden Interessenabwägung Rechnung getragen werden kann und muss[998]. Der sachliche Grund für eine Vorleistungspflicht des Eigentümers besteht darin, dass der Betriebsführer zur Erfüllung seiner vertraglichen Pflichten fortlaufend Aufwendungen, insbesondere Personalkosten, zu tragen hat[999]. Zur Deckung seiner eigenen Kosten ist er auf regemäßige Zahlungen angewiesen. Dem steht das berechtigte Interesse des Eigentümers gegenüber, nicht das Druckmittel der Einrede des nicht erfüllten Vertrags (§ 320 BGB) zu verlieren. Unter Abwägung dieser beiden Interessen wäre eine Klausel nach § 307 Abs. 1 Satz 1, Abs. 2 Nr. 1 BGB unwirksam, die bestimmt, dass die gesamte Jahresvergütung im Voraus zu zahlen ist[1000]. Demgegenüber ist eine Klausel unbedenklich, nach der die Vergütung vierteljährlich im Voraus zu Beginn eines jeden Quartals zu entrichten ist[1001]. Dies gilt nach der übrigen vertraglichen Gestaltung umso mehr als im Kalenderjahr der Inbetriebnahme die jeweils anteilige Rate für das Kalenderquartal der Inbetriebnahme der Einzelanlage nachträglich mit der nächstfälligen Rate zu zahlen ist (§ 7 Abs. 1 Satz 2 HS 2 des Formulars) und die erfolgsabhängige Vergütung jeweils erst im Folgejahr fällig ist (§ 7 Abs. 3 Satz 1 des Formulars).

b) Erhöhung der Vergütung

Die Vergütung erhöht sich nach § 7 Abs. 2 des Formulars kalenderjährlich um einen bestimmten Prozentsatz. Die Klausel ist nach Maßgabe des § 307 Abs. 3 Satz 1 BGB kontrollfrei, da sie lediglich einen Berechnungsfaktor für die Bemessung des Preises in den Folgejahren enthält[1002]. Der Verwender könnte, mit demselben kaufmännischen Ergebnis, die Berechnung auch selbst vornehmen und die Preise für die Folgejahre tabellarisch in dem Vertrag aufführen. Dieser Vergleich verdeutlicht, dass die Klausel den Umfang des Preises unmittelbar festlegt. Diese Gestaltung ist in der Praxis bei Betriebsführungsverträgen häufig anzutreffen.

Anstelle der gewählten Gestaltung könnte auch eine Preisanpassungsklausel in den Vertrag aufgenommen werden. Preisanpassungsklauseln sind Klauseln bei denen ein Ausgangspreis besteht, der vom Verwender einseitig, also ohne Zustimmung des Verwendungsgegners, ge-

---

[998] BGH NJW 2010, 1449, 1450; Wolf/Lindacher/Pfeiffer/Dammann, Klauseln Rn. V 508; Palandt/Grüneberg, § 309 Rn. 16.

[999] Vgl. dazu: BGH NJW 2010, 1449, 1453; Wolf/Lindacher/Pfeiffer/Dammann, Klauseln Rn. V 512.

[1000] Ebenso für einen Dienstvertrag: OLG Düsseldorf NJW-RR 1995, 1015; anders für einen als Werkvertrag einzustufenden „Internet-System-Vertrag", bei dem der überwiegende Teil der Vertragspflichten zu Beginn des Vertrags zu erbringen war: BGH NJW 2010, 1449, 1450 ff.

[1001] Ebenso für einen Dienstvertrag: OLG Düsseldorf NJW-RR 1995, 1015; ebenso für einen Computerwartungsvertrag: OLG München CR 1989, 283, 285.

[1002] S. BGH NJW 1985, 3013, 3014; Wolf/Lindacher/Pfeiffer/Pfeiffer, § 307 Rn. 307.

ändert werden kann.[1003] Solche Klauseln zielen in erster Linie darauf ab, eigene Kostensteige-rungen beim Verwender auf den Vertragspartner umzulegen. Preisanpassungsklauseln unter-liegen im unternehmerischen Verkehr der Klauselkontrolle nach § 307 BGB[1004].

c) Variable Vergütung

Neben der Festvergütung erhält der Betriebsführer nach § 7 Abs. 3 des Formulars eine (er-folgsabhängige) variable Vergütung[1005].

aa) Bemessungsgrundlage und Berechnung

Als Bemessungsgrundlage für eine variable Vergütung kommen beispielsweise der Anlagen-ertrag, der Instandsetzungsaufwand oder der Gewinn des Eigentümers in Betracht. Das For-mular knüpft an die technische Verfügbarkeit der Anlagen an. Im Vergleich zu den vorge-nannten Kriterien ist diese Größe durch den Betriebsführer am ehesten beeinflussbar. Ebenso wie bei der technischen Verfügbarkeit als Bemessungsgrundlage ist bei den anderen Bemes-sungsgrundlagen auf eine präzise Definition zu achten. Beim Anlagenertrag etwa ist zu re-geln, welche Zähler maßgebend sind und was gelten soll, wenn Zählerwerte nicht vorliegen oder fehlerhaft sind.

Die erfolgsabhängige Vergütung berechnet sich anhand der technischen Verfügbarkeit der Einzelanlagen und nicht anhand der Parkverfügbarkeit (als Mittelwert der Verfügbarkeit der Einzelanlagen). Diese Gestaltung ist für den Betriebsführer von Vorteil, da der langfristige Ausfall einer Einzelanlage (etwa infolge eines Getriebeschadens) gerade bei einer kleinen Anzahl von Einzelanlagen schnell dazu führen kann, dass die Parkverfügbarkeit in einem be-grenztem Betrachtungszeitraum weit unterdurchschnittlich ausfällt.

Die Vereinbarung einer variablen Vergütung als Bestandteil der Vergütung für die Hauptleis-tung unterliegt grundsätzlich nicht der Klauselkontrolle. § 307 Abs. 3 BGB gilt nicht nur für Klauseln, die den Preis ausdrücklich beziffern, sondern auch für solche, welche die Grundsät-ze der Preisberechnung festlegen, beispielsweise, wenn sich die Preishöhe nach einem erst künftig bestimmbaren Verbrauch richtet[1006] oder, wie hier, nach einer Anlagenverfügbarkeit.

Um dem Transparenzgebot (§ 307 Abs. 1 Satz 2 BGB) zu genügen werden die Berechnungs-parameter der Formel zur Berechnung der technischen Verfügbarkeit so genau wie möglich in § 7 Abs. 3 Buchst. a) des Formulars umschrieben. So einfach sich die Formel zur Berechnung der technischen Verfügbarkeit danach auf den ersten Blick darstellt, so schwierig kann sich die Berechnung im Einzelfall erweisen: Die Gründe für die Nichtverfügbarkeit sind vielfältig und mehrere Gründe können zusammentreffen. Eine vollständige und widerspruchslose Rege-lung aller denkbaren Fallkonstellationen ist jedoch praktisch ausgeschlossen und aus Gründen des Transparenzgebotes auch nicht erforderlich: Die Anforderungen an das Transparenzgebot dürfen nicht überspannt werden[1007]. Die Verpflichtung, den Klauselinhalt klar und verständ-lich zu formulieren, besteht nur im Rahmen des Möglichen[1008]. Das Transparenzgebot will

---

[1003] Wolf/Lindacher/Pfeiffer/Dammann, § 309 Nr. 1 Rn. 11, 13.

[1004] S. dazu: Wolf/Lindacher/Pfeiffer/Dammann, § 309 Nr. 1 Rn. 163 ff.

[1005] S. dazu bereits B.III.1.b) § 7 Anm. 3.

[1006] BGH NJW 1985, 3013, 3014; Wolf/Lindacher/Pfeiffer/Pfeiffer, § 307 Rn. 307.

[1007] BGH NJW 1993, 2053, 2054; 1990, 2383, 2384; Palandt/Grüneberg, § 307 Rn. 22.

[1008] BGH NJW 1998, 3114, 3116; Palandt/Grüneberg, § 307 Rn. 22.

den Verwender nicht dazu zwingen, jede Regelung gleichsam mit einem Kommentar zu versehen[1009]. Auch folgt aus dem Transparenzgebot keine Verpflichtung, die sich aus dem Gesetz oder aus ungeschriebenen Rechtsgrundsätzen ergebenden Rechte und Pflichten ausdrücklich zu regeln[1010]. Ergeben sich danach ungeregelte Fallkonstellationen, sind diese nach allgemeinen Grundsätzen (Auslegung, Kausalität, Zurechnung, Mitverschulden) lösen.

Das Formular sieht vor, dass die Berechnung der technischen Verfügbarkeit durch den Betriebsführer erfolgt, der dem Eigentümer das Recht zur Überprüfung der Berechnung einräumt. Diese Regelungen (§ 7 Abs. 3 Buchst b) Sätze 1 und 2 des Formulars) unterliegen keinen AGB-rechtlichen Bedenken.

Der fingierte Verzicht auf Einwendungen gegen die Berechnung gemäß § 7 Abs. 2 Buchst. c) des Formulars ist demgegenüber an § 307 BGB zu messen. Das Verbot formularmäßiger Fiktionsklauseln (§ 308 Nr. 5 BGB) ist nach §§ 307, 310 Abs. 1 BGB grundsätzlich auch im unternehmerischen Verkehr anzuwenden[1011]. Die Wirksamkeit der Fiktionsklausel setzt daher grundsätzlich voraus, dass dem Vertragspartner eine angemessene Frist zur Abgabe einer ausdrücklichen Erklärung eingeräumt wird und der Verwender sich verpflichtet, den Vertragspartner bei Beginn der Frist auf die vorgesehene Bedeutung seines Verhaltens besonders hinzuweisen.

bb) Schiedsgutachterklausel

Da sich die Berechnung der technischen Verfügbarkeit im Einzelfall als schwierig erweisen und dementsprechend zu Meinungsverschiedenheiten führen kann, sieht § 7 Abs. 3 Buchst c) des Formulars für den Streitfall eine Berechnung der technischen Verfügbarkeit durch einen Schiedsgutachter vor[1012]. Schiedsgutachterklauseln unterliegen der Klauselkontrolle nach § 307 BGB.

Bei der Klauselkontrolle ist zunächst einmal nach der Bindung der staatlichen Gerichte an die Entscheidung des Schiedsgutachters zu differenzieren: Klauseln, die eine Bindung an die gutachterlichen Feststellungen oder einen Ausschluss des Rechtswegs gegen die Entscheidung des Schiedsrichters insgesamt vorsehen oder einen entsprechenden Eindruck erwecken, sind mit § 307 BGB nicht zu vereinbaren[1013]. Demgegenüber sind Klauseln, für die keine Bindung nach § 319 Abs. 1 BGB oder nur die evidenzunabhängige Kontrollschwelle des § 315 Abs. 3 BGB gelten soll, jedenfalls dann unbedenklich, wenn nur ein fakultatives Schiedsgutachten vereinbart ist[1014].

§ 7 Abs. 3 Buchst c) des Formulars sieht ein obligatorisches Schiedsgutachten mit einer Kontrolle im gesetzlichen Umfang (§ 319 Abs. 1 BGB) vor. In diesem Fall dürfen die Nachteile, die dem Vertragspartner entstehen können (Unangreifbarkeit eines Fehlgutachtens sowie zeit-

---

[1009] BGH NJW 1990, 2383, 2384; Palandt/Grüneberg, § 307 Rn. 22.

[1010] BGH NJW 2014, 924, 926; 1996, 2092, 2093; Palandt/Grüneberg, § 307 Rn. 22.

[1011] BGH NZM 1014, 830, 833; Z 101, 357, 365; MünchkommBGB/Wurmnest, § 308 Nr. 5 Rn. 16; Palandt/Grüneberg, § 308 Rn. 34; eine Indizwirkung des § 308 Nr. 5 im unternehmerischen Verkehr (im Rahmen der Prüfung des § 307 BGB) ablehnend: Wolf/Lindacher/Pfeiffer/Dammann, § 308 Nr. 5 Rn. 70; Ulmer/Brandner/Hensen/Schmidt, § 308 Nr. 5 Rn. 15.

[1012] S. dazu bereits B.III.1.b) § 7 Anm. 2.e).

[1013] Mit unterschiedlichen Nuancen: BGH Z 101, 307, 320; Ulmer/Brandner/Hensen/Schmidt, (40) Schiedsgutachtenklauseln Rn. 2; Palandt/Grüneberg, § 307 Rn. 130; Wolf/Lindacher/Pfeiffer/Hau, Klauseln, Rn. S. 28.

[1014] Wolf/Lindacher/Pfeiffer/Hau, Klauseln, Rn. S. 29; in dieselbe Richtung, wenn in der Klausel der Rechtsweg ausdrücklich vorbehalten bleibt: Ulmer/Brandner/Hensen/Schmidt, (40) Schiedsgutachtenklauseln Rn. 1.

liche und faktische Behinderung des Rechtswegs), nicht unverhältnismäßig sein. Dieses ist insbesondere danach zu beurteilen, ob ein berechtigtes Bedürfnis für die Schiedsgutachtenklausel unter Berücksichtigung des Risikos für den Vertragspartner besteht und ob sich ein verständiger Vertragspartner auf eine solche Klausel im Einzelfall eingelassen hätte[1015]. Im vorliegenden Fall spricht für die Angemessenheit der Klausel, dass eine zügige und kostengünstige Entscheidung über ein Schiedsgutachten herbeigeführt werden kann, aufgrund der technischen Komplexität das angerufene Gericht im Zweifel ohnehin ein Sachverständigengutachten einholen müsste, die wirtschaftliche Bedeutung der Entscheidung von eher untergeordneter Bedeutung für den Vertragspartner ist und sich ein verständiger Vertragspartner auch vor dem Hintergrund einer solchen Klausel nicht verschließen würde, als die zeitliche und faktische Behinderung des Rechtswegs allein den Betriebsführer als Gläubiger des Anspruchs trifft.

In § 7 Abs. 3 Buchst c) Satz 3 des Formulars wird die erforderliche Unparteilichkeit des Gutachters[1016] sichergestellt, ebenso, in § 7 Abs. 3 Buchst c) Satz 5 des Formulars, dass dem Vertragspartner bei einem obligatorischem Schiedsgutachten ein Anspruch auf rechtliches Gehör zustehen muss[1017].

§ 7 Abs. 3 Buchst c) Satz 9 des Formulars sieht eine Kostenteilung für die Kosten des Schiedsgutachtens und die eventuellen Kosten für die Ernennung des Schiedsgutachters vor. Eine solche Gestaltung ist im unternehmerischen Verkehr nicht zu beanstanden, wenn – wie hier – die Parteien während der Durchführung des Vertrags bestimmte Punkte einvernehmlich festlegen müssen und beim Scheitern einer solchen Festlegung ein Schiedsgutachter entscheidet[1018].

Nicht berücksichtigt wird in § 7 Abs. 3 Buchst c) des Formulars der teilweise in der Literatur geforderte deutliche Hinweis auf die Schiedsgutachterklausel oder gar eine Aufklärung der Rechtsfolgen über eine solche Abrede[1019]. Für ein entsprechendes Erfordernis ist weder ein Anhaltspunkt in der Rechtsprechung noch – jedenfalls für den unternehmerischen Verkehr – eine überzeugende Begründung ersichtlich.

2. Umsatzsteuer

Da die Betriebsführungstätigkeit eine sonstige Leistung im umsatzsteuerlichen Sinne darstellt[1020], kommt auf die Festvergütung und die erfolgsabhängige Vergütung die Umsatzsteuer in der jeweils geltenden Höhe hinzu (§ 7 Abs. 4 des Formulars). Im Gegensatz zu Verträgen mit Verbrauchern ist die Klausel im unternehmerischen Verkehr unbedenklich[1021].

[1015] Mit unterschiedlichen Nuancen: BGH Z 115, 329, 331; Wolf/Lindacher/Pfeiffer/Hau, Klauseln, Rn. S. 31; Palandt/Grüneberg, § 307 Rn. 130.

[1016] OLG Naumburg VIZ 1998, 412, 415; Palandt/Grüneberg, § 307 Rn. 130; Ulmer/Brandner/Hensen/Schmidt, (40) Schiedsgutachtenklauseln Rn. 1; Wolf/Lindacher/Pfeiffer/Hau, Klauseln, Rn. S. 36.

[1017] LG Frankfurt a. M. NJW-RR 1988, 1132, 1133; Palandt/Grüneberg, § 307 Rn. 130; abweichend: LG Frankfurt a. M. DB 1987, 2195, 2197.

[1018] BGH NJW-RR 2005, 1496, 1501; Ulmer/Brandner/Hensen/Schmidt, (40) Schiedsgutachtenklauseln Rn. 2; Wolf/Lindacher/Pfeiffer/Hau, Klauseln, Rn. S. 38.

[1019] Ulmer/Brandner/Hensen/Schmidt, (40) Schiedsgutachtenklauseln Rn. 1 (i. V. m. Fn. 1).

[1020] S. dazu bereits A.VII.1.b)aa).

[1021] Staudinger/Schlosser, § 305c Rn. 25.

3. Aufwendungsersatz

Der Betriebsführer hat als Geschäftsbesorger nach h. M. gemäß §§ 675, 670 BGB Anspruch auf Aufwendungsersatz[1022]. § 7 Abs. 5 Satz 1 des Formulars entspricht inhaltlich § 670 BGB, es handelt sich daher um eine unbedenkliche rechtsdeklaratorische Klausel.

Bestimmte Aufwendungen sind nach § 7 Abs. 5 Satz 2 des Formulars vom Aufwendungsersatzanspruch ausgenommen. Da die Regelung zugunsten des Eigentümers von § 670 BGB abweicht, unterliegt die Klausel keinen rechtlichen Bedenken. Bei den Aufwendungen, um die § 7 Abs. 5 Satz 2 des Formulars zu ergänzen ist, ist nicht nur an die bei jedem Betriebsführungsvertrag typischer Weise anfallenden Positionen (Fahrt- und Übernachtungskosten, Kosten für Hilfskräfte sowie Kosten für Kommunikation) zu denken, sondern auch an für die Auftragsausführung erforderliche Ausrüstungsgegenstände und Werkzeuge (z. B. persönliche Schutzausrüstung, Digitalkamera und Endoskopiegerät).

§ 8 Zurückbehaltung, Leistungsverweigerung, Aufrechnung und Abtretung

Inhalt

1. Zurückbehaltung und Leistungsverweigerung

Von dem Betriebsführer bestrittene, nicht entscheidungsreife oder nicht rechtskräftig festgestellte Gegenforderungen berechtigen den Eigentümer nach § 8 Abs. 1 des Formulars weder zur Zurückbehaltung (§§ 273 BGB, 369 HGB) noch zur Leistungsverweigerung (§ 320 BGB). Der Ausschluss der Leistungsverweigerungsechte gemäß §§ 273, 320 BGB, 369 HGB ist an § 307 BGB zu messen. Dem Verbot, Leistungsverweigerungsrechte auszuschließen oder einzuschränken (§ 309 Nr. 2 Buchst. a) und b) BGB) kommt im unternehmerischen Verkehr keine Indizwirkung zu[1023]. Im unternehmerischen Verkehr ist der formularmäßige Ausschluss der §§ 273, 320 BGB, 369 HGB grundsätzlich zulässig[1024]. Dies gilt allerdings nicht für unbestrittene, entscheidungsreife oder rechtskräftig festgestellte Gegenforderungen[1025].

2. Aufrechnung

Von dem Betriebsführer bestrittene, nicht entscheidungsreife oder nicht rechtskräftig festgestellte Gegenforderungen, die nicht auf dem Betriebsführungsvertrag beruhen, berechtigen den Eigentümer nach § 8 Abs. 2 des Formulars nicht zur Aufrechnung (§ 387 BGB). Die Klausel unterliegt der Klauselkontrolle nach § 307 BGB. Das Aufrechnungsverbot (§ 309 Nr. 3 BGB) findet nach §§ 307 , 310 Abs. 1 BGB grundsätzlich auch im unternehmerischen Ver-

---

[1022] S. dazu bereits B.I.1.b) § 4 Anm. 4.a).

[1023] Wolf/Lindacher/Pfeiffer/Dammann, § 309 Nr. 2 Rn. 70; MünchKommBGB/Wurmnest, § 309 Nr. 2 Rn. 20.

[1024] Für §§ 273, 320 BGB: OLG Düsseldorf NJW-RR 1995, 850; Wolf/Lindacher/Pfeiffer/Dammann, § 309 Nr. 2 Rn. 73, 78; Palandt/Grüneberg, § 309 Rn. 16; für § 369 HGB: Ebenroth/Boujong/Joost/Strohn/Lettl, § 369 Rn. 37; Oetker/Maultzsch, § 369 Rn. 58; für § 369 HGB s. auch: OLG Hamburg NJW-RR 1998, 586 (587).

[1025] Für §§ 273, 320 BGB: BGH Z 92, 321, 316; Wolf/Lindacher/Pfeiffer/Dammann, § 309 Nr. 2 Rn. 74 f., 79; Palandt/Grüneberg, § 309 Rn. 16; für § 369 HGB: Ebenroth/Boujong/Joost/Strohn/Lettl, § 369 Rn. 37; Oetker/Maultzsch, § 369 Rn. 58.

kehr Anwendung[1026]. Ein Aufrechnungsverbot, das rechtskräftig festgestellte oder unbestrittene Gegenforderungen einschießt, ist daher auch gegenüber Unternehmern grundsätzlich nach § 307 BGB unwirksam[1027]. Entsprechendes gilt, wenn das Aufrechnungsverbot in der Weise auszulegen ist, dass es auch auf entscheidungsreife Forderungen Anwendung findet[1028]. Nach neuerer Rechtsprechung ebenfalls unwirksam sind Aufrechnungsverbote, die sich auf Gegenforderungen erstrecken, die auf demselben Vertragsverhältnis beruhen[1029]. Die vorgenannten Einschränkungen haben zur Folge, dass wirksame Aufrechnungsverbote im unternehmerischen Verkehr praktisch weitestgehend leerlaufen.

3. Abtretung

Die Abtretung kann durch Vereinbarung mit dem Schuldner ausgeschlossen werden (§ 399 Alt. 2 BGB). Erfolgt das Abtretungsverbot durch AGB, ist dieses an § 307 BGB zu messen. Grundsätzlich sind Abtretungsverbote zulässig[1030]. Entsprechendes gilt, wenn – wie in § 8 Abs. 3 Satz 1 HS 1 des Formulars bestimmt – die Abtretung von der (schriftlichen[1031]) Zustimmung des Schuldners abhängig gemacht wird[1032]. Etwas anderes gilt ausnahmsweise, wenn ein schützenswertes Interesse des Verwenders an einem Abtretungsverbot nicht besteht oder die berechtigten Belange des Vertragspartners an der Abtretbarkeit vertraglicher Forderungen das entgegenstehende Interesse des Verwenders überwiegen (Verstoß gegen § 307 Abs. 1 Satz 1 BGB)[1033]. Letzteres kommt hinsichtlich der Sicherungsabtretung von Ansprüchen an die das Projekt finanzierenden Banken in Betracht. Da diesem Interesse durch § 8 Abs. 3 Satz 2 des Formulars Rechnung getragen wird, bestehen keine Bedenken gegen das Abtretungsverbot. Allerdings ist im kaufmännischen Verkehr § 354a HGB zu beachten, der selbst durch Individualvereinbarung nicht abbedungen werden kann (§ 354a Abs. 1 Satz 3 HGB)[1034]. Daher bestimmt § 8 Abs. 3 Satz 1 HS 2 des Formulars, dass § 354a HGB unberührt bleibt.

§ 9 Erfüllungsgehilfen

Die Zulässigkeit des Einsatzes von Erfüllungsgehilfen wird vom Gesetz vorausgesetzt, was aus § 664 Abs. 1 Satz 3 BGB folgt. § 9 des Formulars begegnet daher keinen AGB-rechtlichen Bedenken. Unzulässig wäre demgegenüber eine Substitutionsklausel, da eine solche gegen § 307 Abs. 2 Nr. 1 BGB (§ 664 Abs. 1 Satz 1 BGB) verstoßen würde[1035].

[1026] BGH NZM 2016, 585, 586; NJW 2007, 3421, 3422; 1985, 319, 320; Wolf/Lindacher/Pfeiffer/Dammann, § 309 Nr. 3 Rn. 70; Palandt/Grüneberg, § 309 Rn. 21; MünchKommBGB/Wurmnest, § 309 Nr. 3 Rn. 10.

[1027] BGH NJW-RR 1993, 519, 520; 1986, 1110, 1111; NJW 1985, 319, 320; Wolf/Lindacher/Pfeiffer/Dammann, § 309 Nr. 3 Rn. 70.

[1028] Wolf/Lindacher/Pfeiffer/Dammann, § 309 Nr. 3 Rn. 70.

[1029] OLG Nürnberg BB 2014, 2241; s. auch BGH NJW 2011, 1729 f.

[1030] BGH NJW 2006, 3486, 3487; NJW-RR 2000, 1220, 1221; Wolf/Lindacher/Pfeiffer/Dammann, Klauseln Rn. A 28; Palandt/Grüneberg, § 399 Rn. 10.

[1031] Zur Zulässigkeit des Schriftformerfordernisses für Anzeigen und Erklärungen im unternehmerischen Verkehr s. Palandt/Grüneberg, § 309 Rn. 114; Wolf/Lindacher/Pfeiffer/Dammann, § 309 Nr. 13 Rn. 71.

[1032] BGH NJW 1990, 1601, 1602; NJW-RR 1989, 1104; Wolf/Lindacher/Pfeiffer/Dammann, Klauseln Rn. A 40.

[1033] BGH NJW 2006, 3486, 3487; 1997, 3434, 3436; Wolf/Lindacher/Pfeiffer/Dammann, Klauseln Rn. A 28, A 40.

[1034] S. dazu bereits B.III.1.b) § 10 Anm. 1

[1035] Statt aller: MünchKommBGB/Schäfer, § 664 Rn. 2 m. w. N.

§ 10 Haftung

Inhalt

Der Abschluss des Betriebsführungsvertrags hat eine Verschiebung der haftungsrechtlichen Risikoverteilung zur Folge. Daher ist eine Haftungsbeschränkung zugunsten des Betriebsführers sachgerecht[1036]. Im Vergleich zu individuell vereinbarten Haftungsausschlüssen und -begrenzungen ist der Gestaltungsspielraum bei der Verwendung von AGB, abgesehen von vereinzelten Ausnahmen, bei denen es sich um (hier nicht einschlägige) branchentypische Freizeichnungen, die allseits gebilligt und anerkannt werden, handelt[1037], gering:

1. Sorgfaltsmaßstab

§ 10 Abs. 1 des Formulars legt den Sorgfaltsmaßstab fest. Danach hat der Betriebsführer die von ihm übernommenen Aufgaben mit der Sorgfalt eines ordentlichen technischen Betriebsführers zu erfüllen. Es handelt sich um eine unbedenkliche rechtsdeklaratorische Klausel, die § 276 Abs. 2 BGB konkretisiert. Der für die Fahrlässigkeitsprüfung maßgebende Sorgfaltsmaßstab bzw. Idealtyp wird nach Verkehrskreisen bestimmt[1038] bzw. durch die Art des Geschäfts spezialisiert[1039]. Ebenso wie der Kaufmann im Rahmen eines Handelsgeschäfts nach § 347 Abs. 1 HGB für die Sorgfalt eines ordentlichen Kaufmanns einzustehen hat[1040], hat der technische Betriebsführer sich an dem Idealtyp des technischen Betriebsführers messen zu lassen. Eine Klausel, die davon zugunsten des Betriebsführers abweicht, ist mit den wesentlichen Grundgedanken des § 276 Abs. 2 BGB unvereinbar und scheitert demensprechend bei einer Klauselkontrolle an § 307 Abs. 1 Satz 1, Abs. 2 Nr. 1 BGB.

2. Auskunft, Rat oder Empfehlung

Eine ebenfalls rechtsdeklaratorische Klausel enthält § 10 Abs. 2 des Formulars. Die Klausel gibt inhaltlich § 675 Abs. 2 BGB wieder und ist daher unbedenklich.

3. Klauselverbote des § 309 Nr. 7 BGB

Die Klauselverbote nach § 309 Abs. 7 BGB sind nach h. M. über §§ 307, 310 Abs. 1 BGB grundsätzlich auch im unternehmerischen Verkehr anzuwenden[1041]. Danach sind AGB-Klauseln unwirksam, die einen Ausschluss oder eine Begrenzung der Haftung für Schäden aus der Verletzung des Lebens, des Körpers oder der Gesundheit vorsehen, die auf einer fahrlässigen Pflichtverletzung des Verwenders oder einer vorsätzlichen oder fahrlässigen Pflichtverletzung eines gesetzlichen Vertreters oder Erfüllungsgehilfen des Verwenders beruhen

---

[1036] S. dazu bereits B.III.1.b) § 12 Anm. 2.
[1037] S. dazu Palandt/Grüneberg, § 309 Rn. 57; differenzierend: Wolf/Lindacher/Pfeiffer/Dammann, § 309 Nr. 7 Rn. 138.
[1038] MünchKommHGB/K. Schmidt, § 347 Rn. 2; MünchKommBGB/Grundmann, § 276 Rn. 57.
[1039] RG Z 64, 254, 257; Baumbach/Hopt/Hopt, § 347 Rn. 1.
[1040] MünchKommHGB/K. Schmidt, § 347 Rn. 2; Baumbach/Hopt/Hopt, § 347 Rn. 1.
[1041] BGH NJW 2014, 211, 213; 2007, 3774, 3775; Ulmer/Brandner/Hensen/Christensen, § 309 Rn. 43; Palandt/Grüneberg, § 309 Rn. 55; differenzierend Wolf/Lindacher/Pfeiffer/Dammann, § 309 Nr. 7 Rn. 135 ff.

(§ 309 Nr. 7 Buchst. a) BGB). Ebenfalls unwirksam sind Klauseln, die einen Ausschluss oder eine Begrenzung der Haftung für sonstige Schäden vorsehen, die auf einer grob fahrlässigen Pflichtverletzung des Verwenders oder einer vorsätzlichen oder grob fahrlässigen Pflichtverletzung eines gesetzlichen Vertreters oder Erfüllungsgehilfen des Verwenders beruhen (§ 309 Nr. 7 Buchst. b) BGB). § 10 Abs. 3 Sätze 1 und 2 geben dies inhaltlich wieder[1042].

4. Sonstige Haftungsbegrenzungen

Die Haftung für einfache Fahrlässigkeit kann der Verwender im unternehmerischen Verkehr grundsätzlich durch AGB ausschließen[1043]. Dies gilt jedoch nicht grenzenlos. Die Unwirksamkeit einer derartigen Klausel kann sich bereits aus spezialgesetzlichen (vorliegend nicht einschlägigen) Bestimmungen ergeben[1044]. Nach § 307 Abs. 2 Nr. 2 BGB unwirksam sind darüber hinaus Klauseln, die einen Haftungsausschluss für einfache Fahrlässigkeit vorsehen, die auch für die Verletzung sog. Kardinalpflichten gelten sollen[1045]; entsprechendes gilt in diesem Rahmen auch für Haftungsbegrenzungen, wenn der Schadensersatzbetrag die vorhersehbaren Schäden nicht abdeckt[1046]. Dem trägt § 10 Abs. 3 Satz 3 des Formulars Rechnung, wonach bei fahrlässig verursachen Sach- und Vermögensschäden der Betriebsführer und seine Erfüllungsgehilfen nur bei der Verletzung einer wesentlichen Vertragspflicht haften.

Selbst gegenüber Verbrauchern kann die Haftung für nicht vorhersehbare Schäden ausgenommen werden[1047]. Entsprechendes gilt für die Haftungsbeschränkung auf vertragstypische Schäden[1048]. Auch dies berücksichtigt § 10 Abs. 3 Satz 3 des Formulars.

§ 11 Vertragsbeginn, Vertragsdauer und Vertragsbeendigung

Inhalt

1. Festlaufzeit
2. Vertragsverlängerung
3. Fristlose Kündigung aus wichtigem Grund

4. Fristlose Kündigung bei Vertrauensstellung
5. Schriftform
6. Vertragsbeendigung

1. Festlaufzeit

Das Formular sieht in § 11 Abs. 1 Satz 1 zunächst eine Festlaufzeit vor. Bei einer Individualvereinbarung ist die Vertragsdauer bzw. die Bindungsfrist nur an § 138 Abs. 1 BGB zu messen[1049]. Bei der Verwendung von Allgemeinen Geschäftsbedingungen unterliegt die Vertragsdauer darüber hinaus der Klauselkontrolle.

[1042] § 10 Abs. 3 des Formulars entspricht wörtlich der Klausel, die dem Urteil des BGH vom 18.07.2012, Az.: VIII ZR 337/11 = NJW 2013, 291 ff., zugrunde lag und der Klauselkontrolle durch den BGH uneingeschränkt Stand gehalten hat.

[1043] Wolf/Lindacher/Pfeiffer/Dammann, § 309 Nr. 7 Rn. 150-154.

[1044] Wolf/Lindacher/Pfeiffer/Dammann, § 309 Nr. 7 Rn. 95, 150-154.

[1045] BGH NJW-RR 2005, 1496, 1505; 2003, 1056, 1060; Ulmer/Brandner/Hensen/Christensen, § 309 Rn. 43; differenzierend: Wolf/Lindacher/Pfeiffer/Dammann, § 309 Nr. 7 Rn. 155.

[1046] BGH NJW-RR 2006, 267, 269; Palandt/Grüneberg, § 309 Rn. 55; Wolf/Lindacher/Pfeiffer/Dammann, § 309 Nr. 7 Rn. 156.

[1047] BGH NJW 2013, 291, 293; Ulmer/Brandner/Hensen/Christensen, § 309 Nr. 7 Rn. 39; Palandt/Grüneberg, § 309 Rn. 51.

[1048] BGH NJW 2013, 291, 293; Ulmer/Brandner/Hensen/Christensen, § 309 Nr. 7 Rn. 39.

[1049] S. dazu bereits B.I.1.b § 6 Anm. 2.b).

Laufzeitklauseln im unternehmerischen Verkehr sind dabei nicht (über §§ 307, 310 Abs. 1 BGB) an § 309 Nr. 9 BGB zu messen, weil diese Vorschrift nach herrschender Meinung auf Verbraucher zugeschnitten ist und daher für Rechtsgeschäfte zwischen Unternehmern nicht übernommen werden kann[1050]. § 309 Nr. 9 BGB ist auch nicht in der Weise entsprechend dem Rechtsgedanken des § 138 Abs. 2 BGB heranzuziehen, dass eine Laufzeit von mehr als dem doppelten der gesetzlichen Frist (von zwei Jahren) ein Indiz für die Unwirksamkeit der Laufzeitklausel ist[1051].

Vielmehr erfolgt die Klauselkontrolle von Laufzeitklauseln nach § 307 Abs. 1 Satz 1 BGB. Bei der Beurteilung, welche Bindungsfristen noch mit § 307 Abs. 1 Satz 1 BGB zu vereinbaren sind, ist eine umfassende Abwägung der schützenswerten Interessen beider Parteien im Einzelfall vorzunehmen[1052], wobei insbesondere das Verwenderinteresse an einer Amortisation der vorgenommenen Investitionen[1053] und die ggf. vorhandenen Interessen beider Vertragsteile an einer langfristigen Stabilität der geschäftlichen Verbindung zu berücksichtigen sind[1054]. Darüber hinaus kann die in der Gruppenfreistellungsverordnung Nr. 330/2010/EU vom 20.04.2010 für vertikale Wettbewerbsbeschränkungen enthaltene kartellrechtliche Freistellung für Bezugsbindungen bis zu einer Dauer von fünf Jahren für die AGB-rechtliche Beurteilung als Orientierungspunkt herangezogen werden[1055].

Die Spannbreite, welche Laufzeiten die Rechtsprechung als mit § 307 Abs. 1 Satz 1 BGB vereinbar ansieht, ist erheblich. Während etwa bei einem Fernüberwachungsvertrag für ein Ladenlokal eine formularmäßige Erstlaufzeit von vier Jahren als unwirksam angesehen wird[1056], kann eine Laufzeit von 25 Jahren in einem Kabelanschlussvertrag noch wirksam sein[1057]. Es entspricht daher verbreiteter Meinung, dass es eine einheitliche die verschiedenen Vertragstypen übergreifende Höchstfrist nicht gibt, längere Fristen als 10 Jahre aber im Zweifel gegen § 307 Abs. 1 Satz 1 BGB verstoßen[1058].

Bei Betriebsführungsverträgen über die technische Betriebsführung von Windenergieanlagen sind in der Praxis Verträge, die eine Festlaufzeit für die Dauer der EEG-Förderung von 20 Jahren zuzüglich des Inbetriebnahmejahres (§ 25 EEG 2017) oder darüber hinaus (Rückbau der Windenergieanlagen) vorsehen, anzutreffen. Die Wirksamkeit solcher Laufzeiten ist schon im Hinblick auf § 138 Abs. 1 BGB fraglich. Jedenfalls sind solche Laufzeitklauseln bei einer formularmäßigen Verwendung nach § 307 Abs. 1 Satz 1 BGB unwirksam, insbesondere weil der Verwender bei Betriebsführungsverträgen keine oder jedenfalls kaum (windparkspezifische) Investitionen tätigt, die eine Amortisationsdauer von 20 Jahren oder mehr rechtfertigen würden.

[1050] BGH NJW-RR 2012, 626, 627; NJW 2003, 886, 887; 1985, 2693, 2695; Palandt/Grüneberg, § 309 Rn. 96; Ulmer/Brandner/Hensen/Christensen, § 309 Nr. 9 Rn. 22; Wolf/Lindacher/Pfeiffer/Dammann, § 309 Nr. 9 Rn. 170: abweichend: LG Bochum NJW-RR 2002, 1713, 1714; s. auch: LG Saarbrücken NJW-RR 2002, 1715, 1715 f.; LG Itzehoe NJW 2002, 2479.

[1051] Ulmer/Brandner/Hensen/Christensen, § 309 Nr. 9 Rn. 22; abweichend: OLG München NJOZ 2015, 886, 888.

[1052] OLG München NJOZ 2015, 886, 887; Ulmer/Brandner/Hensen/Christensen, § 309 Nr. 9 Rn. 22.

[1053] BGH NJW-RR 2012, 626, 627; NJW 2003, 1313, 1315; 2000, 1110, 1112; Palandt/Grüneberg, § 309 Rn. 96; Ulmer/Brandner/Hensen/Christensen, § 309 Nr. 9 Rn. 22.

[1054] BGH NJW-RR 2012, 626, 627; Ulmer/Brandner/Hensen/Christensen, § 309 Nr. 9 Rn. 22.

[1055] Ulmer/Brandner/Hensen/Christensen, § 309 Nr. 9 Rn. 22; Palandt/Grüneberg, § 309 Rn. 96: offen gelassen: BGH NJW 2000, 1110, 1112.

[1056] OLG München NJOZ 2015, 886, 888; LG Bochum NJW-RR 2002, 1713, 1714; AG Brandenburg NJOZ 2003, 2858, 2861; Ulmer/Brandner/Hensen/Christensen, § 309 Nr. 9 Rn. 23; abweichend: LG Arnsberg BeckRS 2012, 03506.

[1057] BGH NJW 2003, 1313, 1315; Palandt/Grüneberg, § 307 Rn. 100.

[1058] Palandt/Grüneberg, § 309 Rn. 96; Wolf/Lindacher/Pfeiffer/Dammann, § 309 Nr. 9 Rn. 173.

Vertretbar ist die Annahme, dass eine Laufzeit von 10 Jahren bei technischen Betriebsführungsverträgen mit § 307 Abs. 1 Satz 1 BGB vereinbar ist. Zu bedenken ist aber einerseits, dass Hauptaufgabe des technischen Betriebsführers die Fernüberwachung ist und, wie vorstehend geschildert, bei Verträgen über die Fernüberwachung (von Ladenlokalen) schon eine Erstlaufzeit von vier Jahren einer Klauselkontrolle nicht Stand hält. Andererseits hat der BGH für Betriebsführungsverträgen in wesentlichen Wertungspunkten gleichstehende Wartungsverträge (über Telefonanlagen) entschieden, dass eine 10-jährige Vertragslaufzeit zu ihrer Rechtfertigung in der Regel besonderer Umstände auf Seiten des Verwenders bedarf[1059]. Dies spricht dafür, dass Anfangslaufzeiten von über fünf Jahren als unzulässig anzusehen sind[1060].

2. Vertragsverlängerung

Keine einheitliche Linie besteht auch bei Vertragsverlängerungsklauseln[1061]. Während bei einem Tankstellenpachtvertrag eine Laufzeitverlängerung über fünf Jahre bei gleich langer Erstlaufzeit nicht akzeptabel ist[1062], darf die Verlängerungsklausel von einer Nachrichtenagentur gegenüber dem Kunden einen drei- bzw. fünfjährigen Verlängerungszeitraum bei gleich langer Erstlaufzeit vorsehen[1063]. Nach einer Einzelansicht soll § 309 Nr. 9 BGB (trotz seiner Unanwendbarkeit) für den unternehmerischen Verkehr zumindest die Wertung zu entnehmen sein, dass der Verlängerungszeitraum im Regelfall nur dann angemessen ist, wenn er nicht mehr als die Hälfte der Erstlaufzeit beträgt[1064]. Der Verlängerungszeitraum sollte danach zwei Jahre nicht überschreiten[1065]. Auch die Kündigungsfrist in § 11 Abs. 1 Satz 2 des Formulars sollte ein halbes Jahr nicht überschreiten.

3. Fristlose Kündigung aus wichtigem Grund

§ 11 Abs. 2 des Formular bestätigt lediglich, dass das Recht zur Kündigung aus wichtigem Grund unberührt bleibt. Es handelt sich dementsprechend um eine unbedenkliche rechtsdeklaratorische Klausel. Die Möglichkeit der Kündigung aus wichtigem Grund kann noch nicht einmal durch Individualvereinbarung beschränkt oder gar abbedungen werden[1066].

4. Fristlose Kündigung bei Vertrauensstellung

Nach dem unterstellten Sachverhalt bietet der Betriebsführer seine Leistungen international und einem großen unbestimmten Kreis von Interessenten an. Neben dem Betriebsführungsvertrag mit dem Eigentümer besteht eine Vielzahl von vergleichbaren Betriebsführungsverträgen. Unter diesen Gesichtspunkten könnte zweifelhaft sein, ob ein Recht zur fristlosen

---

[1059] BGH NJW 2003, 886, 887.

[1060] So auch allgemein, unter der für technische Betriebsführungsverträge nicht passenden Erwägung, dass bei dem rasanten technische Fortschritt eine 10-jährige Bindung eine unangemessene Belastung für den Kunden bedeute: Wolf/Lindacher/Pfeiffer/Dammann, Klauseln Rn. W 22.

[1061] Eingehend dazu: Müller/Schmitt, NJW 2017, 1991 ff.

[1062] BGH NJW 2000, 1110, 1112.

[1063] OLG Frankfurt BeckRS 2011, 26731.

[1064] Wolf/Lindacher/Pfeiffer/Dammann, § 309 Nr. 9 Rn. 170; abweichend: Müller/Schmitt, NJW 2017, 1991, 1994 m. w. N.

[1065] Weiter für Wartungsverträge (fünf Jahre) mit der Erwägung, dass der Serviceunternehmer qualifiziertes Personal sowie Fuhrpark und Ersatzteile bereithalten müsse: Müller/Schmitt, NJW 2017, 1991, 1994.

[1066] S. dazu bereits B.I.1.b § 6 Anm.3.a)ee)(2)(b).

Kündigung bei Vertrauensstellung nach §§ 675, 627 Abs. 1 BGB besteht[1067]. Diesem Zweifel braucht vorliegend nicht weiter nachgegangen werden, da der technische Betriebsführer keine Dienste höherer Art zu leisten hat und bereits aus diesem Grund eine Anwendung des § 627 Abs. 1 BGB ausscheidet. Wäre § 627 Abs. 1 BGB anwendbar, ließe sich die Vorschrift nicht durch AGB wirksam abbedingen. Das Recht zur fristlosen Kündigung bei Vertrauensstellung gemäß § 627 Abs. 1 BGB kann nach h. M. grundsätzlich nicht durch AGB ausgeschlossen werden[1068]; dieses gilt auch im unternehmerischen Verkehr[1069]. Gründe von diesem Grundsatz bei einem Betriebsführungsvertrag abzuweichen, sind nicht ersichtlich.

5. Schriftform

§ 11 Abs. 3 des Formulars bestimmt, dass die Kündigung der Schriftform bedarf. Formularmäßige Bedenken gegen die Klausel bestehen nicht. Die Klauselkontrolle erfolgt im unternehmerischen Verkehr nach § 307 BGB. § 309 Nr. 13 BGB kommt im unternehmerischen Verkehr keine Indizwirkung zu[1070]. Das Schriftformerfordernis für Anzeigen und Erklärungen ist auch zwischen Unternehmern grundsätzlich wirksam[1071].

6. Vertragsbeendigung

§ 1 Abs. 4 des Formulars gibt § 667 BGB wieder. Es handelt sich daher um eine unbedenkliche rechtsdeklaratorische Klausel.

§ 12 Schlussbestimmungen

Inhalt

1. Schriftformklausel   3. Gerichtsstandsklausel
2. Salvatorische Klausel

1. Schriftformklausel

Schriftformklauseln, welche für Vertragsänderungen und -ergänzungen konstitutiv die Einhaltung der Schriftform fordern, verstoßen nach allgemeiner Meinung gegen § 305b und § 307 BGB, da formularmäßig Klauseln nicht die nachträglich getroffene höherrangige individuelle Abrede außer Kraft setzten können[1072]. Unbedenklich sind demgegenüber Vollständigkeitsklauseln, die lediglich die Vermutung der Vollständigkeit und Richtigkeit der Urkunde wiederholen[1073], soweit sie nicht eine unwiderlegbare Vermutung begründen wollen (ansonsten verstoßen sie gegen §§ 305b, 307 und 309 Nr. 12 BGB)[1074]. Ein solche Klausel sieht § 12 Abs. 1 des Formulars vor.

[1067] S. dazu bereits § 6 Anm. 3.a)ee)(3)(a).

[1068] BGH NJW 2010, 1520, 1522; 1989, 1479, 1480; MünchKommBGB/Henssler, § 627 Rn. 43; Palandt/Weidenkaff, § 627 Rn. 5.

[1069] BGH NJW 2010, 1520, 1522; OLG Koblenz NJW 1990, 3153, 3154; MünchKommBGB/Henssler, § 627 Rn. 43.

[1070] Ulmer/Brandner/Hensen/Habersack, § 309 Nr. 13 Rn. 12; Wolf/Lindacher/Pfeiffer/Dammann, § 309 Nr. 13 Rn. 70; Palandt/Grüneberg, § 309 Rn. 114.

[1071] Wolf/Lindacher/Pfeiffer/Dammann, § 309 Nr. 13 Rn. 71.

[1072] BGH NJW 2001, 292; 2006, 138; Palandt/Grüneberg, § 305b Rn. 5; zu der Behandlung einer formularmäßigen doppelten Schriftformklausel s. ferner statt aller: BGH NJW 2017, 1017, 1017 f.

[1073] BGH NJW 2000 207; 1985, 2329, 2331; Palandt/Grüneberg, § 305b Rn. 5.

[1074] Wolf/Lindacher/Pfeiffer/Dammann, Klauseln S 117; Palandt/Grüneberg, § 305b Rn. 5.

2. Salvatorische Klausel

Bei salvatorischen Klauseln ist zu differenzieren: Eine Erhaltungsklausel[1075] hält der Klauselkontrolle stand[1076]. Demgegenüber ist eine Ersetzungsklausel[1077] wegen Verstoßes gegen § 306 Abs. 2 BGB unwirksam[1078] und verstößt überdies gegen das Transparentgebot (§ 307 Abs. 1 Satz 2 BGB)[1079]. Entsprechendes gilt für Ersatz-AGB, also Klauseln, die hilfsweise für den Fall der Unwirksamkeit der Erstregelung gelten sollen[1080]. § 12 Abs. 2 des Formulars beschränkt sich dementsprechend auf eine Erhaltungsklausel.

3. Gerichtsstandsklausel

Gerichtsstandsklauseln unterliegen im kaufmännischen Geschäftsverkehr grundsätzlich keinen AGB-rechtlichen Bedenken[1081]. Nur im Ausnahmefall kann eine Gerichtsstandsklausel gegen § 307 BGB verstoßen, etwa wenn Verwender und Vertragspartner einen gemeinsamen Gerichtsstand haben oder ein Gerichtsstand bestimmt wird, der weder mit dem Vertragsinhalt noch mit dem Geschäftssitz des Verwenders in einem Zusammenhang steht[1082]. § 12 Abs. 3 des Formulars bestimmt, dass der Geschäftssitz des Betriebsführer Gerichtsstand ist.

[1075] S. dazu bereits B.III.1.b) § 19 Anm. 1.

[1076] BGH NJW 2005, 2225, 2226.

[1077] S. dazu bereits B.III.1.b) § 19 Anm. 2.

[1078] OLG Celle WM 1994, 885, 893; KG NJW 1998, 829, 831; Palandt/Grüneberg, § 306 Rn. 15.

[1079] BGH NJW-RR 2008, 834, 835; Palandt/Grüneberg, § 306 Rn. 15.

[1080] OLG München NJW-RR 1988, 786; Palandt/Grüneberg, § 306 Rn. 15; abweichend: Michalski/Römermann, NJW 1994, 886, 890; offen: BGH NJW 1990, 716, 718.

[1081] OLG Schleswig NJW 2006, 3361; Palandt/Grüneberg, § 307 Rn. 93.

[1082] Palandt/Grüneberg, § 307 Rn. 93 m. w. N.

2. Zustimmungsbeschluss der Eigentümergesellschaft

a) Formulartext

Beschluss über die Zustimmung
zu einem Betriebsführungsvertrag mit ...

Die Gesellschafter der ... GmbH & Co. KG halten hiermit unter Verzicht auf die Einhaltung aller durch Gesetz oder Gesellschaftsvertrag vorgeschriebenen Formen und Fristen der Einberufung, Ankündigung und Abhaltung einer Gesellschafterversammlung eine

außerordentliche Gesellschafterversammlung

ab und beschließen:

Dem Abschluss des in der Anlage zu diesem Beschluss beigefügten Betriebsführungsvertrags zwischen der Gesellschaft und ..., mit dem ... die technische Betriebsführung der ...-Anlagen der Gesellschaft übernimmt, wird zugestimmt.

..., den ...

_____   _____
... und ... für die GmbH   ...

b) Formularkommentare

Der Betriebsführungsvertrag bedarf vorliegend allenfalls im Innenverhältnis der Zustimmung der Gesellschafter[1083]. Die Beschlussfassung erfolgt nach allgemeinen Grundsätzen[1084].

[1083] S. dazu bereits B.IV.1.b) Vertragseingang Anm. 2
[1084] S. dazu bereits die Anm. zu B.III.2.b).

Literatur

Adler, Hans, Düring, Walther, Schmaltz, Kurt, Rechnungslegung und Prüfung der Unternehmen, Teilband 6, 6. Auflage, Stuttgart 1998
zitiert als: Adler/Düring/Schmaltz/Bearbeiter

Altmeppen, Holger, Zum richtigen Verständnis der neuen §§ 293a – 293g AktG zu Bericht und Prüfung beim Unternehmensvertrag, ZIP 1998, 1853 ff.

Altmeppen, Holger, Die Publikums-Fonds-Gesellschaft und das Rechtsberatungsgesetz, ZIP 2006, 1 ff.

Armbrüster, Christian, Preuß, Nicola, Renner, Thomas, Beurkundungsgesetz und Dienstordnung für Notarinnen und Notare, 5. Auflage, Berlin 2009
zitiert als: Armbrüster/Preuß/Renner/Bearbeiter, 5. Aufl.

Armbrüster, Christian, Preuß, Nicola, Renner, Thomas, Beurkundungsgesetz und Dienstordnung für Notarinnen und Notare, 7. Auflage, Bonn 2015
zitiert als: Armbrüster/Preuß/Renner/Bearbeiter

Bartenbach, Kurt, Patentlizenz- und Know-how-Vertrag, 7. Auflage, Köln 2013
zitiert als: Bartenbach

Baumbach, Adolf (Begr.), Handelsgesetzbuch, bearbeitet von Klaus J. Hopt, Christoph Kumpan, Hanno Merkt und Markus Roth, 37. Auflage, München 2016
zitiert als: Baumbach/Hopt/Bearbeiter

Baumbach, Adolf, Hueck, Alfred, GmbHG, bearbeitet von Michael Beurskens, Lorenz Fastrich, Ulrich Haas und Ulrich Noack, 21. Auflage, München 2017
zitiert als: Baumbach/Hueck/Bearbeiter

Baur, Jürgen F., Salvatorische Klauseln, in: Festschrift für Ralf Vieregge zum 70. Geburtstag am 6. November 1995, hrsg. von Jürgen F. Baur, Rainer Jacobs, Manfred Lieb und Peter-Christian Müller-Graff, Berlin, New York 1995, 31 ff.

Bechtold, Rainer, Bosch, Wolfgang, Kartellgesetz, Gesetz gegen Wettbewerbsbeschränkungen (§§ 1 - 96, 130, 131), 8. Auflage, München 2015
zitiert als: Bechtold/Bosch

Beck´scher Bilanzkommentar, hrsg. von Bernd Grottel, Stefan Schmidt, Wolfgang J. Schubert und Norbert Winkeljohann, 11. Auflage, München 2018
zitiert als: BeckBilKomm/Bearbeiter

Berliner Kommentar zum Genossenschaftsgesetz, bearbeitet von Klaus-Peter Hillebrand und Jürgen Kessler, 2. Auflage, Hamburg 2010
zitiert als: Hillebrand/Kessler

Berthold, Dorothee, Unternehmensverträge in der Insolvenz, Dissertation Köln 2004
zitiert als: Berthold

Beuthien, Volker, Wolff, Reinmar, Schöpflin, Martin, Genossenschaftsgesetz, 15. Auflage, München 2011
zitiert als: Beuthien/Wolff/Schöpflin

Birk, Rolf, Betriebsaufspaltung und Änderung der Konzernorganisation im Arbeitsrecht, ZGR 1984, 23 ff.

Böhm, Florian, Der Unternehmensführungsvertrag, Unter besonderer Berücksichtigung des Gesellschafts- und Konzernrechts, Dissertation Berlin 2015
zitiert als: Böhm

Breuninger, Gottfried E., Prinz, Ulrich, Moderne Einsatzformen von Betriebsführungs- und Betriebsüberlassungsverträgen, JbFSt 1998/99, 367 ff.

Bungert, Hartwin, Unternehmensvertragsbericht und Unternehmensvertragsprüfung gemäß §§ 293 a ff. AktG (Teil I), DB 1995, 1384 ff.

ders., Hartwin, Unternehmensvertragsbericht und Unternehmensvertragsprüfung gemäß §§ 293 a ff. AktG (Teil II), DB 1995, 1449 ff.

Bunjes, Johann, Geist, Reinhold (Begr.), Umsatzsteuergesetz, 16. Auflage, München 2017
zitiert als: Bunjes/Bearbeiter

Burbach, Hans-Adolf, Das Recht der konzernabhängigen Personenhandelsgesellschaft, Frankfurt am Main 1989
zitiert als: Buchbach

Canaris, Claus-Wilhelm, Hauptversammlungsbeschlüsse und Haftung der Verwaltungsmitglieder im Vertragskonzern, ZGR 1978, 207 ff.

Damm, Reinhard, Die aktienrechtliche Zulässigkeit von Betriebsführungsverträgen, BB 1976, 294 ff.

Dreher, Meinrad, Nicht delegierbare Geschäftsleiterpflichten, in: Festschrift für Klaus J. Hopt zum 70. Geburtstag am 24. August 2010, Band 1, hrsg. von Stefan Grundmann, Brigitte Haar, Hanno Merkt, Peter O. Mülbert, Marina Wellenhofer, Harald Baum, Jan von Hein, Thomas von Hippel, Katharina Pistor, Markus Roth, Heike Schweitzer, Berlin, New York 2010, 517 ff.
zitiert als: Dreher, FS Hopt

Duden, Konrad, Zur Mitbestimmung in Konzernverhältnissen nach dem Mitbestimmungsgesetz, ZHR 141 (1977), 145 ff.

Ebenroth, Carsten Thomas, Parche, Ulrich, Konzernrechtliche Beschränkungen der Umstrukturierung des Vertragskonzerns, BB 1989, 637 ff.

Ebenroth, Thomas, Boujong, Karlheinz, Joost, Detlef (Begr.), Handelsgesetzbuch, hrsg. von Detlev Joost und Lutz Strohn,
Band 1 (§ 1 - 342e), 3. Auflage, München 2014
Band 2 (§ 343 - 275h: Transportrecht, Bank- und Börsenrecht), 3. Auflage, München 2015
zitiert als: Ebenroth/Boujong/Joost/Strohn/Bearbeiter

Ederle, Anton, Verdeckte Beherrschungsverträge, Dissertation Tübingen 2010
zitiert als: Ederle

Emmerich, Volker, Das Konzernrecht der Personengesellschaften – Rückblick und Ausblick – in: Festschrift für Walter Stimpel zum 68. Geburtstag am 29. November 1985, hrsg. von Marcus Lutter, Hans-Joachim Mertens und Peter Ulmer, Berlin, New York 1985, 743 ff.
zitiert als: Emmerich, FS Stimpel

ders., Konzernbildungskontrolle, AG 1991, 303 ff.

Emmerich, Volker, Habersack, Mathias, Aktien- und GmbH-Konzernrecht, 6. Auflage, München 2010
zitiert als: Emmerich/Habersack/Bearbeiter, 6. Aufl.

Emmerich, Volker, Habersack, Mathias, Aktien- und GmbH-Konzernrecht (Begr.), 8. Auflage, München 2016
zitiert als: Emmerich/Habersack/Bearbeiter

Emmerich, Volker, Habersack, Mathias, Konzernrecht, 10. Auflage, München 2013
zitiert als: Emmerich/Habersack

Erfurter Kommentar zum Arbeitsrecht, hrsg. von Rudi Müller-Glöge, Ulrich Preis und Ingrid Schmidt, 18. Auflage, München 2018
zitiert als: ErfKomm/Bearbeiter

Erman, Walter, Bürgerliches Gesetzbuch, Handkommentar mit AGG, EGBGB (Auszug), ErbbauRG, HausratsVO, LPartG, ProdHaftG, UKlaG, VAHRG und WEG, hrsg. von Harm Peter Westermann, Band I, 12. Auflage, Köln 2008
zitiert als: Erman/Bearbeiter, 12. Auflage

Erman, Walter, Bürgerliches Gesetzbuch, Handkommentar mit AGG, EGBGB (Auszug), ErbbauRG, LPartG, ProdHaftG, VBVG, VersAusglG und WEG, hrsg. von Harm Peter Westermann, Barbara Grunewald und Georg Maier-Reimer,
Band I, 15. Auflage, Köln 2017
Band II, 15. Auflage, Köln 2017
Zitiert als: Erman/Bearbeiter

Exner, Werner, Vollmacht und Beherrschungsvertrag, AG 1981, 175 ff.

Eylmann, Horst, Vaasen, Hans-Dieter, Bundesnotarordnung, Beurkundungsgesetz, 4. Auflage, München 2016
zitiert als: Eylmann/Vaasen/Bearbeiter

Fabricius, Fritz, Rechtsprobleme gespaltener Arbeitsverhältnisse im Konzern, Darmstadt, Neuwied 1982
zitiert als: Fabricius

Faßbender, Karl-Josef, Die Hauptversammlung aus notarieller Sicht, RNotZ 2009, 425 ff.

Fenzl, Alexander, Betriebspacht-, Betriebsüberlassungs- und Betriebsführungsverträge in der Konzernpraxis, Dissertation Köln, Berlin, München 2007
zitiert als: Fenzl

ders., Betriebspachtvertrag und Betriebsführungsvertrag – Verträge im Grenzbereich zwischen gesellschaftsrechtlichen Organisations- und schuldrechtlichen Austauschverträgen, Der Konzern 2006, 18 ff.

Fleischer, Holger, Zur Leitungsaufgabe des Vorstands im Aktienrecht, ZIP 2003, 1 ff.

Flume, Werner, Allgemeiner Teil des Bürgerlichen Rechts, Erster Band, Erster Teil, Die Personengesellschaft, Berlin u. a. 1977
zitiert als: Flume, Personengesellschaft

ders., Allgemeiner Teil des Bürgerlichen Rechts, Zweiter Band, Das Rechtsgeschäft, 4. Auflage, Berlin u. a. 1992
zitiert als: Flume, Rechtsgeschäft

Frankfurter Kommentar zum Kartellrecht, hrsg. von Wolfgang Jaeger, Juliane Kokott, Petra Pohlmann und Dirk Schröder, Köln, Loseblattsammlung, 89. Ergänzungslieferung, Stand: September 2017
zitiert als: FrankKommGWB/Bearbeiter

Frisch, Thomas, Die Behandlung von Betriebsführungsverträgen in der Fusionskontrolle, AG 1995, 362 ff.

Gembruch, Armin, Schönfeld, Jens, Umsatzsteuerliche Aspekte der „unechten" Betriebsführung, UR 2010, 793 ff.

Geßler, Ernst, Hefermehl, Wolfgang, Eckardt, Ulrich, Kropff, Bruno (Hrsg.), Aktiengesetz, Band VI (§§ 291 - 410), München 1994
zitiert als: Geßler/Hefermehl/Eckardt/Kropff/Bearbeiter

Geßler, Ernst, Der Betriebsführungsvertrag im Licht der aktienrechtlichen Zuständigkeitsordnung, in: Festschrift für Wolfgang Hefermehl zum 70. Geburtstag, hrsg. von R. Fischer, E. Geßler, W. Schilling, R. Serick und P. Ulmer, München 1976, 263 ff.
zitiert als: Geßler, FS Hefermehl

Gerth, Axel, Die Beendigung des Gewinnabführungs- und Beherrschungsvertrages, BB 1978, 1497 ff.

Ginal, Jens, Raif, Alexander, Der Betriebsführungsvertrag – Ein arbeitsrechtlicher Fallstrick?, GWR 2017, 131 ff.

Gottwald, Peter, Insolvenzrechts-Handbuch, 5. Auflage, München 2015
zitiert als: Gottwald/Bearbeiter

Großkommentar zum Aktiengesetz, hrgs. von Carl Hans Barz, Ulrich Klug, Joachim Meyer-Landrut, Herbert Wiedemann, Herbert Brönner, Herbert Mellerowicz, Wolfgang Schilling und Hans Würdinger, Band 4 (§§ 291 - 410, Einführungsgesetz zum Aktiengesetz), 3. Auflage, Berlin, New York 1975
zitiert als: GroßkommAktG/Bearbeiter, 3. Aufl.

Großkommentar zum Aktiengesetz, hrgs. von Klaus J. Hopt und Herbert Wiedemann, Achter Band (§§ 278 - 310), 4. Auflage, Berlin 2013
zitiert als: GroßkommAktG/Bearbeiter

Großkommentar zum Aktiengesetz, hrgs. von Heribert Hirte, Peter O. Mülbert und Markus Roth,
Vierter Band, Teilband 1 (§§ 76 - 91), 5. Auflage, Berlin, München, Boston 2015
Siebter Band, Teilband 1 (§§ 118 - 130), 5. Auflage, Berlin, Boston 2017
zitiert als: GroßkommAktG/Bearbeiter

Großkommentar zum Gesetz betreffend die Gesellschaften mit beschränkter Haftung (GmbHG), von Carl Hans Barz u. a., 2. Band (§§ 13 - 52), 7. Auflage, Berlin, New York 1979
zitiert als: GroßkommGmbHG/Bearbeiter, 7. Aufl.

Großkommentar zum Gesetz betreffend die Gesellschaften mit beschränkter Haftung (GmbHG), hrsg. von Peter Ulmer, Dritter Band (§§ 53 - 85; Register), 8. Auflage, Berlin New York 1997
zitiert als: GroßkommGmbHG/Bearbeiter, 8. Aufl.

Großkommentar zum Gesetz betreffend die Gesellschaften mit beschränkter Haftung (GmbHG), hrsg. von Peter Ulmer, Mathias Habersack und Marc Löbbe,
Band II (§§ 29 - 52), 2. Auflage, Tübingen 2014
Band III (§§ 53 bis 88 (sowie EGGmbHG)), 2. Auflage, Tübingen 2016
zitiert als: GroßkommGmbHG/Bearbeiter

Großkommentar zum Handelsgesetzbuch, hrsg. von Claus-Wilhelm Canaris, Wolfgang Schilling und Peter Ulmer, Vierter Band (§§ 343 - 382), 4. Auflage, Berlin 2004
zitiert als: GroßkommHGB/Bearbeiter

Großkommentar zum Handelsgesetzbuch, hrsg. von Claus-Wilhelm Canaris, Mathias Habersack und Carsten Schäfer,
Zweiter Band (§§ 48 - 104), 5. Auflage, Berlin 2008
Dritter Band (§§ 105 - 160), 5. Auflage, Berlin 2009
Fünfter Band (§§ 238 - 289a), 5. Auflage, Berlin, Boston 2014
zitiert als: GroßkommHGB/Bearbeiter

Großkommentar Insolvenzordnung, hrsg. von Wolfram Henckel und Walter Gerhardt, Dritter Band (§§ 103 - 128), Berlin, New York 2014
zitiert als: GroßkommInsO/Bearbeiter

Großkommentar zum Versicherungsvertragsgesetz, hrsg. von Horst Baumann, Roland Michael Beckmann, Katharina Johannsen und Ralf Johannsen, Dritter Band (§§ 74 - 99), 9. Auflage, Berlin 2010
zitiert als: GroßkommVVG/Bearbeiter

Großkommentar Zivilprozessordnung und Nebengesetze, hrsg. von Rolf A. Schütze, Vierter Band (§§ 253 - 299a), 4. Auflage, Berlin 2013
zitiert als: GroßkommZPO/Bearbeiter

Groß, Wolfgang, Informations- und Auskunftsrecht des Aktionärs, AG 1997, 97 ff.

Grüner, Michael, Urteilsanmerkung zu: OLG Oldenburg, Urteil vom 23.03.2000 – 1 U 75/99 (= NZG 2000, 1138), in: NZG 2001, 35 ff.

Grunewald, Barbara, Die in § 23 AGBG vorgesehene Bereichsausnahme für Gesellschaftsrecht, in: Festschrift für Johannes Semler zum 70. Geburtstag am 28. April 1993, hrgs. von Marcus Bierich, Peter Hommelhoff und Bruno Kropff, Berlin, New York 1993, 178 ff.
zitiert als: Grunewald, FS Semler

Haarmann, Wilhelm, Betriebsführungsvertrag/Betriebsüberlassungsvertrag/Betriebspacht, JbFSt 1992/93, 526 ff.

v. Hase, Karl, Fristlose Kündigung und Abmahnung nach neuem Recht, NJW 2002, 2278 ff.

Heidelberger Kommentar Insolvenzordnung, hrsg. von Godehard Kayser und Christoph Thole, 8. Auflage, Heidelberg, u. a. 2016
zitiert als: HK/Bearbeiter

Heidenhain, Martin, Spaltungsvertrag und Spaltungsplan, NJW 1995, 2873 ff.

Henze, Hartwig, Leitungsverantwortung des Vorstands – Überwachungspflicht des Aufsichtsrats, BB 2000, 209 ff.

Heymann, Ernst (Begr.), Handelsgesetzbuch, hrsg. von Norbert Horn, 2. Auflage,
Band 1 (Einleitung, §§ 1 - 104), Berlin, New York 1995
Band 2 (§§ 105 - 237), Berlin, New York 1996
zitiert als: Heymann/Bearbeiter

Hölters, Wolfgang (Hrsg.), Aktiengesetz, 3. Auflage, München 2017
zitiert als: Hölters/Bearbeiter

Hohner, Georg, Beherrschungsvertrag und Verschmelzung, DB 1973, 1487 ff.

Hommelhoff, Peter, Die Konzernleitungspflicht: zentrale Aspekte e. Konzernverfassungsrechts, Köln, Berlin Bonn, München 1982
zitiert als: Hommelhoff

Huber, Ulrich, Betriebsführungsverträge zwischen selbständigen Unternehmen, ZHR 152 (1988), 1 ff.

ders, Betriebsführungsverträge zwischen konzernverbunden Unternehmen, ZHR 152 (1988), 123 ff.

Hüffer, Uwe, Aktienrecht, 10. Auflage, München 2010
zitiert als: Hüffer, 10. Aufl.

Hüffer, Uwe (Begr.), Aktienrecht, bearbeitet von Jens Koch, 12. Auflage, München 2016
zitiert als: Hüffer/Koch

Hüffer, Uwe, Die gesetzliche Schriftform bei Berichten des Vorstands gegenüber der Hauptversammlung, in Festschrift für Peter Claussen zum 70. Geburtstag, hrsg. von Klaus-Peter Martens, Harm Peter Westermann und Wolfgang Zöllner, Berlin, Bonn, München 1997, 171 ff.
zitiert als: Hüffer, FS Claussen

Humbeck, Jochen, Die Prüfung der Unternehmensverträge nach neuem Recht, BB 1995, 1893 ff.

Immenga, Ulrich, Mestmäcker, Ernst-Joachim, Gesetz gegen Wettbewerbsbeschränkungen, 3. Auflage, München 2001
zitiert als: Immenga/Mestmäcker/Bearbeiter

Joachim, Willi E., Der Managementvertrag (I), DZWiR 1992, 397 ff.

ders., Der Managementvertrag (Schluß), DZWiR 1992, 455 ff.

Knepper, Karl Heinz, Bedeutung, Anwendungsformen und steuerliche Wirkungen von Unternehmensverträgen, BB 1982, 2061 ff.

Köhler, Helmut, Rückabwicklung fehlerhafter Unternehmenszusammenschlüsse (Unternehmensvertrag, Eingliederung, Verschmelzung, Gemeinschaftsunternehmen), ZGR 1985, 307 ff.

Köhler, Helmut, Bornkamm, Joachim, Feddersen, Jörn, Gesetz gegen den unlauteren Wettbewerb, 36. Auflage, München 2018
zitiert als: Köhler/Bornkamm/Bearbeiter

Köhn, Kai, Veräußerungsgeschäfte des Insolvenzschuldners (§§ 80 I, 81 InsO), Dissertation Hannover 2000

ders., Der Betriebsführungsvertrag – Rechtliche Qualifikation und gesellschaftsrechtliche Wirksamkeitsvoraussetzungen, Der Konzern 2011, 530 ff.

ders., Vertragsbericht und Prüfungsbericht beim Betriebsführungsvertrag, Der Konzern 2013, 323 ff.

Kölner Kommentar zum Aktiengesetz, hrgs. von Wolfgang Zöllner,
Band 1 (§§ 1 - 147 AktG), 1. Auflage, Köln, Berlin, Bonn, München 1985
Band 3 (§§ 291 - 410 AktG; EG AktG, Gesetzesanhang), 1. Auflage, Köln, Berlin, Bonn, München 1985
zitiert als: KölnerKommAktG/Bearbeiter, 1. Aufl.

Kölner Kommentar zum Aktiengesetz, hrsg. von Wolfgang Zöllner, Band 6, 1. Lieferung (§§ 291 - 328), 2. Auflage, Köln, Berlin, Bonn, München 1987
zitiert als: KölnerKommAktG/Bearbeiter, 2. Aufl.

Kölner Kommentar zum Aktiengesetz, hrsg. von Wolfgang Zöllner und Ulrich Noack,
Band 2/1 (§§ 76 - 94), 3. Auflage, Köln 2010
Band 2, 2. Teillieferung (§§ 121 - 130 AktG), 3. Auflage, Köln 2011
Band 6 (§§ 15 - 22 AktG, §§ 291 - 328 AktG und Meldepflichten nach §§ 21 ff. WpHG,
SpruchG), 3. Auflage, Köln, Berlin München 2004
zitiert als: KölnerKommAktG/Bearbeiter

Kölner Kommentar zum UmwG, bearbeitet von Barbara Dauner-Lieb, Stefan Simon und Roland Michael Beckmann, Köln 2009
zitiert als: KölnerKommUmwG/Bearbeiter

Korintenberg, Werner (Begr.), Gerichts- und Notarkostengesetz, hrsg. von Manfred Bengel,
Klaus Otto, Wolfgang Reimann, Markus Sikora und Werner Tiedke, 20. Auflage, München
2017
zitiert als: Korintenberg/Bearbeiter

Kort, Michael, Kein Erfordernis der Aufstellung und Auslegung eines Konzernabschlusses
beim Squeeze-out (§ 327c III Nr. 2 AktG), NZG 2006, 604 ff.

Krafka, Alexander, Kühn, Ulrich, Registerrecht, 10. Auflage, München 2017
zitiert als: Krafka/Kühn

Krebs, Peter, Ungeschriebene Prinzipien der handelsrechtlichen Stellvertretung als Schranken
der Rechtsortbildung – speziell für Gesamtvertretungsmacht und Generalvollmacht, ZHR 159
(1995), 635 ff.

Krieger, Gerd, Jannot, Dirk, Änderung- und Beendigung von Beherrschungs- und Gewinnabführungsverträgen im Aktien- und GmbH-Recht, DStR 1995, 1473 ff.

Kropff, Bruno, Aktiengesetz, Textausgabe des Aktiengesetzes vom 06.09.1965 mit Begründung des Regierungsentwurfs und Bericht des Rechtsausschusses des Deutschen Bundestages, Düsseldorf 1965
zitiert als: BegrRegE, bei: Kropff

Kübler, Bruno M., Prütting, Hanns, Bork, Reinhard, InsO, Kommentar zur Insolvenzordnung,
Köln, Loseblattsammlung, 74. Ergänzungslieferung, Stand: November 2017
zitiert als: Kübler/Prütting/Bork/Bearbeiter

Kümpel, Siegfried, Die begrenzte Haftung der Bank bei weitergeleiteten Kundenaufträgen,
WM 1996, 1893 ff.

Leipziger Gerichts- & Notarkosten-Kommentar, hrsg. von Thomas Renner, Dirk-Ulrich Otto
und Volker Heinze, 2. Auflage, Köln 2016
zitiert als: LeipzigerGNotKG/Bearbeiter

Liebscher, Thomas, GmbH-Konzernrecht, München 2006
zitiert als: Liebscher

Löffler, Joachim, Betriebsführungsverträge mit Personengesellschaften, NJW 1983, 2920 ff.

ders., Die abhängige Personengesellschaft, Dissertation Tübingen 1988
zitiert als: Löffler

Loos, Gerold, Betriebsführungsverträge und damit verbundene Generalvollmacht bei Handelsgesellschaften, BB 1963, 615 ff.

Lüdicke, Jochen, Sistermann, Christian, Unternehmensteuerrecht, München 2008
zitiert als: Lüdicke/Sistermann/Bearbeiter

Lutter, Marcus, Materielle und förmliche Erfordernisse eines Bezugsrechtsausschlusses –
Besprechung der Entscheidung BGHZ 71, 40 (Kali + Salz) –, ZGR1979, 401 ff.

ders., Die Eintragung anfechtbarer Hauptversammlungsbeschlüsse im Handelsregister, NJW
1969, 1873 ff.

Lutter, Marcus, Hommelhoff, Peter, GmbHG, 19. Auflage, München 2017
zitiert als: Lutter/Hommelhoff/Bearbeiter

Lutter, Marcus (Begr.), Umwandlungsgesetz, hrsg. von Walter Bayer und Jochen Vetter,
Band 1, (§§ 1 - 122l), 5. Auflage, Köln 2014
zitiert als: Lutter/Winter/Bearbeiter

Marotzke, Wolfgang, Der Einfluß des Insolvenzverfahrens auf Auftrags- und Geschäftsbesorgungsverhältnisse, in: Festschrift für Wolfgang Henckel zum 70. Geburtstag am 21. April
1995, hrsg. von Walter Gerhard, Uwe Diederichsen, Bruno Rimmelspacher und Jürgen
Costede, Berlin, New York 1995, 579 ff.
zitiert als: Marotzke, FS Henckel

Martens, Klaus-Peter, Die existentielle Wirtschaftsabhängigkeit: Eine Untersuchung im
Spannungsfeld von Konzern- und Wettbewerbsrecht, Köln, Berlin, Bonn, München 1979
zitiert als: Martens

ders., Die Entscheidungsautonomie des Vorstands und die „Basisdemokratie" in der Aktiengesellschaft, ZHR 147 (1983), 377 ff.

ders., Der Ausschluß des Bezugsrechts: BGHZ 33, S. 175, in: Festschrift für Robert Fischer,
hrsg. von Marcus Lutter, Walter Stimpel, und Herbert Wiedemann, Berlin, New York 1979,
437 ff.
zitiert als: Martens, FS Fischer

Maser, Harald, Betriebspacht- und Betriebsüberlassungsverhältnisse in Konzernen, Bergisch
Gladbach, Köln 1985
zitiert als: Maser

Mertens, Hans-Joachim, Die Gestaltung von Verschmelzungs- und Verschmelzungsprüfungsbericht, AG 1990, 20 ff.

Meyer, Cord, Unterrichtungspflicht und Widerspruchsrecht beim Betriebsübergang, BB 2003,
1010 ff.

Michalski, Lutz, Kommentar zum Gesetz betreffend die Gesellschaften mit beschränkter Haftung (GmbH-Gesetz), hrgs. von Andreas Heidinger, Stefan Leible und Jessica Schmidt, Band I (Systematische Darstellungen, §§ 1 - 34 GmbHG), 3. Auflage, München 2017
Band II (§§ 35 – 85 GmbHG, §§ 1 - 4 EGGmbHG), 3. Auflage, München 2017
zitiert als: MHLS/Bearbeiter

Michalski, Lutz, Römermann, Volker, Die Wirksamkeit der salvatorischen Klausel, NJW 1994, 886 ff.

Mrozek, Alfons, Kennerknecht, Albert (Begr.), Einkommensteuer- und Körperschaftsteuergesetz, fortgeführt von Carl Herrmann, Gerhard Heuer und Arndt Raupach, Köln, Loseblattsammlung, 282. Ergänzungslieferung, Stand: Dezember 2017
zitiert als: Herrmann/Heuer/Raupach/Bearbeiter

Müller, Hans-Friedrich, Schmitt, Florian, Verlängerungsklauseln in der AGB-Kontrolle, NJW 2017, 1991 ff.

Münchener Handbuch des Gesellschaftsrechts, hrsg. von Michael Hoffmann-Becking, Band 4, Aktiengesellschaft, 4. Auflage, München 2015
zitiert als: MünchHdbAG/Bearbeiter

Münchener Handbuch des Gesellschaftsrechts, hrsg. von Hans-Joachim Priester, Dieter Mayer und Hartmut Wicke, Band 3, Gesellschaft mit beschränkter Haftung, 4. Auflage, München 2012
zitiert als: MünchHdbGmbH/Bearbeiter

Münchener Kommentar zum Aktiengesetz, hrsg. von Wulf Goette und Mathias Habersack, Band 2 (§§ 76 - 117, MitbestG, DrittelbG), 4. Auflage, München 2014
Band 3 (§§ 118 -178), 4. Auflage, München 2018
Band 5 (§§ 278 - 328, SpruchG, ÖGesAusG, Österreiches Konzernrecht), 4. Auflage, München 2015
zitiert als: MünchKommAktG/Bearbeiter

Münchener Kommentar zum Bürgerlichen Gesetzbuch, hrsg. von Franz-Jürgen Säcker, Roland Rixecker, Hartmut Oetker und Bettina Limperg,
Band 1 (Allgemeiner Teil, §§ 1 - 240, ProstG, AGG), 7. Auflage, München 2015
Band 2 (Schuldrecht, Allgemeiner Teil, §§ 241 - 432), 7. Auflage, München 2016
Band 4, Schuldrecht, Besonderer Teil II, §§ 535 - 630h, HeizkostenV, BetrKV, WärmeLV, EFZG, TzBfG, KSchG, MiLoG, 7. Auflage, München 2016
Band 5/2 (Schuldrecht, Besonderer Teil III/2, §§ 651a - 704, 7. Auflage, München 2017
Band 6 (Schuldrecht, Besonderer Teil IV, §§ 705 - 853, Partnerschaftsgesellschaftsgesetz, Produkthaftungsgesetz), 7. Auflage, München 2017
zitiert als: MünchKommBGB/Bearbeiter

Münchener Kommentar zum Gesetz betreffend die Gesellschaften mit beschränkter Haftung – GmbHG, hrsg. von Holger Fleischer und Wulf Goette, Band 2 (§§ 35 – 52), 2. Auflage, München 2016
zitiert als: MünchKommGmbHG/Bearbeiter

Münchener Kommentar zum Handelsgesetzbuch, hrsg. von Karsten Schmidt,
Band 1 (Erster Band, Handelsstand, §§ 1 - 104a), 4. Auflage, München 2016
Band 2 (Zweites Buch, Handelsgesellschaften und stille Gesellschaft, Erster Abschnitt, Offene Handelsgesellschaft, §§ 105 - 160), 4. Auflage, München 2016
Band 3 (Zweites Buch, Handelsgesellschaften und stille Gesellschaft, Zweiter Abschnitt, Kommanditgesellschaft, Dritter Abschnitt, Stille Gesellschaft, §§ 161 - 237, Konzernrecht der Personengesellschaften), 3. Auflage, München 2012
Band 5 (Erster Abschnitt, Allgemeine Vorschriften, Zweiter Abschnitt, Handelskauf, Dritter Abschnitt, Kommissionsgeschäft, §§ 343 - 406, Wieder UN-Übereinkommen über Verträge über den internationalen Warenkauf – CISG), 3. Auflage München 2013
zitiert als: MünchKommHGB/Bearbeiter

Münchener Kommentar Lauterkeitsrecht, hrsg. von Peter W. Heermann und Jochen Schlingloff, Band 2 (§§ 5 - 20 UWG), 2. Auflage München 2014
zitiert als: MünchKommUWG/Bearbeiter

Münchener Vertragshandbuch, hrsg. von Martin Heidenhain und Burkhardt W. Meister, Band 1, Gesellschaftsrecht, 7. Auflage, München 2011
zitiert als: MünchVertrHdb-Bearbeiter

Nelißen, Bernd, Wirksamer Abschluss von Betriebspachtverträgen, BB 2007, 786 ff.

Neun, Josef, Berichts- und Prüfungspflichten bei Abschluss und Änderung von Unternehmensverträgen, Frankfurt am Main 2000
zitiert als: Neun

Oesterreich, Jörg, Die Betriebsüberlassung zwischen Vertragskonzern und faktischem Konzern, Dissertation Tübingen 1979
zitiert als: Oesterreich

Oetker, Hartmut, Kommentar zum Handelsgesetzbuch (HGB), 5. Auflage, München 2017
zitiert als: Oetker/Bearbeiter

Otte-Gräbener, Sabine, Deilmann, Barbara, Abschluss eines Betriebsführungsvertrags mit einer Personengesellschaft, NZG 2016, 1361 ff.

Pache, Sven, Spätlese – Die Rechtsentwicklung nach dem „Supermarkt"-Beschluß des BGH, GmbHR 1995, 90 ff.

Palandt, Otto, Bürgerliches Gesetzbuch, 77. Auflage, München 2018
zitiert als: Palandt/Bearbeiter

Preis, Ulrich (Hrgs.), Der Arbeitsvertrag, 4. Auflage, Köln 2011
zitiert als: Preis/Bearbeiter

Priester, Hans-Joachim, Betriebsführungsverträge im Aktienkonzern – organisationsrechtliche Instrumente, in: Festschrift für Peter Hommelhoff zum 70. Geburtstag, hrsg. von Bernd Erle, Wulf Goette, Detlef Kleindiek, Gerd Krieger, Hans-Joachim Priester, Christian Schubel, Martin Schwab, Christoph Teichmann und Carl-Heinz Witt, Köln 2012, 875 ff.
zitiert als: Priester, FS Hommelhoff

ders., „Holzmüller" im GmbH-Recht, in: Festschrift für Harm Peter Westermann zum 70. Geburtstag, hrsg. von Lutz Aderhold, Barbara Grunewald, Dietgard Klingberg und Walter G. Paefgen, Köln 2008, 1281 ff.
zitiert als: Priester, FS Westermann

Raeschke-Kessler, Christopeit, Joachim, Zur Unwirksamkeit insolvenzabhängiger Lösungsklauseln, WM 2013, 1592 f.

Rau, Günter, Dürrwächter, Erich, Flick, Hans, Geist, Reinhold (Begr.), Kommentar zum Umsatzsteuergesetz, Köln, Loseblattsammlung, 174. Ergänzungslieferung, Stand: Dezember 2017
zitiert als: Rau/Dürrwächter/Bearbeiter

Reichsgerichtsrätekommentar, Das Bürgerliche Gesetzbuch mit besonderer Berücksichtigung der Rechtsprechung des Reichsgerichts und des Bundesgerichtshofes, hrsg. von den Mitgliedern des Bundesgerichtshofes, Band II
2. Teil (§§ 414 - 610, Anhang nach § 455: Abzahlungsgesetz), 12. Auflage, Berlin, New York 1978
4. Teil (§§ 631 - 811), 12. Auflage, Berlin, New York 1978
zitiert als: RGRK/Bearbeiter

Reuter, Dieter, Neuere Rechtsprechung zum Personengesellschaftsrecht – Teil 1, JZ 1986, 16 ff.

Reuter, Dieter, Die Personengesellschaft als abhängiges Unternehmen, ZHR 146 (1982), 1 ff.

Rieble, Volker, Betriebsführungsvertrag als Gestaltungsinstrument, NZA 2010, 1145 ff.

ders., Arbeitsmarkt und Wettbewerb, Berlin u. a. 1996
zitiert als: Rieble

Röhricht, Volker, Graf von Westphalen, Friedrich, Handelsgesetzbuch, 4. Auflage, Köln 2014
zitiert als: Röhricht/Graf von Westphalen/Bearbeiter

Rowedder, Heinz, Gesetz betreffend die Gesellschaften mit beschränkter Haftung (GmbHG), hrsg. von Christian Schmidt-Leithoff, 4. Auflage, München 2002
zitiert als: Rowedder/Bearbeiter, 4. Aufl.

Rowedder, Heinz, Gesetz betreffend die Gesellschaften mit beschränkter Haftung (GmbHG), hrsg. von Christian Schmidt-Leithoff, 6. Auflage, München 2017
zitiert als: Rowedder/Bearbeiter

Salger, Carsten, Breitfeld, Anja, Regelungen zum Schutz von betrieblichem Know-how – die Sicherung von Geschäfts- und Betriebsgeheimnissen, BB 2005, 154 ff.

Schießl, Maximilian, Die beherrschte Personengesellschaft, Dissertation Köln 1985
zitiert als: Schießl

Schlegelberger, Franz, Handelsgesetzbuch, Kommentar von Ernst Geßler, Wolfgang Hefermehl u. a.,
Band III, 1. Halbband (§§ 105 - 160), 5. Auflage, München 1992
Band IV (§§ 343 - 372), 5. Auflage, München 1976
zitiert als: Schlegelberger/Bearbeiter

Schloßer, Philipp, Effektiver Schutz der Belegschaft durch vertragliche Abwerbeverbote, BB 2003, 1382 ff.

Schlüter, Andreas, Management- und Consulting-Verträge, Die Vertragstechnik des internationalen Transfers von Betriebsführungs- und Beratungsleistungen, Berlin, New York, 1987
zitiert als: Schlüter

Schmidt, Jessica, Die Änderung der umwandlungsrechtlichen Informationspflichten durch das ARUG, NZG 2008, 734 ff.

Schmidt, Karsten, Gesellschaftsrecht, 4. Auflage, Köln, Berlin, Bonn, München 2002
zitiert als: K. Schmidt, Gesellschaftsrecht

ders., Betriebspacht, Betriebsüberlassung und Betriebsführung im handelsrechtlichen Stresstest, in: Festschrift für Michael Hoffmann-Becking zum 70. Geburtstag, hrsg. von Gerd Krieger, Marcus Lutter und Karsten Schmidt, München 2013, 1053 ff.
zitiert als: K. Schmidt, FS Hoffmann-Becking

Schmidt, Karsten, Lutter, Marcus (Hrsg.), Aktiengesetz,
I. Band (§ 1 - 149), 3. Auflage, Köln 2015
II. Band (§§ 150 - 410), 3. Auflage, Köln 2015
zitiert als: K. Schmidt/Lutter/Bearbeiter

Schneider, Uwe H., Vertragliche, gesellschaftsrechtliche und arbeitsrechtliche Probleme von Betriebspachtverträgen, Betriebsüberlassungsverträgen und Betriebsführungsverträgen, JbFSt 1982/83, 387 ff.

ders., Die Fortentwicklung des Handelsregisters zum Konzernregister, WM 1986, 181 ff.

Scholz, Franz, Kommentar zum GmbH-Gesetz,
I. Band (§§ 1 - 34, Anh. § 13 Konzernrecht, Anh. § 34, Austritt und Ausschließung eines Gesellschafters), 11. Auflage, Köln 2012
II. Band (§§ 35 – 52, Anh. § 45, Gesellschafterversammlung und Gesellschafterkompetenzen in der GmbH & Co. KG), 11. Auflage Köln 2014
III. Band (§§ 53 - 85), 11. Auflage, Köln 2015
zitiert als: Scholz/Bearbeiter

Schürnbrand, Jan, Organschaft im Recht der privaten Verbände, Tübingen 2007
zitiert als: Schürnbrand

Schulte, Helmut, Die Niederschrift über die Verhandlung der Hauptversammlung einer Aktiengesellschaft, AG 1985, 33 ff.

Schulze zur Wiesche, Dieter, Betriebsführungsverträge aus handelsrechtlicher und steuerlicher Sicht, BB 1983, 1026 ff.

Schuhmacher, Thorsten, Die aufschiebend bedingte Geschäftsführerbestellung, GmbHR 2006, 924 ff.

Semler, Johannes, Einschränkungen der Verwaltungsbefugnisse in einer Aktiengesellschaft, BB 1983, 1566

Semler, Johannes, Stengel, Arndt, Umwandlungsgesetz, 4. Auflage, München 2017
zitiert als: Semler/Stengel/Bearbeiter

Semler, Wolfgang, Vorfinanzierung zukünftigen Aktienkapitals durch stille Gesellschaften, in: Festschrift für Winfried Werner zum 65. Geburtstag am 17. Oktober 1984, hrsg. von Walther Hadding, Ulrich Immenga, Hans-Joachim Mertens, Klemens Pleyer und Uwe H. Schneider, Berlin, New York 1984, S. 855 ff.
zitiert als: Semler, FS Werner

Sigel, Peter, Schäfer, Achim, Die Hauptversammlung der Aktiengesellschaft aus notarieller Sicht, BB 2005, 2137 ff.

Sölch/Ringleb, Umsatzsteuergesetz, hrgs. von Wilfried Wagner, München, Loseblattsammlung, 81. Ergänzungslieferung, Stand: Oktober 2017
zitiert als: Sölch/Ringleb/Bearbeiter

Soergel, Hans Th. (Begr.), Kommentar zum Bürgerlichen Gesetzbuch, Band 3, Schuldrecht II, (§§ 433 - 515), AGB-Gesetz, AbzG, EAG, EKG, UN-KaufAbk, 12. Auflage, Stuttgart, Berlin, Köln 1991

Spindler, Gerald, Stilz, Eberhard (Hrsg.), Kommentar zum Aktiengesetz,
Band 1 (§§ 1 - 149), 3. Auflage, München 2015
Band 2 (§§ 150 - 410, IntGesR, SpruchG, SE-VO), 2. Auflage, München 2015
zitiert als: Spindler/Stilz/Bearbeiter

v. Staudinger, Julius, Kommentar zum Bürgerlichen Gesetzbuch mit Einführungsgesetz und Nebengesetzen,
Buch 1, Allgemeiner Teil, §§ 164 - 240 (Allgemeiner Teil 5), Neubearbeitung 2014, Berlin 2014
Buch 2, Recht der Schuldverhältnisse, §§ 305 - 310; UKlaG (Recht der Allgemeinen Geschäftsbedingungen), Neubearbeitung 2013, Berlin 2013
Buch 2, Recht der Schuldverhältnisse, §§ 620 - 630 (Dienstvertragsrecht 3), Neubearbeitung 2016, Berlin 2016
Buch 2, Recht der Schuldverhältnisse, §§ 662 - 675b (Auftrag und Geschäftsbesorgung), Neubearbeitung 2017, Berlin 2017
Buch 2, Recht der Schuldverhältnisse, §§ 705 - 740 (Gesellschaftsrecht), Dreizehnte Bearbeitung 2003, Berlin 2003
Einführungsgesetz zum Bürgerlichen Gesetzbuch/IPR, Internationales Gesellschaftsrecht, Neubearbeitung 1998, Berlin 1998
zitiert als: Staudinger/Bearbeiter

Strobl, Elisabeth, Probleme der handels- und steuerrechtlichen Erfolgszurechnung bei Betriebspacht-, Betriebsüberlassungs- und Betriebsführungsverträgen, JbFSt 1982/83, 413 ff.

Timm, Wolfram, Die Mitwirkung des Aufsichtsrats bei unternehmensstrukturellen Entscheidungen, DB 1980, 1201 ff.

ders., Der Abschluss des Ergebnisübernahmevertrags im GmbH-Recht, BB 1981, 1491 ff.

ders., Rechtsfragen der Änderung und Beendigung von Unternehmensverträgen, in: Festschrift für Alfred Kellermann zum 70. Geburtstag am 29. November 1990, hrsg. von Reinhard Goerdeler, Peter Hommelhoff, Marcus Lutter, Walter Odersky und Herbert Wiedemann, Berlin, New York 1991, 461 ff.
zitiert als: Timm, FS Kellermann

Uhlenbruck, Wilhelm, Hirte, Heribert, Vallender, Heinz (Hrsg.) Insolvenzordnung, 14. Auflage, München 2015
zitiert als: Uhlenbruck/Bearbeiter

Ulmer, Peter, Zur Anlegerhaftung in geschlossenen (Alt-)Immobilienfonds, ZIP 2005, 1341 ff.

Ulmer, Peter, Brandner, Hans Erich, Hensen, Horst-Dieter, AGB-Recht, 12. Auflage, Köln 2016
zitiert als: Ulmer/Brandner/Hensen/Bearbeiter

Veelken, Winfried, Der Betriebsführungsvertrag im deutschen und amerikanischen Aktien- und Konzernrecht, Dissertation Baden-Baden 1975
zitiert als: Veelken

Veil, Rüdiger, Unternehmensverträge, Tübingen 2003
zitiert als: Veil

van Venrooy, Gerd J., Einstimmigkeitsprinzip oder Mehrheitsprinzip in der Geschäftsführung?, GmbHR 1999, 685 ff.

Vetter, Jochen, Auslegung der Jahresabschlüsse für das letzte Geschäftsjahr zur Vorbereitung von Strukturbeschlüssen der Gesellschafter, NZG 1999, 925 ff.

Vollmer, Lothar, Die Mitwirkungsrechte der Aktionäre beim Abschluß fusionsähnlicher Unternehmensverbindungen, BB 1977, Beilage 4, 1 ff.

Wagenhals, Florian Michael, Der Betriebsführungsvertrag als Gestaltungsinstrument und seine Auswirkungen auf die betriebliche Mitbestimmung, Dissertation Tübingen 2014
zitiert als: Wagenhals

Wasmann, Dirk, Kommentar zu: KG Berlin, Beschluss vom 23.10.2001 – 1 W 6157/00 (= BB 2001, 2553), in: BB 2002, 478 f.

Weiland, Bernd H., Zur Durchsetzbarkeit vertraglicher Abwerbeverbote, BB 1976, 1179 ff.

Weißmüller, Wolfgang, Der Betriebsführungsvertrag - eine Alternative zum Unternehmenskauf?, BB 2000, 1949 ff.

Von Werder, Andreas, Kost, Timo, Vertraulichkeitsvereinbarungen in der M&A-Praxis, BB 2010, 2903 ff.

Werner, Horst S., Konzernrechtliche Abhängigkeit und einheitliche Leitung in mitbestimmten Konzernen – Eine Untersuchung zum neuen Mitbestimmungsgesetz –, ZGR 1976, 447 ff.

Westermann, Harm Peter, Wertenbruch, Johannes, Handbuch Personengesellschaften, Loseblattsammlung, Köln, 69. Ergänzungslieferung, Stand: November 2017
zitiert als: Westermann/Bearbeiter

Wiedemann, Herbert, Rechtsethische Maßstäbe im Unternehmens- und Gesellschaftsrecht, ZGR 1980, 147 ff.

Windbichler, Christine, Unternehmensverträge und Zusammenschlusskontrolle, Dissertation München 1977

dies., Betriebsführungsverträge zur Bindung kleiner Unternehmen an große Ketten, ZIP 1987, 825 ff.

Winkler, Karl, Beurkundungsgesetz, 18. Auflage, München 2017
zitiert als: Winkler

Winter, Michael, Theisen, Dominik, Betriebsführungsverträge in der Konzernpraxis, AG 2011, 662 ff.

Wolf, Manfred, Lindacher, Walter F., Pfeiffer, Thomas (Hrsg.), AGB-Recht, 6. Auflage, München 2013
zitiert als: Wolf/Lindacher/Pfeiffer/Bearbeiter

Wolf, Martin, Die Wirksamkeit von Anstellungs- und Abwerbeverboten in Due-Dilligence Prozessen im Lichte von § 75f HGB, NZG 2004, 366 ff.

Zeiger, Sonja, Der Management-Vertrag als internationales Kooperationsinstrument, Dissertation Konstanz 1984
zitiert als: Zeiger

Zöller, Wolfgang, Betriebs- und unternehmensverfassungsrechtliche Fragen bei konzernrechtlichen Betriebsführungsverträgen, ZfA 1983, 93 ff.

Index